广播电视学实务系列教材

实用新媒体简论（第二版）

SHIYONG XINMEITI JIANLUN

何 倩 魏 雄
何 苗 冉光泽 编著

四川大学出版社
SICHUAN UNIVERSITY PRESS

项目策划：徐 燕
责任编辑：喻 震
责任校对：周 颖
封面设计：墨创文化
责任印制：王 炜

图书在版编目（CIP）数据

实用新媒体简论 / 何倩等编著. — 2版. — 成都 : 四川大学出版社，2021.8
广播电视学实务系列教材
ISBN 978-7-5690-4887-2

Ⅰ. ①实… Ⅱ. ①何… Ⅲ. ①传播媒介－高等学校－教材 Ⅳ. ① G206.2

中国版本图书馆 CIP 数据核字（2021）第 163906 号

书名 实用新媒体简论

编　　著	何 倩 魏 雄 何 苗 冉光泽
出　　版	四川大学出版社
地　　址	成都市一环路南一段 24 号（610065）
发　　行	四川大学出版社
书　　号	ISBN 978-7-5690-4887-2
印前制作	四川胜翔数码印务设计有限公司
印　　刷	郫县犀浦印刷厂
成品尺寸	170mm×240mm
插　　页	2
印　　张	21.75
字　　数	406 千字
版　　次	2021 年 8 月第 2 版
印　　次	2021 年 8 月第 1 次印刷
定　　价	56.00 元

◆ 读者邮购本书，请与本社发行科联系。
电话：(028)85408408/(028)85401670/
(028)86408023 邮政编码：610065
◆ 本社图书如有印装质量问题，请寄回出版社调换。
◆ 网址：http://press.scu.edu.cn

四川大学出版社
微信公众号

总　序

进入21世纪第三个10年，作为国内传统媒体主要组成部分的广播电视面临着传播环境的急剧变化。

广泛应用的新媒体在向传统的广播电视发起挑战的同时，又为广播电视的信息传播提供了新的渠道、新的载体，并赋予其新的形式。数字电视提供了更多的频道和更多样的节目服务；智能手机各种视听应用的普及，颠覆了传统广播电视节目的传播模式；移动电视、大型户外显示屏则把视听节目送到城市里每一个注意力聚集的角落；至于超高清电视、VR和AR乃至MR视频等高新视听内容，则对视听产品的生产提出了更高、更新的要求。反映在概念上，依托网络的“视听产品”概念取代原有“电视节目”概念的势头已然不可逆转。

以微博、微信、抖音、快手、哔哩哔哩、西瓜视频等为代表的依托移动互联网的“自媒体”的诞生，冲击着新闻从业人员和专业视听生产者的原有地位，促使各类社会主体不依靠新闻媒体而大量从事“自主传播”。这一方面对包括广播电视工作者在内的专业传播人员提出了新的业务要求，同时又在更广阔的范围内刺激了广泛的对传播专门人才的需求。

不但如此，受政策利好的刺激，文化产业的发展也以强劲的势头展开。这也对广播电视产生了深刻的影响。表现在：一方面，属于公益部分的广播电视新闻传播和公益信息服务被纳入文化大发展的总体部署，继续受到重视；另一方面，具有营利功能的影视产业、网络视听节目产业、视听产品出版业、动漫游戏产业、演艺产业等作为文化产业的具体支撑门类步入蓬勃发展的快车道，为广播电视（视听）节目的制作和传播开拓了新的领域，提供了新的机遇。

在国家的大力推动下，以媒体深度融合为基本内容的主流媒体转型改革加速推进，建设包括县级融媒体中心在内的融媒体机构成为主流媒体转型的基本任务。从2020年起，1～2年内主流媒体完成将主阵地转移到互联网的目标，融媒体新闻信息产品生产、发布、反馈的流程再造成为主流媒体共同面对的课题。由此，全新的既具备传统媒体看家本领，又能娴熟运用新媒体尤其是移动新媒体的专业人才，成为传媒业界紧迫需求的对象。

这种巨大变化促使广播电视从业人员深深思考，我们将怎么适应？怎么应对？而作为身处广播电视领域的高等院校教育工作者，我们也在思考同样的问题。

多年来，我们一直在从事广播电视学本科的专业教学。从我们广泛收集的来自不同层面的毕业生和用人单位反馈的信息可以发现，针对毕业生的能力素质，用人单位有一个共同要求，即：学生必须具备一定的理论功底，具备较高的文化素养，尤其需要具备很强的动手能力和实践能力，包括一定程度的创新创业能力，并且能够做到上岗就能从事工作，在上岗和顺利履职之间不应有太长的过渡期。只有这样的毕业生才能受到用人单位的欢迎。

但目前国内高等教育的现状与来自用人单位的要求相比，还有一定的差距。根据我们的理解，正因为如此，《教育部关于全面提高高等教育质量的若干意见》（教高〔2012〕4 号文）才就优化学科专业和人才培养结构提出“加大应用型、复合型、技能型人才培养力度”的要求；针对创新人才培养模式提出“探索科学基础、实践能力和人文素养融合发展的人才培养模式”的要求。2014 年 6 月召开的全国职业教育工作会议作出了“部分本科高校（应用）转型”的部署。国务院《关于加快发展现代职业教育的决定》（国发〔2014〕19 号文）提出“深化产教融合、校企合作，培养数以亿计的高素质劳动者和技术技能人才”的要求。2020 年 9 月中共中央办公厅、国务院办公厅下发的《关于加快推进媒体深度融合发展的意见》，围绕媒体深度融合改革的战略布局，明确提出“要大力培养全媒体人才”的要求。“广播电视学”等专业主要为广播电视领域和新媒体视听信息传播领域提供高素质专业人才，按照党和国家的要求及部署，毫无疑问应该纳入以应用型人才培养为目标的转型改革之中。

转型改革涉及多个方面，但教材改革显然居于重要地位。“广播电视学实务系列教材”，就是按照上述精神编撰的。在这套教材中，《实用传播学简明教程》是传播学教材的实用缩略版，它将传播学的基本理论与传播学的若干重要实际应用结合起来，形成了针对应用型本科人才培养的传播学课程体系；《融媒体写作实用教程》顺应传播环境的变化，根据融媒体主流媒体工作岗位对人才能力的需求，将报刊文稿、广播文稿、电视文稿、网络文稿、手机媒体文稿等不同种类文稿的写作教学重新结构，科学安排，吸收最新研究成果，遴选最新成功案例，构建出培养学生具备融媒体写作能力的实用课程体系；《融媒体采访实务》以纸质媒体、广播电视媒体、新媒体共存传播环境下及融媒体机构工作场景中的新闻采访为教学内容，力求构拟出具有与时俱进意义的采访教学课程体系；《电视策划实务》从培养学生具备电视领域的一般策划能力出发，对应电视界的工作现状组织教学内容，按照突出针对性和实用性的要求设计教学程序，具有明显不同于国内现有电视策划教材的特点；《纪实节目讲故事实用教程》，旨在顺应电视领域和网络视听产品领域纪实（非虚构）节目故事化叙事的国际潮流和市场需求，综合经典叙事学、后经典叙事学、叙事心理学和好莱坞实用叙事教学的理论菁华，汲取业界成功经验，结合国内电视节目、视听产品生产实际，结构出培训学生既掌握必要的叙事基础理论，又掌握纪实节目故事讲述基本技能技巧的实用课程体系；《新编摄像实用教程》在传统摄像教材的基础上，增加了高清数字摄像、3D摄像等内容，以及“模拟项目”摄像教学和练习等部分，具有针对性、实用性和前沿性；《实用新媒体简论》照顾到近两年新媒体飞速发展和主流媒体推进新旧媒体深度融合发展改革的现实，根据新媒体教学的新需求，按照实用性的要求，将新媒体的基本原理浓缩，结合新媒体传播领域可能遇到的工作问题，提出分析解决这些问题的基本思路，在理论和实际相结合的格局中，给读者以新媒体领域的智慧启迪。本次修订，编撰者们按照上述思路，在保证教材原有特点的基础上，适当地引入新的内容，吸纳新的信息，尽可能地让教材适应新的时代和新的要求。

由于这套教材的主要编撰者曾经以多种方式，在电台、电视台、报社从事过新闻采编或节目制作工作，从事过广播电视和报纸的采编或管理工作，从事过新媒体平台上的业务工作，又在广播电视本科教学领域从事过多年教学工作，所以他们对传媒业界和广播电视教育界都非常熟悉，对广播电视（视听节目）领域究竟需要什么样的人才非常清楚，对培养出能满足有关职业和岗位要求的合格毕业生需要采用什么方式、使用什么样的教材，非常清楚。多年来，他们一直在寻求能够完全符合自身教学理念的理想教材，但暂时未能如愿。于是，经过反复研究磋商，最后决定自己编写一套合意的读本，于是就有了这套“广播电视学实务系列教材”。这套教材虽然有着现在这个系列名称，但并不意味着它只适合广播电视学专业，因为编撰者们在撰写时就考虑了本系列教材的通用性，加之新闻传播领域各专业又具备相当的共同性，所以可以负责任地讲，所有新闻传播类的本科、专科专业，都可以采用。甚至，各类传媒机构、社会文化公司、政府机构和大型企事业单位的宣传推广部门，也可以利用这套教材进行在职培训。经过本次修订之后，这套教材也能够满足网络新闻信息产品采编和网络视听产品制播的需求。总之，这套教材的前沿性、针对性、实用性、可操作性，保证了它可以满足上述种种方面的需求。

虽然编撰者们非常认真地对待自己的工作，在撰写过程中精益求精，但出于水平、能力、视野等种种因素的限制，这套教材一定还存在不少疏漏和错讹，诚望各位读者不吝赐教，给予批评指正。

最后，我要对四川大学出版社表示衷心感谢，对语言文字编辑部的徐燕主任和各位责任编辑表示衷心感谢。没有他们的辛勤付出，这套教材是难以顺利出版的。

编撰出版各类能够满足应用型、复合型、技能型高级人才培养需求的教材，是我国高等教育领域一项非常有意义的工作。如果我们的努力能够对这项工作有所贡献，我们将感到非常荣幸；如果我们的努力能够吸引更多的同道与我们共同关注、共同投入这项工作，则幸之甚也。

是为序。

冉光泽

2021 年 6 月于成都

【注：作者系四川传媒学院融合媒体学院院长，教授、高级编辑】

序　言

1994年4月20日，中国通过一条64K的国际专线，正式接入国际互联网，由此开启了我国的新媒体时代。[①] 这些年来，以互联网为主要构成的新媒体极大地改变了我们所处的社会传播环境，改变了社会，改变了我们的工作方式，也改变了我们的生活。今天，用智能手机和平板电脑打开客户端浏览信息，通过抖音、快手、B站观看或拍发短视频，进行网购和支付，发送和浏览微博，通过微信平台与朋友交流沟通，已经成为人们生活的内容。一天不上网，心里就感到有什么事没做；把手机忘在家里，就像遗漏了什么重要的东西，令人心中怅然，若有所失。——这恐怕是绝大多数当代人都有过的感受。

新媒体的诞生对传媒环境的改变也是巨大的。2021年2月3日，中国互联网络信息中心（CNNIC）在京发布第47次《中国互联网络发展状况统计报告》。报告显示，"我国网民规模达9.89亿……互联网普及率达70.4%"，"我国手机网民规模达9.86亿……网民使用手机上网的比例达99.7%"；"我国网络购物用户规模达7.82亿"，"我国网络支付用户规模达8.54亿……手机网络支付用户规模达8.53亿"，"我国网络视频（含短视频）用户规模达9.27亿"。[②] 中国的主流人群，把移动互联网作为获取信息的主要渠道，已经是一个不争的事实；而无数普通人通过网络发布信息、在互动过程中分享信息，也促成了前所未有的传播模式和全新的传播格局的形成。传统媒体在内部竞争和外部挤压的严峻环境中艰难求存、日渐式微，新媒体令人眼花缭乱的新应用不断涌现，加速了传播环境的变化和传播格局的重构。新、旧媒体深度融合成为主流媒体发展的基本任务，融媒体机构建成之后提出诸多新的工作要求，面临不少全新挑战，"智媒体"的发展趋势预示着并不确定的技术未来。因此，任

---

① 《中国接入互联网20年：网络大国向网络强国迈进　任重道远》，2014年4月17日中国网报道。

② 中国互联网络信息中心CNNIC：第47次《中国互联网络发展状况统计报告》，2021年2月3日发布。

何从事传媒工作、传媒科研和传媒教学的人士，都无法回避由新媒体引发的新挑战、新机遇和新课题。

在这样的大背景下，新媒体教学对于新闻传播类专业的重要性不言而喻。四川传媒学院（此前为成都理工大学广播影视学院）的融合媒体学院（此前为新闻与网络传播系）在各个专业和方向开设“新媒体概论”课程的历史可以追溯到2009年，其后又开设了“网络新闻编辑学”课程。在这个过程中，我们看到，新媒体领域的各类教材专著和研究论文不断涌现，“网络与新媒体”也进入了教育部本科教育的专业目录，这是令人欣慰的。但由于新媒体本身发展很快，研究总结远远跟不上现实发展的步伐是这个领域的基本形势；新媒体研究本身的学科结构、学理原则等，也还在建构过程中。更由于国内高等教育本身的结构特点，能够满足应用型高等本科教育要求的教材还如凤毛麟角。以“新媒体概论”课程为例，我们所选用的教材，要么偏重于对新媒体表现形态的介绍，要么偏重于学理的阐释，基于此，我们决定不揣陋昧，自己动手编写一本基本符合我们要求的教材，于是，就有了这本《实用新媒体简论》。那么，这本教材有什么特点呢？下面简略地介绍一下。

首先，这本教材从满足应用型本科新闻传播专业人才培养需要出发，力图构建一个能实现如下目标的课程体系，即：让学生对新媒体的概貌有个大致了解，能够对未来可能在实际工作中遇到的新媒体运用形成基本思路，在处理与新媒体有关的实际问题时具备基本常识，选择正确路径，采取符合规律的姿态，从而为“新媒体传播实务”“网络新闻编辑实务”“融媒体操作实务”等课程的学习打下基础。

其次，从上面的构想出发，本教材处理理论与实际相结合问题的原则是，注重实际能力和应用智慧的培养，不把重心放在学理的深挖和学科体例的完备上。按照这一思路，决定内容选取、框架设计和详略处理的要求和标准。例如，内容选取上，重实用信息，不在理论观点上纠缠；框架设计上，不考虑学科的完整性而“点选”我们根据就业市场信息反馈而认为应该纳入的内容，将之与新媒体的基本信息结合，形成目前的框架；详略处理上，未来可能具有实用性的就多涉及，不能满足未来实用性要求的，少涉及或不涉及。

在目前国家大力提倡部分本科院校向应用型大学转型的大背景下，在融媒体机构对全媒体人才激增大量需求的市场呼唤下，我们的编写初衷想必会引发共鸣，从而使我们的教材具备较高的参考借鉴价值。我们非常希望能与同道一起，为撰写出完全符合要求的实用、实务类新媒体系列教材而共同努力。鉴于我们水平、视野有限，加之新媒体本身飞速发展、令人应接不暇的现实，这本教材还存在不少疏漏、错讹，切望得到大方之家赐教。

何倩　魏雄

2021 年 6 月

目　　录

第一章 什么是新媒体

第一节 新媒体概念的界定

今天，“新媒体”是使用得非常广泛的一个概念。“新媒体”的英文为“New Media”，其中，“Media”在汉语中被翻译为“媒介”或“媒体”。关于这个英语单词所对应的汉语单词“媒介”“媒体”，我们根据其在不同的汉语语境中所表现出的不同含义，可以对它作更为细密的区分：“媒介是一个传播学概念，它是指传播的介质，即承载信息的物体；媒体是一个传播经济学概念，它是指储存、呈现、处理和传递信息的实体，即媒介组织或媒介机构。”[①] 考察“新媒体”这个概念的使用情况，我们发现，“新媒体”概念所指称的对象实际上涉及上述媒介和媒体概念所涵括的不同领域，如这个概念既指依托一定新技术的信息承载平台，也指在这个平台上的各类技术应用形式，甚至各类业务形式。在纷繁复杂、不停变幻的新媒体领域，现实无法为研究者提供进行细密学理研究并得出万无一失结论的机会，大家约定俗成地选择了“新媒体”概念，来表示这一来到我们身边的人类传播领域的新事物。

虽然“新媒体”的概念已经被广为接受，但到底什么是新媒体，怎样判断谁是新媒体，新媒体包含哪些具体种类？在诸如此类的问题上，我们有必要作一点概略梳理。

一般认为，“新媒体”的概念是由美国哥伦比亚广播电视网（CBS）技术研究所所长 P. 戈尔德马克（P. Goldmark）最先提出的。他当时使用这个概念来指称电子录像。

1969 年，美国传播政策总统特别委员会主席 E. 罗斯托（E. Rostow）在向尼克松总统提交的报告书中多处使用了“New Media”。尽管当时使用的“新媒体”概念所指与今天不同，但这个概念本身却逐渐在全球流行起来。

---

① 谭天：《新媒体新论》，暨南大学出版社，2013 年，第 4 页。

在我国，“新媒体”概念是伴随着计算机、互联网等新事物而被同步引进的，它也随着计算机和互联网在中国的迅猛发展而迅速流行起来。在使用这个概念的过程中，逐渐产生了一些有代表性的意见。

一、什么是新媒体

早期，联合国教科文组织关于新媒体有过一个定义，即新媒体就是网络媒体①。

学者张文俊认为，新媒体就是数字媒体②。

中国人民大学的学者匡文波把“数字化”和“互动性”作为界定新媒体的主要标准。按照他的观点，“数字化”反映着新媒体的技术特性，而“互动性”反映着新媒体的传播特性③。

阳光卫视的吴征认为，新媒体就是互动式数字化复合媒体④。

清华大学学者熊澄宇则强调，新媒体只是一个与旧媒体相比较而存在的相对概念，一个与时间相联系的概念，一个发展的概念⑤。“新媒体不会也不可能终止在某一固定的媒体形态上，新媒体一直处于并永远处于发展的过程中。”⑥ 他认为，在今天可以“把新媒体解读为在计算机信息处理技术基础之上出现或受到影响的媒体形态”⑦。

在学者宫承波主编的《新媒体概论》（第四版）中，作者提出从时间和技术两个维度来对新媒体做出相对客观的界定。该教材提出，首先，“新媒体”是一个时间概念，它是与所谓的“旧媒体”因出现时间的早、晚而形成的概念。因此，新媒体概念的内涵处于不断变化之中，今日的新媒体在未来同样会被归入“旧媒体”的范畴；其次，“新媒体”是一个技术性的概念，当下的新媒体指的是依托数字技术、互联网技术和移动通信技术等新兴科技而产生的向用户提供信息服务的一系列新的工具或手段⑧。

---

① 人民网：《关于新媒体核心概念的厘清》，2012年11月1日。

② 张文俊：《数字新媒体概论》，复旦大学出版社，2009年，第8页。

③ 匡文波：《新媒体舆论——模型、实证、热点及展望》，中国人民大学出版社，2014年，第5页。

④ 新浪网：http://tech.sina.com.cn/it/t/66496.shtml，2015年5月11日。

⑤ 见《新媒体百科全书》熊澄宇撰“译后记”。该文载于《新媒体百科全书》（斯蒂夫·琼斯主编，熊澄宇、范红译，清华大学出版社，2007年，第500页）。

⑥ 熊澄宇、金兼斌：《新媒体研究前沿》，清华大学出版社，2012年，第3页。

⑦ 斯蒂夫·琼斯：《新媒体百科全书》，熊澄宇、范红译，清华大学出版社，2007年，第500页。

⑧ 宫承波：《新媒体概论》（第四版），中国广播电视出版社，2012年，第3页。

二、新媒体的判断标准

前面我们介绍了新媒体的概念，现在我们换一个角度，来看看怎样判断哪些媒体可以算作新媒体。比较统一的意见是，采用了数字技术，并且在传播上具有交互性的媒体，可以算作新媒体。按照这个标准，网络媒体、移动媒体、交互性电视媒体可以算作新媒体。

但如果单纯按照这个标准来判断谁是新媒体，尚有不足。例如，即便在网络媒体内部，也有产生较早的搜索引擎、门户网站等媒体形态，还有产生较晚的博客、SNS等媒体形态，两者在传播模式、社会功能方面有较大差异。在移动媒体内部，有1G、2G、3G、4G和5G的差异，出现较早的短信媒体形态与产生不久的微博、微信等媒体形态，也不可同日而语。所以，在判断谁是新媒体的时候，似乎还得引入计算机网络和移动通信网络这两个技术因素。

另外，仅仅用“交互性”这一传播特性界定新媒体也是不完整的。新媒体的超文本、超媒体、虚拟现实等特性，也是传统媒体所不具备的。

因此，我们的意见是，参考学者宫承波主编的《新媒体概论》对新媒体三种技术依托的阐述，而暂不引入传播特性的参照系来判断谁是新媒体，应该是一个较为稳妥的办法。这三种技术是数字技术、计算机网络技术、移动通信技术。利用这三种技术来判断谁是新媒体，可以得出这样的结论：

凡是采用了数字技术的媒体形态，就是广义的新媒体；

凡是采用了数字技术同时又兼采用计算机网络技术或者移动通信技术中一项或两项的媒体形态，就是狭义的新媒体。

综合学者谭天、宫承波等人的论述，狭义新媒体可以称作“新兴媒体”，广义新媒体中排除狭义新媒体的部分，可以称作“新型媒体”①。

三、新媒体包含的种类

沿用上面的定义和判断标准，我们可以对新媒体做如下归类：

既应用了数字技术，也应用了计算机网络技术或移动通信技术的新媒体，属于“新兴媒体”，包括“网络媒体”和“移动媒体”。这类新媒体由于采用了全新的技术，通常也具备交互性、超媒体性等传统媒体所不具备的传播特性。

根据通行的以业务形态作为归类依据的原则，可以划入“网络媒体”的新

① 谭天：《新媒体新论》，暨南大学出版社，2013年，第4页；宫承波：《新媒体概论》（第四版），中国广播电视出版社，2012年，第3页。

媒体形态主要包括搜索引擎、门户网站、电子邮件、即时通信、RSS、网络出版、维客、威客、掘客、网络社区、博客、SNS、社会化虚拟世界、网络视频、网络电视台、互联网电视、IPTV 等。可以划入“移动媒体”的新媒体形态主要包括手机短信、手机彩信、手机出版、手机报、手机广播、手机电视等传统形态，以及近几年得到广泛应用的 App（新闻媒体开发的手机客户端）、微博、微信，还有抖音等短视频社交软件和快手等短视频社交平台。

只应用了数字技术的新媒体属于“新型媒体”。这类新媒体由于采用了数字技术而丰富了自己的传播手段，提高了信息的传输质量，但它们不具备新兴媒体所特有的全新传播特性。新型媒体主要包括：数字电视、移动电视、楼宇电视、户外新媒体，以及图文、音像光碟出版等。

这里需要强调的是，数字电视不应被划入新兴媒体的范畴，因为数字电视不具备交互性。在国内，电视业务领域被称作“双向数字电视”“交互数字电视”的业务，实际上都是 IPTV，只不过名称不同而已[①]。

本教材所说的“新媒体”，就是在上述定义之下，包括在上述类别之中的各类新媒体形态的总和。

第二节　新媒体的传播特性

如前所述，新媒体是与传统媒体相对的一个概念，新媒体之所以区别于传统媒体，主要是它采用了有别于传统媒体的新技术。在认识新媒体传播特性的时候，我们也首先要认识导致新媒体出现一系列传播特性的两个技术性前提：数字技术和分布式网络。正是在这两个技术性前提之下，出现了互动性、多媒体和超媒体性、超时空性（即时性和全球性）、个性化（分众化）、虚拟化、信息的共享与共创、海量信息与特殊检索机制、智能化等特性。

一、新媒体传播特性的技术前提

决定新媒体传播特性的两个技术前提，分别是数字化的信息处理模式和分布式网络去中心化的信息传输模式。

（一）数字化的信息处理模式

所谓数字化，是指用数字技术来处理一切信息的技术实践。数字技术的本质是用“0”和“1”两个数字来处理信息，数字化带来了人类信息处理和信息

① 杜百川：《广播电视数字化普及读本》，中国国际广播出版社，2007 年。

传播领域的巨大变化甚至革命。数字技术在本书中将辟专门章节介绍，此不赘述。

数字化的意义在于：

第一，数字技术可以有效地降低处理、存储、显示和传输信息所需的数据数量，使信息传输的能力大大提高；

第二，数字技术可以无限制地复制数据，而没有明显的质量损失；

第三，数字技术可以保证高精度、轻松地控制数据；

第四，数字技术不只是局限于文字处理，还可以把任何一种形式的信息转换为数字，即比特。这样，各种信息类型之间的差异越来越模糊，字母、单词、图片、声音、视频，甚至味道、气味，或许还有感觉，某一天都能够以同样的数字格式被存储、处理和传播。①

数字技术为人类当代信息传播提供了一种独特的符号，这种符号在我们这个时代占据了传播的主导地位，并深刻影响着新媒体环境下的传播。尼古拉斯·尼葛洛庞帝在其《数字化生存》中，把数字技术的应用称为数字化革命，认为在数字化时代，计算不再只和“计算”有关，它决定我们的生存——所谓“数字化生存”。综观新媒体时代的实际情况，他的论断符合数字技术在新媒体中处于基础地位的现实。

（二）分布式网络去中心化的信息传输模式

作为新媒体另外一个技术基础的计算机网络技术，是一种特殊的技术。这种技术的出现与一位名叫保罗·巴兰（Paul Baran）的美籍科学家有关②。

20 世纪 60 年代中期，巴兰分析了当时正在使用的两种网络模型：

一种是传统的集中式网络，如电话网络，这种网络有一个控制中心，资源集中于一台主机，这台主机作为枢纽，管理和控制着整个网络；另一种是分散式网络，这种网络有多个网络控制中心。以上两种网络都容易受到攻击。

为了降低因受攻击而崩溃的风险，巴兰设计了示意图如同渔网的“分布式网络”，并提出了运行数字技术于其中的“包交换”（Packet Switching）技术，从而形成了分布式网络的完整技术设想（如图 1-1 所示）。巴兰的技术设计与美国军方采用的阿帕网（APRAnet）的技术要求一致——阿帕网的基本要求是在受到攻击时即便某些节点（node）受损而系统也不致崩溃。阿帕网即后来全球最大的一张互联网——因特网的前身。

---

① 苏宏元：《网络传播学导论》，中国社会科学出版社，2010 年，第 6～9 页。

② 苏宏元：《网络传播学导论》，中国社会科学出版社，2010 年，第 4～6 页。

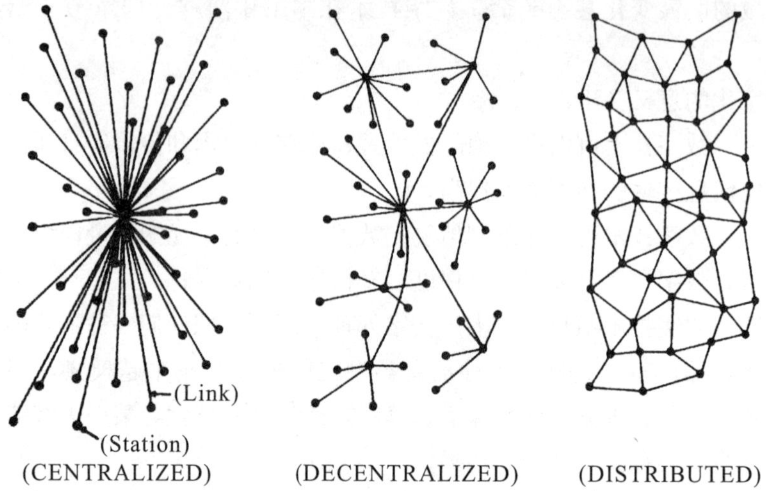

（A）传统的集中式网络　　（B）分散式网络　　（C）分布式网络

图 1－1　巴兰的三种网络的示意图①

从图 1－1 可以看到，分布式网络中，每一个节点都是平等的，取消了中心的概念，每个节点之间的联系可以通过不同的路径实现，网络安全性能最好。即便某些节点或网络局部受损，整个系统也不会崩溃。

可以看出，按照这个基本模式设计出来的因特网，从诞生之日起，就具备去中心化，即没有信源中心、控制中心的特点。这个特点深刻影响着互联网的运行和传播。

当然，在网络传播中，实际上仍然存在着事实上的信源中心、检索中心，前者如知名的门户网站、微博中的"大 V"博主，后者如知名搜索引擎等。但需要明确的是，这些事实上的中心，是在运行过程中经由品牌效应等加上用户使用习惯而形成的，互联网并没有为其提供成为中心的技术基础；换言之，一旦运行过程中出现重大失误，这些中心的地位是很容易丧失的。这与传统媒体通过垄断媒介资源而获得的中心地位，不可同日而语。

二、新媒体的传播特性

正是由于有了上文提到的两个技术前提，新媒体产生了一系列与传统媒体不同的传播特性。

① 苏宏元：《网络传播学导论》，中国社会科学出版社，2010 年，第 5 页。

（一）互动性

互动性被认为是新兴媒体重要的传播特性之一，“成为网络传播区别于大众传播最本质的特征”①。互动性（interactivity）又被翻译为“交互性”，是指对象之间或各种因素之间发生相互作用的过程。

传播意义上的互动有两个核心：交流的方向和交流进程中的控制②。新媒体的交互性首先体现在信息交流方向的双向、多向上，例如存在于聊天室、即时通信和微信平台上的交流模式（如图 1—2 所示）。

图 1—2 双向交流示意图③

在上述交流模式下，信息发送者和信息接收者难以区分，双方（或多方）的交流地位平等，作用相互。

新媒体的互动性还体现在处于信息交互地位的用户对信息的一定程度的控制上。传统的大众传播呈现的是单向传播模式，传播者发出信息，接收者被动地接收信息，接收者无法对信息的发送方式进行选择，更无法对信息内容进行修改。例如在电视频道的节目播出中，用户既无法变更节目播出安排，更无法对节目的内容进行修改。但在新媒体视频传播平台上，用户可以任意选择平台上提供的节目，并能够通过选择来影响视频推荐的排列位置；在网络新闻的发布中，用户可以通过发表评论、意见来影响新闻传播的效果；在维客等新媒体业务中，用户甚至能够直接参与文本的编辑。这就意味着，在新媒体交互模式下，用户在传播中拥有一定程度的对传播进程的控制权。

在阐述新媒体互动性时，还需要提到两类基本的“互动”类型：人机互动和人与人之间的互动④。人机互动包括人与计算机系统的互动和人与文档的互动，前者如用户参与计算机单机游戏，后者如用户参与网络文档制作。人与人之间的交互则广泛存在于各类论坛、聊天室、SNS、博客、微博及微信等业务之中。

互动性的出现，是导致传统媒体在信息环境中地位下降、作用削弱、功能

① 苏宏元：《网络传播学导论》，中国社会科学出版社，2010 年，第 11 页。

② 苏宏元：《网络传播学导论》，中国社会科学出版社，2010 年，第 12 页。

③ 苏宏元：《网络传播学导论》，中国社会科学出版社，2010 年，第 13 页。

④ 苏宏元：《网络传播学导论》，中国社会科学出版社，2010 年，第 12～13 页。

衰退的主要因素之一，这同时导致传播活动出现新的规则或规律。因此，对互动性的认知应成为我们从实用角度理解、把握新媒体的重要切入点。

由于本教材所属专业领域的关系，我们对互动性的关注，仅限于传播视野之内，但必须说明的是，互动性的意义远不止于此。作为新媒体的主要特性之一，它影响广泛，网络商务活动、网络信息拥有权与这一特性关系密切，甚至人类社会社群形式的重构也与它联系紧密。新兴媒体逐渐成为一个影响人类生活、生存方式的全方位技术系统，互动性在其中发挥的作用不容小觑。

（二）多媒体和超媒体性

多媒体（Multimedia）是指在数字技术的基础上，文字、图形、动画、音频、视频等多种不同信息符号在单一数字化环境中的“集成”和“控制”[①]。多媒体不是指简单的多种媒体形式的复合。例如，报刊可以刊载文字，也可以刊载图片；电视可以播放视频，也可以播出字幕，还可以在息屏状态下播放音乐。上述情形中，传统媒体也可以实现简单的多种媒体形式的复合，但我们不能把报刊和电视称作多媒体。

多媒体概念的实质，在于使用统一的数字语言，集成多种信息形态的编码方式。传播者那里，多媒体表现为可以便捷地对多种信息符号进行混合处理和传输；而在用户那里，则为可以利用一台终端，享受过去由各类不同媒介分别传播的多种信息的复合服务。

多媒体概念指的是新媒体处理多种信息形态的能力，而超媒体概念则指向新媒体环境下不同信息的组合方式。

超媒体（Hypermedia）是指在多种媒体中非线性地组织和呈现信息。美国学者尼葛洛庞帝在《数字化生存》中指出，超媒体是超文本（Hypertext）的延伸。所谓超文本，是按照信息之间的关系非线性地存储、组织、管理和浏览信息的计算机技术。通过超文本方式，可以实现文本之间的“自由转移”，即通过文本之间指向其他文本的超链接，便捷地从一个文本转移到另一个文本。“超文本”是在早期网络只能传输文本信息的条件下提出的概念，目前，以超文本方式组织信息的对象已经扩展到了影像文本、声音文本。在目前的新兴媒体环境下，用户不仅可以通过“点击”来浏览文本信息，还可以通过“点击”的方式获得声音、影像信息，这就是新媒体的超媒体性[②]。

多媒体特性使用户拥有了便捷处理和传输多种形态信息的能力；而超媒体

① 苏宏元：《网络传播学导论》，中国社会科学出版社，2010 年，第 9～10 页。

② 宫承波：《新媒体概论》（第四版），中国广播电视出版社，2012 年，第 7 页。

性则为不同信息形态数据之间实现自由转移提供了可能，这也深刻地影响到人们对新媒体的传播运用。

（三）超时空性

所谓超时空性，是指新兴媒体在信息传播上无时间限制和最大限度地突破空间限制的特性。借助覆盖全球的有线互联网、无线上网的 Wi-Fi 技术，以及移动互联网技术，利用台式个人电脑、笔记本电脑和包括智能手机在内的各类移动终端，新兴媒体用户一方面能够在任何时候发布和接收信息，并且这种发布和接收具有即时发布、即时接收的特点，打破了传统媒体在信息发布上总是受到时间限制的局限；另一方面，新兴媒体的用户借助覆盖广泛且全球相连的有线互联网和国际移动通信网络，能够最大限度地接近在任何地点发布和接收的信息。简而言之，能够“随时随地”发布和接收信息，就是超时空性在实际应用中的含义。

由于超时空特性的影响，网上信息总是在不断更新，并不断地沉淀、积累；同时，信息的全球共享已经成为当今信息传播的现实。全球不同国家、地区的人们，使用新兴媒体的平台，可以便捷地发布、接收信息，进行跨地域的交流沟通。例如，不同国家、地区的华人，能够便捷地借助“微信”进行信息发布、接收和交流沟通，就是典型例子。有人用“即时性”和“全球化”来概括新兴媒体的这一类传播特性①。在我们看来，不管是即时性还是全球化，其实都是超时空特性的具体表现。

（四）个性化

个性化是指新媒体能够为每一台终端和每一位使用特定终端的用户提供具有个性特点的信息服务的特性。其中，新兴媒体能够提供具有完整意义的个性化服务，因而具有充分的个性化特点；新型媒体中的数字电视能够提供有限的个性化服务，也具有一定程度的个性化特点。

个性化特性的产生，其技术基础是数字技术，计算机网络技术和移动通信技术则为其提供了实现条件。数字技术的特殊编码方式和其所支撑的软件技术，可以针对海量终端和千差万别的终端用户，提供可以彼此区别的服务；而计算机网络技术中的 IP 地址、移动通信技术中的手机号码等识别系统的设计，则使个性化特性的产生有了可能。

由于新媒体个性化特性的存在，传播者可以针对使用特定终端的用户，发

① 黄传武：《新媒体概论》，中国传媒大学出版社，2013 年，第 7～9 页。

布有针对性的特定信息；而用户也可以根据自己的需要，定制、检索、选择、改变信息，或者发布自己的信息，以及在软件支持下，设计自己在网络上的个性空间。从传播的角度看，传统媒体过去的“点对面”“一点对未知多点”的传播模式，被新媒体“一点对已知多点”“多点对多点”等传播模式所取代。例如，在网站广告发布当中，通过后台技术数据的调取，发布者可以清楚地掌握某条广告在哪一台终端上被点击过多少次、每次停留的时间是多少；根据这些数据中反映出的用户喜好，利用专门的软件，网站可以定点向特定终端（用户）发送对方感兴趣的广告。这种特性，从另一个角度观察，也就是实现了“分众化”的传播。

新媒体个性化特性的影响巨大而广泛，其对传统媒体的冲击是直接的。目前报刊广告投放量大幅度下滑，电视广告出现下滑趋势，都与个性化特性有直接关系。作为专业的传播主体，如何在网络用户个性化彰显的时代实现规模传播的目标，有赖于我们深化对这个领域的认识。

（五）虚拟性

虚拟性有两重含义：其一，是指由有线互联网和移动互联网所构成的新兴媒体世界，是一个以数字信号为基本形态的虚拟世界；其二，是指网络虚拟世界为现实世界的人们建立虚拟的人际关系提供可能。在网络世界里，不管是文字、图片、声音还是活动图像，都不过是数字信号的组合形式；数字信号的组合还可以创造出仿真的人类活动的虚拟空间，如大型网络游戏；数字信号与网络技术结合，可以为现实中的个人提供一种与现实世界既有联系又有区别的网络世界，人们可以利用这个网络世界建立虚拟的人际关系。

新媒体的虚拟性不是孤立存在的，它实际上是人类社会在网络空间的映射。虚拟性为人类想象力的具象化提供了可能，为人类在现实社会关系之外建立另一种虚拟化的社会关系提供了平台，在人类生活的现实空间之外拓展了新的存在空间。根据一些研究者的观点，虚拟性甚至为新媒体的发展开辟了无限广阔的未来空间。当然，毋庸讳言，虚拟性也为现实社会带来一些困惑、弊端和困扰。

对于从事传播工作的专门人才来说，鉴于我们对新媒体虚拟性的陌生，同时由于这种特性的巨大影响力和它在新媒体发展中的潜力，了解和熟悉新媒体的虚拟性，就显得非常重要。

（六）信息的共享与共创

在新兴媒体的整个发展过程中，从互联网的 Web 1.0 到 Web 3.0，到目前逐步向 Web 4.0 发展，移动通信网络发展到 3G、4G 而出现移动互联网，并与传统互联网融合，其应用趋势都是从单纯的信息聚合与信息搜索，向信息共同享有、用户广泛参与信息创造的方向发展的。这种信息共享和共创的特性，不但是新媒体不可忽略的重要特性，也是促成传播环境、传播格局大变化的重要因素。对于学习传播专业的人士来说，这个因素也非常值得重视。

信息共享与共创局面的出现，显著降低了传统媒体的影响力，使传统媒体追求独家新闻的努力变得几乎不可能，使传统媒体议程设置的功能大为削弱，使网络世界明显地存在一个与现实世界有联系但又相对独立的舆论空间，使任何试图进行大规模信息传播的主体都必须面临无数的信源变量和非常复杂的传播环境。这甚至影响了教育领域，学生越来越感到在课堂上传授知识没有必要；知识产权的享有和保护也在网络世界遭遇前所未有的挑战。而这一切都还在向纵深发展，在信息共创过程中沉淀、积累起来的海量信息泥沙混杂，信息共享规模的扩大和质量要求的提高呼唤更加便捷的信息检索、处理服务。云计算（Cloud Computing）模式的出现，大数据（Big Data）概念的提出和数据挖掘（Data Mining）技术的开发，正在并且必将继续扩大网络世界信息共享与共创的规模和质量。显然，任何从事专业传播工作的人士都无法回避这一趋势所导致的格局变化。

（七）海量信息与特殊检索机制

海量信息与特殊检索机制是具有传播特性意义的网络现状。

人们用“海量”来形容新兴媒体世界的信息规模，这一信息规模的直接影响就是，任何传播主体，不管你是报刊的网络版或是网络电视台，还是门户网站，从理论上说，你都置身于由无数的信息源所构成的传播环境之中，你的传播必然受到这无数信息源的影响甚至干扰。从另一方面来说，具有某种现实世界社交优势的主体一旦在网络世界落脚，或者某些在网络世界传播极端内容的不知名主体，都很有可能立刻就获得影响巨大的传播资格，产生广泛的传播影响力。前者如一些网络大 V 微博博主，后者如一些在网络空间依靠另类言行博取上位的网络红人。

与海量的信息相伴随，搜索引擎等方便用户搜索信息的包含特殊检索机制的检索服务应运而生。有过互联网信息发布经验的人士都知道，在海量信息的环境下，信息能否有效到达受众，检索机制常常起着决定性的作用。一旦信息不能被搜索引擎检索到，或者检索到之后不能在搜索结果排序中靠前，所发布的信息很可能就沉没在信息的汪洋大海之中。

正是出于上面的原因，我们把海量信息与特殊检索机制纳入新媒体传播特性的章节，以期引起读者的注意。

（八）智能化

“智能化”是一些学者提出的新媒体的三大特征之一。在这个意义上的“智能化”，是指“由现代的通信与信息技术、计算机网络技术、行业技术和智能控制技术汇集而成的针对某一方面应用的智能集合，它是新媒体所追求的高级形态，是新媒体所创造的真正价值”。智能化“从用户价值的变现上，表现为强大的注意力收集与创造力运用的有效机制——解决问题”①。

我们在这里所说的“智能化”，通俗地说，就是网络世界在信息传播过程中，经由一定的硬件平台、应用技术和特定软件的支撑，所形成的对信息的智能处理能力。例如，根据用户在终端使用上表现出的特征而有针对性地推送广告的发布系统，就可以纳入我们所说的智能化的范畴。随着新媒体技术水平、软件开发、服务产品的进一步发展，网络世界的智能化程度还将进一步提高，其影响难以估量。

网络世界智能化特性的存在，使从事传播专业工作的人士认识到，在网络环境下发布和接收信息，只考虑互动性、多媒体与超媒体性、超时空性、个性化、虚拟性等特性是不够的，利用智能化提供的种种可能去优化我们的传播工作，才是网络传播工作中的题中应有之义。

我们原则上赞同这段表述中的观点：“互联网不只是传统意义上的所谓传播媒介，而是一个社会技术系统，为信息交流提供平台，为未来的知识经济构筑基础结构。互联网根本性地改变了现存的电信业、传播业以及服务业的面貌，并已渗透进了社会生活的各个领域，诸如远程教育、远程医疗、网上银行、网络会议、电子商务乃至虚拟性爱等。”② 不过，我们认为，上段文字中所指的互联网，应该理解为包括有线互联网和经由移动通信网络发展而来，并与有线互联网有着技术联系的移动互联网这两张网络。

由于专业的特殊要求，我们始终把本教材主要的着眼点置于新媒体的传播功能方面，个别章节会涉及电子商务等内容，应属特例。这是需要先予说明的。

---

① 谭天：《新媒体新论》，暨南大学出版社，2013 年，第 15 页。

② 苏宏元：《网络传播学导论》，中国社会科学出版社，2010 年，第 14 页。

第三节 新媒体的未来

直至今日，新媒体的概念内涵还在不断地丰富，新媒体本身仍处于持续的发展过程中。在这样的情况下，对新媒体的认知和把握，就有必要保持前瞻意识，根据已有的研究成果，对新媒体的未来做一个大致的预测，以便更好地把握传播工作的今天与明天。

纵观新媒体的发展历程，可以发现，新媒体的发展始终包括两个主要方向：技术方向和应用方向。通常的规律是，技术发展获得新的突破，新的应用迅速出现，进而引发传播领域的新变化。例如，流媒体技术出现，接着就诞生了“网站-用户”模式的网络音频、视频服务；P2P技术问世，“PPS”等新型音频、视频业务就诞生了；移动通信技术发展到3G阶段，与成熟阶段的Web 2.0技术结合，微博、微信业务就产生了。鉴于此，我们对新媒体未来的预测，即使是从传播专业的需要出发，也应该以技术未来和传播发展为着眼点，这才是比较符合事实的做法。

一、新媒体技术未来

鉴于本教材后面章节还会专门介绍有关内容，这里只是简单介绍一下基本的信息。根据现有信息，新媒体的技术未来主要可能包括如下内容。

（一）下一代互联网

下一代互联网缩写为NGI（Next Generation Internet），这个概念最早由美国提出并启动对它的研发。在我国，广播电视系统提出的下一代广播电视网NGB（Next Generation Broadcasting Network），和电信系统提出的下一代通信网NGN（Next Generation Network），是基于我国国情，由两大系统立足自身传输特点和基础设施所提出的趋向未来互联网的下一代互联网概念。

我国在1998年就启动了下一代互联网的研究①，广播电视系统和电信系统也早已启动了对下一代广播电视网和下一代通信网的试验和建设。经过整合发展，一个统一的下一代互联网将建成并将更加深刻地改变传播格局。

（二）未来的移动互联网

移动通信技术的技术模式与互联网技术有异曲同工的意义。当移动通信网

① 庹继光、王海蓉：《下一代互联网怎样改变网民》，载于《新闻界》2005年第5期。

络的数据处理能力进入 2G（2nd Generation）阶段，就可以提供除语音之外速度较慢的数据业务了。后来，移动通信的 GSM 系统开发的采用 WAP 协议、应用 GPRS 技术的所谓 2.5G 技术，开始把手机变成一个可以满足网络浏览和交互传播需求的终端，这个时候的移动通信网络就逐渐演变为移动互联网了。

目前，国内移动通信技术和网络的 4G 已经全面应用，5G 时代也已经到来。支撑上网业务的智能手机和平板电脑已经大规模普及，移动通信网络与有线互联网在技术上实现了全面融合，这对传播格局影响巨大，并将持续下去。

由于移动互联网技术的发展和传统互联网无线保真技术的应用（如使用 IEEE 802.11 系列协议的 Wi-Fi），手持终端上网的用户既可以使用前者，也可以使用后者来实现无线上网，这为全时空保持在线状态提供了极大的便利。

（三）三网融合与有线、移动互联网融合

在传统的传播格局下，有线电视网络承担有线电视节目的传播，固定电话网络为用户提供打电话的功能，有线互联网（又叫传统互联网）提供个人电脑（PC）使用互联网的服务，移动通信网络经过技术升级，并经过与有线互联网的技术连接而成为移动互联网。上述网络曾经相对独立地存在，但最终融合成一个统一的未来互联网，是基本的发展趋势。

为了适应科技发展的趋势和要求，国务院在决定推动电信网、广电网和互联网三网融合之后，更于 2015 年 9 月 4 日发布了《三网融合推广方案》。[①]在强有力的政策推动下，各类传输网络在未来互联网基础上的融合将加速，中国未来互联网的建设将步入快车道。

相比之下，有线互联网与移动互联网的融合要顺利得多。微博、微信等业务的推广，本身就是有线互联网和移动互联网顺利融合的产物。

上述融合将为未来新媒体发展提供技术基础。

（四）物联网

物联网是互联网在未来进一步发展的产物。所谓“物联网”，又称“传感网”，其技术基础是无线射频识别系统（Radio Frequency Identification），它可以通过无线数据通信网络进行信息采集和物品的识别，进而通过开放性的计算机网络实现信息的交互和共享。物联网的核心意义是实现物与物、人与物之间的智能化。物联网进一步开拓了“人的延伸”，让人与物理系统实现协调一致。物联网被誉为继计算机、互联网和移动通信网之后世界信息产业发展的第

① 见中华人民共和国中央人民政府官方网站，索引号 000014349/2015—00144。

三次浪潮。

物联网的概念，是2005年突尼斯信息社会世界峰会（WSIS）上，国际电信联盟（ITU）在报告《ITU互联网报告2005：物联网》中正式提出的。这份报告指出，无所不在的“物联网”通信时代即将来临，世界上所有的物体，从轮胎到牙刷、从房屋到纸巾，都可以通过因特网主动进行信息交换①。

物联网的出现对于未来社会有什么影响目前还无法确知，但其对传播环境肯定是会产生影响的。

（五）云计算

云计算是将存储资源、计算资源和软件服务通过网络提供给用户的一种计算模式。这种模式的特点为，用户通过网络以“按需、易扩展”的方式获得所需信息服务②。云计算产生的背景是，随着用户数量的剧增和信息处理需求的急剧扩大，互联网运营平台对协议与格式转换、内容存储能力等信息需求剧烈增加，传统架构无法满足这一需求，于是采用云计算解决这一问题。

云计算模式将大为改善用户使用信息的效率和体验。

（六）人工智能的新闻传播应用

人工智能（Artificial Intelligence），英文缩写为AI。它是研究、开发用于模拟、延伸和扩展人的智能的理论、方法、技术及应用系统的一门新的技术科学。

人工智能是计算机科学的一个分支，它企图了解智能的实质，并生产出一种新的能以人类智能相似的方式做出反应的智能机器。该领域的研究包括机器人、语言识别、图像识别、自然语言处理和专家系统等。人工智能可以对人的意识、思维的信息过程进行模拟。人工智能从诞生以来，理论和技术日益成熟，应用领域也不断扩大。③ 最近一两年，人工智能在新闻传播领域的应用飞速发展，催生了所谓“智媒体”的新的媒体形式。人工智能的新闻传播应用，目前主要表现在机器人写稿、机器人新闻编辑、机器人视听新闻编辑（包括关键人物人脸识别、素材镜头截取、自动叠加字幕、自动生成视听新闻产品等功能）、智能数据可视化（包括自动生成图形产品、自动运用数据可视化模板）、

① 宫承波：《新媒体概论》（第四版），中国广播电视出版社，2012年，第43页。

② 胡正荣、唐晓芬、李继东：《新媒体前沿（2011）》，社会科学文献出版社，2011年，第70～71页。

③ 百度百科：“人工智能”，https://baike.baidu.com/item/%E4%BA%BA%E5%B7%A5%E6%99%BA%E8%83%BD/9180?fr=aladdin。

智能审核、虚拟主播，等等。人工智能在新闻传播领域的应用，助力主流媒体以很少的人力、物资资源投入，实现海量新闻信息产品生产。

二、新媒体传播未来

对于新媒体，可以从多个方面进行观察和研究，我们的重心放在传播领域。新媒体传播的趋势是什么？综合主流意见，应该是“媒介融合”。

由于新媒体是在数字技术、计算机网络技术和移动通信技术的基础上产生的，其对多媒体信息符号的综合处理能力，使得它本身就是媒介融合的成果。门户网站这个最早的互联网新媒体形态，目前集成了文字、图片、音频、视频等几乎所有媒介形态的业务；微博、微信则更把文字、图片、音频、视频的交互传播常态化。

从目前新、旧媒体发展的情况推测，未来新媒体传播的基本趋势应该是现在分别相对独立存在的报刊、广播、电视等传统媒体与有线互联网、移动互联网深度融合，形成未来基于网络的综合媒体。这个综合媒体应该具有如下特点。

（一）在网络融合基础上，出现终端融合、内容融合

经过三网融合加上有线互联网、移动互联网的网络融合，最后形成一个超时空覆盖的广阔网络。依托这张网络，大显示屏的墙面终端将取代客厅电视（现在互联网电视已经进入一些家庭，这预示着这方面的变化），其主要功能为视音频节目欣赏；个人电脑作为桌面终端将继续存在，其主要功能为数据处理和传输；手机、平板电脑、眼镜显示装置等将作为移动终端与人们生活密切结合，其功能为在移动状态下实现信息的交互传输和共享。

网络方面的融合为新媒体未来的传播提供技术基础和前提。

（二）新媒体的各类特性将表现得更加充分

随着技术的进一步发展，新媒体与生俱来的特性将得到更大规模的发展。

互动性将扩大规模与效能；个性化将发展到参与交互的用户个体可以在网络上获得高度集成的主体功能，成为一个复杂的系统，且人机界面将更为友善；多媒体信息将成为信息传输的基本形式，超媒体特性将表现为在智能化信息整合基础上更高效率的运行；虚拟性将与其他特性结合，导致“具有生物体的某些特性，并因此在其成熟形态阶段能够深度介入人的传播行为的新式媒

介”的出现，即“生物媒介”的诞生①。

（三）融媒体机构成为主流媒体未来的主要形态

2020年9月26日，中共中央办公厅、国务院办公厅印发了《关于加快推进媒体深度融合发展的意见》；2020年11月26日，广电总局印发《关于加快推进广播电视媒体深度融合发展的意见》的通知。两个文件对包括广播电视在内的主流媒体的未来发展做出了部署。其基本精神包括：主流媒体的主阵地转移到互联网，向移动终端倾斜，资源向互联网聚集；力争用1至2年时间，新型传播平台、全媒体人才队伍建设取得明显进展；5G、大数据、云计算、物联网、区块链、人工智能等信息技术革命成果在主流媒体全面应用；提高主流媒体精品内容的持续供给能力（准确及时发布融媒体新闻信息，为其他媒体转载提供新闻信息源；提高定制化、个性化、精准化供给能力，深耕专业化、垂直化、场景化内容服务）；加大高新视听内容（超高清视频、沉浸式视频、互动视频、VR/AR/MR视频等）供给，提供全息化、沉浸式、交互式视听体验，开展云端化、智能化、专业化、社会化生产；探索建立“新闻+政务服务商务”的运营模式，增强造血功能。

主流媒体未来的基本形态是融媒体机构。从2018年8月起，县级报刊、电台、电视台、有线互联网站等主流媒体在党和国家的统一部署下，整合为融媒体中心，依托融媒体技术平台和软件系统，再造以“统一采集、统一制作、统一审核、统一分发、统一反馈”为特点的“一条龙”新闻信息产品生产流程，按照媒体融合、移动优先，视频化、故事化、智能化、年轻态的要求，履行新闻传播职责。市级、省级主流媒体的资源也向自身构建的融媒体机构倾斜，融媒体运营模式日渐成为国内主流媒体的标准模式。这对新媒体未来的发展与应用，势必产生深刻的影响。

新媒体迄今为止的发展告诉我们，在这样一个时代，绝不能抱残守缺，“与时俱进、守正创新”是应对这个时代的基本态度，是我们学习新媒体方面课程的基本态度。

① 赖晓航：《生物媒介的传播模式》，载于熊澄宇、金兼斌：《新媒体研究前沿》，清华大学出版社，2012年，第230～231页。

练习一

1. 请谈一谈什么是新媒体。
2. 新媒体的三大技术依托是什么？
3. 什么是新兴媒体？什么是新型媒体？
4. 请谈一谈对新媒体互动性的理解。
5. 请结合你使用互联网的实际体验，谈一谈什么是新媒体的个性化特性。
6. 谈一谈你个人对新媒体未来发展的预测。
7. 面对新媒体，作为新闻传播专业的学生，我们应该怎么学，怎么做？

第二章　新媒体的技术基础

美国电脑专家、麻省理工学院教授尼葛洛庞帝曾在《数字化生存》中这样描述：“信息技术的发展将变革人类的学习方式、工作方式、娱乐方式，一句话，人们的生存方式。”随着21世纪的到来，人类社会进行信息交流的方式发生着巨大的变化。数字技术、互联网技术以及移动通信技术的综合运用，使人类社会由电子信息时代向数字信息时代转变。尤其是2019年，我国正式进入5G商用元年，移动互联技术的飞速发展超出人们的想象，形成了全新的媒体时代格局。

第一节　数字技术

一、数字技术的概念和发展历程

（一）数字技术的概念和原理

“数字技术（Digital Technology），是一项与电子计算机相伴相生的科学技术，它是指借助一定的设备，将各种信息包括图片、文字、声音、影像等，转化为电子计算机能识别的二进制数字‘0’和‘1’后，进行运算、加工、存储、传送、传播、还原的技术。由于在运算、存储等环节中要借助计算机对信息进行编码、压缩、解码等，因此也称为数码技术。”[①] 从大众传播学角度来看，数字技术在传播过程中对信息的处理方式是一个典型的传播学信息传递方式：对要发送的信息转化为数字信息进行编码和对接收到的数字信息进行解码的过程。

（二）数字技术的发展历程

“数字技术的关键技术部分是数字电路，也就是所谓产生、传递、加工和

---

① 百度百科：“数字技术”，http://baike. baidu. com/link?url=HQKlrSuAiF5d4N6lp2qAra53lJBSwr9tjACDO7Twir4xTnFBDQd7YXUteW1kpruhOH-2t9Sq00kqmtA。

处理数字信息的电路。通过两个逻辑数字‘1’和‘0’，用时间和大小上均不连续、离散变化的数字信号来模拟信息、传送和再现信息。1946 年世界上诞生了第一台电子计算机，人类第一次创造了可增强和部分代替脑力劳动的工具，也标志着人类开始迈进数字技术时代。1947 年，为了放大电流，贝尔实验室开发出了晶体管，这一发明成了所有电路的基石。”① 从 1947 年半导体三极管的发明及真空管的诞生，到 20 世纪 60 年代集成电路的发明，都推动了数字逻辑和计算机的发展。从 1946 年的计算机经典体系结构，20 世纪 70 年代初英特尔设计出第一个微处理器，到现在最新一代的超级计算机，数字系统正以惊人的速度发展②，为人类进入多媒体信息社会奠定了基础。

最近几年以来，由于数字技术在计算机、移动通信等领域发展迅速，多种新媒体技术不断产生，流媒体技术、云计算技术、3D 打印等就是其中的代表。这种以数字技术为基础的新媒体发展时间虽然只有十几年，却给人类社会带来了巨大的影响和变化：一是新媒体技术的应用日益广泛，二是新媒体的影响越来越深远，三是新媒体给人类带来便利的同时也带来相应的问题。后面章节将详细讲到。

二、数字技术的特点

数字技术在新媒体应用中彰显了独特魅力，从信息传递延伸到人类生活的各个方面，给社会经济和社会生活带来了重要的影响，那它又有哪些独特之处呢？

（一）数字信号抗干扰性强、信号质量高、还原效果出色

数字信息由数字“0”和“1”编码构成，不易被其他通信技术干扰和更改，只要基本的“0”和“1”的编码能够被识别，原始的信息就能被还原，且信息质量与原来的没有任何差别。例如将一盘模拟信号的视频录像带通过早期的线性编辑系统进行多次反复的翻录和编辑，录像带上的信息质量就会大大降低，出现马赛克画面或因磁迹掉落而丢失画面，而采用数字技术设备录制的录像资料，用非线性编辑系统重复编辑多次，都不会降低画面质量，利用率极高。

---

① 蒋鲁松、朱冰：《数字通信与计算机通信网络》，载于《中华女子学院山东分院学报》2002 年第 2 期。

② 百度文库：《数字技术的发展历程》，http://wenku.baidu.com/link?url=MMvcR0TYcgv8mk4NQLQBRyJ0p3CXkZDvtPazdJ1k9jMSP6u_9W2cZ_WFOScYMO_j27kqkAcvJCKHGplVm3Li7k4RWI4LaA1Q-bqVVMGNAf7）。

（二）数字压缩编码技术增加了信息的储存容量和传输数量

模拟信号数据非常冗杂，如不进行压缩处理，就会占用传送带宽和大量储存空间，进而影响传输的速度和数量。而对于数字信息，可以利用压缩编码技术对采集的任何信号进行处理，以便储存和传输。例如，以前只能加载一个节目的频道，利用压缩编码技术后就可以上载多套不同清晰度的数字电视节目。随着传输技术由电缆升级到光缆，传输的频道还将多倍增加，这样一来，受众就可以看到更多丰富优质的节目。

（三）数字技术的兼容性促使多个媒体平台间的信息资源融合

数字技术可以与移动通信平台、互联网平台进行融合，使数字信息在多个平台间互相渗透传播，出现了“你中有我，我中有你”的现象。例如，利用数字技术把传统媒体中普通纸质的报纸变成电子报纸，人们通过互联网就可以看到报纸；又如数字广播、数字电视、数字音乐等新型媒体形式的出现，都证明着各种媒体在数字技术的平台上，竭尽全力将其各自独立的技术融为一体，从而能在新的媒体市场竞争中胜人一筹。

数字技术的优点是显而易见的，一套几十集的电视剧一张光盘就可以储存，一根头发丝那么细的光纤不到一秒的时间里就能将信息传到世界各地。所以数字技术在短短几年内的发展就取得了令人瞩目的成就，影响了我们的生活习惯和思维习惯，在未来将继续扩大这种影响。

三、数字技术对传统媒体信息传播的影响

数字技术的发展，使受众在信息传播的过程中表现出的主体性越来越强，媒体也不得不改变态度，跟随受众的需求来不断改变自己的传播形式和内容，优化传播技巧。由此看出，因数字技术而发展起来的新媒体，改变了传统媒体对信息传播的方式，也影响着受众对信息的接收与传递。

（一）数字技术对广播的影响

作为大众传播媒体的广播，自出现便与社会发展和科技进步息息相关，当进入数字技术发展的时代后，广播媒体出现了新的形式，如数字音频广播（DAB）、数字多媒体广播（DMB）等。

1. 数字音频广播

“数字音频广播（DAB，即 Digital Audio Broadcasting）的出现是广播技

术的一场革命，是继传统所熟知的 AM、FM 广播技术之后的第三代声音广播。”① 利用数字技术制作的数字音频广播具有抗噪、抗干扰、抗衰减、适合高速移动接收等特点。它还能提供 CD 级的立体声音质量，信号几乎零失真，可达到发烧级播出音质，特别适合播出古典音乐、交响音乐、流行音乐等，受到专业人士的一致好评。

2. 数字多媒体广播

“数字多媒体广播（DMB，即 Digital Multimedia Broadcasting）是在 DAB 的基础上发展起来的、面向未来的新一代广播系统，受众可以通过手机、计算机、便携式接收终端、车载接收终端等多种接收装置收看丰富多彩的数字多媒体节目。”② DMB 的出现将单一的声音广播业务拓宽到了其他媒体领域：如在传输高质量声音节目的时候，还能提供影视娱乐节目、智能交通导航、电子报纸杂志、金融信息等多种可视数据业务，并广泛应用在公交车、出租车、轻轨、地铁、火车站、汽车站、轮渡、机场等场合中各种流动人群使用的移动终端或是在家里、办公室里。可见，数字技术的出现，提高了广播的传播效率。同时，将单一的声音节目广播业务发展到了多种媒体领域，吸引了更多的受众关注。

（二）数字技术对电视的影响

“数字电视（Digital Television，或 DTV）……是指从电视节目采集、制作、存储、播出到发射、传输、接收，全部采用数字编码与数字传输技术的新一代电视系统……”③ 与传统电视相比，数字电视给我们带来了很多改变及影响。

1. 提供更优质的图像和更多的频道资源

与传统模拟电视相比，数字电视利用集成在一块芯片上的自适应数字滤波器，能使亮度信号和色度信号充分分离，提高了彩色图像的质量。另外，它采用场存储器将电视机的隔行扫描变换成逐行扫描，可克服光栅闪烁现象，提高图像质量，并使图像更稳定。在伴音系统方面，由于数字电视采用数字音频技术，所以音质好。卫星直播时，利用带宽压缩技术可以在一个频道内播送 5 套节目，以及 100 个频道的声音广播、计算机用数字广播等多种广播。在有线电

① 张铭芮：《数字媒体导论》，人民邮电出版社，2008 年，第 101～102 页。

② 张铭芮：《数字媒体导论》，人民邮电出版社，2008 年，第 101～102 页。

③ 王宏、陈小申、张星剑：《数字技术与新媒体传播》，中国传媒大学出版社，2010 年，第 76 页。

视网络中，一个 PAL 制电视信道可播 8～10 套标准分辨率的数字电视节目[①]。因此，数字化的电视网络能够同时传输几百套电视节目，用户可以根据自己的喜好和需要自由选择节目。

2. 播出方式的改变

数字电视可以提供更多的频道和节目资源，因此自主性、分众化社会逐步形成，为电视传播中受众中心地位的确立提供了社会基础。电视传播者不再把受众当成一个无分别的整体，而是针对受众的不同群体和不同需求层面，分别实施特定的传播策略，使电视媒体播出方式由大众传播转向分众传播再转向小众化传播，为个性化小群体提供服务，以吸引受众的关注。

3. 服务方式的改变

数字电视最大的优点就是可以为家庭提供一个综合性的多媒体家庭信息服务平台，提供个性化、互动性的服务，如交互电视、会议电视、电视商务、数据广播等，让观看者变成使用者，提高了受众的积极性和主动性。同时，用户还可以获得多种增值服务。这些功能在模拟电视时代是无法想象的。

4. 接收方式的改变

传统的广播电视只能固定接收，坐在家里收看。但有了数字电视后，观众不仅可以在家里看电视，走在路上、坐在车里、站在电梯间等情况下都可以通过手机看电视。数字电视已形成了多层次、多网络、纵横交错的传输和接收体系，可以随时随地满足受众的需求。数字技术与电视的结合，使传统电视媒体在制作、播出、传输、接收等多个方面发生改变，同时也改变着原有的媒体格局和管理体制，打破了传统媒体一统天下的局面。

（三）数字技术对传统纸媒的影响

数字技术的广泛运用，不仅改变了传统媒体的形式，也改变着传统媒体的内容，纸质媒体也不例外。随着数字技术的出现，印刷出版也逐渐转向数字化。纸媒编辑人员可以根据记者拍摄回来的图片和相应文字报道，利用计算机相关软件处理图片和文字，完成排版工作，这样的版面既可以用纸质的形态印刷出来，也可以用电子形态发行。具体而言，数字技术主要从以下几个环节改变着印刷出版数字化进程。

1. 编辑处理环节的改变

任何一个新的版面的形成，都必须经过前期编辑数字化和后期制作数字化

① 中华商务网：《数字电视有哪些优点》，http://www1.chinaccm.com/09/0902/090202/news/20001207/153009.asp，2000 年 12 月 7 日。

两个主要的环节。在前期编辑的过程中包括了稿件审查、编辑、排版、打样、校对等环节，这些环节中数字化运用程度越高，工作效率就越高。后期制作数字化主要是指排版过程中的数字化，一般是根据前期处理好的各种图片、文字信息，利用相应的排版软件在计算机中完成版面制作。

2. 印刷出版环节的改变

几百年来，纸媒一直沿用古老的铅排铅印的技术；20 世纪 70 年代以来，随着数字技术的运用，计算机激光照排系统和平版胶印技术的出现，印刷出版告别了铅与火的时代，进入了光电时代；20 世纪 90 年代中期，数字技术进一步发展，印刷工艺又出现了新的变革，计算机直接制版 CTP（Computer To Plate）技术出现。用户可以把计算机排版所生成的数字页面直接输出到 CTP 版材上，实现了高速度、高质量、低成本、低污染的全数字化印刷工艺。

3. 传播环节的改变

无论是编辑处理环节的改变还是印刷出版环节的改变，都只是简化了某些工艺程序，但最终的成品依然需要纸张承载，而纸张的消费必然会造成森林的减少、污染的增加、成本的提高。终端传播的数字化应用则彻底摆脱了纸张介质，整个信息的传播依靠的不再是纸张，而是数字化的载体，如 CD、VCD、DVD、U 盘、智能手机、平板电脑等各种介质。如无纸化办公，就是依托现有的数字化计算机办公系统而实现的一种新型办公模式，是近几年我们国家积极倡导的新的办公模式。2014 年的全国两会就已经实现无纸化办公，这种新的改变，既能节能降耗，又能提高工作效率和优化管理流程。

这些改变，都体现了数字技术对传统媒体的影响，也证明了数字技术的更新和发展是当今社会的趋势，只有顺应时代潮流，才能为社会所需要，也才能体现媒体本身存在的价值。

第二节　计算机网络技术

一、计算机网络技术的概念和发展历程

（一）计算机网络技术的概念

媒介理论学家马歇尔·麦克卢汉在《理解媒介：论人的延伸》中曾言："任何媒介对个人和社会的任何影响，都是由新的尺度产生的；我们的任何一种延伸，都是要在我们的事物中引进一种新的尺度。"其实计算机网络就是利用现代通信技术建立的线路网络，将地理位置完全不同的且具有独立功能的计

算机系统和通信设备按照不同的网络模式连接起来，运用网络软件实现资源共享和信息传递的系统。简单地说，计算机网络就是通过电缆、电话线、光缆或是无线通信设备将两台以上的计算机互连起来的集合，它将计算机网络技术与数字技术综合使用，实现信息的数字化交互传播。

（二）计算机网络技术的产生和发展

在当今媒体时代，计算机网络中的各种服务、应用、信息传输、接收及制作都依靠一种最为实用、便捷和优越的计算机网络——互联网。我们暂把互联网的发展分为两个阶段：

1. *初创期*

20世纪60年代末期，美国国防部开始启动在核战时期运用于通信的计算机网络开发计划“ARPAnet”（阿帕网）。“1969年正式开始运作，当时仅连接了四台计算机，供科学家进行计算机联网实验，此为互联网的雏形。1983年，ARPAnet宣布由过去的通信协议‘NCP（网络控制协议）’向新协议‘TCP/IP（传输控制协议/互联网协议）’转变，能实现不同网络互相连接。1991年，欧洲粒子物理研究所科学家提姆·伯纳斯·李（Tim Berners-Lee）开发出万维网（World Wide Web），此后，互联网开始向大众普及。1993年，伊利诺伊大学美国国家超级计算机应用中心学生马克·安德里森（Mark Andreesen）等人设计了网页浏览软件‘Mosaic’，该软件后来被作为Netscape Navigation（网页导航）推向市场，此后互联网得以爆炸性普及。”①

2. *发展期*

万维网的出现和普及，加快了计算机网络技术发展和更新的步伐，从Web 1.0、Web 2.0到Web 3.0，再到下一代网络技术NGN（Next Generation Network），其飞速的更新和变化，改变着媒体世界的格局，推动着人类社会的文明进步，影响着人们的生存环境。

Web 1.0，即Web 1.0时代，也即第一代互联网。由于技术的局限性，其主要的特征有：一是人们主要通过互联网的网页浏览器来获取信息，这种接收信息的方式只能满足人们对信息搜索、聚合的要求，但本质上仍然是单向传播模式，无法实现双向传播，缺少互动性效果，如门户网站、即时通信、搜索引擎等；二是利润回报主要依靠巨大的点击率，无论是早期融资还是后期获利，

① 百度文库：《网络起源》，http://wenku.baidu.com/link?url=FmeWuKo1Ii1v_crC9zX-CS3EqPRY9FhEUEsh1uN-pz79wDnSPtPSd9elCvyq2hxT4mq7qNX2zYGDm-6b-O0zdyP0gX4eRT7k0IN6wuRzlFq。

依靠的都是大量的用户和点击率，以点击率为基础上市或开展增值服务，用户群体的数量决定了盈利的水平和速度，这充分体现了互联网的眼球经济色彩；三是 Web 1.0 时代网站基本采用了以技术更新推动网站发展为主的模式，信息技术的更新和使用决定着网站的发展，如新浪、搜狐、腾讯、盛大等网站创建初期，技术性变革的痕迹比重相当大。

Web 2.0，即 Web 2.0 时代，相对 Web 1.0 来说，它是一种新的互联网技术平台的统称，也可以说是 Web 1.0 的升级版。但不仅仅只是某种技术的创新或者某种应用的升级，Web 2.0 改变了 Web 1.0 时代单一化的信息接收方式，增加了参与、沟通、交流、分享等功能。Web 2.0 时代更加关注受众的主动性和满足受众的个性化需求，如受众不仅可以使用各种浏览器、RSS 阅读器等，还可以创作互联网内容，成为网站信息的制作者。因此，这一平台上产生的新的媒体形态有博客（Blog）、维客（Wiki）、播客、社交网络（SNS）、简易信息聚合（RSS）、P2P 等，利用这些平台，受众进行信息传播的成本变得非常低而且效率高。

Web 3.0，即第三代互联网，是建立在 Web 2.0 的基础上，成功实现了更加智能化的人与人、人与机器交流功能的互联网模式。在 Web 3.0 时代，用户不仅可以找到综合化服务平台，也可以获取根据自己偏好而设置的个性化聚合服务。如同一模式化的综合门户将不复存在，人们看到的新浪、网易等新闻首页将是根据个人的喜好而设置的；又如在百度、谷歌搜索时，搜索引擎也将通过智能系统过滤筛选出相关的有用信息，而不会出现海量无关的信息。当然，这个过程的实现必须依靠强大的智能识别系统，以及长时间对某一用户在网行为规律的分析和锁定，才能做出相应的判断。这一点，完全打破了 Web 2.0、Web 1.0 时代互联网流量和点击率的评价标准，而变成了到达率和用户价值体现的标准。同时，Web 3.0 还具有优秀的模块定制功能，可以在电脑、智能手机、iPad、机顶盒等不同终端平台上实现模块的定制。

下一代网络技术 NGN（Next Generation Network，如图 2－1 所示），泛指以数据为中心、以开放的网络架构为基础，提供包括语音、数据、多媒体等多种业务的融合网络体系。具体包括下一代交换网、下一代接入网、下一代传送网、下一代移动网、下一代互联网等。它具有分层架构特点，进行用户数据统一管理、全网业务统一管理。这种技术框架下，用户接入手段更加多样化，为运营商提供了更加快速、持续的新业务空间，加快了电信网络、计算机网络、有线电视网络融合的步伐。

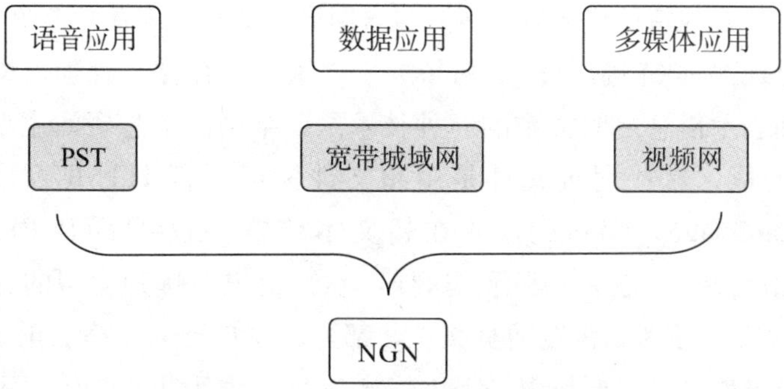

图 2－1　下一代网络技术 NGN 基本体系

二、计算机网络技术特点与应用形式

互联网技术的日益成熟和迅速扩展，使得以计算机网络技术为支撑的互联网应用功能出现了多样化，如万维网、E-mail、BBS、即时通信、微博、微信等，这些功能都体现了互联网的独特优势。

（一）计算机网络的特点

（1）开放性：当今的互联网，是世界上最开放的计算机网络，任何一台计算机只要通过了网络互联协议 TCP/IP，就可以连接到互联网，实现海量信息的浏览、分享和传输等功能。

（2）自由性：互联网是一个自由的虚拟信息王国。在互联网的世界中，人们可以自由地获取自己所需的信息，也可以自由表达自己的言论，并自由使用搜索到的任何内容或上传自己的信息。

（3）平等性：在互联网的世界中，进行信息传播的人是没有高低贵贱之分的，不论男女老少、相貌美丑、社会名流还是普通老百姓，不论国家机关、企业组织还是个人，都可以平等使用互联网上的信息进行交流、学习、讨论。

（4）交互性：在互联网中，信息流动是双向的，人们不再是被动接收信息，而是主动与他人、与计算机进行信息交流互动，实现了信息由单一传播模式向双向传播模式的转变。

（二）计算机网络技术的应用形式

1. Web 1.0 时代常用的应用形式

（1）WWW 万维网站。WWW（World Wide Web），又称万维网、全球信息网或 Web，是指因特网上集文本、声音、图像、视频等多媒体信息于一身的全球信息资源网络。用户可以在浩瀚的因特网海洋中搜索和浏览自己感兴趣的所有信息。其独特的优势有：一是包含图形、动画、声音、影像等多种媒体信息；二是超文本链接（Hyperlinks）——采集、存储、管理、浏览离散信息，建立和表示信息之间关系的一种技术。万维网的信息资源主要由一个个Web页面构成，这些网页文件是用超文件标记语言 HTML（Hyper Text Mark-up Language）编写的，并在超文本传输协议 HTTP（Hyper Text Transfer Protocol）支持下运行。这样，不管用户在哪种类型的计算机或终端，通过 WWW 服务器浏览网页文件，都可以在自己的屏幕上正确无误地显示出来。万维网站的主要作用是提供信息查询，不但图文并茂，而且范围广、速度快，几乎适用于人类生活、工作、学习的所有领域。

（2）E-mail（电子邮件）。E-mail 是一种依托计算机网络服务来实现人与人之间信息交流的现代化通信手段。美国工程师汤姆林森（Ray Tomlinson）在 1997 年发明并开始使用 E-mail，迄今为止，它已成为全球网络用户最常用的互联网通信手段。电子邮件是通过计算机来进行信息书写、编辑整理，由互联网进行传递，数秒钟之后信息接收方可在任何时间、地点进行信息的接收、阅读和处理。整个过程高效且成本低廉，而且还可以传输声音、图像、动画、视频等多媒体信息，并可订阅电子报纸、杂志以及多种生活服务信息。从传播学的角度来讲，电子邮件可以实现点对点的信息传播，即一封邮件可以发送给指定的某一个人，也可以发送给某一个群和团体的每个人，使之拥有了更多更为广泛的交流对象。

（3）电子公告板。电子公告板 BBS（Bulletin Board System）是电子公告板系统的简称。广义的电子公告板不仅包括电子公告板还包括电子白板、电子论坛、网络新闻组（NewsGroup）、网络聊天室（Chat room）、留言板等交互式信息发布平台。在 BBS 中，每一个网络用户都可以自由地进行信息的发布、获取或者讨论别人的观点等，由于采取的是匿名的形式，言论表达自由性较大。BBS 本身兼顾知识性、娱乐性和教育性等特点，所以在国内外的大学校园中极其活跃，成为大学生讨论及信息交流的一个重要虚拟场所。与互联网上的其他服务平台相比较，BBS 具有较突出的地域性特征，用户范围和服务范围一般以地域为中心展开，不同地域的 BBS 具有不同的特点，无论用户走多远，都可以通过网络找到家乡或工作所在地各种类型的 BBS 进行信息交流与沟通。

（4）文件传输 FTP。文件传输 FTP 即文件传输协议，是互联网最早出现的服务功能之一，到现在仍然在网络中占据重要位置。FTP 的主要作用就是让用户通过网络连接远程计算机（即 FTP 的终端服务器，这些服务器上存储着海量信息，包括计算机软件、音频文件、视频文件、图像文件及重要资料等），然后把这些文件从远程计算机复制到本地计算机中，或者把本地计算机中的数据信息传递到远程计算机中。为了保障终端服务器的网络安全，大部分远程计算机只允许用户下载文件，而不允许上传文件。有部分远程计算机还采用一些方法保护自己的文件不被黑客修改和删除，并防止计算机病毒的入侵，非注册用户要下载文件时，还需要通过注册允许后才能继续使用。

2. Web 2.0 时代常用的应用形式

以“数据”为中心的 Web 1.0 时代发展到以“人”为出发点的 Web 2.0 时代，体现出科技“以人为本”的理念，也开始进入互联网的飞速发展阶段。Web 2.0 时代为用户提供了更为方便的服务平台，鼓励用户提供内容，根据用户在网络留下的搜索痕迹来分析用户关心的信息，并为之提供服务。

（1）博客。博客凭借其个性化、开放性、及时性和互动性的传播特点，表现出独特的发展优势。2002 年美国《财富》杂志评选“最酷公司”，第一名是皮拉实验室（Pyra Labs），文章这样说道：“没有什么东西比迅速兴起的‘博客’——一种即时更新的在线日记更具有杀伤力了。”全球每 40 秒，就有一名新的博客加入进来。中国的博客开始于 2002 年 8 月，到 2005 年，中国博客的注册量奇迹般地攀升到了世界第一。随着 SNS 等新兴互动空间模式的兴起，博客逐渐被冷落，而另一个从博客中脱离出来的新事物——微博出现在人们面前，并迅速火爆起来。

（2）微博。微博是微型博客的简称，是一种以用户关系为基础来进行文本、图片、声音、视频等多媒体信息分享、传播以及获取的平台。在微博中，每个人都是信息的生产者和消费者，每个人都形成以自己为中心的“自媒体”。微博发展速度惊人，究其原因，一是微博内容编辑终端具有多样性和移动性，用户可以通过电脑和手机随时更新微博，也可以通过与微博服务器相连的终端软件实现信息的即时分享，如微博主页、即时通信工具（如 MSN、QQ、微信、Skype 等）以及各种移动互联网软件等；二是微博信息传播的零散化，即用户使用时间的零散化和发布微博内容的零散化，这种特性反映出当今快节奏的生活规律，也反映了这个时代信息的不确定性、零散化、无中心、多元性等特点；三是传播过程的草根性和平等性，由于微博 140 字数的限制，用户在进行微博信息写作时，完全不用顾忌逻辑、语法等规定，这样就把“莎士比亚”和“平民”都拉到同一水平线上了，也让“沉默的大多数”人群找到了自己的舞台，大量原创内容被发布出来。

（3）电子出版。电子出版是各类传统纸质媒体充分结合互联网技术，向数字化新媒体演变的产物。从广义上讲，只要通过互联网技术平台，以文字、图片、音频、视频等形式传播知识、信息、观点的活动都可以称为电子出版，包括电子书、网络报纸、网络杂志、网络动画、网络游戏等内容；从狭义上来讲，电子出版指拥有合法资质的出版机构，以互联网为载体和流通平台出版并销售数字出版物。由于电子出版物的载体是互联网，因此可以通过电脑、手机、平板在线阅读，也可以下载收藏，用户可以随时随地阅读和使用。较之传统出版而言，电子出版的传播特性在于：一是出版主体的多元性，出版者只需要将编辑好的内容传输到互联网上即可以完成出版过程，省去了传统出版的发行、运输、批发、零售等环节；二是出版内容比较丰富，电子出版在纸张、价格、稿源等方面不再受传统出版的束缚，能够存储并永久保存海量信息，不受空间和时间的限制，在全球任何地方任何时间都可以通过网络获取相关内容；三是电子出版成本低、无库存、风险小，整个出版过程不需要纸张、厂房、油墨、机器等设备，真正实现了"绿色出版"，具有可持续发展性；四是电子出版具有便捷性和个性化，电子出版从产品形态上来讲是数字化，从流通方式上来讲是网络化，从支付方式来讲是电子化①。

（4）网络视频。网络视频是传统电视媒体利用互联网技术的一种新的应用形式。它的内容以网络格式为主，通过网络视频播放软件进行播放，以满足用户收看的需求。网络视频的出现打破了传统电视线性传播的模式，用户可以点播、回看、订制所有视频内容，并且还可以与同一时间观看同一内容的其他用户进行交流，如 2016 年兴起的"弹幕"，可以使同时观看该视频内容的用户进行实时交流。这种独特的方式，形成了网络视频传播主体多元化，传播内容多样化、个性化的特点。网络视频在全球范围内迅猛发展，到 2013 年，全球网络视频用户比 2007 年增长 3 倍，达到 10 亿人。无论从应用层面、技术层面，还是市场层面，网络视频应用都会成为一股热潮。②

3. Web 3.0 时代常用的应用形式

Web 3.0 时代建立在 Web 2.0 的基础之上，实现了更加智能化的互联网模式，世界上更多的物体和物种都能通过智能的网络设备接入网络，实现万物互联互动的智慧化运用。其主要的应用形式有大数据、虚拟现实、增强现实、物联网等形态（详情请参照本书第十三章相关内容，此不详述）。

---

① 王强：《网络出版对我国传统出版的影响》，对外经济贸易大学，2006 年硕士学位论文。

② 李淮芝、蔡元：《新媒体的数字化生存与发展》，测绘出版社，2011 年，第 29 页。

三、计算机网络技术对新媒体的影响

进入 21 世纪以来，新兴的媒体形式逐渐增多，主要以网站和移动终端发展为主。与传统媒体比较，任何新兴媒体的发展都必须以计算机网络技术为基础，也就是说，计算机网络技术的发展，影响着新兴媒体的发展规模和更新速度。从近十年计算机网络的发展来看，它改变了人们获取信息的方式和信息传播的方式，给人类社会带来了全新的体验。

（一）对信息传播方式的改变

在计算机网络技术基础之上建立的互联网诞生之后，人们主要还是通过网站来浏览、选择自己喜欢的信息资料，且在有限的范围内进行交流和沟通，这个时候的信息传播还是呈现单向传播的特点。但随着技术的发展进步，即时通信工具 QQ 出现并迅速发展，成为当今年轻人进行信息交流和分享的主要方式，一时间，QQ 成为网络中的“新贵”，QQ 空间、QQ 游戏也跟着火了起来。到现在，QQ 的功能日益多样化，不再只是一个普通的聊天工具，而发展成集交流、资讯、娱乐、搜索、电子商务、办公协作和企业客户服务等为一体的综合化信息平台。2007 年 5 月，国内首个提供专业微博服务的网站——饭否网建立，并在短时间内迅速拥有了大量用户。2009 年 8 月，新浪网推出“新浪微博”，其借助名人微博的影响力和号召力并以其简单、随意甚至随性的特点，迅速吸引了大量用户，在国内微博市场中站稳脚跟。微博，不仅能传播信息，还可以起到参政议政的作用。2011 年 1 月 21 日腾讯推出一个为智能终端提供即时通信服务的免费应用程序——微信，打破了微博一家独大的局面。“2016 年 3 月，微信作为广受欢迎的中国聊天应用，月活跃用户数突破 7 亿。”[①] 面向全年龄的短视频社区平台——抖音于 2016 年 9 月 20 日上线，近几年快速崛起，成为年轻群体的主要社交工具。新浪财经在 2021 年 3 月 29 日的报道中称，2021 年一季度抖音日活跃用户数峰值约 7 亿。在这个时代，信息传播不再是线性结构，普通民众不再只是被动接收信息，而是可以通过微博、论坛、微信等形式，掌握信息传播的主导权，可以第一时间掌握第一手资料，通过电脑或者手机成为信息发布的中心源。

（二）对信息传播内容的改变

在计算机网络技术基础之上建立的互联网诞生初期，网络传播的信息还只

---

① 搜狐公众平台：《“进击的微信”　微信月活跃用户数突破 7 亿！》，http://mt.sohu.com/20160421/n445493845.shtml，2016 年 4 月 21 日。

是以文字为主，差不多算是传统媒体的一次改版。随着技术的进步和应用，网络信息传播的内容逐渐呈现出多媒体形式——视频、声音、图片、文字等可以在网络中传播。在快节奏的现代都市生活中，人们都特别繁忙，更喜欢以一种直接的方式接收信息，微视频、短文字更容易被接收，如微电影和微博。同时，为了增加互动性，在线视频直播技术开始出现，如体育赛事、电视节目、文艺活动等，除此之外，个人也可以通过即时通信工具来进行视频直播，如QQ的在线视频直播功能，可以实现多人视频对话。随着网络用户数量的增加，个人视频直播量加大，网络的承载负荷开始增加，给网络流畅运行造成了麻烦，流媒体技术、高清视频技术的出现，改变了这一现状，使得优酷、51、酷6等网站能持续发展。文字和声音直播技术的运用，可以在几分钟内实现信息的快速、广泛传播，展现出即时性特征。

（三）对媒体产业的改变

随着计算机网络技术的进步和发展，网络游戏、电子商务作为一种新生事物开始出现在人们的生活中，并影响着人们的生活。

首先，2000年至今，中国网络游戏从无到有，表现出惊人的吸金能力，成为互联网中炙手可热的新媒体形式之一。早期的网络游戏，没有区分用户群体，2004年，市场开始开发健康网络游戏，以有益于未成年人的健康成长。2005年，休闲类网络游戏开始崛起。2008年，中国网络游戏产业进入高速增长期。“产业信息网发布的《2016—2022年中国网络游戏市场运行态势及发展趋势研究报告》显示，中国游戏市场在2015年2季度总体继续保持了稳步上升的增长趋势。网络游戏市场规模达到了339亿元，同比增长26%，环比增长6.4%。”[①] 可见，网络游戏的出现改变着人们生活娱乐和信息交流的方式。

其次，电子商务的出现开创了新的人类商业活动模式。“电子商务，英文是Electronic Commerce，简称EC，通常是指在开放的网络环境下，基于浏览器、服务器应用方式，买卖双方不谋面地进行各种商贸活动，实现消费者的网上购物、商户之间的网上交易和在线电子支付以及各种商务活动、交易活动、金融活动和相关的综合服务活动的一种新型的商业运营模式。”[②] 中国的电子商务开始于1997年，最具影响力的是马云创立的阿里巴巴集团。阿里巴巴是

---

① 中国产业信息网：《2015年中国网络游戏市场发展现状分析》，http://www.chyxx.com/industry/201510/350445.html，2015年10月19日。

② 王宏、陈小申、张星剑：《数字技术与新媒体传播》，中国传媒大学出版社，2010年，第122页。

全球电子商务的著名品牌，是全球国际贸易领域最大、最活跃的网上交易市场和商人社区。具有开放性和全球性特点的互联网，使得商业企业可以更及时、准确地获取消费者的信息，准确订货、减少库存，并通过网络促销提高效率、降低成本、获取最大利益。电子商务改变着传统商业企业的销售模式，减少了中间环节，使生产者和消费者能够直接交易，同时，由于其成本低廉，也吸引了很多年轻创业者加入。

总之，在计算机网络技术的推动下，互联网新媒体深刻地改变着现在的信息传播方式、传播内容和媒体产业。今后，我们要利用计算机网络技术为新媒体的发展提供更强动力，并加强网络安全建设，使互联网能够健康发展，为用户提供更加方便、快捷、即时、准确的各种服务。

第三节　移动通信技术

一、移动通信技术的概念和发展历程

（一）移动通信的概念

移动通信是指通信双方至少有一方可以移动或者正在移动地获取信息以及进行娱乐活动的通信方式。“移动”成为新媒体重要的特征之一。这里所指的移动的主体可以是人，也可以是各种交通工具等在移动中的物体。这里所指的通信，不仅仅是通话，还包括数据、传真、图像、视频、声音、文字等信息内容。移动通信技术使各种信息的传播摆脱了电线、光缆等实体网络的限制，通过无线网络实现随时随地的传播。随着技术的发展，移动通信也在不断完善。

（二）移动通信技术的发展历程

从 1979 年日本开通第一个移动通信电话至今，移动通信网络已经经历了第一代（1G）、第二代（2G）、第三代（3G）、第四代（4G）、第五代（5G），6G 时代即将到来（如图 2－2 所示）。

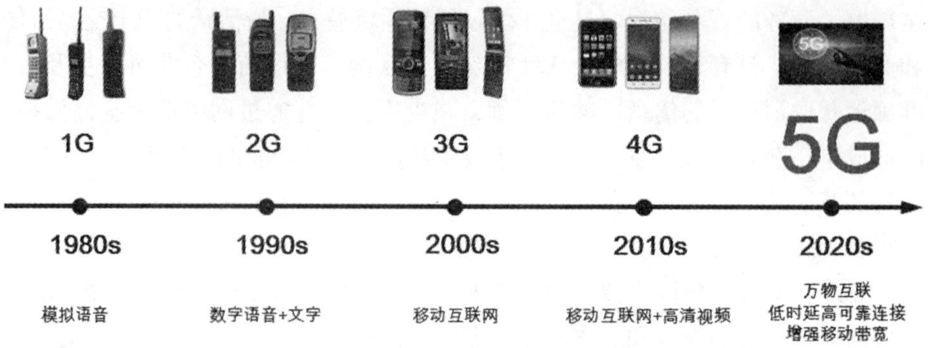

图 2—2 移动通信技术演变图①

第一代移动通信技术（1G，1st Generation），主要业务是语音，采用模拟制式，建立在频分多址（FDMA）技术上，技术标准主要包括 TACS 等。1G 时代的移动通信终端只能接受语音信息，不能提供信息服务。我国在 1987 年引进第一代移动通信设备，拉开了我国移动通信发展的帷幕。当时的移动终端又称为“大哥大”，价格昂贵，体积庞大，但人们却趋之若鹜。后来，由于通话质量、保密性、安全性、业务功能都不太理想，逐渐被淘汰。我国在 2001 年年底，彻底关闭了模拟移动通信网。

第二代移动通信技术（2G，2nd Generation），主要业务有语音、彩信、短消息、电子邮件、浏览网页、移动商务等。采用数字的时分多址（TDMA）和码分多址（CDMA）技术，以数字语音传输为核心。目前，GSM 网络是世界上最大的运营网络体系，拥有全球超过 50%的市场份额。1994 年，我国进入了数字移动通信时代。与第一代相比较，第二代移动通信系统具有保密性强、业务丰富、标准化程度高等特点，同时在通话质量、安全性等方面都比第一代有了很大的进步，进入飞速发展阶段。2001 年至 2002 年，我国移动通信用户就增加了 1 亿。

在由 2G 过渡到 3G 的过程中，还出现过 2.5G 移动通信技术，以 GPRS 为技术代表。它满足了用户对于移动宽带多媒体业务的需求，如手机逐渐从语音平台演进为视频、数据、娱乐、商务和支付等多种功能媒体服务平台，手机报纸、手机电视等形式也被开发出来了。可以看出，由于 2.5G 技术的推动，手机由通信工具向大众媒体演变，随着技术的进步，3G 时代来临，手机正式成为“手机媒体”。

① 北京中科纳通电子技术有限公司：《5G 通信基站电磁屏蔽材料及应用》，http://www.nanotop.com.cn/news/363.html,2020 年 4 月 27 日。

第三代移动通信技术（3G，3rd Generation），是指将无线通信和国际互联网等多媒体通信相结合的新一代移动通信技术系统。与前两代技术相比较，最大的优势就是将无线通信技术和网络信息技术相结合，实现了手机和电脑的融合，使手机成为新的个人智能机通信终端。能适用3G网络的手机，都具有超大的触摸屏，能够处理图像、声音、视频等多种媒体形式的信息，同时还能提供网页浏览、电话会议、电子商务、在线支付等多种信息服务，从而满足现代人们移动办公、移动网上娱乐等需求。

近观全球，3G技术标准只有四种：欧洲的WCDMA、美国的CDMA2000、中国自主研发的TD-SCDMA和WiMAX。2009年1月7日，我国的工信部为中国移动、中国电信、中国联通发放了三张3G牌照，其中，中国移动获得基于TD-SCDMA制式的3G牌照，中国电信获得基于CDMA 2000制式的3G牌照，中国联通获得基于WCDMA制式的3G牌照，这标志着我国正式进入3G时代，因此2009年成为我国3G元年。国际电信联盟（ITU）在2000年制定的国际移动通信标准（IMT-2000）中对3G进行了定义和说明，并规定了目标和要求：全球统一频段、统一标准、无缝衔接；比第二代移动通信系统有更高的频谱效率和更高的服务质量及高保密性能；提供宽带多媒体业务，速率最高可达到2 Mbit/s（车速环境：144 Kbit/s，步行环境：384 Kbit/s，室内环境：大于2Mbit/s）；易于从第二代系统过渡和演进价格低廉的多媒体终端。[①]

第四代移动通信技术（4G，4th Generation），包括TD-LTE和FDD-LTE两种制式，4G是集3G与WLAN于一体，并能够快速传输数据与高质量音频、视频和图像等。4G能够以100Mbps以上的速度下载，比目前的家用宽带ADSL（4 Mb）快25倍，并能够满足几乎所有用户对于无线服务的要求。此外，4G可以在DSL和有线电视调制解调器没有覆盖的地方部署，然后再扩展到整个地区。很明显，4G有着不可比拟的优越性。[②] 4G与3G相比较，还具有通信速度快、网络频谱宽、通信灵活、智能性高、兼容性强等特征。“工信部1月25日公布的最新数据表明，截至2015年12月底，全国电话用户总数达到15.37亿户，其中移动电话用户总数13.06亿户，4G用户总数达

① 中兴通讯学院：《对话第三代移动通信》，人民邮电出版社，2010年，第4页。

② 百度百科：“4G”，http://baike.baidu.com/link?url=qUCOYRqVQmusJhFqx873ok42JpZrl4bovvFRbNNTXOyI6G。

3.86225亿户，4G用户在移动电话用户中的渗透率为29.6%。”① 随着移动互联网的发展，人们开始大量通过移动智能终端关注网络上的信息，而4G技术的成熟和应用，为移动互联网的发展提供了充足动力，人们可以随时随地、更加快速智能化地享受网络资源。

第五代移动通信技术（5G，5th Generation），是具有高速率、低时延和大连接特点的新一代宽带移动通信技术，是实现人机物互联的网络基础设施。“国际电信标准组织提出了5G的三大应用场景：增强移动宽带场景，也就是大流量移动宽带场景，适用于3D高清视频、AR（增强现实）/VR（虚拟现实）等；大规模物联网场景，例如智能家庭、智能企业、智能城市等；高可靠低时延场景，例如无人驾驶、工业自动化等。”“5G被誉为‘数字经济新引擎’，既是物联网、区块链、视频社交、人工智能的基础，也将提供关键支撑。……全球著名咨询公司IHS发布的研究报告指出，到2035年，全球5G价值链将创造3.5万亿美元产出，相当于2016年全球财富500强企业中前13强企业的营收总和。”②

面向未来，第六代移动通信技术将会逐渐进入公众视野，全面替代5G技术。6G，即第六代移动通信标准，也被称为第六代移动通信技术。主要促进的就是物联网的发展。截至2019年11月，6G仍在开发阶段。6G的传输能力可能比5G提升100倍，网络延迟也可能从毫秒级降到微秒级。未来的6G时代，可以开启智能世界，重新构建新的世界互联体系。③

二、移动通信技术的应用形态及其特点

随着移动通信技术的发展，很多应用形式和平台产生，如手机新闻短信、彩信手机报和WAP新闻网站等，但3G时代来临后，这些应用形式开始退出历史舞台，而3G新闻网站、新闻客户端等形态却处于上升阶段。其中，传统媒体也开发了自己相应的移动客户端程序，以抓住自己的受众群体。

（一）手机新闻短信

1992年，移动短信诞生，标志着中国移动通信界革命的开始。每天的新

---

① 环球网：《工信部：2015全国4G用户3.86亿宽带“光进铜退”》，http://tech.huanqiu.com/original/2016－01/8448098.html，2016年1月26日。

② 东方财富网：《中国5G技术崛起》，https://baijiahao.baidu.com/s?id=1639834441246990383&wfr=spider&for=pc，2019年7月23日。

③ 中国青年网：《6G到底有多“6”?》，https://baike.baidu.com/reference/16839792/d56ex1IBmLAU6vmaj2B4vqT8NHILVfRHlc4D9AA7egCfCPr61epQRBmDwwOpbPgJAPG0oYYKwywRLtTQLpTjp2A_r_yONpBrOGoztQkJmMmyzyBRpq4gQApkL1slpOeNCMeX，2019年11月9日。

闻以短信的形式发送到用户手机上，是移动通信技术最早的媒体应用形式。目前仍然有大量的短信播报业务和各种短信提示业务服务，如人民网“今日头条”、新浪网“头条新闻”短信版以及银行短信提示服务、天气预报服务等，一般都采取点播和定制两种付费方式进行。微信出现后，人们更多地通过微信来获取信息、进行交流，但短信本身具有人际传播和大众传播相结合的特点以及个性化、多样化的特点，所以很多企业、传媒组织以及个体受众都还在使用，还具有一定的市场份额。如地产公司、投资机构等群发到手机用户的各类促销短信，就是一次“点对面”的大众传播过程；又如个人用户之间在传统节日期间的短信问候，就是一次“点对点”的人际传播，增强了人们之间的感情和联系，并且十分便捷和低廉。

（二）3G 新闻网站

3G 新闻网站是指以 3G 高速传输网络为载体，适应在智能移动终端上进行浏览阅读的移动媒体网站。随着智能手机和平板电脑的普及，操作智能终端上的如 Safari、UC、傲游、火狐、QQ 等浏览器，查看和寻找信息以及交流资讯，已经成为人们生活的一种新方式。比达咨询（BigData-Research）发布的《2015 年第三季度中国手机浏览器市场研究报告》显示：在 2015 年第三季度，浏览资讯成为用户使用手机浏览器的最主要目的，63.1%的用户使用手机浏览器的主要目的就是浏览资讯。搜索以 34.2%排名第二，查找网址导航以 19.9%排名第三，其次是阅读小说、下载应用、看视频，用户占比分别是 19.4%、13.1%、12.6%。[①] 如此大的市场份额，使得国内主要的新闻资讯类网站和社交网站都开发出适应移动终端使用的 3G 网站页面，方便用户通过手机在线观看丰富的图文、视频音频内容。如 2016 年巴西奥运会期间，用户可以通过中国网络电视台 CNTV 的 3G 页面，在有 Wi-Fi 的情况下，观看奥运会的各场比赛以及相关比赛的点评和视频集锦内容。3G 新闻网站，从内容和形式上都已经与台式机的桌面互联网相似，图文、音频、视频等内容都已经制作成适应移动终端小屏幕的形式，操作界面更酷炫，更具吸引力和视觉冲击力。

（三）移动 App

App 即 application（应用程序）的简称，移动 App 就是针对手机、平板等智能终端移动连接到互联网或者无线网卡业务而开发的应用程序服务。简单

① 新浪网：《三季度手机浏览器报告：BAT 占据八成以上份额》，http://tech.sina.com.cn/i/2015－12－24/doc－ifxmxxst0399606.shtml，2015 年 12 月 24 日。

地讲，就是手机、平板、iPad 等终端中通过无线网络上网的各种应用程序。如新闻资讯类的网易新闻、新浪新闻、腾讯新闻、凤凰新闻等，影视娱乐类的优酷、爱奇艺、腾讯视频等，休闲游戏类的《愤怒的小鸟》、《神庙逃亡》(*Temple Run*)、《水果忍者》(*Fruit Ninja*) 等。海量的 App 可以满足用户在任何时间、地点和各个方面的需求，具有广阔的发展前景和巨大的商业价值。种类繁杂的 App 一般都会集中在应用商店进行分类管理，有利于用户寻找和使用。艾媒咨询 (iiMedia Research) 分析认为，"无论从开发者还是从用户角度而言，第三方应用商店以其跨平台以及开放的特性，实现了互联网向移动互联网的过渡，从而为开发者更好地分发手机应用，其比运营商和终端厂商具有更高的用户粘性和活跃度"[①]。智研咨询发布的《2021—2027 年中国移动互联网 App 产业发展动态及投资策略研究报告》显示：从移动网民人均 App 每日使用时长来看，2020 年一季度，疫情期间，专家反复强调和告诫市民尽量不要出门，中国移动网民人均 App 每日使用时长达到 6.7 小时，为近年来季度最高点；二季度、三季度分别为 6 小时、5.4 小时。[②]

根据作者亲身体验分析，新闻类和休闲游戏类 App 使用频率较高，时间段主要是在中午休息时间、下班之后和睡觉之前，用户一天中从早晨起床到晚上睡觉都与智能手机终端保持着高度的黏性，这样的生活状态又是当今社会 70 后、80 后、90 后以及 00 后的主要生活特征。

三、移动通信技术的发展趋势

移动通信技术的普及和发展，有利于满足人们移动接收、查询信息动态的需求，同时也可以提供更加个性化、丰富化的媒体移动 App，使整个移动新媒体领域发展越来越完善。

第一，第六代移动通信技术 (6G) 的开发。5G 在我国正式开始商用，标志着 5G 技术已经进入成熟和全面应用的阶段，而 6G 的概念，也开始被提出和研究。《人民日报》2019 年 11 月 6 日的报道称，科技部会同发展改革委、教育部、工业和信息化部、中科院、自然科学基金委在北京组织召开 6G 技术研发工作启动会。从技术层面来看，6G 的数据传输速率可能达到 5G 的 50 倍，时延缩短到 5G 的十分之一，在峰值速率、时延、流量密度、连接数密

---

① 199IT：《iiMedia Research：2013 年上半年中国手机应用开发者现状报告》，http://www.199it.com/archives/158357.html，2013 年 10 月 8 日。

② 产业信息网：《2020 年中国移动 App 人均安装量、日使用时长及应用安全建议分析》，https://www.chyxx.com/industry/202101/920539.html，2021 年 1 月 4 日。

度、移动性、频谱效率、定位能力等方面远优于5G。可以看出，未来更加智能的网络时代，6G网络技术能够更好地发挥其优势。

第二，移动互联网的发展。移动互联网是指互联网的技术、平台、商业模式和应用与移动通信技术结合并实践的新一代开放的基础网络，也是国家信息化建设的重要组成部分。简单地讲，就是利用手机、iPad等智能移动终端随时随地访问互联网，来获取信息资讯、实现在线支付、进行休闲娱乐等各种应用服务内容的平台。随着宽带无线接入技术和移动终端技术的飞速发展，人们迫切希望随时随地乃至在移动过程中都能方便地从互联网获取信息和服务，移动互联网应运而生并迅猛发展。3G、4G、5G技术为移动互联网的发展提供了技术支撑。

移动互联网中，各种实用的功能更容易获得人们的青睐：一是搜索服务，在移动的状态下，非常适宜使用移动互联网去搜索相关信息，移动搜索仍然将是移动互联网的主要应用；二是基于定位的服务（LBS）将是移动互联网中一个非常大的突破性应用，固定和移动互联网的最大差别就是移动是非常本地化的，在位置服务和位置信息上有非常大的优势，厂商可以对用户在其位置的信息进行更多的服务和整合，比如当你在某个陌生的地方，打开你的移动终端，就能方便地找到附近的酒店、餐馆以及娱乐场所；三是“云”技术的运用，可以让移动互联网在信息传输、存储、智能感应上更具有发展空间，有更多的新型应用形式出现。移动互联网的浪潮正在席卷社会的每个角落，新闻资讯、影视娱乐、电商购物、公交出行等热门应用都出现在移动终端上，人们在苹果和安卓的应用商店的下载量已达到数百亿次，而移动用户规模更是超过了个人计算机用户，使其具有巨大的开发潜力。

第三，物联网的出现。随着工业技术和网络信息化建设的不断发展，万物互联的时代即将到来，人们身边的任何物体都可以进入网络，都会具有智能的思维能力，使得物体也具备了人的“智慧”。物联网的应用不断普及化后，逐渐改变着人们的生活方式以及社会存在的形式。如智能家居、智能交通、智能汽车、智能影音、智慧城市等方面。IBM首席执行官彭明盛曾经就提出过“智慧地球”[①] 的概念，物联网将实现人与自然的和谐发展（有关“物联网”

① 智慧地球：也称智能地球，就是把感应器嵌入和装备到电网、铁路、桥梁、隧道、公路、建筑、供水系统、大坝、油气管道等各种物体中，并且被普遍连接，形成所谓“物联网”，然后将“物联网”与现有的互联网整合起来，实现人类社会与物理系统的整合。参见百度百科：“智慧地球”，http://baike.baidu.com/link?url=8DcTuje3HWAaZyzCIL7hT8w7LnXeo_hcT0dYQwts7vQ7pYM7y63UVY6sNtfep-u4qus6cQ27Gdav4r7disQM8WmTVWvKActItjf0pCsWxA3。

的详细内容请参照本书第十三章相关知识)。

上面我们探讨了新媒体发展的三种技术基础，可知技术的发展推动着社会的进步，社会的进步又促进着技术的革新。数字技术、计算机网络技术、移动通信技术相互融合、相互依存、相互促进、共同发展，并以建立一个无缝衔接的智慧现代网络空间为目标，为现代和以后的人们创造更加完善的、智能的、便捷的生活空间。

练习二

1. 什么是计算机网络技术？它分别经历了几个阶段？
2. 移动通信技术的概念是什么？
3. 物联网的核心技术是什么？对人们的生活有哪些改变？
4. 如何理解 5G？请举例说明 5G 对当今网络传播时代的影响有哪些。

第三章　新媒体冲击波的作用和影响

第一节　新媒体的产生和发展

新媒体可以说是第二次世界大战之后人类文明最伟大的发明和应用之一，它对人类当代社会以及未来社会的影响十分巨大。从新媒体的三大技术依托出发，正是计算机的发明、互联网的出现和移动通信技术的发展，催生了新媒体。

1946 年 2 月 14 日，世界上第一台通用电子计算机 ENIAC（Electronic Numerical Integrator And Calculator），也称埃尼阿克（如图 3－1 所示），在美国宾夕法尼亚大学诞生。此后，电子计算机沿着硬件建设和软件开发两个方向发展，IBM 和微软分别代表这两个方向。当电子计算机实现小型化，开始进入家庭，海外华人以“电脑”称呼它。目前，在个人计算机（PC，Personal Computer）领域，“电脑”已经取代了“个人计算机”的称谓，目前个人电脑表现为台式机、笔记本电脑，以及平板电脑等形式。

电脑真正发挥出新媒体的作用，成为新媒体的终端，与互联网的出现分不开。互联网（internet）的概念来源于因特网（Internet）。因特网的前身是美国国防部高级研究计划局（ARPA）主持研制、于 1969 年正式启用的阿帕网（ARPAnet）。阿帕网的设计建设正值美国和苏联争霸时期，其设计初衷是提供一个即使一些重要地点被核武器摧毁，其他部分也能正常工作的通信网络。为实现这个目标，阿帕网采取了一种使用“包交换”技术的分布式网络（如图 3－2 所示）。后来冷战结束，阿帕网转为民用，成为今天的因特网。因特网是今天互联网的始祖。严格地说，互联网指由两台以上计算机连接而成的通信网络，而因特网特指由阿帕网发展而来的互联网。二者英语形式均为 internet，在必要的时候常用第一个字母 i 的大小写进行区分，但国内的使用者或传播界人士，很多时候并没有这样严格区分，常将两者混用。因此我们经常看到把互联网和因特网等同起来的情况。

图 3－1 世界上第一台通用电子计算机 ENIAC①

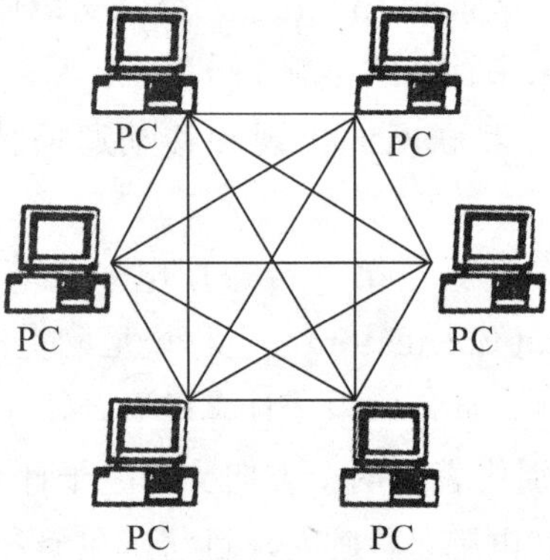

图 3－2 互联网的分布式结构示意图②

目前我们在新媒体意义上谈论的互联网主要是指因特网，在涉及 IPTV 的时候，也会牵涉为 IPTV 专设的城域网，但城域网的基本原理也与因特网相同。因特网是由许多小的子网互联而成的一个逻辑网，每个子网中连接着若干台计算机。这些计算机基于一些协议族，其中最重要的是 TCP/IP 协议，并通过许多交换机和公共互联网连接在一起。在因特网中，网络中的任何一台计算机都可以访问其他任何一台计算机中公开的信息。在这样的机制下，因特网中的联网计算机可以自由分享网络中各联网计算机的全部可公开信息。因特网本身也是一个信息资源的汇聚平台。因特网的这种特性，也是一切现存公共互联网的特性，当代新媒体就是在这个平台上诞生的人类传播领域的新事物。

我们在上面所提及的因特网，以及按照同样原理建设扩展的公共互联网，

① 谭天：《新媒体新论》，暨南大学出版社，2013 年，第 8 页。

② 谭天：《新媒体新论》，暨南大学出版社，2013 年，第 9 页。

是一个有线信息传输网络，个人电脑以有线形式连接在这个网络上并发挥终端作用。后来，为了实现在无线状态下个人电脑仍然能够使用有线互联网，人们开发了采用IEEE 802.11系列协议的Wi-Fi技术，即无线保真技术来实现这个目标。与此同时，移动通信网络也通过技术的升级换代，加入无线上网的行列。

手机原本只是一种在行进中打电话的工具，手机网络被称为蜂窝网络，只为手机提供语音传输服务。后来随着技术的进步，网络的数据传输能力增强，例如，中国移动的GSM技术系统采用的WAP over GPRS技术，就可以传输文本信息、图片信息并提供简单的与互联网连接的服务，被称为移动通信网络的2.5G。移动通信网络发展到3G阶段，数据处理和数据传输能力能够支撑流畅的互联网接入服务，这时，它就成为严格意义上的移动互联网了，手机也因此成为真正的新媒体终端。目前国内建设的5G网络则进一步提升移动互联网的传输功能，表现出更为强大的媒体能力。

当前，移动终端有两种基本形态：作为个人电脑（PC）缩略简化版的平板电脑和手机向电脑靠拢的增强版智能手机，这两种形态都把使用互联网作为基本功能。目前智能手机已经成为我国中青年人群使用手机的主流选择，并拥有一定的老年群体用户。与使用Wi-Fi技术上网相比，使用移动互联网上网以流量计费，成本高，但其信号覆盖广阔，仍然具有不可替代的价值。

当个人电脑、智能手机、平板电脑这些终端与有线互联网、移动互联网结合，具有完整意义的当代新媒体就完全成形了。我们今天正是在这样的情况下来谈论传统媒体与新媒体的关系，谈论新媒体的种种传播特性，谈论新媒体冲击波对于传播领域的作用和影响。

第二节 新媒体引发的多方面变化

2021年2月3日，中国互联网络信息中心（CNNIC）在京发布第47次《中国互联网络发展状况统计报告》。报告显示，截至2020年12月，“我国网民规模达9.89亿……互联网普及率达70.4%”，“我国手机网民规模达9.86亿……网民使用手机上网的比例达99.7%”；“我国网络购物用户规模达7.82亿”，“我国网络支付用户规模达8.54亿……手机网络支付用户规模达8.53

亿”，“我国网络视频（含短视频）用户规模达 9.27 亿”。[①] 上述数据显示，我国移动互联网应用已经进入成熟时代，移动互联网在中国已经成为举足轻重的传播力量和社会生活的组成部分。经验告诉我们，网民尤其是手机网民，已经把移动互联网作为自己获取信息、从事社交、购物、支付的主要渠道。

新媒体的冲击波极大地改变着传统的传播格局，为当今社会的传播带来了一系列新变化，并进而引发了其他一些领域的变化。

一、新媒体对新闻传播的影响

作为新闻传播方面的学习者，我们首先要注意的是新媒体在新闻传播领域的影响。

我们知道，在报刊、广播、电视作为主导媒介的传播环境里，由报刊社、广播电台、电视台和通讯社所构成的专业传播机构主导着大众传播的信息发布，它们决定发布什么和怎么发布，它们在传播模式中作为传者的地位不容置疑。而被动接收信息的芸芸众生，在传播模式中作为受众的地位也一样十分明确，他们单向地接收来自专业媒体机构的统一信息，作为个体的受众很少能够通过制式化的途径来向信息传者反馈自己的意愿，也较难将自己的感受通过畅通的渠道进行广泛分享。至于信息处理在文字、图片、音频、视频等方面由于技术应用不同所造成的彼此区隔的技术鸿沟，与这些技术本身对设备条件和财力的严苛要求，使普通个体受众完全无法想象仅凭自己的力量去发布具有广泛社会影响力的文字、图片信息，更不用说音频和视频信息了。

上述一切，在新媒体诞生之后开始改变。我们在前面已经论述过，由于新媒体采用数字技术，所以处理文字、图片、音频、视频信息的原有技术鸿沟不再存在，多媒体符码的处理和传输是新媒体的基本特性；由于采用了计算机网络技术和升级换代的移动通信技术，“包交换”技术和分布式网络的应用，使信息交互和信息共享成为新媒体另外的基本特点，并且，非线性地组织和呈现多媒体信息即“超媒体”特性也成为新媒体传播的常态。而网络和桌面终端、移动终端的普及，以及各类终端在处理文字、图片、音频、视频信息方面所具备的便捷功能，加上各类支持网络信息传播的软件的广泛应用，则使新媒体的种种特性具体化为与传统媒体迥然不同的各类现实运用。

在新媒体与传统媒体并存所形成的“全媒体”传播环境中，首先受到影响

---

① 中国网信网：《第 47 次〈中国互联网络发展状况统计报告〉（全文）》，http://www.cac.gov.cn/2021-02/03/c_1613923423079314.htm，2021 年 2 月 3 日。

的是传统的新闻传播格局，表现在以下几个方面。

（一）新闻传播过程中的信息发布主体多元化

除了为数众多的门户网站、新闻网站（包括主流传统媒体开办的新闻网站）、视频网站、音频网站，网络论坛中的意见领袖，著名博客主人，著名微博大V，以及在具有较大用户规模的SNS（社交网络服务）、即时通信、微信等平台的朋友圈中的活跃用户，甚至维客（Wiki），都可以充当信息发布主体。我们看到，当某些重大事件发生的时候，任何一个掌握第一手信息的微博用户，都可以利用移动终端发布影响广泛的信息，这对传统传播格局下主流媒体机构的冲击显然是非常明显的。

（二）新闻信息的来源多源化

一方面，传统主流媒体机构凭借自身的品牌和专业精神，依据我国对新闻传播的特殊政策规定，在新媒体传播领域新闻信息来源方面扮演着重要角色；另一方面，来自地方、行业网站的信息，来自网络论坛、微博、微信、博客、维客条目等新媒体平台的信息，都可以成为新闻信息。从新闻发生的地域来看，本区域外，甚至国外网络上流传的信息，都可以成为在当地网站上发布的新闻信息。

（三）新闻信息的形式多媒体化并以超媒体方式组合、呈现

在网络传播中，理想的新媒体信息形式都应该是图文并茂、音视频并存的；并且在某一个具体文本中，还可以用超链接的方式组合包含文字、图片、音频、视频信息的背景资料。这种新兴的信息发布方式，必然对负责发布新闻信息的专业人士提出具备写作、采访、拍摄、编辑等全面能力的业务要求。

（四）新闻信息的传播具有互动化特点，能够迅速扩散、共享

在网络平台上发布新闻信息，都不是单向发布，而往往有互动的设计。并且，个人用户使用这种互动发布的反馈信息并不只针对信息发布者，而是能够同时针对发布者和其他用户，其他用户的反馈信息也可以增加进来，形成非常热闹的局面。新闻信息还可以伴着评论转发给其他用户，从而迅速扩散，以前所未有的规模提高传播效率。

（五）新闻信息的发布方式由“推”变“拉”

传统媒体发布新闻的模式是发布主体借助数量有限甚至被垄断的媒介资源，将文字图片通过报刊，将音频信息通过广播频率，将视音频信息通过电视频道，推送给受众。这些供发布的新闻信息，数量有限，覆盖广泛，单向推

送，受众别无选择，被动接收，效率很高。在网络传播中，众多新闻信息发布主体并存于网络平台，它们发布的新闻信息并存于网络空间，等待用户通过搜索引擎将信息“拉”出来；少数具有品牌效应的信息提供中心，如著名门户网站或新闻网站，也最多能做到将众多新闻信息以标题形式汇集于电脑屏上呈现的版面或频道界面，来接受用户的点击浏览。具有信息推送功能的 RSS、移动互联网的新闻 App 等新媒体业务，一方面其推送基于用户的个人定制，这是传统媒体无法提供的功能；另一方面其推送的信息来自众多的网络信息发布主体，也与传统意义上的信息“推送”不可同日而语。这种由“推”到“拉”的发布方式的改变，导致传播主体地位的削弱和用户地位的上升，并将深刻影响从事新闻信息网络发布的专业人员的工作理念和工作方式。

（六）新闻信息和一般信息的关系模糊化

在传统媒体主导的传播环境中，报刊、广播、电视等专业媒体平台发布的新闻信息，与普通社会机构经由内部刊物发布的工作信息，一般民众之间传播的“小道消息”，仅仅依靠传播手段的差异，就能够形成明显区别；能够对社会全局发生影响的，无疑是来自大众媒介平台的专业新闻信息。在新媒体领域，普通社会机构可以通过官方网站发布具有新闻价值的信息；著名博客主人、加 V 微博账户可以发布产生广泛社会影响的具有新闻意义的信息；网络论坛上可能出现被广为转发的能够产生广泛社会影响的信息；维客平台也可以通过具有时效性的条目撰写来发布具有新闻含义的信息。这些，都导致传统意义上的新闻信息与一般信息关系变得模糊，同时又对新媒体时代新闻从业人员的专业内涵提出了新的要求。

（七）新闻传播与多种服务并存共生、相互促进

目前，报刊、电台、电视台呈现衰落的趋势，有线互联网的网站也因乏人问津而几乎沦为“旧媒体”，只有依托移动互联网应用的蓬勃发展而发展。在县级融媒体中心，App（融媒体中心开发的客户端）既是主要的新闻信息产品发布平台，也是综合服务的发布平台。在这个平台上，既有新闻信息发布栏目，也有各类服务窗口，还有各类生活圈子的社交功能、娱乐产品发布按钮，等等。这个平台用综合服务积聚流量以提高新闻信息传播效率，以新闻传播的权威性提升 App 品牌效应从而增强用户信赖，扩大服务规模。此时，新闻传播与多种服务并存、相互促进的特点十分明显。

很显然，新媒体的出现所导致的上述变化是十分深刻的。在变化过程中，受到冲击的不但是传统的大众传媒机构，也包括新闻从业人员的理念及工作方式，甚至整个新闻传播的生态系统。

二、新媒体对社会舆论的影响

新媒体的另一个与传播有关的重要影响表现在社会舆论方面。

“舆论”一词，研究者对它有着不同的意见。德国传播学者伊丽莎白·诺尔-诺曼曾经提到，美国普林斯顿大学教授 H. 柴尔兹（Childs）曾经收集到 50 多个视角各异的关于“舆论”的定义，大多围绕“公共的”和“意见”来展开阐释[①]。一般认为，“舆论”的英文对应词组是 public opinion，可以译为“公共意见”或“公众意见”。

在传统媒体时代，大众媒介机构依靠自己在传播格局中的强势地位和在传播过程中单向传播的特权，通过信息把关和议程设置机制，主导着对社会舆论的影响。新媒体时代来临之后，情况发生了很大的变化。新媒体对社会舆论发生影响的主要领域表现在由传统互联网和移动互联网所构成的网络世界里。

网络传播主体多元化、去中心化、互动性强的特点，大大提高了普通社会成员的发言权，各类新媒体应用形式如新闻组、论坛、博客、SNS、即时通信、微博、微信等为社会个体发言权的实现提供了技术支撑，形成了热烈、活跃、喧嚣、沸腾的用户发言、交流局面。在这样的局面里所展开的传播活动，既是一种互动性很强的人际传播或组织传播，同时也具备大众传播的某些特性：信息是公开传播的以及针对较大数量的、异质的和匿名的大众。因此这是一种复合的传播方式[②]。

2003 年，在孙志刚事件、刘涌事件和“非典”事件中，网络舆论表现出强大的威力而引起人们广泛关注，这一年也因此被称为中国的“网络舆论年”。在孙志刚事件中，网络舆论影响了现实生活中对该案件的处理，一批责任人受到党纪、政纪处分甚至刑事处罚，促成了旧法规的废止和新法规的颁布。从那以后，网络舆论继续表现出强大的力量，影响着一些重大社会事件的走向，如南京“天价烟”房产局局长事件、云南“躲猫猫”事件、杭州飙车撞人事件、湖北巴东“邓玉娇事件”等。

有的时候，网络舆论与传统媒体的主流舆论相互补充、各自发挥特色，形成良性的共同舆论场。如在 2008 年“5·12”汶川地震之后的抗震救灾报道

① ［德］伊丽莎白·诺尔-诺曼：《沉默的螺旋：舆论——我们的社会皮肤》，徐慧译，载于张国良：《20 世纪传播学经典文本》，复旦大学出版社，2003 年，第 535～537 页。

② 苏宏元：《网络传播学导论》，中国社会科学出版社，2010 年，第 99 页。

中，电视台、电台、报刊发挥基于专业主义的权威影响力，网络舆论则以草根性、广泛性从另一个方面发挥作用，最后形成万众一心、众志成城的局面。但是，毋庸讳言，在很多时候，网络舆论也表现出偏颇、非理性的群体极化倾向，基于极端民族主义和极端道德审判的网络暴民现象也屡见不鲜，从而使网络舆论呈现复杂的局面。甚至有人提出，目前社会上存在两个舆论场，一个是传统媒体舆论场，一个是网络媒体也就是新媒体舆论场①。因此，如何将两个舆论场很好地统一起来，如何应对网络舆论带来的种种冲击，很好地利用网络舆论的特点和规律促进社会发展，同时规避其可能带来的不良影响，是当今传播领域面临的重要课题。

三、新媒体对危机应对提出新课题、提供新手段

新媒体信息发布主体多元化、草根化、匿名化，信息获取多源化，信息传播效率超时空，信息交互和共享便捷，信息的聚合与呈现表现为智能化，这些特点不但对新闻传播、网络舆论产生重大影响，也对危机应对提出了新的要求。

在传统媒体主导的时代，主流媒体的信息把关者地位和议程设置能力使得政府、社会机构和公众人物能够影响主流媒体从而有效处置和防范来自社会舆论的危机苗头。今天，在新媒体已形成不可忽略的强大传播力量的时候，传统媒体的这种能力渐渐可以忽略不计，取而代之的是以网络媒体为主的新媒体传播系统在危机生成方面的特殊作用。

在新媒体传播环境中，任何能够识字的用户都能自如地利用多样平台，经由网络社区、网络论坛、微博、新闻跟帖评论、博客、微信朋友圈等，随时发布信息，发起话题讨论，并超越地理限制迅速形成广泛的影响。当话题本身与某些特定的意义相联系从而具有较高敏感性时，在新媒体信号覆盖的用户中，能迅速地催生沸腾的民意，形成全用户围观的奇景。固然，在网络空间聚集起来的群体在社会监督、社会动员方面能够发挥积极作用，但群体极化带来的非理性、匿名发布伴随的责任缺失，以及现实社会存在的某些问题被网络放大后，常常在网上激起强大的负面冲击，对涉事政府部门、社会机构和公众人物造成严重危机，甚至外溢转化为现实社会中的群体事件。

从危机应对方的角度来说，网络的种种传播特性使得导致危机出现的信息传播不容易被察觉，即使发现也难以有效对付，信息瞬间引爆并转化为危机的

---

① 黄传武：《新媒体概论》，中国传媒大学出版社，2013年，第179页。

速度超过应对者的反应速度，如果应对方缺乏合理的应对机制，不但不能妥善地进行处理，甚至采取躲、瞒等完全违背网络传播规律的措施，那么将致使危机一发不可收拾，造成严重的后果。

因此，新媒体传播环境下的危机应对就成为政府部门、社会机构和公众人物面临的新课题。近年来，随着对新媒体认识的深化，研究者对网络民意、网络意见领袖、网络围观、网络平台上的群体行为，危机应对主体与网络群体在网络舆论中的关系等方面，都进行了一定程度的研究；对危机应对主体如何利用新媒体传播的特点未雨绸缪、提前介入，提升自身形象，畅通交流渠道，也提出了一些建议；许多政府部门、社会机构在这方面也取得了一些值得肯定的经验。但毋庸讳言，目前所有关于新媒体环境下危机应对的理论和机制都还处于探索、完善的过程中，还远没有达到提供一套完整的能有效应对危机的系统方法的地步，这就更需要新闻传播专业工作者与当事方继续共同努力。

2018年下半年以来，以融媒体中心建设为主要内容的主流媒体深度融合改革不断推进，融媒体技术平台和软件系统的升级，令大数据、云计算和人工智能（AI）在舆论危机应对领域获得了广泛的应用。海量数据的分析变得愈益简易，舆情关键词的抓取和舆情事件的热度指数分析能够为危机应对提供快捷、高效、准确的数据支撑，这为危机应对提供了新的手段。这方面的应用发展日新月异，值得我们高度关注。

四、新媒体为广告传播和市场营销开辟新的领域

从宏观上讲，新媒体为人类提供了一种全新的交流沟通工具，一种以新方式传播信息的宏大技术、应用系统。利用这个工具，在这个系统中，既可以交互传输新闻信息，进行个人信息的共享和互动，也可以利用其特性做其他事情，比如发布广告和从事市场营销。而从目前的实际情况来看，后两项应用比新闻传播还要广泛，对人类的社会生活影响更为巨大，因此也是从事新媒体传播教学不应忽略的。

（一）新媒体广告

新媒体广告是指在新兴媒体和新型媒体上发布的广告。从发布渠道来看，可以分为户外新媒体广告、网络新媒体广告、移动终端新媒体广告。户外新媒体广告包括通过户外电子显示屏、楼宇电视、车载移动电视等发布的广告；网络新媒体广告包括通过各类网络业务平台发布的广告；移动终端新媒体广告指通过移动互联网发布、使用手机和平板电脑等终端接收的广告。

新媒体广告中最有特点、最能体现新媒体优势的，是网络新媒体广告和移

动终端新媒体广告。其中，移动终端所依托的移动互联网因为与传统互联网有着技术上的密切联系，所以两个渠道发布广告的业务平台有相当部分的重合，但由于屏幕限制，移动终端广告又具备自身发布上的一些特点。总的来说，依托互联网发布广告的业务平台包括品牌网站发布、搜索引擎推荐、SNS类媒体发布、网络环境广告、网店推介、植入广告发布、软文发布等。

新媒体广告具有定向性、精准性、细分性、灵活性、互动性等传播特性[①]，与传统媒体上发布广告相比，在传播效率、针对性、效果评估等方面具有明显的优势。目前，新媒体广告已经完全形成气候，对传统的报刊广告、广播广告和电视广告构成很大冲击，这是传播媒体广告领域从业人员共同的感受。

广告是营销的重要手段。在新媒体时代发布广告，已经具有与过去不同的含义，可以说，如果不结合新媒体营销来讨论这个问题，就无法完整地理解新媒体广告的意义。

（二）新媒体营销

如果说在广告发布上新媒体提供了更多新的可能，新媒体营销则不但提供了新的业务可能，更催生了新的规则、新的模式，从而使得新媒体营销比传统营销更具革命性。

传统营销的理念是以广泛覆盖为目标，有人把这种模式称之为“登高一呼式”营销传播理念[②]。这种方式下的信息投向是单向的，客户的反应很难测定。而新媒体营销“是基于特定产品的概念诉求与问题分析，对消费者进行针对性心理引导的一种营销模式，从本质上来说，它是企业软性渗透的商业策略在新媒体形式上的实现”[③]。在新媒体营销里，营销法则是“AIS－IS－AS”(Attention注意，Interest兴趣，Search搜索；Involve参与，Share分享；Action行动，Share分享）。即通过媒介传播引起消费者关注，让消费者产生兴趣，搜索合适的到达路径，让消费者与广告、活动或产品互动，使消费者对信息进行分享传播，从而让消费者产生购买行为并再次分享。

应该说，新媒体的营销理念和营销模式是商业界人士历来的梦想，但传统的传播工具无法提供实现这些梦想的条件。新媒体诞生之后，随着新媒体技术和应用的不断发展、提升，实现梦想的条件已经具备，体现这些梦想的模式、

① 宫承波：《新媒体概论》（第四版），中国广播电视出版社，2012年，第201页。
② 谭天：《新媒体新论》，暨南大学出版社，2013年，第112页。
③ 谭天：《新媒体新论》，暨南大学出版社，2013年，第112页。

法则、应用便应运而生。

基于大数据处理的新的网络营销理念——精准营销，具有鲜明的智能化特点，能体现新媒体当前的发展水平。例如，提供影视节目的门户网站爱奇艺是这样实现精准营销的：

第一阶段：用户识别。由百度分析近30天内百度用户的搜索行为，对独立访客（UV）的兴趣偏好做出判断。

第二阶段：用户对比。对百度的UV库和爱奇艺的UV库进行比对，找到“共同”的UV，并把UV的兴趣爱好属性复制到爱奇艺的UV库。

第三阶段：匹配精准贴片广告。爱奇艺对来访UV的兴趣属性进行识别，如果能够完成识别，就可以匹配相关度较高的精准贴片广告。①

新媒体广告发布和新媒体营销，一直与新媒体本身同步发展。当前针对移动终端比较热门的有两个应用：App和二维码。

App是英文application的缩写，意义大致为在移动设备上应用的第三方应用程序。从营销方的角度来说，借助App与移动终端用户建立密切联系进而将其发展为客户资源，是移动互联网营销的有效途径。如《大众医学》的App可以通过第三方友盟平台直销用户使用行为数据（新增用户、活跃用户、使用高峰）、用户来源分布（国家、省份信息）和用户终端分布（苹果手机的型号、安卓手机的品牌和型号等信息），来进行精准传播或提供个性化服务。艾瑞咨询最新数据显示，中国手机应用下载规模呈现几何级数增长，App的应用与推广已成为移动终端的主战场之一。②

二维码也是针对移动终端的一项新应用。二维码是用特定的几何图形按一定规律在平面（二维方向）上分布黑白相间的矩形方阵，用以记录数据符号信息的新一代条码技术。用户通过手机摄像头扫描二维码就可以进入相关网页进行手机上网。手机二维码信息量大、纠错能力强、释读速度快，可进行全方位释读，还可以印刷在平面媒体和产品包装等多种载体上。

除此之外，论坛营销、博客营销、SNS营销、IM营销、微博营销和微信营销等依托新兴媒体平台的新媒体营销形式蓬勃发展，蔚为大观。因为后面还将论及，这里不再赘述。

除了前面提到的新的营销形式和营销应用，这个领域近几年还有一个值得一提的运作模式——推流营销。这里所说的“流”，指“流量”。“流量”这个

① 谭天：《新媒体新论》，暨南大学出版社，2013年，第115～116页。

② 谭天：《新媒体新论》，暨南大学出版社，2013年，第116页。

概念在互联网领域内涵有所不同，具体含义要看其应用语境。例如，“网络流量”的语境下，“流量”指“网络流量就是网络上传输的数据量”[1]。但在“私域流量”或“公域流量”的语境中，“流量”可以理解为用户关注点，其实质是指用户[2]。“推流”实际上是指将信息以用户关注点为导向推送给用户。在当前环境中，借助大数据和云计算，依托由人工智能（AI）支撑的算法，新媒体营销主体可以积淀海量的用户数据，并根据他们在网络上反映出的购物习惯、兴趣爱好，而为其中的每一个个体用户标注“标签”。这些标签为特定用户提供了在网络空间的独特的身份标识，其中也包含个别用户关注点的信息。当商品或服务信息在网上发布的时候，营销主体可以轻而易举地检索到与所发布商品或服务信息具有高匹配度的用户，并将信息推送到这些个别用户的App上，从而实现成规模、高精准、可重复利用的信息发布。

总而言之，新媒体的出现极大地拓展了市场营销的渠道，丰富了营销的手段，已经成为改变商业面貌的推动力量。

五、新媒体促使全新艺术形式的产生

数字技术诞生后，其与网络技术、移动通信技术相结合，再被应用于艺术创作，这样，数字艺术、新媒体艺术也就产生了。

关于数字艺术和新媒体艺术的概念和关系，学术领域有着非常活跃的争论。较为主流的意见是，“‘新媒体艺术’是在媒体层面考察新兴的或新型的艺术形态，而‘数字艺术’则是从技术角度出发，考察基于数字技术的艺术形态”[3]。我们的意见是，“数字艺术”的概念更多的是从艺术手段和加工工具的角度来定义的，揭示了这种当代艺术新形态的技术本质；而“新媒体艺术”的概念则不但包含了这种艺术新形态的技术本质，还涉及了其传播平台、传播方式的元素。我们认为，从我们所指称的当代新艺术形态的现实情形来看，使用包含传播平台、传播方式的概念更为接近实际。

新媒体艺术的产生为人类的艺术创作活动、艺术鉴赏活动以及娱乐活动，提供了前所未有的创造与获取新体验的可能性，开辟了前所未有的广阔发展空间。

---

① 百度百科：“网络流量”，https://baike.baidu.com/item/%E7%BD%91%E7%BB%9C%E6%B5%81%E9%87%8F/7489548?fr=aladdin。

② h梓暄：《什么是“私域流量”和“公域流量”》，https://www.shejidaren.com/shenme-shi-si-yu-liuliang-he-gong-yu-liuliang.html，2019年8月12日。

③ 宫承波：《新媒体概论》（第四版），中国广播电视出版社，2012年，第186页。

从新媒体艺术的体裁划分角度看，新媒体艺术在语言艺术领域表现为网络文学的种种新发展，在舞蹈及表演艺术领域生发出多媒体舞蹈及表演，在视觉艺术领域创造了网络游戏的全新体验，在影视艺术领域呈现出数字电影、数字电视的种种奇观，在音乐艺术领域创造出由电子音乐和计算机音乐带来的全新体验。①

从艺术的技术实现方式来看，新媒体艺术为人类带来了计算机艺术、视频艺术、视频装置艺术、全息摄影艺术、交互艺术、虚拟现实艺术、人工生命艺术、网络艺术、软件艺术与生成艺术、遥在艺术等。②

新媒体艺术不但在技术上和传播方式上与此前的传统艺术有极大的不同，同时它还与社会、文化有着广泛的联系，与商业运作、产业开发有着密切的关系，值得我们给予足够的重视。

六、新媒体对人际交往的改变

新媒体在传播领域提供的强大功能，很快就被用来增进人际交往。不断产生的新媒体应用中，提供传播便利与强化人际交往的功能常常并存。

早期的新闻群组、论坛（BBS），稍晚的即时通信、博客，后来的 SNS、微博，以及 2012 年之后流行的微信，都以信息交流为基础，同时提供依托网络的人际交往渠道和空间。在类似美国林登实验室推出的《第二人生》的大型网络游戏中，网络虚拟空间甚至构建了一个映射人类社会的虚拟社会，游戏参与者可以在网络空间所构拟的虚拟社会中，体验另一种人生。这种基于虚拟空间的人际关系的改变，也反过来影响着现实社会中的人际关系；而一些有心人则利用网络空间中的人际关系及网络空间与现实生活的联系，来从事各类寻求利益目标的活动。

例如，利用微信、QQ 等社交媒体，人们可以突破现实生活中维持密切人际关系的人数限额，轻易地保有大量的朋友；可以任意建立志同道合的朋友圈，维持基于共同爱好或利益诉求的人际关系网络；可以通过网络将人际关系发展为线下关系，把网络活动延伸为现实活动，从而完成一些看似不可思议的任务。而利用游戏空间投放广告，利用虚拟社区从事招工、售卖甚至社会动员，已经成为新媒体环境中人们生活的现实性之一。

随着新媒体技术的进一步升级，当每位用户都有可能在网络上拥有一个独

① 许鹏等：《新媒体艺术论》，高等教育出版社，2006 年，第 14 页。

② 王荔：《新媒体艺术发展综述》，同济大学出版社，2009 年，第 46～122 页。

立而又彼此联系的个人空间，当移动终端提供的共享由于工具本身的发展而无处不在，当云计算、大数据技术被应用到网络人际关系的构建中，这时新媒体对人际关系的影响将更为巨大。

七、新媒体在伦理规范和法制管理方面面临的新挑战

新媒体从诞生之日起，对人类生活和人类社会的巨大推动作用是显而易见的，其所产生的积极影响也是不可否认的。但是，世界上的任何事物都有两重性，新媒体也不例外。新媒体在扮演人类社会发展的积极力量的同时，也将一些消极影响和新的问题带给我们，使人类社会的伦理规范和法制管理面临新的挑战。这中间最值得我们关注的是存在于新媒体领域的伦理道德规范和法制法规管理方面的“失范”现象。所谓新媒体的失范，是指网络社会价值或规范体系的缺失与不健全所导致的调节作用弱化以及失灵，并由此产生整个网络社会的混乱无序以及网络社会成员在虚拟环境下违背主导社会规范的行为，即社会失范在网络等新媒体中的具体化。[①]

新媒体的失范现象对每一个网络用户来说都并不陌生。例如，由网络病毒引发的网络信息安全和硬件安全问题，钓鱼网站引发的网络财产安全问题，淫秽信息、垃圾信息泛滥引发的信息环境污染问题，虚假信息、网络谣言引发的信息失实、信息欺骗问题，网络盗版引发的知识产权侵害问题，收集偷拍、人肉搜索引发的侵害人格权问题，极端言论、网络暴民等负面舆论环境的问题，对人格发展的消极影响问题，人为炒作、水军运作等扭曲网络舆论功能的问题，等等，上述问题由于在网络空间大量存在而为人们所熟知。这些失范现象既威胁着网络的健康发展，也威胁着网络用户的合法权益。

显然，对网络空间需要予以必要规范和制约，但这项工作进行起来困难重重。因为在新媒体领域，到底应该建立怎样的法制体系，并不是一件容易的事。例如，信息的自由发布和广泛共享，是互联网的基本特性之一，但信息产品的生产者投入了财力、物力和精力，又理应得到回报，如何将两者统一起来，其间的平衡点不易掌握。又比如，互联网赋予普通民众对社会事务更大的话语权，这应该是一种历史的进步，但当某些用户出于各种各样的原因滥用这样的权利，又构成网络领域的失范，两者的边界在哪里，这也不是一个简单的问题。在限制失范现象的同时，保护用户的合法、合伦理权益，保护网络信息

---

① 宫承波、刘姝、李文贤：《新媒体失范与规制论》，中国广播电视出版社，2010年，第7～8页。

自由，这是全球新媒体面临的一个无法回避的任务。

八、新媒体在国际传播方面的潜能与引发的挑战

在传统媒体时代，进行区域外传播和国际传播要耗费大量资源，是很奢侈的。20 世纪 90 年代，国内很多地方政府为了扩大本地区在区域外或国外的影响，为招商引资助力，纷纷采取措施通过区域外媒体传播关于本地区的信息。当时可以选择的方式非常有限，通常是邀请外地或境外的传统媒体来本地区采访，然后在各自的平台上发布信息，以实现传播目的。例如，1995 年，成都市在“府南河工程”的宣传中，就邀请了香港《大公报》《文汇报》等报社记者来成都采访，然后在所属的报纸发稿；1995 年、2000 年、2003 年，成都市还邀请全国省会电视台、国内卫视、央视和德国、法国、俄罗斯等国电视台，先后三次到成都进行“异地采访”，拍成介绍成都的电视节目，在各自电视台和中央电视台国际频道播出。在这个过程中，不但耗费大量人力、物力、财力，且非常态的短时突击传播，效果也非常有限。

今天的情况完全改观。由于因特网全球互联互通，一点接入、全球覆盖，所以信息的跨区域、跨国传播变得非常容易。例如当地时间 2013 年 4 月 15 日，美国波士顿发生连环爆炸恐怖袭击，凤凰网从当天晚上 22：23 开始通过 Twitter 平台进行即时图文直播，一直延续到第二天上午，吸引了大量的用户点击。而湖南卫视、江苏卫视、浙江卫视等机构，也将网络平台作为主要的传播通道之一。这些卫视的品牌栏（节）目《我是歌手》《非诚勿扰》《中国好声音》通过网络传到国外，再经视频分享平台推介，在海外拥有众多的观众。目前，不少电视机构已经把网络点击率作为节目考评指标，一些研究机构也在探索对传统媒体网络传播的科学考评体系。

不仅仅是传统媒体机构，一些自主传播主体也充分利用网络实施跨区域、跨国传播。例如，国内各个地方党政机构对外宣传部门开设的官方门户网站，以及可以覆盖境外用户的官方微博、微信等，所进行的针对区域外、境外用户的传播。研究者把整合了国内和国际传播的传播活动称之为“全球传播”。在全球传播中，报刊、广播、电视发挥的作用在渐渐减弱，而新媒体的作用日益增强。

由于在全球新媒体传播格局中，发展中国家在新媒体硬件设施、文化产业发展程度以及文化影响力方面，较之西方发达国家明显居于劣势，伴随着全球传播的兴起，中国也面临来自国外的文化霸权或文化侵略问题。如何应对这方面的新挑战，在坚持对外开放、积极吸纳西方优秀信息成果的基础上，捍卫本

国的信息安全，维护本国文化的独立性，成为从事传播工作的专业人士所应该思考的严肃问题。

九、新媒体对传播环境的重构

近年来，传统媒体的衰落已经是不争的事实。

从新媒体终端对受众分流的角度可以发现：随着智能手机、平板电脑等移动终端在中青年人群中的流行，报纸的读者日益减少；网络广播平台使跨国广播的音频节目能够非常容易地播放，这分流了一部分喜好境外音乐广播的听众；各类网络视频服务的兴起，又大大分流了传统电视的观众。

从传播主体的角度，我们看到，各类大型门户网站已然成为信息发布的主要枢纽，挑战着原来属于传统报刊、广播电台和电视台的权威地位；各类带有自媒体色彩的应用如博客、论坛、微博、微信等，则为重大事件的信源泛化提供了现实可能，为各类社会主体从事自主传播提供了手段，这进一步消解着传统媒体曾经有过的权威地位。

从信息形式构成的角度看，整合了文字、图片、音频、视频的多媒体文本，取代原来泾渭分明的传统媒体信息形式；经由超链接提供的信息组合方式，让信息传播在各类不同形式的文本中自由跳转，这也完全超出传统媒体所能提供的传播方式。

从信息传播的模式来看，传统媒体的单向、限时、点对面、广播式传播，被双向互动、多向共享、全天候、全时段、全地域传播所取代；内容的相对稀缺状态，向内容的严重过剩状态过渡；传播主体和客体的明晰化，被传受主体日益模糊化所取代；对传播对象的把握和传播效果的评估，也因新的技术和软件的采用而日益精准。

上述变化与新媒体的兴起有着直接关系，它们还引发了一系列变化。

传统媒体中，报纸最早感受到新媒体带来的压力，最早产生危机感，因此采取了一系列措施应对。最初，报纸通过开办网络版或以报名命名的门户网站，向网络进军；然后提出全媒体的概念，组建全媒体中心，并在报纸所属网站上传播包括图文、音频、视频的全媒体信息。其后，广播电视也接受全媒体的概念，利用自己音频、视频节目的生产优势，开办同时传播图文、音频视频信息的网站。

由于新媒体的发展，媒体产业也在发生显著变化。媒体产业链随着网络硬件生产商、内容生产商、服务集成商、终端制造商等生产环节的出现而明晰化，并重新结构。广告投放的比重开始向网络媒体、移动媒体倾斜，报刊广告大幅度下滑，广播电视广告出现下滑趋势。在内容生产的比重上，专为网络传播生产的网络剧、网络栏目和主要针对移动终端的微电影、微视频逐渐增加，动摇了电视剧和电视栏目的绝对优势地位。

上述变化也造成传播领域人才结构和人才需求的新变化。掌握全媒体信息采集传播技能的，能够同时在平面媒体、广播电视媒体和网络新媒体平台上工作的人才，受到市场和行业欢迎；在非媒体网络平台上从事自主传播的人才，如在各类党政机构、社会机构、企事业单位从事网站运行维护、官方微博微信维护的人才，也面临广阔的需求前景。

2018 年之后国家大力推进的主流媒体向融媒体机构转型的媒体深度融合改革，赋予中国主流媒体新的形态。这极大地改变了主流媒体的存在方式、生产流程、功能定位、运行模式。媒体融合、移动优先，成为共识；视频化、故事化、年轻态，成为业务关键词；一次采集、综合生产、统一审核、多渠道发布，成为信息产品生产的标准流程。媒体机构的功能被明确为“主流舆论阵地、综合服务平台、社区信息枢纽”，主流媒体单位不再是单纯的媒体机构，而发挥了全面介入、连接社会生活，发挥更深、更广的作用。“新闻（媒体）+政务、服务、商务”成为主流媒体的标准模式。凡此种种，既改变着主流媒体本身，也为传播环境带来巨大变化。

总而言之，我们面临一个传播环境重构的时代，这个时代的基调是挑战与机遇并存。

上面我们简单探讨了新媒体掀起的冲击波及其造成的影响，立足点和观察角度主要依循传播的维度，也稍稍涉及了其他领域，目的是为学习者勾勒一个这方面的大致印象。在后面的章节，我们将进一步深入探讨上面所涉及的问题。

练习三

1. 互联网和因特网的概念是一回事吗？为什么？
2. 移动终端使用网络服务有哪几种技术途径？
3. 请结合你的体验，谈一谈互联网怎样改变我们的生活。
4. 请在你的朋友中做一项调查，看看他们平时接收信息的类别和途径，并以表格的方式予以分类统计。
5. 请谈一谈掌握新媒体对于传播专业大学生的意义和价值。
6. 试分析新媒体导致的传播格局的改变对传统媒体的影响。

第四章　新媒体形态

第一节　互联网新媒体

互联网新媒体相对于报纸、广播、电视等媒体而言是“第四媒体”，是一种数字化、多媒体的传播媒介。互联网新媒体是借助互联网技术基础平台的新兴媒体传播形态，包括门户网站、搜索引擎、网络社区、电子邮件、即时通信、维客、博客、SNS、网络视频、网络报纸、网络杂志、网络文学、网络游戏等。

一、门户网站

门户网站译自英文“Portal Site”，“Portal”原意是指正门、入口，因此门户网站最早被定义为互联网的入口与引导者。门户网站是通向综合性网络信息资源并提供有关信息服务的应用系统，即向网民提供不同信息共享的网络平台。

门户网站萌芽于 1994 年，“Yahoo”作为第一个门户网站出现，发展至今已二十多年。从总体看，门户网站仍属于网络媒体中的骨干力量。最初门户网站只是提供搜索引擎服务，后来基于市场竞争，进行了内容拓展，提供新闻、信息检索、电子公告牌、邮件服务、网络社区、影音资讯、电子商务、网络游戏等服务，成为网络世界的“百货商场”。

从内容方面划分，门户网站主要分为两类：一类是综合门户网站，内容具备全面性和广泛性，面向所有的网络用户，以新浪、搜狐、网易、腾讯等为代表；一类是垂直门户网站，专业性较强，更专注于某一行业领域，比如传统媒体开设的新闻门户网站、政府或企业开设的门户网站，或是网友开办的个人门户网站等，以新华网、中国移动网、携程旅行网、搜房网、起点中文网等为代表。

门户网站是最早出现的互联网形态，有着庞大的用户群，聚集了较高人气，培养了大批忠诚用户，并且其对传统新闻媒体、传统广告市场及人们的生活都有一定的冲击力，使传媒环境产生了巨大的改变。但与此同时，门户网站自身又受到其他的互联网媒体和移动互联网新媒体的冲击，因此它必须不断地为网民提供更新的应用才能保持其市场。比如新浪网站进入微博领域，腾讯网站占据微信市场，网易网站开发自己的游戏产品和音乐产品等，都是在努力形成多元化的结构模式，从而满足网民需求，适应市场竞争，在新开辟的领域中占据一席之地。

二、搜索引擎

网络发展迅速，信息量丰富且无序，信息的海量化导致人们筛选困难，如何挖掘有效信息成为一个非常重要的问题。搜索引擎就是运用特定的计算机程序从互联网上搜集信息，在对信息进行组织和处理后，为用户提供检索服务，将相关信息展示给用户的系统。

搜索引擎分为目录式搜索、全文搜索以及指向某一领域的垂直搜索等形式。搜索引擎呈现给用户的是一个包含搜索框的页面，用户在搜索框内输入关键词后，搜索引擎以一定的计算机策略在网络上追踪相关信息，给用户提供查询帮助。搜索引擎的基本工作原理是通过用户界面与使用者进行交互，按用户的查询要求在索引数据库进行查找，并将查询关键词与数据库条目关键词的匹配程度进行高低排序，然后将相关的信息结果通过用户界面返回给用户。[①]

谷歌（Google）被公认为是全球最大的搜索引擎，提供简单、易用、快捷的搜索服务，在全球拥有无数的用户。百度是全球最大的中文搜索引擎，2000年1月由李彦宏创立，“百度”二字源于宋朝词人辛弃疾的《青玉案·元夕》中的“众里寻他千百度”，其字面含义象征百度对中文信息检索技术的执着追求和探索。“百度搜索”分为新闻、网页、贴吧、音乐、图片、视频、地图等类别，在中国搜索市场独占鳌头。

在当前信息爆炸的时代，搜索引擎成为人们获取信息的极为重要的方式。用户由最初的被动接收信息转变为主动查找信息，能够通过搜索引擎寻找自己真正需要的信息，同时较门户网站提供信息分类的局限性而言，搜索引擎可以让用户以之为桥梁进入更多的网站页面，进行更多的信息传播，因此对整个社会信息的交流整合起到了推动作用。

① 宫承波：《新媒体概论》（第二版），中国广播电视出版社，2009年，第36页。

三、网络社区

网络社区即一群拥有个别兴趣、喜好、经验的人，或是某方面的专业人士，通过各种形式的电子网络，以及电子邮件、新闻群组、聊天室、论坛等方式，组成一个社群，让参与该社群的会员彼此之间借此沟通、交流、分享信息。由于这种社群不需要固定的聚会时间和具体的聚会场所，而是建构在虚拟的网络环境中，因此一般称之为网络社区，或在线社区。网络社区雏形可以追溯到BBS，中国早期的不少网络社区都是从BBS中孵化而来。BBS的英文全称是Bulletin Board System（电子公告板），即通过网络来传播和获取信息的公告板。

网络社区一般拥有足够数量的网民人群，在较固定的网络空间或区域中进行较频繁和持久的互动，社区成员具有固定身份，并在持久的互动中形成了共同的社区意识与文化，建立了成员间的群体认同和心理认同。“共同体”的社会心理基础是网络社区最重要的基础，具体表现为兴趣相投的网友通过文字、图像、声音、视频等相互交流，发起和参与各种问题的讨论，表达对某一问题的看法，展现自己的个性诉求。网络社区已经成为人们现实生活的一种补充，它不仅是信息交流的平台，也是人们熟识交往的平台，同时，人们也可以通过网络社区里的各类信息进行内容变现。

网络社区主要分为三种类型，一种是综合性社区，一般信息内容丰富，用户群体庞大，社会影响力巨大，如天涯社区、西祠胡同、猫扑等；第二种是地方性社区，大部分用户来自线下相同、相近的区域，信息交流比较集中，用户的心理归属感强，如“成都论坛”“西安论坛”“第四城社区”；第三种是专业性社区，主要集中在某一具体的专业领域进行观点的分享和信息的交流。

网络社区拥有大量的用户和浏览者，大家畅所欲言，信息共享、传播快速，对社会舆论的形成和发展起到较大的推动作用。“华南虎照片事件”“山西黑砖窑事件”等事件的发酵，“芙蓉姐姐”“凤姐”等网络红人的走红，网络社区都有很大的助推性，让其获得更多的社会关注，产生较大的社会影响。

四、电子邮件

电子邮件，是一种运用网络技术提供信息交换的网络通信方式，英文是Electronic mail，简称E-mail，昵称“伊妹儿”。电子邮件的标志@是“at”的符号，表示“在”的意思，地址格式是用户标识符+@+服务器域名。电子邮件包括发送服务器和接收服务器，负责电子邮件的发送与接收，传送的信件内容丰富，包括文字、图像、动画、声音等多种形式，可以编辑邮件正文，也可以通过附件发送图片、视频、音频等文件。

20 世纪 90 年代后期，中国第一个自行设计的免费电子邮件系统 Coremail 产生，免费电子邮件开始兴起，迅速在众多网民中普及并成为网易、新浪、搜狐等门户网站提供的重要基础服务之一。2000 年后新浪、网易等推出收费信箱，并将免费邮箱容量进行一定程度的缩减，引发了强烈争议。当前免费邮箱在网络电邮争夺战中占据主要优势，已进入 G 级时代，并形成网易、腾讯、雅虎三足鼎立的市场局面①。

电子邮件有很大的自由空间，可以任意选择时间与地点进行邮件的发送和收取，同时它是一种接收双方点对点的传播，内容具有一定的私密性，极大地方便了人与人之间的沟通与交流。电子邮件传送速度快捷，数秒钟之内就可以送达世界上任意一台计算机的收件人信箱，与任何一个网络角落的用户联系。用户使用邮箱价格低廉，除去负担的网费外，免费邮箱不需要支付任何费用，即使是收费邮箱，其费用也很便宜。并且很多邮箱不仅限于收发电子邮件，还提供了记事本、新闻、日历、天气等其他信息功能，能实现信息的轻松搜索。电子邮件在带给人们快捷方便的同时，也产生了一定的弊端，垃圾邮件的大量发送和计算机病毒的传播成为电子邮件的安全威胁，因此各种技术防范措施和法律规定也应运而生。

五、即时通信

即时通信 IM 是英文 Instant Messaging 的缩写，是一个终端服务，实现了网络即时交互性传播。即时通信是一种利用互联网和移动通信平台，允许两人或多人使用网络实时传递文字、图片、档案、视频以及进行语音交流等的服务，现已成为人际传播中重要的交流工具之一。即时通信以固定的好友关系为运行基础，具有鲜明的社交意义，所提供的传播模式接近真实的传播情境，但又不受时空限制，这种体验极为真切地体现了互联网技术的超时空特性。

即时通信源自 ICQ，其名称源自英文“我在找你”——“I Seek You”，简称 ICQ，由以色列 Mirabilis 公司 1996 年开发并推广，是全世界第一个成熟的即时通信软件。ICQ 这款软件一经推出，即凭借前所未有的创意很快在全世界拥有了大批的用户。1998 年注册用户数达到 1200 万时，ICQ 被美国在线公司 AOL 看中并收购。

---

① 宫承波：《新媒体概论》（第二版），中国广播电视出版社，2009 年，第 121 页。

我国最早的即时通信是诞生于1999年的OICQ，其后大量软件进入网民视野，种类繁多，竞争激烈，有腾讯QQ（改名后的OICQ）、微软MSN、新浪UC、阿里旺旺、百度Hi、移动飞信等，综合型的腾讯QQ市场占用率较高，稳居此领域的领导者地位。当前，随着互联网的发展，不少即时通信出现多元化发展趋势，除了信息交流外，新闻资讯、网络游戏、电子商务等也被整合到其中，增加并提升了即时通信的功能。

即时通信在个人、商务、企业等层面都运用广泛，并成功实现由PC端向手机移动端的转移，成为人们信息沟通及电子商务、工作、学习等交流的重要平台。相对于传统的电话、E-mail等通信方式来说，QQ等即时通信能更有效节省交流双方的时间与经济成本，并且效率更高。即时通信在发挥重要作用的同时，也面临ID被盗、隐私威胁、病毒威胁等安全问题，基于此，即时通信服务提供商和用户都应当采取措施，遵循安全准则，以保护自身的网络安全和隐私。

六、维客

维客原名Wiki，也被译为“维基”，来源于夏威夷语的“wee kee wee kee”，中文为“快点快点”之意，通常用于知识管理系统、百科全书、使用手册等。它基于互联网新技术，充分利用互联网的超文本特性，多人协同写作并完成某一文本内容，写作者既是阅读者又是书写者或同为修改者。维客以“知识库文档”为中心，“共同创作”为手段，依靠“众人不断地更新修改”，开创了一种借助互联网创建、积累、完善和分享知识的全新模式。

1995年，沃德·坎宁安为了方便模式社群的交流而建立了一个工具——波特兰模式知识库（Portland Pattern Repository），在建立过程中，沃德·坎宁安创造了Wiki的概念和名称，并且实现了支持这些概念的服务系统，这就是最早的维客系统。1995年5月1日“模式名单的革新”发布，这是世界上第一个维客网站，是对“波特兰模式知识库”的一个自动补充。其后波特兰模式知识库得到不断的发展，维客的概念也得到丰富和传播，出现了许多类似的网站和软件系统，其中最有名的是维基百科（Wikipedia）。维基百科是目前世界上最知名的维客系统，自由免费、内容开放，自2001年成立以来，其所有内容均由全世界的志愿者协同写作而成，是一项基于维客技术的多语言协作计划和一本包含人类所有知识领域的百科全书。维客概念于2002年引入我国，2005年迅速发展，出现了网络天书、百度百科、互动百科、中华维客等维客网站，并产生了较大影响。

维客是一种建站工具，Wiki 技术改变了网络上某些专属信息的垄断局面，维客平台开放，成员地位平等，所有内容均可被任何访问者和社群成员分享，体现了信息自由共享的思想。维客开启了大规模协作时代，为信息与知识更新提供了一种方便的途径。与此同时，维客也带来信息的超载以及信息质量参差不齐等问题，因此需要充分认识并加以合理利用。

七、博客

博客是英文单词"Blog"的音译，来源于"Weblog"的缩写。"Weblog"是"Web"和"Log"的组合词，"Web"指"World Wide Web"，是互联网之义，Log 的原意是"航海日志"，后指任何类型的流水记录，"Weblog"指在网络上的一种流水记录形式，简称"网络日志"。博客上的文章通常根据张贴时间，以倒序方式由新到旧排列，比较著名的有新浪博客、网易博客、搜狐博客等。

在博客发展史上，1998 年的德拉吉报道，揭开了克林顿与莱温斯基绯闻的序幕，这是博客介入重大新闻报道的开端性事件。在 2001 年的"9·11"事件中，博客成为重要信息和灾难体验的重要来源，从此凸现其独特的价值和作用，正式步入主流社会的视野。2002 年博客开始引入中国，当年 7 月 Blog 的中文"博客"由方兴东、王俊秀正式命名，8 月二人开通博客中国网站(www.blogchina.com)。2005 年博客大众化，开始从精英向所有网民和非网民普及。其后，博客规模进一步扩大，题材、内容、类别越来越丰富，众多名人加入博客的写作，并为方便阅读形成了不同类型的网络博客圈。

博客是在网络急速发展时顺应时势而出现的一种网络日志形式的个人传播手段，主要特点在于实现了从社会传播到个人传播的转变，写作原创且不受时空限制，信息传播者和接收者自由互动，能及时发布与反馈，在一定程度上颠覆了传统的传播理念。博客个性化的传播空间、互动性的传播方式以及开放式的传播内容，改变了人们的生活和思维方式，建构了全新的信息传播模式，甚至意味着一个新的传播时代的到来。同时，作为新型传播方式，博客对传统媒体产生了冲击，挑战了传统媒介的影响力，但它和传统媒介又是互利互惠、存在竞争又共生共荣的关系。

随着博客的快速发展，出现了一些网络失范问题，比如内容侵权、肆意谩骂、过度商业化、色情化等现象，因此需要加强对博客进行"把关"控制，将信息自由化和监督控制相结合，2007 年中国互联网协会公布的《博客服务自律公约》就是对此展开的一种制约。

八、SNS

SNS，全称 Social Networking Services，社会性网络服务，即“社交网站”或“社交网”。具体来讲，SNS 就是以人际关系为基础的社交服务网站，源于哈佛大学心理学教授斯坦利·米尔格拉姆提出的“六度空间理论”。该理论认为世界上任意两个人之间建立联系最多只需要六个人，也就是说最多通过六个人就能够认识任何一个陌生人，按照六度空间理论，人们创立了面向社会的互联网服务，通过“朋友的朋友”来进行网络社交圈的拓展。

Facebook（脸书）是创办于美国的一个社交网络服务网站，是目前世界上最大的 SNS 网站。Facebook 于 2004 年 2 月成立，主要创始人为美国人马克·扎克伯格。创办之初他还是一名哈佛大学的学生，因此起初网站的注册仅限于哈佛大学的学生，在随后的几年里扩大到几乎所有的大学、高中和公司，到 2007 年 Facebook 已推出开放平台，网站注册人数飙升，到 2012 年用户数已达 10 亿，成为全球最大的社交媒体。我国 SNS 网站发展较快，知名的有开心网、人人网、51.com 以及一些社群类和婚恋类 SNS 社交网，门户网站推出的 SNS 交互平台，比如腾讯的 QQ 校友、搜狐白社会等也属于其范畴。

为更好地吸引受众，SNS 网站一般都有针对性的主流用户群体，有的面向大学生青年，有的面向白领群体，满足他们的交流和娱乐需求。在 SNS 中，用户一般使用真实的姓名和身份，可以发表日志、上传照片、分享视频、即时聊天、互动游戏等，形成比较高的用户粘黏度。同时，SNS 网站把互联网以提供信息为主的“人与内容”的关系，深化为“人与人”的关系，SNS 平台的目标是使网络不再停留在“传递信息”这一角色上，而是试图构建一种网络空间与现实空间交融的社会网络，在网络上重建现实的社交圈，弥补现实中的人际交往空白，改变人们的社会沟通方式，其依托新型的人际建构能力和人际传播能力发挥出巨大的社会动员性。

九、网络视频

网络视频，是指由网络视频服务商提供，以 WMV、FLV、RM、MOV 等流媒体为播放格式，可以在线观看或下载的声像文件。网络视频有综合性的视频网站，如 YouTube、爱奇艺、优酷网、腾讯网、B 站等；有电视台的网络视频平台，对电视节目进行网上传播，通过网络可以直播或者点播，如中国网络电视台 CNTV、芒果 TV 等；还有专门的短视频平台，如抖音、快手、秒拍等；也包括电商平台和自媒体平台的各种视频。网络视频的来源有多种，有的是传统电视或影视节目的网上播放，有的是个人视频的上传与分享，有的是视频网站自制的网剧或节目，有的是电商广告营销，等等。

土豆网和优酷网都是中国较早的网络视频平台，2012 年 3 月二者合并，合并后的优酷土豆覆盖 PC、电视、移动三大终端，兼具影视、综艺和资讯三大内容形态，成为具有影响力的互联网视频平台。爱奇艺视频网站也是当前中国视频行业的领先者，构建了多种业务的视频商业生态，引领视频网站商业模式的多元化发展。哔哩哔哩（bilibili）简称“B 站”，集中体现当前年轻人的潮流娱乐文化。B 站视频主要由专业用户自制内容构成，即 UP 主的原创视频，其最大的特色是悬浮于视频上方的实时评论功能，这种独特的视频体验让基于新媒体发展的“弹幕”能够超越时空限制，构建出一种共时性关系，让 B 站成为极具视频互动分享和二次创造的文化社区。

网络电视领域中，中国网络电视台 CNTV 在我国传统媒体网络平台中处于领先地位，它是 2009 年以央视网为基础发展的中央级网络电视台，成功地实现传统电视媒体与互联网的融合，汇集全国电视台的多档节目内容，拥有雄厚的资源实力，成为我国规模最大的网络视频正版传播机构。芒果 TV 是湖南广电旗下的互联网视频平台，提供湖南卫视的电视栏目高清视频点播服务，同步推送热门电视剧、电影、综艺和音乐视频内容，融网络特色与电视特色于一体，实现“多屏合一”独播、跨屏、自制，是极具特点的媒体融合下的新媒体视听综合传播平台。

网络视频产生并迅速发展，对人们的生活与工作都带来了深刻影响，首先是分流了电视受众，其次是开启了个人视频时代，还改变了广告传播范围及表现形式。但与此同时，也面临一些问题，诸如内容同质化、视频内容的虚假性、视频版权之争、不良视频的负面影响等，因此需要规范和引导视频网站的良性发展，从而形成文明健康的网络传播环境。

十、网络报纸

网络报纸就是通过互联网发行与传播的报纸，是随着网络技术发展而产生的一种新兴报纸形式。

“1994 年 2 月，《杭州日报》率先利用网络，创办了我国首份电子报纸，入网用户可以通过电脑调阅报纸的内容，大大提高了报纸新闻的传播速度和时效性。同年 10 月，正式发行的《中国贸易报》成为国内首家汉英双语的全国性报纸电子版，同时也是中国第一家在网络上发行的日报。”① 从1997年开始，全国性报刊和一些地方性报刊开始陆续推出网络电子版，扩大了报纸新闻的传播范围。

目前我国网络报纸，从早期的纸质翻版已发展到了以新闻为主的大型网络信息交互平台，不但有报纸印刷版的内容，还成为综合性信息提供者。比如依托于《人民日报》的人民网，创办于1997年年初，最早为《人民日报》的网络版，后来突破印刷版的局限，凸显多媒体特点，提供了其他信息链接和服务，通过文字、图片、音视频、论坛、博客、微博、播客等多种手段，每天向全球网民发布包括政治、经济、社会、文化等各个领域的丰富多彩的信息内容，成为国际互联网上最大的综合性网络媒体之一。

和传统报纸相比较，网络报纸不是以“天”为单位来更换基本版面，而是一有新的消息就立即上网公布更新，比传统报纸更即时快捷；在报道新闻事件时，传统报纸的纸张篇幅有限，但网络报纸通过超链接功能，可以让受众阅读到新闻信息的背景资料及其他相关报道，信息容量更大，内容更丰富。但网络报纸对受众的水平和硬件设施要求相对较高，再加上人们长期以来形成的传统阅读习惯难于打破，因此从目前看，二者各有优势与特点，相互融合发展。

十一、网络杂志

网络杂志又称电子杂志、互动杂志，是依托网络技术编辑、出版和发行的杂志。其采用先进的P2P技术发行，集Flash动画、视频、音乐等效果于一体，还有超链接、即时互动等内容，可以在线阅读或者下载阅读。目前较为有名的网络杂志门户有Zcom、Xplus、Poco、Vika等。

网络杂志有较强的视觉冲击力，内容生动丰富，互动性较强，读者之间以及读者与发行商之间均可以进行交流，从而使之得到信息反馈，为杂志内容制作及广告投放提供参考。网络杂志种类繁多，细分到了娱乐、时尚、旅游、IT数码、游戏、音乐、理财、影视等多个类别，受众的细分让网络杂志的信息传播更精准有效。

从网络杂志内容上看，一种源于知名的纸质杂志媒体，二者基本同步发行，只是电子版的更动态精致，比如《瑞丽》《中国国家地理》《计算机世界》《风尚志》《父母必读》等电子杂志；一种是原创，在纸质杂志中没有先行刊物，借助已有知名品牌或依托知名网站、人物来赢得受众关注，比如南方网主

① 宫承波：《新媒体概论》（第二版），中国广播电视出版社，2009年，第81～82页。

办的《物志》，以主持人杨澜个人名字为品牌的《澜 LAN》，以及由演员徐静蕾主编的文化时尚类《开啦》杂志。

网络杂志作为新型信息媒体，利用网络进行多渠道的传播，具备纸质杂志的功能，又有众多新特性，拥有传统杂志难以企及的优势。但网络杂志往往注重形式的精美而降低了内容的可读性，并且容量一般比较大，用户在线阅读或者下载的速度都比较缓慢，这些需要进一步改善和优化。

十二、网络文学

网络文学指以互联网为展示平台发表传播的文学作品。一般指网上的原创文学作品，包括网络小说、网络诗歌和散文等，其中以网络小说为主。1998年蔡智恒在互联网发表的小说《第一次的亲密接触》揭开了网络文学的序幕，一般认为它是网络文学的开山之作。其后刊载网络文学作品的网站，比如起点中文网、幻剑书盟、“榕树下”等也随之蓬勃发展。一大批网络写手产生，并且队伍逐渐壮大，安妮宝贝、慕容雪村、流潋紫、桐华、萧鼎、唐家三少、当年明月等网络作家进入民众和媒体的视野。

网络文学写作对传统文学进行了一定程度的颠覆，表现为创作主体平民化，表述语言多样化，作者与读者之间互动性强，更新快，传播广，阅读群体庞大，不受传统限制等。但是由于网络文学没有严格的审查制度，加之有的作品为迎合大众成为“快餐式文化”，缺失了传统经典文学的意义深度，因此对于网络文学的产生与发展向来存在争议。随着互联网的发展，网络文化对生活日益渗透，网络文学的版权保护力度加大，网络作家加入作协，网络小说进入传统文学大赛评比范畴，网络文学专业成为大学本科专业，表明大众对网络文学进一步认可，社会也在逐步完善其发展环境。

网络文学题材丰富，有爱情、武侠、玄幻、悬疑、科幻、历史、军事、穿越等类型，每一种类型都有优秀代表作品并受到人们的关注，而且一些点击率高的网络小说纷纷下线，进行印刷出版，比如今何在的《悟空传》引起广大读者的阅读热潮，多次再版，“天下霸唱”的盗墓小说《鬼吹灯》也印刷销售，全套总销量突破千万册。不少优秀的网络文学作品改编成影视剧作后屡屡取得成功，比如流潋紫的《后宫·甄嬛传》、桐华的《步步惊心》、海宴的《琅琊榜》等均受到观众青睐，因此靠出售版权，进行电影、电视剧和游戏等一系列改编的商业模式已成为当前网络文学产业的主要发展方向。

十三、网络游戏

网络游戏又称“在线游戏”，简称“网游”，指以互联网为依托，游戏运营商服务器和用户计算机为处理终端，游戏客户端软件为信息交互窗口，以娱乐、休闲、交流为目的的个体性多人在线游戏。

网络游戏题材丰富，有关于武侠玄幻的，比如《剑灵》《笑傲江湖》《龙武》等；有动作射击的，比如《穿越火线》《怪物猎人》等；有关于策略战略的，比如《星际争霸》《攻城掠地》等；有休闲竞技类的，比如《英雄三国》《跑跑卡丁车》《QQ炫舞》等；也有虚拟体验“另一种生活”并可以兑换真实的货币，比如《第二人生》等。网络游戏使用形式大致分为两类，一类是浏览器的游戏形式，一类是客服端的游戏形式。前者是基于Web浏览器的网络在线多人互动游戏，无须下载客户端，典型游戏有《七雄争霸》《天书奇谈》《弹弹堂》等；后者是由玩家们通过公司所提供的客户端连上公司服务器进行游戏，特征是大多数玩家都会有一个专属于自己的虚拟角色，而一切角色资料以及游戏资讯均记录在服务端，典型游戏有《魔兽世界》《梦幻西游》等。

“截至2020年12月，我国网络游戏用户规模达5.18亿，占网民整体的52.4%”①，网络游戏的创新人气新作不断涌现，游戏制作水平也进一步提高，呈现较好的发展势头。网络游戏的休闲娱乐功能一直深受网民喜爱，通过网络游戏，用户可以扮演不同角色来体验不同人生，产生快乐情绪，一定程度上起到缓解现实压力的作用，也可以在游戏中锻炼自身的反应能力和组织能力。但是网络游戏也出现了一些负面影响，有的游戏玩家将现实和虚拟世界混淆，特别是一些青年因为长期沉溺于网游中，形成了“网瘾”，性格变得内向孤僻，甚至有暴力倾向，进而影响学习和生活。因此网游开发商应该避免凶杀、恐怖、血腥等题材，加强行业自律，开发积极健康并有利于青年成长的游戏软件，起到娱乐益智的作用。

第二节　移动互联网新媒体

移动互联网新媒体指具有移动便携特性的新兴媒体，主要载体是智能手机、平板电脑、掌上电脑等。随着数字技术、互联网技术和移动通信技术的进

① 中国互联网络信息中心（CNNIC）：第47次《中国互联网络发展状况统计报告》，2021年2月。

步，手机媒体已开辟出属于自己的“第五媒体”时代。5G 时代到来后，手机功能更加强大，促进了手机报纸、手机杂志、手机游戏、手机电视等新媒体形态的发展，涌现出微博、微信、抖音、直播等新媒体形态，并对人们的生活和工作产生了极大的影响与变革。

一、手机报纸

手机报纸是指在报社、移动通信商和网络运营商联合建立的平台上，以手机终端作为载体，传播新闻信息资讯的一种新媒介。

手机报的运行有两种模式，一种是彩信手机报模式，一种是 WAP 网站浏览模式。前者是由报纸通过电信运营商将新闻以彩信的方式发送到手机终端上，用户可以离线观看，初期大多可以“免费体验”，体验后一般按 5~20 元/月收取包月订阅费用。后者是由订阅用户通过访问手机报的 WAP 网站，在线浏览信息，收费则是按时间计费，一般由信息费和通信费两部分组成，相对前者价格较贵。目前较为常见和广泛应用的是彩信手机报模式。

2004 年 7 月《中国妇女报》和北京好易时空公司推出《中国妇女报·彩信版》，每天第一时间将新闻图文发送到定制用户的手机上，这是国内第一家手机报纸。其后不少报社也相继推出手机报业务，服务的内容也越来越丰富，覆盖面也越来越广。

“手机报将传统报纸和手机短消息融为一体”，“手机报的诞生是人类对阅读方式的又一次革命，它实现了从第一媒体到第五媒体的跨越”。[①] 手机作为报纸信息的载体，小巧轻便，接收方便，即时互动，且可以发挥多媒体功能，更直观生动，拥有诸多优势。但也存在一些局限性，比如信息容量小，阅读比较费力，信息同质化，缺乏深度，资费偏高等。

二、手机电视

手机电视是指通过 GPRS、EDGE、CDMA 等技术标准以及移动通信网络提供流媒体音视频传送业务，采用移动数字多媒体广播技术提供音视频广播业务，利用手机作为终端设备接收流媒体音视频资讯或接收广播电视节目的技术和业务应用。手机电视的实现模式有三种，分别是基于移动数字多媒体广播技术实现的地面数字广播手机电视和卫星广播手机电视，以及基于移动通信技术、依托移动通信网络技术实现的移动通信网络手机电视。

---

① 施华：《新媒体概论》，东北大学出版社，2016 年，第 38 页。

在2003年10月博鳌亚洲论坛期间，手机电视出现，海南电视台通过网络发送论坛的相关视频新闻，让中国受众初次体验全新的电视传播方式。2004年中国移动和联通进行手机电视业务的初期实验，2005年6月国家广电总局成立中广移动公司开启CMMB手机电视的运营之路。2008年北京奥运会，通过手机媒体直播了奥运盛况并提供视频供受众点播，在各种传播媒介中手机电视彰显出独特魅力。北京奥运会之后，国家广电总局全面发展手机电视，3G时代的到来为中国手机电视的推广提供了更大的契机。

手机电视是一种新型的数字化电视形态，具备了便携性、直观性、交互性和个性化等特点。尽管手机电视在内容、技术、资费、效果等方面存在一定的发展瓶颈，但庞大的移动网民规模为手机电视的使用奠定了用户基础，同时数字传输技术的提高、智能手机功能的完善、Wi-Fi使用率的提升都成为手机发展的促进因素。

三、手机游戏

手机游戏是指向手机终端用户提供的游戏类应用程序，分为文字、图形、图像等类别。手机的便携性与移动性决定了用户可以经常使用游戏，其使用率呈持续性增长。

手机游戏最早是单机游戏，使用一台手机就可以运行的电子游戏，“1998年10月，诺基亚6110作为国内第一款内置游戏的手机面世。贪食蛇、记忆力游戏、逻辑猜图等一度成为手机单机游戏的主流”[①]。随着智能机的普及以及3G的覆盖率增加，游戏向网络化发展，手机网游兴起。手机网游是指连接互联网，以游戏运营商服务器和用户手持设备为处理终端，以手机客户端软件为信息交互窗口的多人在线游戏。手机网游极大地满足了手机用户的娱乐需求，丰富了手机游戏市场，发展快速，在我国网络游戏市场保持较高的占有率和营收的领先地位，多款具有创新性的移动类手机游戏获得用户和市场的青睐，不断推陈出新，进入精品化发展，提供更好的游戏体验。

游戏向来是人们热衷的娱乐休闲方式，加之手机自身的特性，使游戏需求不断从PC端向移动端转移。由于手机使用频率高，因此手机游戏有庞大的用户群，并且随着网络环境的进一步改善，手机性能的不断提升和游戏产业的日益成熟，手机游戏将具有更大的增长空间，用户对手机游戏的黏性也会逐步增加。

① 宫承波：《新媒体概论》（第二版），中国广播电视出版社，2009年，第262页。

四、微博

微博是微型博客（MicroBlog）的简称，是一种通过“关注”机制传播、分享简短实时信息的社交网络平台。最早微博用户以140字左右的文字更新信息，并实现即时分享。随着技术的进步，微博系统不但可以发送文本内容，还可以发送图片、音频、视频等多媒体信息。

微博用户可以关注其他人的即时信息，也可以自己发布信息供别人浏览。较博客而言，微博有字数的限制，要求内容简短，因此更快捷高效，并且门槛较低，无须进行语言的逻辑组织编排，容易进行原创写作，更具备草根性和大众化。微博用户往往以手机等移动设备为主要使用终端，是真正把有线互联网和移动互联网结合起来的新媒体形式，可以随时随地发布信息，给用户带来强烈的现场感和极强的时效性。

一般认为最早的微博是美国的Twitter（推特），它是一个社交网络及微博客服务，用户通过不超过140字的文字信息与他人建立分享和互动。2007年中国出现第一家带有微博色彩的社交网络“饭否网”，2009年8月新浪网推出“新浪微博”内测版，成为门户网站中第一家提供微博服务的网站。腾讯微博、网易微博、搜狐微博等也相继产生，“微博”逐渐进入主流人群视野，掀起了中国的微博热潮。“在2013年上半年，新浪微博注册用户达到5.36亿”，“微博成为中国网民上网的主要活动之一”①。

近年来，微博效应已经形成并显现出强大力量。电视、报纸、广播等传统媒体纷纷进军微博，实现传统媒体与新媒体结合；很多明星名人通过微博发表言论，获得大量“粉丝”关注，聚集人气；我国一些党政机构和干部开通实名微博，微博成为党政部门密切联系群众的重要载体；微博也成为表达民意、反映舆情的重要渠道，以及舆论引导和舆情回应的重要平台等。微博的碎片化、社交化、网状传播结构改变了人们的表述方式和生活状态，成为网民获取信息及传播信息的重要途径，其具备的“One To N To N”的传播模式，以及因不断转发而形成的裂变式传播，产生了惊人的传播能量。在未来发展中，微博作为一个重要的移动应用平台，与其他行业合作互通，并加强自身管理监督，将会产生更大的社会影响。

---

① 参见互联网实验室、中国新闻社浙江分社、浙江传媒学院互联网与社会研究中心共同发布的《2012—2013年微博发展研究报告》。

五、微信

微信是腾讯公司于2011年年初推出的一款为智能终端提供即时通信服务的免费应用程序。微信推出后，发展快速，覆盖面广，远超人们的想象。截至2021年5月，微信的月活用户量已经达到了12.41亿，占到了全国人口的88%左右，若刨去一部分的儿童及老年人群，微信几乎实现了对于中国人口的全量覆盖。[①]

微信可以通过网络“一对一”快速发送语音、文字、图片、视频、文件、地理位置等信息，也支持多人群聊。并提供公众平台、朋友圈、消息推送等功能，用户可以通过“摇一摇”“搜索号码”“附近的人”、扫二维码方式添加好友和关注公众平台，将内容分享给好友，以及将用户看到的精彩内容分享到微信朋友圈，好友能够在朋友圈中进行点赞、评论等互动。2017年微信推出小程序，微信小程序是不需要下载安装即可使用的应用，给人们带来了便利，社会效应不断提升。2020年微信推出视频号，以图文为主的微信公众号增加了短视频的内容创作，推动微信创作往视频化方向发展。

微信影响力不断扩大，除作为沟通的重要渠道外，急剧改变着人们的生活方式。微信用户通过“朋友圈”，对信息内容阅读或转发，形成新的圈子化社交传播模式；微信公众账号数量大幅度增长，在突发公共事件和社会热点话题中显示出巨大力量；继微博问政后，政务微信成为网络问政新平台，政府利用微信实现政民沟通；微信免费的运营方式也对电信运营商的电话、短信、彩信等业务形成挑战。微信流行，其背后是巨大的营销市场，电商服务产品“微信商城”随之兴起，微信商城提供商品的查询、选购、体验和支付的一体化服务模式，微信红包、城市服务、手机充值、美食订购、生活缴费、游戏下载等内容也使微信平台愈加丰富，进一步渗透人们的生活，增加人们对微信的黏性度。

微信作为当下最热门的社交媒体和移动端的一大入口，其创始人张小龙在2021年微信公开课演讲中表示，“每天有10.9亿用户打开微信，3.3亿用户进行了视频通话；有7.8亿用户进入朋友圈，1.2亿用户发表朋友圈，其中照片6.7亿张，短视频1亿条；有3.6亿用户读公众号文章，4亿用户使用小程序。

---

① 新媒科技：《微信月活用户超12.4亿，已达全国人口的88%，是好事还是坏事?》，https://www.163.com/dy/article/GAL11IA30511N683.html，2021年5月22日。

微信支付已经像钱包一样，成了一个生活用品”[①]，可见微信已经成为普通人日常所离不开的应用软件。

六、抖音

抖音是2016年9月由今日头条孵化的一款音乐创意短视频社交软件，同时也是短视频社区平台。抖音作为一款短视频软件，其宣传主题是“记录美好生活”，抓住年轻人对新鲜事物的好奇心，用短视频记录生活中的美好事物。抖音用户可以选择歌曲，配以短视频，形成自己的作品，通过音乐的剪辑和创作、滤镜和特效的使用让视频更具创意性和节奏感。抖音也是一款社交类软件，用户通过平台上的短视频可以分享生活、展现自我、了解新闻、结交朋友。

抖音最初是年轻人流行文化的新发源地，作为年轻人的热门应用，迅速火爆。在抖音达人的推动下，抖音2018年迎来了爆发式增长，视频元素呈现多元化，内容辐射广度增加，不再局限于年轻人，而成为覆盖全年龄段的一种新的文化休闲方式。抖音于2021年1月6日发布《2021抖音数据报告》，报告披露“截至2021年1月5日，抖音日活跃用户数（DAU）已经突破4亿，为国内最大的短视频平台”[②]。

抖音渗透我们生活的方方面面，利用碎片化时间刷抖音成了各个年龄阶段人群每天的日常。抖音吸引了众多明星、网红加入，成为新的流量聚集地。在抖音平台，从手机拍摄到短视频制作，操作简单，内容生产的门槛进一步降低。抖音适应新媒体时代图文到视频的转变，精准分析用户的内容消费习惯，投递兴趣视频，加之竖屏播放模式及沉浸式体验设计，有效聚合了用户的注意力和关注度。

抖音作为以短视频为主要传播形式的新媒体，在新闻内容视频传播方面起到了极大的推动作用，不少传统媒体也入驻抖音，比如央视新闻、人民日报、新华社等具备权威性的传统媒体都有自己的官方抖音号。抖音火爆网络后，很多政务新媒体也入驻抖音，在抖音平台发布视频，抢占舆论新阵地。

目前抖音呈蓬勃发展态势，推动了新媒体短视频的传播和发展。抖音在快速发展的同时也暴露出不少问题，其短视频制作门槛较低，生产流程较简单，

① 腾讯网：《微信用户量惊人！每天有10.9亿人打开微信，7.8亿人进入朋友圈》，https://new.qq.com/rain/a/20210120A00ZQ700，2021年1月20日。

② 1997网：《抖音用户有多少，2021年抖音用户数量》，https://yijiujiuqi.com/all/p/12006.html，2021年1月28日。

因而同质视频较多，内容参差不齐，追求流量的商业过程中忽视了对用户的正确引导等。抖音在后续发展中需要加强对短视频内容的监管，摆脱视频的同质化，打造创意优质视频，提升视频推送质量，并找准持续的可变现盈利方式，才能在短视频领域占据市场，继续独领风骚。

七、网络直播

网络直播即网络视频直播，是一种通过互联网平台直观、真实、全面地向大众持续发布实时信息活动的流媒体传播方式。网络直播融合了图像、文字、声音、视频等丰富内容，所具备的强烈现场感和即时互动性吸引了广大网民关注，成为当前新媒体视频传播中一种重要的表达方式。5G时代到来，网速提升，网络稳定，卡顿消除，画质增强，智能手机成为直播工具，网络直播操作简单，普通大众极易上手，因此推动网络直播走进千家万户，呈大众化发展趋势。

网络直播形式有多种，一种是通过网络直接收看远端正在进行的现场音视频实况，包括各种赛事直播、晚会直播、培训直播等；一种是通过网络主播进行的带有商业运营性质的各种类型直播，包括娱乐类直播、游戏类直播、购物类直播等。娱乐类直播起源于早期的YY娱乐、六间房秀场类直播，内容以聊天、音乐、才艺、生活、出行等为主，以用户打赏及虚拟礼物为平台的主要收入。目前娱乐类直播的直播平台主要有YYLIVE、斗鱼TV、美拍等。游戏类直播随着网络游戏的盛行特别是电竞游戏的发展，关注度递增，平台也不断扩大。国内的游戏类直播用户现在主要集中在斗鱼TV、虎牙直播、战旗TV、龙珠直播、火猫等平台。购物类直播主要采用“电商+直播”的形式，平台主要是淘宝、天猫、京东、唯品会等。平台上主播和购物者进行互动社交，以网络达人和明星入驻为主要吸粉方式，从而提升人气，达到盈利目的。

2020年的新冠肺炎疫情极大地推动了网络直播的发展，游戏直播成为很多用户在家娱乐休闲的重要方式，推动游戏直播平台营收进一步增长；电商直播也成为2020年发展最为迅猛的新媒体应用之一，并与抗“疫”和脱贫等目标结合，激发了用户的线上购物需求，全国多地商品购买转向线上为主，带货直播的方式也逐渐被更多人接受和推广，成为拉动经济内循环的有效途径。

网络直播作为新兴的新媒体的重要形态，衍生出一系列新行业和新职业，推动了社会经济的发展以及业态多元化，但同时也存在诸多弊端。由于网络直播门槛较低，因此存在直播质量参差不齐，直播监管不严，受利益驱使常出现内容低俗化及其他违法违规行为。有关部门需要加大对网络直播的监管力度，加强对直播平台不良内容的管理，出台并完善各种管理规范，加大惩处力度，只有进行相应的规范管理和正确的引导，网络直播才会顺应新媒体发展潮流并有更广阔的发展天地。

第三节　数字电视与 IPTV

数字技术、计算机网络技术、移动通信技术的不断发展，对传统电视媒介产生了巨大挑战，随着媒体受众的悄然分化，电视新媒体时代到来。数字电视的出现是电视发展史上具有里程碑意义的事件，它为观众带来了高清的节目质量，是电视发展史上的一次重大技术革命。IPTV 作为新生媒体，它的发展给电视传播方式带来了革新，实现了多种交互式网络服务，是“三网”融合下的新兴产物。

一、非互动性数字电视

数字电视（Digital Television），缩写为 DTV。是指从演播室到发射、传输、接收的所有环节都是使用数字电视信号或该系统所有的信号传播都是通过由 0、1 数字串所构成的二进制数字流来传播的电视类型，与模拟电视相对。数字电视的具体传输过程是：由电视台送出的图像及声音信号，经数字压缩和数字调制后，形成数字电视信号，经过卫星、地面无线广播或有线电缆等方式传送，由数字电视接收后，通过数字解调和数字视音频解码处理还原出原来的图像及伴音，全过程均采用数字技术处理，因此信号损失小，接收效果好①。

数字电视按信号传输方式的不同，可以分为三类，分别是无线电波传输的地面数字电视、有线电视网络传输的有线数字电视和靠地球同步卫星传输的卫星数字电视。按照清晰度的高低，可以分为高清晰度数字电视和标准清晰度数字电视，当前高清晰度数字电视越来越受重视，并且出现了更高清晰度如 4K 的节目格式。

数字电视集电视传播方式与数字信息技术于一身，较传统模拟电视而言，能传输更多的频道数量，并且节目图像质量更好。数字电视节目丰富，内容多样，使观众的选择面增加，它既可以提供电视节目服务，涵盖剧场、美食、体育、音乐、时尚等多个领域，还有分众细化的频道，如高尔夫、网球、围棋、育儿、旅游等满足特定人群需求的频道设置，也可以提供远程教学、购物、交

① 邱海生：《浅析数字电视的发展》，载于《中国有线电视》2007 年第 6 期。

通、游戏等丰富的信息服务和娱乐活动。并且数字技术的高精度使数字电视清晰度高，音频效果好，抗干扰能力强，易于实现信号存储和应用于各个行业开展综合性业务。

近年来，我国不少城市逐步关闭模拟电视信号，大力推广数字电视，完成了数字电视的整体转换。在数字电视市场快速崛起的当前，除设计个性化的高性能数字电视产品外，还需要在了解受众需求的基础上，突破“内容”瓶颈，增加频道的专业化和吸引力，从而加快数字电视的发展进程。

二、互动性电视媒体 IPTV

IPTV 全称是 Internet Protocol Television，即交互式网络电视，是一种以 IP 技术为基础，依托互联网或城域网，以视频节目为主要业务，具有交互功能的多媒体业务。IPTV 和数字电视在现阶段都表现为“机顶盒+电视机”的接收终端，但二者有着本质的不同，数字电视相对于模拟电视有许多技术革新，但仅是信号形式的改变，没有触及媒体内容传播方式的变化，而 IPTV 则拥有数字电视所不具备的双向互动功能。

IPTV 可以使用户得到高质量水平的数字媒体服务，实现媒体提供者和媒体消费者的实质性互动。IPTV 凭借网络交互的优势，实现了电子菜单、节目预约、节目编排等多种功能，不但扩展了观众的选择空间，还突破了传统电视的线性播出方式，加强与观众的深度互动，用户不再是被动的信息接收者。IPTV 所采用的播放平台能根据用户的选择配置多种多媒体服务，包括数字电视节目、可视 IP 电话、互联网浏览、电子邮件，以及在线信息咨询、娱乐、教育和商务服务，同时也能开展其他互联网业务，为网络发展商和节目提供商提供了广阔的新兴市场。

IPTV 的核心竞争力就在于集电视媒体传输节目的传统优势和网络交互传播优势于一身，但目前 IPTV 也存在内容同质化、技术标准不统一、盈利模式不成熟等问题，在未来“三网”融合的背景下，运营商通过完善基础网络与技术、推广高清业务、开发吸引受众的增值业务等方式，将促使 IPTV 电视媒体更好地发展。

第四节　户外新媒体

户外新媒体是指存在于公共场所的新型媒体形态，包括户外电子显示屏、楼宇电视和车载电视等。它与其他形式的媒体比较，最大的不同在于传播空间是公共场所，传播对象具备流动性，传播方式带有强制性，并一般与广告行业联系密切，是一种全新的信息传播平台。

一、户外电子显示屏

户外电子显示屏是采用数字多媒体技术播放，有动态大屏幕，画面色彩鲜艳，立体感强，应用于各类公共场所，拥有媒体展示、广告宣传、信息发布等用途的显示屏。

户外电子显示屏主要是全彩 LED 电子屏，广泛应用在城市道路、高速公路、城市停车场、铁路、地铁等交通引导系统。LED 媒体外观新颖独特，拥有超大画面、超强视觉，采用 VGA 同步技术，大屏内容与 CRT 同步，电子屏色彩丰富，显示方式变化多样，有图形、文字、电视画面、二维、三维动画，特别是裸眼 3D 技术的运用，增强了 LED 媒体的空间立体感，产生强烈的视觉冲击力，整体更具震撼效果，体现更高的商业价值。

户外电子显示屏的传播方式带有一定的强制性，不管受众是否愿意都会受到其传播。电子显示屏安装在人流比较集中的地段，具有流动性特点，来往人群繁多，因此要求所显示的内容简短生动又具有新意，并且一般采取循环滚动播放形式，对受众形成多重反复刺激。

户外电子显示屏的内容主要是广告，因其所具备的数字视频技术特点，广告呈现多元化，突破了传统广告的限制，较传统户外广告而言，表现力更强，传播效果更好。在一些大中城市，户外电子显示屏正在逐步取代户外传统媒体，并且随着社会的发展和受众需求的变化，户外电子显示屏的形式在不断创新，内容也在不断丰富，逐渐将广告与公众信息融合展现，其社会作用也会进一步提升。

二、楼宇电视

楼宇电视是指“以数字电视机为接收终端，把楼、场、堂、馆、所等公共场所作为传播空间播放各种信息的新型电视媒体传播形态”①，又被称为楼宇液晶电视、楼宇数字电视等。楼宇电视从内容上看主要分为商业性楼宇电视和公共服务性楼宇电视，前者主要以商业广告为传播核心，后者除广告外还包括时事新闻、热点资讯、娱乐时尚等节目和天气预报、交通安全等公共信息。

楼宇电视接收终端通常设在商业楼宇、高档住宅、高档宾馆、办公大楼、

---

① 宫承波：《新媒体概论》（第四版），中国广播电视出版社，2012 年，第 142 页。

大型购物中心等场所的大厅和电梯口，相对户外电子显示屏而言，楼宇电视的传播空间更为安静，免受干扰，更有利于受众接收信息。楼宇电视是针对特定环境下处于等候状态的人群进行传播的，“从心理学的角度看，由于人们在等候电梯或在大厅等人时通常无所事事，广告画面和声音正好符合特定时空环境下受众的需要，使受众得以转移注意力并抚平烦躁”[①]，由于时间和空间上的相对封闭，易形成对受众的强制性收视效果和收视心理。

楼宇电视可以算作分众传媒的典型代表，目标受众比较明确，锁定在高学历、高收入、高消费的受众群体，这类群体对高档产品具有较强的消费能力，能够带来较高的广告效益。同时，楼宇电视以数字科技与液晶电视相结合，兼具户外媒体和传统电视媒体的优点，图文生动，冲击力强，成为媒体传播中重要的组成部分。但是由于楼宇电视受众的流动性、传输时间的短暂性、受众触达的零碎性和心理排斥性，以及传播效果难以评估等因素存在，其广告盈利模式受到一定挑战。

三、车载移动电视

车载移动电视指采用数字技术播出，以公交车、出租车、火车、飞机、地铁、轻轨等交通工具作为主要接收终端，能够满足移动人群的收视需求的电视系统。车载移动电视业务的开展，通常是利用电视台或节目制作机构的节目资源，经过特殊编排，反复使用，内容一般由时效性很强的新闻资讯以及体育娱乐、生活服务、广告信息等组成。

车载移动电视较传统电视最大的不同在于支持移动接收。其传播环境主要在交通工具内，是一种“强迫收视”，电视是单一频道，受众不能主动选择收看，而是被动接收相关信息，声音和画面的传播有一定的强制性。受收视环境的制约，受众会产生较强关注和注意。但在封闭环境内的受众又具有流动开放性，因此要让传播效果得到加强，车载移动电视的节目需要简短、新颖、生动，具备时效性和吸引力，抓住受众的眼球，从而取得传播优势。

我国第一个车载移动电视于2003年在上海开播，其后多个城市开始试播采用。车载电视在快速发展的同时，也存在信号接收不稳定、声画不对位、抗干扰性差等问题。随着技术的发展、节目的优化、产业链的完善，车载移动电视的市场将会不断扩大，在城市媒体传播中凸显更为重要的作用。

① 宫承波：《新媒体概论》（第三版），中国广播电视出版社，2011年，第279页。

练习四

1. 什么是门户网站？请举一个门户网站为例，并说明其作用。
2. 请以腾讯QQ为例，结合自身体验，谈一谈即时通信的影响和作用。
3. 博客和微博的定义分别是什么？你认为二者有什么区别？
4. 微信对人们生活产生了怎样的影响，请举例说明。
5. 抖音作为短视频社区平台，为什么呈爆发式增长？
6. 什么是户外新媒体？它们的共同特征是什么？
7. 楼宇电视在户外媒体传播中具备哪些优势？

第五章　新媒体新闻传播

第一节　什么是新媒体新闻传播

当今，新媒体已经深深地融入我们的生活。在与我们生活密切相关的各种应用当中，无疑新媒体的新闻传播应用，是非常重要的应用之一。

新闻传播是满足人们获取新近发生的有价值信息的需求的专业活动。历史上每一种重要新闻媒介手段的产生，都与新技术发展紧密相连。近代印刷术的问世，催生了报刊媒介；无线电技术的问世，导致广播媒介出现；无线电技术的发展与摄影摄像技术、网络传输技术等的结合，导致电视媒介的出现。新媒体从本质上来说，是一种新的技术应用。这种新的技术应用主要是在人类个体和社群之间的信息交流方面发挥作用的，所以它注定要对新闻传播活动产生影响。

过去，在传统新闻机构主导新闻传播的时代，“大众媒介曾经是独霸群雄的主流媒体，它们的优势主要体现在新闻源的已有渠道，有专业的记者报道，最主要的是有绝对的发布优势”①。各主流媒体通过相对垄断的报纸、电视、广播和杂志等资源，构建了一统天下的传播格局。新媒体的技术应用进入新闻传播领域之后，对传统新闻传播格局构成了巨大挑战，引发了在这个领域的一系列巨大变化。

什么是新媒体新闻传播？在新媒体诞生之前，我们通常把报刊、广播、电视等大众媒介机构所从事的新闻传播活动视作“新闻传播”的内涵；传统的新闻学、广播电视新闻学也以此作为研究、教学的对象。但新媒体新闻传播显然呈现了另一种景象。有人为新媒体新闻作了狭义和广义的两种界定。“从狭义上说，新媒体新闻指专业的新闻媒体通过新闻网站等新媒体平台发布的新闻，例如传统新闻机构、媒体网站等传媒机构在网络和手机上所发布的新闻；广义上的新媒体新闻泛指通过所有新媒体介质传播的新闻，传播者不仅包括专业新

① 田智辉：《新媒体传播：基于用户制作内容的研究》，中国传媒大学出版社，2008 年，第 9 页。

闻机构，也可以是非媒介组织或个人，传播载体也不仅局限于比较成熟的新闻网站或手机报等，任何新兴的媒介形态都可以用来传播新闻。”①

我们之所以在本章使用“新媒体新闻传播”的概念而不使用“新媒体新闻”的概念，是基于这样一种认识：在新媒体领域，专业的新闻发布活动与非专业的有价值的时效信息的发布活动并存，由此导致所谓新闻概念内涵的丰富和外延的扩大；传播者与受众的地位可能发生变化，传受双方的关系模糊；互动传播、交互共享的模式与原有大众传媒的传播模式不同；等等。这些变化是颠覆性和革命性的，原有的基于大众传播的关于新闻的概念已经不能准确地定义变化了的现实，所以我们认为用“新闻传播”的概念来指称目前新媒体领域的这类活动更为符合实际。

综合起来，我们给出的新媒体新闻传播的定义是：专业的和非专业的各类主体，以互联网和移动互联网为平台，利用各种新媒体具体形式，以个人电脑和移动终端为主要终端工具，来发布、共享新闻信息和其他有价值的时效信息的传播活动。这里需要明确两点：第一，鉴于新媒体新闻传播活动主要的、最具挑战性的领域在新兴媒体领域，所以上述定义只涵盖了新兴媒体。第二，基于本教材的宗旨和功能，我们在后面探讨的重心，是专业的新闻传播工作者，以专业的理念和姿态，利用新媒体所从事的新闻传播活动；非专业的新闻传播活动将被作为专业性活动可资利用的资源而进入视野。

新媒体新闻传播活动有如下几个特点。

一、新媒体新闻传播主体方面的特点

（一）传播主体多元化

这是新媒体新闻传播与传统媒体新闻传播很不相同的一个特点。在新媒体平台上，各类门户网站、传统媒体开设的新闻网站、新闻客户端运营者、社会主体自办网站、视频网站、官方博客、官方微博、社交网络平台官方账号、公共微信账号等，都可以成为专业的或具有专业色彩的新闻发布主体；论坛意见领袖、加V认证微博、论坛一般成员、个人博客、个人微博、个人微信账户等，在一定条件下（如突发事件发生时），也可以成为新闻传播主体。如果把后面这一部分主体加上，新媒体新闻传播主体可以用“灿若繁星”来形容。当然，由于品牌和用户习惯等因素的影响，在这众多的主体中，事实上存在少数拥有巨大用户群、传播实力、效率、影响等遥遥领先的重量级传播主体。

---

① 宫承波：《新媒体概论》（第四版），中国广播电视出版社，2012年，第153页。

需要说明的是，在上述传播主体当中，除了专业新闻发布主体之外，很多个人发布主体是从受众转化而来的传播主体。匡文波先生特地将手机使用者称为“用户”而不是“受众”，就是因为充分考虑了新媒体平台上的传播会出现传者、受者身份时常瞬间转换的现实[①]。这是新媒体新闻传播主体构成的一个不应忽略的现实。

本来按照我们国家的现行新闻采编管理体制，许多新媒体传播主体是不具备新闻采编和发布资质的，但是在实践当中，由于现实中的新闻管理体制在新媒体平台上如何应用是比较难于落实的问题，加上什么是新闻、什么是有价值的时效性信息的判别标准难于掌握，同时，由于新媒体本身就具备高效率传播和共享信息的特点，使得事实上新闻传播现象大量地存在于新媒体所构建的世界里。

传播主体多元化的特点，促使在新媒体平台上和新媒体传播环境下从事专业的新闻传播面临全新的课题。如何在主体众多的情形下找准自身的位置，如何实现有效传播，如何通过综合努力让自己脱颖而出，成为广为人知的具有品牌效应的主体，是我们要重点考虑的问题。

（二）专业传播主体业务构成的复杂性和相互关联性

参考彭兰教授的研究结论，一些以门户网站、新闻网站形式出现的专业传播主体，其业务构成往往比较复杂，新闻传播业务与其他业务整合在一起是很常见的现象[②]。例如，新浪网的业务构成中，新闻传播当属主要业务，但该网站也整合进了博客、邮箱、娱乐、视频、买房、汽车、教育、收藏等其他业务（如图 5-1 所示）。所谓复杂性，指的就是这种情形。

图 5-1　新浪网首页截屏（2016 **年** 5 **月** 6 **日**）

① 匡文波：《颠覆传媒——手机：新时代的电脑和器官》，华夏出版社，2013 年，第 47～48 页。
② 彭兰：《网络新闻编辑教程》，武汉大学出版社，2007 年，第 11 页。

所谓关联性，指的是在专业性的新媒体新闻传播主体所拥有的平台上，例如新闻网站或融媒体机构所运营的 App，由于新闻传播业务与其他业务具有较高关联度，往往需要统一考虑和运筹的特性。下面是成都市双流区融媒体中心运营的 App“空港融媒”2021 年 6 月 26 日的首页截屏图（如图 5−2 所示）。从其界面中间区域可以看出，“听广播”“看电视”“读报纸”等新闻传播服务项目，与“航空经济”“双双商城”“政法声音”“政务服务”“同城社区”“企业咖啡时”“帮忙求助”等服务项目并列，共同构成该 App 的关联业务系统。

图 5−2　“空港融媒”首页截屏（2021 **年** 6 **月** 26 **日**）

这两个特性的存在，使新媒体从事专业新闻传播工作的人士通常在一种与传统媒体不同的环境中工作，这对工作流程、工作理念都提出了新的要求。

（三）主流媒体的新旧媒介资源深度融合

面对新媒体的挑战和传统媒体的式微，在国家统一部署下，2014 年国内主流媒体启动了新旧媒体融合改革。2018 年 8 月之后，国家大力推进县级融媒体中心建设；2020 年 9 月，中共中央办公厅、国务院办公厅印发了《关于加快推进媒体深度融合发展的意见》，明确了主流媒体将主阵地转移到互联网上、推进媒体深度融合的战略目标。在这个战略中，新旧媒介资源融合是新型主流媒体的基本特征，各类媒介新闻信息产品的统一采集、统一生产、统一审核、统一发布、统一反馈的“中央厨房”式生产成为基本模式，将报纸、广播、电视、主流媒体门户网站、主流媒体运营的 App、微信公众号、官方微博，以及官方抖音等新旧媒介的终端组成“媒体矩阵”进行新闻信息和其他信息发布，介入政务、提供服务、从事商务，成为当前传播环境下主流媒体发布终端的基本生态格局。这一切对国内媒体机构的存在形态、工作流程、运行模式、社会职能产生了深刻影响，也对新闻传播人才能力素质提出了新的要求。这是值得我们充分注意的。

二、传播受众方面的特点

前面讲过，新媒体新闻传播中的个体用户，经常可以从受众瞬间转换自己的位置成为传播者。但通常专业性的传播主体地位是恒定的，而个人用户在通常情况下的受众地位也是恒定的。这里所说的传播受众，是指处于相对恒定受众状态的用户。在考察新媒体新闻传播中受众特点的时候，我们部分参考了彭兰教授在《网络新闻编辑教程》中的观点。

（一）个性化

传统媒体的受众如报刊零售点的购买者、广播听众和电视观众，他们是一些具体信息难以被把握的受众群体成员，传播者无法确认每一位受众的具体情况。但新媒体新闻传播的受众成员，则是非常具体而明确的。每一位受众都拥有一个确定的、唯一的 ID 号码，从而拥有一个个性化的身份，这就是个性化特点的含义。个性化对新闻传播的意义在于：

第一，对传播效果的测评可以精确到每一位受众，正如尼葛洛庞帝所说，在数字化生存的情况下，我就是“我”，不是人口统计学中的一个“子集”①。从而使传播效果不再用“零售率”“发行份数”“收听率”“收视率”这些模糊

① ［美］尼葛洛庞帝：《数字化生存》，胡泳、范海燕译，海南出版社，1997 年，第 192 页。

的工具来测定，而可以用“点击率”这个精确得多的概念来表达。

第二，利用基于云计算和大数据的软件技术，传播者拥有对个体受众进行有区别的点对点信息传播的能力。当然，在当前的具体新媒体新闻传播活动中，由于客观条件的限制和传播主体对效益、规模等因素的考虑，点对点传播仅仅在广告等商业信息推介中被使用，新闻传播仍然遵循大众传播的整合传播思路。

第三，每一位个体受众的个体互动诉求由于个性化条件的具备而得到表达的机会。传统媒体传播环境中的个体受众很难有表达自己意见的畅通渠道，更难以将自己的意见上升为主流意见。但新媒体新闻传播中，个别受众的意见能够顺畅地得到反馈；在特殊情况下则可能通过互动、共享机制成为主流意见。例如，“周老虎事件”就提供了典型的例证。2007 年 10 月 3 日，陕西省安康市镇坪县城关镇文彩村七组村民周正龙，声称在该县神州湾一处山崖旁，用胶片和数码照相机同时拍摄到两组清晰的野生华南虎照片，经陕西省林业厅组织野生动物专家和影像专家共同鉴定，照片是真实的。全国主流媒体发布了这一消息。2007 年 10 月 15 日，网上出现了一个题为“陕西华南虎又是假新闻?”的帖子，帖主“党指挥枪”在文章里综合了“陕西出现华南虎”新闻发布之后在网络上出现的质疑声音，并要求网友们都来帮忙鉴定。随后，照片的真实性受到来自部分网友、华南虎专家和中科院专家等方面的质疑，并引发全国性关注。最后骗局被拆穿，造假者锒铛入狱。由主流媒体发布的新闻引发的事件，其颠覆性转折点源于一个论坛帖子。

（二）社会性

彭兰教授认为，“受众在网络中进行信息消费或从事其他活动，往往都会受到别人的影响或干扰，他们的‘个性化’行为的背后，往往隐藏着非常强烈的网络社会环境的因素”①。新兴媒体的互动性特点，使地处天南地北的个体，可以经由网络而产生密切的信息联络关系，尤其经过社交网络的强化，人们更容易结成以网络为纽带的社会群体。中国传统文化中的从众心理盛行，则为网络社会性的实现提供了催化剂。因此，网络中的个体受众，一方面拥有个性化的技术条件；另一方面则又自觉不自觉地融入网络社群中，成为主要由志趣、爱好、价值观为纽带而集合在一起的虚拟社群中的一员。这种社群在网络上随处可见，如果将红歌会网、中华网论坛，与共识网、凯迪社区进行比较，很容易就能发现这种社会群体的存在。

---

① 彭兰：《网络新闻编辑教程》，武汉大学出版社，2007 年，第 8 页。

从新媒体新闻传播的角度来看，这种网络社群的存在，为网络新闻在发布后引起关注、共鸣、争论，提供了基础。

（三）自主性

在新媒体新闻传播中，个体受众拥有对信息的广泛选择权，在接受什么新闻信息的问题上，拥有自主权。在互联网新闻传播中，个体受众浏览新闻标题，决定是否阅读（听取、观看）某条新闻信息，然后通过点击新闻标题“拉”出想要了解的新闻内容。这就是受众在新媒体新闻传播环境下的基本信息接收模式——“拉”出新闻的模式。尤其是，新兴媒体平台上新闻主体众多，获取新闻手段众多（网站、搜索引擎、论坛、博客、微博、维客都可以发布新闻），新闻信息海量等情况的存在，使用户的自主性表现得十分充分，在传播中的地位举足轻重。虽然传播主体可以通过在新闻条目页面上采取“置顶”“上首页”“专题强调”等方式来影响受众，但其效果仍然与传播媒体通过垄断资源实行单向强制传播不可同日而语。在自主性十足的受众面前发布新闻，可能仅仅因为标题不吸引人就造成无效传播。

（四）匿名性

所谓匿名性，是指新媒体新闻传播的个体受众在网络上通常可以隐匿自己在现实生活中的真实身份这样一种特性。虽然网络终端因 ID 号码而能够被识别，但使用终端的个人却可以匿名，或使用虚拟的用户名。事实证明，这种匿名性的存在，使网络个体受众在反馈信息的时候，传播者难于发现其真实的现实身份，而当事人也往往表现得无所顾忌。网络空间群言喧嚣伴随大量话语暴力的现象，与此有密切关系。同时，这种匿名性的存在，也为“水军”的出现提供了条件，而“水军”是严重扭曲网络传播效率测评结果、撼动网络舆论公正性的负面力量。

（五）参与性

参与性是指新媒体新闻传播中受众不但是新闻的接收者，也是新闻生产和传播的积极参与者。根据彭兰教授的研究，受众在网络平台上参与新闻生产的方式共有五种①。

启动式新闻生产，是指用户有意无意提供原始信息，引起专业新媒体新闻传播主体关注，从而启动后续报道的新闻生产方式。

增值式新闻生产，指用户通过新兴媒体平台的共享功能，转发某些共同感

① 彭兰：《网络新闻编辑教程》，武汉大学出版社，2007 年，第 10～11 页。

兴趣的新闻，从而促使有关新闻在更广泛的范围内传播，产生增值传播效应的新闻生产方式。

互动式新闻生产，是用户通过网络的互动功能，在新兴媒体平台的互动过程中，就某些新闻信息进行讨论、跟帖、评论，从而拼接出新闻事实真相的新闻生产方式。

提升式新闻生产，这是一种用户并不转发、扩散、共享新闻信息，而仅仅是大量关注、支持、“点赞”某条（些）新闻，或积极发表与信息补充评论意见，从而提升新闻影响力、知晓度的新闻生产方式。

资源式新闻生产，是指新兴媒体用户在网络上的各种发布信息的表现，如发帖、发评论、参与网络调查等，为专业新媒体新闻传播主体提供新闻资源的生产方式。

参与性在新媒体新闻传播中影响巨大，它“不仅仅意味着传播者与受众之间界限的模糊，也不仅仅意味着受众地位的提高，它还意味着网上信息内容的多元化与复杂化，以及传播过程的开放性与复杂性”①，是专业新媒体新闻传播工作者不能不考虑的因素。

三、新媒体新闻传播内容及形式、方式、渠道、规模方面的特点

（一）传播内容和形式的多媒体化

新媒体新闻传播的内容，打破了传统媒体分别使用文字、声音、图像加声音来完成信息表达的格局，而具有多媒体的特点。所谓“多媒体”，是指信息传播从编码到终端呈现，能够便捷地综合使用文字、图片、音频、视频等原本彼此独立的媒介元素的媒介特性。新媒体技术提供了这样的可能。固然，在当前的新媒体新闻传播中，我们看到使用单一文字手段或单一视频手段完成信息表达的情形较多，但不能不承认，按照多媒体化所提供的技术可能，在新媒体新闻的内容形式上，综合运用文字、图片、音频、视频应该是最为理想的状态。

（二）新闻信息组合与发布的超媒体性

超媒体性是超文本性的衍生和发展，它是新兴媒体平台组合与呈现信息的基本方式，指在网络空间以非线性的方式组织和呈现以文字、图片、音频、视

① 彭兰：《网络新闻编辑教程》，武汉大学出版社，2007年，第10～11页。

频等不同媒体形态存在的文本。超媒体性要求专业的新媒体新闻传播工作者，不但要掌握多媒体发布新闻信息的能力，还需要熟悉按照超媒体特性，利用超链接等手段，去扩展和丰富新闻信息。

（三）传播渠道的多样化

新媒体新闻传播的渠道是多样化的。从当前新媒体新闻传播活动的实际情况来看，网络平台上的门户网站新闻频道、新闻网站、针对移动终端的新闻客户端、RSS新闻服务等无疑是新闻传播的主要渠道，但是，著名博客网站、微博平台，各类社交网络服务平台，微信平台，网络论坛、网络社区，搜索引擎等，也可以成为新闻传播的平台；新型媒体中的手机报，也是重要的新闻发布平台。传播渠道的多样化带来多方面的挑战，例如，对于信息发布主体来说，如何在人力、财力、物力资源有限的情况下，通过最佳的渠道组合，去实现传播目标，是一个摆在专业新媒体新闻传播工作者面前的迫切问题。

（四）传播信息的海量化

在新兴媒体的平台上，汇聚着来自不同区域、不同渠道的新闻信息，这些信息数量巨大，对于特定传播者而言，这会稀释其所发布的信息；对于个体受众而言，会因信息过载而难于取舍。而信息数量过大格局的长期存在，还会弱化特定信息的吸引力，这对于专业新闻传播者在新媒体格局下实施有效传播，构成严峻挑战。

四、新媒体新闻传播模式方面的特点

（一）互动性和共享性

互动性是受到研究者分外关注的新兴媒体特性。正是这个特性，颠覆了传统媒体单向、线性的传播模式，被认为是新媒体的标志性特征之一。由于网络的特殊技术设计，所谓互动性还不仅仅是受众与传播者之间的交互，还包括个别受众之间的互动。后者可以经由转发、评论、反馈等过程在受众内部形成一种对特定新闻信息的共享。在互动和共享的过程中，传播者发布的原始信息可以因受众参与新闻生产而增值或扩大影响，也有可能被颠覆，以至于来自受众的信息喧宾夺主，成为流行信息，而原始信息反而偃旗息鼓。

互动性和共享性对专业新媒体新闻传播工作者的工作理念和工作方式都提出了新的挑战和要求。

（二）多级性

多级性是新兴媒体新闻传播过程中一种比较微观层面的模式特点。按照彭兰教授的描述，其含义既包括在网络平台上传播新闻信息，信息到达受众的过程是分层级的，例如遵循“新闻信息—BBS—受众”模式的传播；也包括信息本身利用超链接方式实现的分层级呈现，如一条新闻信息按照“标题—摘要—正文—背景或关键词链接”逐级展开的呈现方式。①

多级性涉及新媒体新闻传播的基本方式，其中包含迄今为止网络新闻传播形成的一些基本模式，值得专业人员重视。

（三）智能化

当前主流媒体或具有新闻信息发布功能的各类平台，普遍应用人工智能（AI）完成信息的智能化处理。包括，基于大数据资源池，利用人工智能软件，对用户进行画像，为每个用户贴上数量可以上百的标签；利用人工智能软件，对信息进行自动处理，将信息生成信息产品，将信息产品生产过程“轻量化”，非常便捷地完成生产；利用人工智能软件，便捷地实现信息产品与理想用户的精准匹配，将信息产品精准地推送到用户端上。智能化是当前和今后对新闻信息传播模式影响巨大的特点。

五、新媒体新闻传播覆盖方面的特点

（一）全域性

全域性是新媒体“超时空”特性在新闻传播的空间方面的具体表现。所谓全域性，是指新兴媒体的新闻传播所具有的“一点接入、全域覆盖”的特点。这个特点突破了传统媒体的地域局限，使任何行政层级的专业新闻传播者理论上在新兴媒体空间都有可能拥有全域传播的能力，这必然引发一系列与此相伴随的新闻采集、选择、编辑处理、话语方式等方面的值得注意的问题。从另一个角度看，全域性也使任何从事网络新闻传播的专业主体，都会面临来自全球的竞争和质疑。这无疑大大突破了传统新闻传播时代给我们的经验，蕴含太多值得关注、学习的信息。

（二）全时性

全时性是“超时空”特性在时间上的具体表现。它主要指新兴媒体新闻传播能够24小时不间断发布新闻的特点；同时，还包括已发布的新闻可以长时间地存贮于网络空间，可供受众随时调用的特点。新兴媒体新闻传播没有报刊出报、出刊期间的间隔，没有广播、电视的深夜休播和每周特定时间的停机检

① 彭兰：《网络新闻编辑教程》，武汉大学出版社，2007年，第6页。

修，可以全天连续不断地发布新闻，这为新闻人追求时效性提供了物理条件。而网络发展提供的海量数据存储能力，为过期旧闻的保留提供了巨大的技术可能，这些旧闻可以通过搜索引擎很便捷地找到，这又对专业新闻人的素养提出了更高要求。

综上所述，我们可以发现，新媒体新闻传播为我们展示了不同于以往的广阔图景，并继续在技术升级的基础上表现出令人眼花缭乱的业务发展，同时展现出激动人心的未来。对于专业新闻传播人员来说，如何在保留传统新闻传播基本职业素质的同时，在新的传播格局里找到属于自身的位置，是每一位从事新闻传播专业学习和工作的人士应该认真思考的问题。

第二节　专业新媒体新闻传播的理念和姿态

前面我们介绍了新媒体新闻传播的概念和特点，从中我们知道在新媒体新闻传播领域，存在专业性新闻传播和非专业性新闻传播两种状态。从本教材的宗旨、功能出发，我们关注的重点是专业性新闻传播。我们在本节探讨理念和姿态方面的问题，目的在于让从事或即将从事专业性新媒体新闻传播的人士能有一个适应新媒体传播环境的心理准备而进入专业角色状态。

一、应该具备的基本理念

作为新媒体平台上和环境下的专业新闻传播工作者，应该具有的基本理念是什么呢？我们认为至少应该注意如下方面：

（一）理解新媒体平台的本质，认识其特点，从根本上把握新媒体新闻传播的规律

新媒体是人类新兴的信息交流工具，这是一个基本的定位。因此，新媒体平台的各种技术特性，都会对这个平台上的新闻传播产生深刻的影响。作为在这个平台上从事专业新闻传播的工作者，应该对这个平台有着清醒而深刻的认识，这样才能得心应手地去完成传播工作。

那么，新媒体平台的本质是什么呢？前面我们在探讨什么是新媒体的时候，已经对这个问题作了比较深入的阐述，在这里我们不再重复，但有必要从新闻传播的角度予以强调。

首先，新媒体采用的是数字技术，数字技术的本质能够保证文字、图片、音频、视频等过去不同媒介形态的新闻信息非常便捷地在这个平台上得到表达；同时数字技术使信息的传输变得非常迅捷，使信息的交互变得非常容易；

信息技术还使信息的存贮达到海量的级别；数字技术还为人们开发软件来支持各类应用和信息处理成为可能。

其次，新兴媒体采用的网络技术，其本质是信息的互动和共享，随着新媒体技术平台的不断升级，每一个用户将成为平台上一个能够同时具备接收信息和提供信息的节点，一个功能强大的信息中心。即便目前新媒体技术还处在发展过程中的不太发达阶段，但已经有千千万万专业的信息发布和接收中心在运行。泛中心化正是新兴媒体传播的最基本特点。显而易见，由这样的基本构成造就的传播环境与传统媒介主导下的传播环境，即由数量有限的主流媒体机构决定议程设置和信息发布的环境，是完全不同的。这种环境对专业新闻传播机构及其中的工作人员提出全新的课题和巨大的挑战。

基于新兴媒体的设计理念，网络是一个以信息的传、受节点为中心的、互通互联的网状结构。在这个网状结构中，每一个节点在传播上的地位是平等的。一个门户网站是一个节点，一个个人用户也是一个节点，门户网站的品牌地位，是通过良好的服务作用于用户，经由用户的反复选择，最后用户被“粘”住的结果，这与传统媒体依靠垄断资源取得的地位不可同日而语。这种品牌地位是可能改变的，一旦门户网站持续向用户提供不良体验，用户很快就可能换到另一个网站了，出现用户流失。因此，因特网和移动互联网是以用户为中心的。从 Web 1.0 到 Web 3.0，网络功能的升级都以用户中心地位的增强为主要特征，未来的“下一代互联网”（NGN）将继续沿着这个方向发展，用户空间将发展为名副其实的用户信息中心。“用户中心观点”是新媒体新闻传播应该具有的另一个重要理念，与之相联系，用吸引取代灌输、用良好体验取代枯燥说教，也就顺理成章地进入新媒体新闻传播的业务视野。

再次，新媒体是一个革命性、颠覆性的新产物，其发展至今远未结束。这就造成这样的局面：目前我们所见到的新媒体的状态、格局都是暂时的，很快就会有新的发展来改变现有格局，形成新旧并存的状态。电子邮件仍在使用，即时通信保有大量用户，微博刚刚形成热潮，微信却又火爆起来。当前，由融媒体机构等主流媒体运营的 App（客户端）则成为全部终端矩阵中最重要的平台终端。P2P、大数据、云计算催生了很多实际应用，而通过在新闻传播过程中引入人工智能（AI）则导致“智媒体”的出现，基于“智媒体”的软件应用日渐成熟。所以，在新媒体新闻传播领域，保持开放的胸襟，具备与时俱进的观念，显得尤为重要。

（二）明确新媒体新闻传播中专业性和非专业性传播的特点，并从中把握专业性新闻传播工作者的角色定位

尽管新兴媒体为专业的和非专业的新闻传播主体都提供了从事新闻传播的技术上的可能，但两类不同主体对待新媒体平台的态度是不一样的。专业新闻传播机构和传播者更关心如何利用新媒体平台去实现职业传播的目标。童兵教授归纳的新媒体对传统新闻学的五个挑战中，就有两个是关于传媒人的社会角色和新兴媒体人的社会角色方面的①。从目前新媒体新闻传播的实践来看，我们认为，新媒体传播环境下，专业新闻传播机构和专业新闻传播工作者的角色肯定是存在的，甚至可以说，在新媒体传播中信息过载、信息冗余成为常态的情况下，在普通人接触新媒体新闻信息，尤其是接触复杂新闻信息常常因为信息过多、真伪难辨而丧失方向的情况下，专业新闻传播更显得尤为重要。以 2014 年 3 月 8 日发生的马来西亚航空公司 MH370 航班失联事件的网络报道为例，来自各涉事方的真实信息、被刻意扭曲的不实信息、传统新闻机构专业精神引领下采制和发布的权威信息、某些媒体机构专业程度不高而采制的可信度不高的新闻信息、网络上充斥的以主观臆测为特点的真假掺杂的信息、好事者故意散布的虚假信息等，纷至沓来，让每一位个体受众无所适从。这时，专业而权威的发布机构和专业新闻传播工作者发布的新闻信息就显得尤为重要。正是这些专业的发布，满足了公众的知情需求，让无数网络用户在事件信息接收的旅途上不致迷失方向。

新媒体新闻传播需要专业机构和人才是毋庸置疑的，但新媒体平台上新闻传播的专业机构和专业人才需要具备什么素质，目前还是一个研究中的问题。业界已经有一些积极尝试，一些学者也给出了许多建议。

例如，传统主流媒体机构认为，可以利用传统媒体的综合实力，通过“台网互动”“报网互动”等方式，组建全媒体机构，来实现传统媒体机构融入新媒体系统。《南方都市报》于 2009 年提出构建“南都全媒体集群”，并改总编辑为首席信息集成官②。齐鲁电视台借鉴“云计算”概念，构建“新闻云系统”，将自采内容和网络上的用户生成内容（UGC）集成，把新闻的采、编、播打通，将前期的采集工作、后期的制作和节目的播出稽核到某一个终端上完成③。这都可以看作传统媒体机构力图融入新媒体系统的尝试。

---

① 童兵：《新媒体传播对传统新闻学的挑战》，载于《新闻界》2012 年第 10 期。

② 曹轲、庄慎之、陈雨：《南都全媒体集群构想》，载于《青年记者》2010 年第 7 期。

③ 马莉：《齐鲁电视台全力打造“新闻云系统”》，载于《传媒》2011 年第 5 期。

作为最新的尝试，上海报业集团于2014年7月22日推出新媒体产品“澎湃新闻”。该产品由上海《东方早报》采编团队运作，拥有电脑新闻网站、依托苹果iOS或安卓系统的新闻客户端、公共微信账号序列、微博公共账号，力图实现对新兴媒体——因特网和移动互联网——的全渠道覆盖。这是报业依托自身品牌和业务实力全面进军新媒体领域，力求整体转型的一个案例。

刘丹凌博士认为，新闻专业主义在新媒体新闻传播中正在转向和重构，转向和重构的方式表现为：（1）传媒业通过深度融合集体转型；（2）职业新闻人身份重构，转型为新型“意见领袖”；（3）新闻价值标准需要重建，即高品质、全时化、互动性；（4）新闻伦理更强调事实与人文关怀[①]。

在我们看来，专业的新媒体新闻传播机构或工作者，他们以新闻传播为职业，因而他们是网络上新闻传播的有心人。他们力图运用新闻专业精神和新闻专业能力，调用一切资源，为满足网络用户的新闻信息需求而工作，与此同时让机构或个人获得网络世界的认可，获取机构或个人的合法利益，当然，在此过程中形成品牌效应是高境界的追求。而非专业新闻传播人士仅仅是散漫地、随机地、偶尔地介入这个领域，在某些特定的事例中，如突发事件中，他们可能发布至关重要的新闻信息，但这不是常态。尤其当面对需要深厚专业背景才能理解的新闻事件和面对真相不明的复杂新闻事件的时候，非专业新闻传播人士就无能为力了。

（三）根据新媒体新闻传播的特点和要求，掌握与之适应的方式、方法、技能，以保证顺利地完成传播任务

专业的新媒体新闻传播机构和人员需要拥有一些在新的传播环境中工作的特殊方式、方法和技能。从目前新媒体领域的实际情况来看，在新媒体平台上从事新闻传播专业工作，至少需要掌握如下方式、方法和技能。

首先，具备新闻信息全媒体处理能力。具体地说，就是要能够写作和处理新闻文字稿件，采集和编辑新闻音频（广播）节目，摄制、编辑、包装视频（电视）新闻节目。在新媒体新闻传播中，同一个新闻事实采用多种媒体方式进行处理和报道，是理想的境界。

其次，具有从广泛的新闻信息中发现、选择、判别、分析、综合、集成、整合所需要信息，并清晰地发布的能力。在新媒体环境中，任何机构都不可能像传统媒体机构那样以自采新闻为主来充实页面，都必须通过搜索和集成来丰

① 刘丹凌：《困境中的重构：新媒体语境下新闻专业主义的转向》，载于《南京社会科学》2012年第2期。

富内容。而网络上的新闻总是散见于各个专业和非专业发布主体，以不同媒体形态存在，并且数量大、重复率高。这就需要专业传播者能够迅速找到有价值的新闻信息，并通过分析、比较、判别、整合，将其转化为具有独特个性的单元或专题，然后予以发布。这种能力是常态化工作中的基本能力。

再次，在互动状态下完成传播的意识和能力。互动性是新媒体区别于传统媒体的重要特性之一，也是颠覆传统媒体传播模式的特性。对于从传统媒体转型到新媒体和即将进入新媒体的专业新闻传播机构或个人，重视并利用互动性去完成传播任务十分必要。

作为专业新媒体新闻传播工作者，对互动性的理解应包括：传播者和受众之间存在广泛而畅通的互动机制，例如，门户网站的新闻频道或新闻网站与新闻浏览者之间，可以通过每条新闻后面的评论、跟帖、“顶”“踩”按钮等，来实现互动；传播者与传播者之间的互动，如网站之间、新闻条目之间的相互超链接形成的资源共享关系，就属于这种互动；受众内部、个体受众之间的多向互动，在新闻网站的论坛或讨论新闻话题的社区等领域，这种互动广泛存在。新闻内容在微博上的转发，通过微信向朋友或朋友圈的转发，都属于这种互动，这种互动实现信息共享，促进传播效率，或影响议程设置。

专业机构或人员应该理解在这种模式下工作的特点、要求、规律，从而更好地实现传播目标。

最后，能够熟练运用新媒体新闻传播的技能技巧。新媒体的主要领域新兴媒体为新闻传播提供了全新的技术可能，基于这些技术可能，专业传播者需要掌握一些技能技巧才能很好地完成传播任务。

例如，对超链接的使用，不但能够为新闻信息的表达提供逐层深入的条件，也为拓展新闻信息、揭示新闻背景提供便捷手段；热门关键词在新闻稿件中的使用，可以提高新闻文稿被搜索引擎找到的概率；拟定合理的标题至关重要，在新媒体新闻传播中，标题是指向新闻信息唯一入口，标题不合理，受众往往无法与完整信息接触。此外，利用基于云计算、大数据的分析软件发现用户的特定需求，从而实施定点投放新闻信息；如何将门户网站、公共博客空间、公共微博账号、公共微信账号序列进行个性化运作、合理组合，从而构成最佳新闻传播系统，也是专业机构和人员需要考虑的。

相信随着新媒体技术的演进，还有新的应用业务被开发出来，也将有新的方法、方式和技能技巧需要我们去掌握。

二、应有的专业姿态

上面我们简单说明了专业新媒体新闻传播工作者应该具备的基本理念。在具备了基本理念的基础之上，还需要有一些具体的专业姿态，这是进入新媒体新闻传播专业工作领域的职业准备。在这一点上，至少有以下几方面值得我们关注：

（一）新闻采集、选择过程中的集成意识

目前，新媒体新闻传播的典型平台，是主要针对个人电脑（PC）的网站新闻频道或新闻网站，以及针对移动终端的新闻客户端。在这些平台上传播新闻，一些新闻是传播机构自行采集的，但由于新媒体新闻传播平台对新闻信息的巨大需求，更多新闻是通过选择、集成到平台上的。因此，在解决新闻信息来源的时候，就需要具有集成的业务姿态。这既指搜寻来自其他新闻源的新闻，也包括自采新闻形式上的处理。

1. 新闻内容来源集成

新媒体新闻内容，散见于各大门户网站、各新闻网站、论坛（BBS）、社区、社交服务平台（SNS）、微博、微信等领域，这就需要采取多种方式去获取这些新闻内容。例如，对主要网站保持常态化浏览以便发现新闻，通过特定关键词、利用搜索引擎发现新闻，利用 RSS、新闻客户端等手段接收“推送”的新闻等，然后选择出有价值的新闻作为集成对象。在当前的新闻传播人工智能（AI）应用中，通过机器人从网络抓取新闻信息产品，按照一定预设逻辑拆条编目，成为新闻传播人工智能（AI）软件主要的功能之一。这种功能让作为新型主流媒体的融媒体机构可以使用非常有限的工作人员完成每日海量新闻信息的集成和发布。

2. 新闻表现形态集成

新闻表现形态集成，是指这样一种业务姿态：在处理新闻信息的时候，要尽可能地考虑采用多种媒介形态去表现新闻信息。例如，面对一个进程性新闻事件，在处理的时候，就需要同时考虑写作（或选择、编辑）文字稿件，摄取（或获取）静态图片，采集（或收集）音频信息（例如电话采访），摄制（或收集）活动图像并编辑成视频节目，利用 Flash 或其他诉诸视觉的动画软件来将新闻信息图形化。目前传统媒体机构在向新媒体新闻传播机构转型的过程中所提出的“全媒体”概念，在一定程度上指向的是从业人员在新闻表现形态上的综合（能力）。

3. 新闻层级、种类集成

新闻类别集成的业务姿态，是指在网站新闻、客户端新闻的信息组合结构中，为了避免碎片化弊端，尽可能高效、低耗时地为用户提供良好的新闻传播服务，必须将新闻信息整理为划分合理、条块清晰的不同类别，以便用户获得良好的使用体验。例如，网站首页上的频道群设置，频道页面上的栏目群设置，栏目页面上的单条新闻、单元组合新闻、专题组合新闻、文字与视频组合新闻等不同组合构成的页面呈现，等等。

（二）新闻加工过程的继承与创新

新媒体新闻传播与传统新闻传播是一种继承与创新并存的关系。作为传统新闻业务中那些核心、体现人类新闻活动专业成果的部分，在新媒体环境下从事新闻传播，仍然有效、有用；而另一些新媒体领域所独有，而传统媒体工作领域没有的元素，则使新媒体新闻传播专业工作者必须采取创新的姿态。

1. 各类新闻的采制、编辑，需要沿袭、坚持传统的新闻业务专业精神

传统新闻传播活动积累了关于专业性的丰富经验和深厚文化，就如何做好新闻报道形成了系统的规范。例如，记者、编辑要熟悉所报道领域、具备相应的专业知识，新闻采访需要具备特定的专业素质和技能，新闻文稿采写和编辑有特殊的写作规范和要求，音频视频新闻信息的采集和编辑需要使用特定的设备、利用专门的软件、按照一定的原则进行，坚持新闻的客观性、公正性、时效性以保证新闻价值，等等。在新媒体新闻传播领域，这些规范仍然没有过时，仍旧是保证传播活动专业性的重要条件，完全值得继承、坚持，并在实际工作中发展完善。

2. 新闻的分解、组合、整合、包装，需要以创新精神优化处理

新媒体平台具有不同于传统媒体的新特点，专业新闻传播工作者在实现传播的过程中应该予以充分考虑，这需要采取创新的姿态。下面所列情况是传统媒体新闻文本处理过程中不曾遇到的：

在新媒体的主要领域新兴媒体平台上，新闻的呈现方式是以标题示人，然后由标题链接内容，经点击呈现给用户。如果新闻条目很多，则通常会在标题之后链接摘要，然后再链接主要内容，在主要内容中，又包括利用关键词超链接或背景按钮链接，进行关键词信息的扩展传播或整条新闻的背景传播这样一些处理。这就涉及新闻文本的分解和超链接处理，

当某些复杂的新闻文本、篇幅很长的新闻文本在因特网页面上呈现，或是某些并不太长的新闻文本在移动终端上呈现时，为了方便用户浏览、理解，向

用户提供更好的使用体验，就需要将文本进行切割、分解，然后以单元的形式重新组合成一个文本聚合。

遇到重大新闻事件、复杂新闻事件发生，经常需要将若干篇不同角度、不同程度、不同性质、不同形态的新闻文本，如文字稿、相关图片、相关音频节目和视频节目，甚至动画说明，以专题的形式整合成一个序列，这个序列的标题（实际是单条新闻的索引入口）需按照内容的轻重缓急进行平面排列，平面排列需要考虑个人电脑或移动终端等终端屏幕特点。

目前新兴媒体新闻的终端呈现以个人电脑和手持通信设备为主，显示页面以二维平面页面为主（不排除今后向墙面终端的大显示屏和三维立体显示、多维空间显示发展的可能性），新闻标题以文字标题为主、图片和视频节目截屏为辅，内容呈现以文字为主、图片和视音频节目为辅，等等。这就有一个如何在屏幕上“排版”的问题，排版过程中需要考虑如何突出重点、兼顾均衡，如何做到简洁美观，如何将信息内容与功能按钮的位置作合理安排，如何保证文字与图片的位置适当，如何吸引用户关注音频、视频节目但又避免喧宾夺主。诸如此类的工作，都与报刊排版不同，而涉及新的领域。

面对上述情况，只有坚持创新姿态，才能满足新的工作角色对我们的要求。

（三）新闻传播过程中的专业意识

在新媒体新闻传播的发布环节，也需要工作人员具备一些专业姿态。包括：

1. 发布上的整合意识

在新媒体新闻发布中，贯穿着整合意识。这是因为，以网站网页和新闻客户端为主要平台的新媒体新闻发布，需要大量新闻信息支撑，这就产生了信息内容上面向整个网络和网络外媒体新闻信息的收集、整合要求。信息形态方面，由于平台多媒体特性的存在，单条新闻信息需要整合文字、图片、音频、视频等不同方式予以传播。

发布手段上，需要整合的因素则更多：网站网页新闻条目（标题）及版面对用户的静态吸引，与新闻客户端、RSS业务等向用户的动态推送，加以整合运用；通过关键词或按钮超链接的整合运用，提供内容上的关联信息、形态上的关联内容、背景方面的进一步延伸等，拓展信息容量；专业新媒体新闻传播机构通常以网站网页、新闻客户端为新闻传播的主平台，但在网络泛中心化的环境中，单一平台除了新浪网、搜狐网、网易网等早期门户网站，凤凰网等较早形成气候的新闻网站，以及依托强势传统媒体品牌建立的网站如新华网、人民网等为数不多的网站之外，大部分单一平台很难产生重大影响。这就需要整合各类平台资源构成平台系列，以壮大声势、扩大影响、提高知名度。例如，以网站或新闻客户端为主要平台，整合进公共博客、公共微博、公共微信系列（注册多个公共微信账户，一个账户承担一个方面的信息发布）、新闻论坛、RSS服务等，形成多方位传播的格局。

需要说明的是，随着新兴媒体平台技术上的进一步发展，相信还会有更多新的应用产生。一旦这些应用有助于传播信息，都可以被纳入新闻传播活动。

2. 信息结构上的分层意识

前面提到过，新媒体新闻传播是分层次进行的，从专业工作者的角度，就需要适应这个要求，在传播时具备分层传播意识。分层传播有两个含义：

其一，新闻信息从发布新闻的信息源到达用户，中间有可能经过一定的中介层次。例如，在网站网页上呈现的某条文字新闻连同它的标题，在用户直接浏览网页的时候，中间不用经过中介层次。但很多用户不一定浏览网页，而是通过搜索引擎找寻感兴趣的新闻。目前主流搜索引擎（如“百度”）的搜索机制是按照键入的关键词与网页上的文字文本标题和文本内部关键词的匹配程度来确定搜索结果。这样，新闻稿件的标题、图片或音视频节目的文字标题中是否包含与内容有最接近关联的关键词，就直接决定文本本身是否能够被用户搜索到。当明白了这个道理之后，新闻标题的拟定，就应充分考虑分层传播的特殊要求。

其二，网站网页和新闻客户端页面的设计、新闻文本结构是分层次的。网站的新闻页面，或者新闻客户端的页面，都是由“首页—新闻频道首页—新闻栏目页面”的格式逐层深入的，一条标准的网络新闻，往往也由“标题—摘要—正文—关键词超链接”的格式逐层深入。用户通过逐层点击，一步步了解主要内容。于是，对专业人员而言，就必然要适应这种分层传播的业务要求。

3. 传播模式上的“以用户体验为中心、重视互动”意识

在新兴媒体平台上，用户拥有最后的选择权，这种选择权因泛中心化的存在而具有实现的坚实基础。例如，用户不喜欢某一个网站，准备放弃这个网站，供他另行选择的网站多的是，他可以轻而易举地完成另选。这与传统媒体传播环境中，“只此几家、别无分店，你若不读不看，就没得读、没得看”的情景完全不同。在网络中，任何品牌传播机构，只要不能持续地为用户提供良好的使用体验，就面临被用户抛弃的风险。所以我们看到，当今的大型品牌门户网站和新闻网站，总是吸纳一切能够黏住用户的新业务，最后，成为一个集成了多种新媒体业务形态、功能涵盖 Web 1.0 到 Web 3.0 的超级平台。因此，

在新媒体新闻传播中，“以用户为中心”是非常重要的业务姿态。

以用户为中心的姿态，会通过一系列具体的举措来实现。例如，新闻的选择充分考虑用户的需求和趣味；文稿尽量简洁明了、篇幅适中、层次分明、线索清晰，保证阅读毫不费力；页面设置美观、清晰，功能简单明了，超链接设置提示明确、操作简单；多种媒介形态综合运用，文字、图片、音视频合理搭配，阅读、观赏轻松愉快；信息量丰富而不杂乱，分类合理，栏目频道设置恰当；包装精良、色彩符合美术要求，字体字形适合阅读——总而言之，使用一切手段，注意各类细节，以创造良好的用户体验。

互动性是另一个属于传播模式方面的必须注意的元素。首先，互动性是新媒体新闻传播具有革命性意义的模式元素。迄今为止依托新兴媒体的新闻传播都或多或少，或深或浅地纳入了互动元素，今后的问题是如何进一步深化完善它。其次，互动性关乎用户体验。尤其是伴随着互联网成长的一代逐渐成为社会中坚，没有或缺乏互动设计的新闻传播是他们无法想象和接受的。最后，互动性对传播机构或传播者也至关重要。在新媒体新闻传播情景中，互动是传播的增效剂，是新闻生产的来源之一，是扩大传播平台影响力、提高其品牌程度的必要元素。对互动的设计和落实，应该是我们的重要工作内容。

4. 覆盖上的全域全时意识

新兴媒体新闻传播具有全域性和全时性。“全域性”是指不管你身处何处，不论你拥有的是什么级别的传播平台，只要你接入互联网，从理论上说你发布的信息就可以到达网络覆盖的任何地方。“全时性”则指网络信息的发布是没有时间限制的，随发随传，永无停歇。移动终端对用户的贴身性、伴随性，大大提高了全域全时性的实现可能。

对于专业新媒体新闻传播者，全域性的意义在于：任何传播者的地位都是相同的，传统媒体由于地域限制或因行政限制而形成的差别，如国家级媒体、城市级媒体等差别，将不复存在。理论上，县区级媒体也有全球覆盖的可能。在这种情况下，决定新媒体新闻传播机构地位的，是品牌度、影响力等因素，这与机构的专业程度、传播目标定位、市场定位等有关，也与其背后的资金规模有关，唯独与所属地域或行政级别无关。全域性的意义还在于，任何传播者的新闻信息，都同时具备区域内、区域外或国内、国际的意义，这对传播者的职业素质提出了新的要求。

全时性则为专业新闻传播工作者追求时效最大化的梦想提供了实现的可能。通过覆盖广泛的移动互联网，利用微博等新媒体应用，新媒体新闻传播机构可以连续不断地对重大事件进行追踪报道。全时性还因网络数字存储技术的支撑，能使过期“旧闻”以海量规模保存。这既有利于新闻评论和新闻背景的撰写，也对这些工作提出了更高的专业要求。

5. 发布后的延伸传播意识

传统媒体在发布后虽然也有效果评估等后续活动，但其后续活动在整个传播环节的重要性并不显著；尤其是后续活动通常对传播本身的效果影响不大。但新媒体新闻传播过程中的延伸处理，却是传播链条上重要的一环。

新媒体新闻传播的延伸活动包括如下内容：组织网友评论、专家评论和网络“意见领袖”评论，组织和激活网络论坛讨论，组织网络受众调查，利用博客、RSS、微博、微信、维客条目等进行增强型推介，等等。

新闻在新兴媒体平台发布之后，延伸活动的传播意义在于：

首先，凝聚人气，创造关注。新兴媒体平台的泛中心化和信息海量所构成的传播环境，很容易将某个平台发布的新闻淹没在信息海洋中。所以，像传统媒体那样，一旦报纸出刊或节目播出，传播基本上就告一段落的情况，在新媒体平台上是不适用的。新媒体新闻传播需要利用网络的互动性，在新闻发布的同时，创造出更多的关注，才有可能获得一定的效果。

其次，丰富信息，完善传播。新媒体新闻传播中，传播者在发布新闻的同时，吸引互动，在互动中补充有效信息，完善传播。尤其是一些复杂新闻事件发生后，这样的方式可以让信息更加丰富、全面，也可以利用这个过程收集到反馈信息，决定下一步的新闻传播方式。

再次，利用延伸传播，形成动态过程，吸引注意力，深化用户对新闻的理解。利用专家评论、用户讨论、受众调查进行延伸传播，可以把传播过程转化为一个不断深入的动态过程，这有助于引领用户逐步深入地理解新闻内涵，从而营造良好的体验氛围，调动用户的兴趣，为创造对用户的黏性提供条件。

最后，利用多渠道延伸传播，充分利用新闻价值，扩大传播机构覆盖影响力。利用博客、微博、微信、RSS 等渠道进行延伸传播，能将已有的新闻在其他平台上同时或延迟发布，提高传播效率，扩大传播机构的影响力。

随着新媒体平台的进一步发展，延伸传播的方式方法还会完善，我们应密切关注。

（四）以开放的胸襟、与时俱进的态度迎接新媒体新闻传播的新挑战

新媒体的发展远没有到达终点，由互联网和移动互联网构成的新兴媒体方兴未艾。新技术、新应用还将不断产生，传统媒体的转型任务艰巨而急迫。但不管怎样，越是传播渠道发达，越是进入信息社会，越需要专业的新闻传播人

才，这是一个已经被实践证明并且将继续被证明的规律。但规律同时也证明，在这个时代，必须以开放的胸襟看待世界，以与时俱进的姿态对待传播领域的新发展，唯此才能迎接各种新的挑战，成为合格的专业新媒体新闻传播工作者。

练习五

1. 新媒体新闻传播的含义是什么？

2. 新媒体新闻传播的主体有什么特点？

3. 请谈谈你对新媒体新闻传播受众自主性的理解。

4. 新媒体新闻传播的多级性是什么意思？多级性对传播活动有什么影响？

5. 新媒体新闻传播中专业性和非专业性的区别是什么？

6. 请阐述你对新媒体传播中“集成意识”的理解。

7. 在新媒体新闻传播的延伸传播阶段，可以采用哪些手段和方法？试谈一谈你的看法。

第六章　新媒体广告传播

1904 年，美国西北大学心理学家斯科特在撰写的《广告原理》一书中，首次提出了科学广告所必须遵循的一般性原则。1925 年，美国学者克劳德·霍普金斯以《科学的广告》一书，全面阐述了广告学科的基本范畴，极大地推动了广告科学化的进程，并以此宣告广告学的诞生。

然而，尽管现代广告学确立的时间不到百年，人类广告活动的起源却可追溯到千百年前。在西方，古罗马时期就出现了“准广告作品”。当时一些沿海城市的商业比较发达，所以便产生了如叫卖、陈列、音响、文图、诗歌和商店招牌等多种形式的广告。而广告的内容也是多种多样，有推销商品的经济广告、文艺演出、寻人启事以及用于竞选的政治广告。而在中国，宋代的“济南刘家功夫针铺广告”，是已确认的中国现存最早的“准工商型广告”，也是我国现存最早的印刷实物广告。可以说，从信息传播的角度来看，广告是一种古老的社会现象。历史上，广告活动的每一次阶段性的发展，都与人类所掌握和使用的传播工具密切相关。

现代，人们对于广告业所经历的三个基本阶段的划分，都是以不同历史时期进行广告宣传所依赖的主体媒介的差异作为主要依据的。第一，古代广告时期，以口头叫卖、实物展示为主；第二，近代广告时期，以印刷广告为主；第三，现代广告时期，以现代电子技术广告为主。由此我们可以看出，所谓的广告史的发展，其实质就是媒介史的发展。每一种新媒介的诞生，都势必会撼动整个广告业的发展格局。

第一节　新媒体广告的含义与形态

在人类社会经历了三代媒体传播技术的发展之后，以互联网技术、移动通信技术、数字技术等为主导的新媒体技术越来越受到人们的关注。纵观国际社会与中国社会的发展现实，毫无疑问，新媒体技术为信息传播领域带来了一场难以颠覆的革命。而这一场革命的旋风，也为与信息传播活动紧密相连的各项事业，带来了不可抗拒的推动力。

以广告业为例，新媒体技术带给广告的不止是一次技术上的更新换代，更是一次观念上的、时间与空间上的巨大颠覆。由网络引发并实现的这一次媒体革命，不断地渗透和影响着广告活动的进行，并企图探索和构建出一个全新的世界秩序与生存法则。传统的广告是典型的单向度传播互动，尽管也有反馈环节，但其影响力、作用力与今天的新媒体广告相比就相形见绌了。传统的广告，尤其是电视广告很霸道，它喜欢说，喜欢不厌其烦地说，却经常把听者的感受置若罔闻。而现在，再也没有哪一家企业敢轻易地忽略消费者的态度了。因为新媒体技术的出现，以往看似坚固，看似不可摧毁的一切，都将或者正在发生改变……

一、新媒体广告的含义

（一）传统媒体广告的定义

要想了解新媒体广告的含义，首先我们要先明确广告的含义。我们现在对于广告的认识，都是基于传统媒体上广告活动的特点而总结的。但由于广告媒体的多样性、广告外延的繁杂性，与人们认识角度的不同，所以至今学术界尚未有一个明确的、通行的关于广告的定义。

2015 年，我国《广告法》中对于广告的定义是："商品经营者或者服务提供者通过一定媒介和形式直接或者间接地介绍自己所推销的商品或者服务的商业广告活动。"

广告学世界级权威威廉·阿伦斯对广告的定义则是：广告（advertising）是由已确认的出资人通过各种媒介进行的有关产品（商品、服务和观念）的、通常是有偿的、有组织的、综合的、劝服性的非人员信息传播活动。①

尽管各家的定义不尽相同，但是我们还是可以找出人们对于广告的几项基本共识，即广告是一项有偿的活动，其本质是一种信息传播活动；广告主传播的信息往往是对自己有利的；广告是一种非个人的传播。对于这些基本共识的了解，将有助于我们后面对新媒体广告定义、形态及特点的理解。

（二）新媒体广告的定义

早在 1995 年，美国得克萨斯大学广告系就提出了"新广告"的概念。由

① ［美］威廉·阿伦斯、大卫·夏尔非：《阿伦斯广告学》，丁俊杰、程坪、沈乐等译，中国人民大学出版社，2008 年，第 4～5 页。

于未来的社会和媒体将发生巨大变化，所以广告的定义也不应再局限于传统的范围内。他们认为“从商业的角度讲，广告是买卖双方的信息交流，卖者通过大众媒体、个性化媒体或互动媒体与买者进行的信息交流”①。关于“新广告”，托马斯·罗素（J. Thomas Russell）和罗纳德·雷恩（W. Ronald Lane）曾预言道：“未来的广告和传播的标志是消费者参与程度更高、控制力更强，广告和传播由单向传播向双向沟通转变。”②

我国关于“新广告”的提出，可以参考2002年北京大学陈刚教授在《新媒体与广告》一书中提出的“后广告”概念。同时他还认为，新媒体广告的最大特点就是“互动”。直到2007年，我国明确提出“新媒体广告”概念的相关论文才陆续出现，但这些论文大部分都没有对“新媒体广告”这一概念做出具体详细的定义。

那么，我们究竟应该怎样定义新媒体广告呢？

华中科技大学舒咏平教授主编的《新媒体广告》一书这样定义新媒体广告：“新媒体广告是指体现在以数字传输为基础、可实现信息即时互动、终端显示为网络链接的多媒体视频上，有利于广告主与目标受众进行信息沟通的品牌传播行为与形态。”③ 该定义对新媒体广告的特点“即时互动”进行了概括，也对新媒体广告的内涵进行了说明，即“品牌传播行为与形态”。但该定义仍然存在一个问题，即其将“终端显示”局限在“网络链接的多媒体视频上”，与实际中新媒体广告呈现出的多样化媒体形式略有不符。

因此，本书将采用孙黎、徐凤兰著述的《新媒体广告》中对新媒体广告的定义：通过以数字技术、网络技术为基础的，以多媒体作为信息呈现方式的传播媒介，有关商品（产品、服务和观念）的，依靠受众的即时互动沟通而深入开展的信息传播活动。④

（三）新媒体广告的特点

根据以上定义，我们再来总结一下新媒体广告的特点：

1. 海量的广告信息

新媒体广告以数字技术和网络技术为基础，与传统广告相比，其存储与传

① “Thoughts about the Future of Advertising—A White Paper.”，http://advertising.utexas.edu/research/papers，1995.

② ［美］托马斯·罗素、罗纳德·雷恩：《Kleppner广告教程》，清华大学出版社，2003年，第24页。

③ 舒咏平：《新媒体广告》，高等教育出版社，2010年，第6页。

④ 孙黎、徐凤兰：《新媒体广告》，浙江大学出版社，2015年，第35页。

播的方式发生了本质的改变，因此其存储量与传播量都是难以计数的。

2. 受众导向的强互动性

传统广告的传播是单向性的，在传播者与受众之间，存在一种极其不平衡的关系。受众对于广告信息的反馈亦是非常缓慢且滞后的。而新媒体技术的出现，让广告具备了强互动性的特征。其一，受众开始拥有更多的话语权和选择权，受众与传播者之间的界线开始模糊；其二，受众与传播者之间的交流开始变得更加容易且频繁。受众可以即时对广告信息作出反馈，如点赞或举报，而这将深刻影响营销广告信息的传播效果。

3. 多样性的表现方式

传统广告受媒介限制，其表现形式往往较为单一。广播广告只用声音，报纸广告只用文字或图片，电视广告虽是声画同步，但其多样性与生动性较新媒体广告而言，还是略显不足。新媒体广告多为复合型的广告作品，其通常支持文本、图形、声音、图像等多种形态的并存传播方式，甚至在 VR 等技术的支持下，新媒体广告还可以调动受众的触觉，这不仅可以重新建立起受众在感官上的平衡，也可以让新媒体广告在创意上有更为广阔的空间。

4. 广告信息传播的实时性

传统广告的制作周期长，加之其发布的门槛较高，因此并不利于灵活控制广告的制作与投放。现代商业社会，机遇稍纵即逝，因此能够迅速把握商机，及时传播产品或品牌的信息，对于企业而言至关重要。新媒体广告的制作周期较短，传播速度快，且十分注重传播内容与社会热点之间的关联。而追热点也一度成为许多品牌营销成功的秘诀，如宝马、杜蕾斯等品牌。

5. 浸入式的广告传播方式

由于广告本身是一种“打扰”式的传播活动，容易造成受众的反感，因此在传播时，广告人会特别强调“创意”，让广告变得赏心悦目，以便减少受众的厌烦情绪。新媒体广告较传统广告相比，其“伪装性”更强。利用技术优势，新媒体广告能够更好地浸入消费者的生活，以一种原生的形态相对自然地传播信息。例如许多新媒体广告会化身为 KOL（Key Opinion Leader）的种草视频、大 V 的评测文章、行业媒体专业评论……这些内容表面看上去属于 UGC（User-generated Content，用户生产内容）或者 PGC（Professionally Generated Content，专业生产内容），但实际上他们一早经过了商家精心的策划，属于广告信息。

（四）新媒体广告的形态

新媒体是一个很宽泛的概念，其形态与特点本书在前几章节中已经做了细致的介绍，在此将不再赘述。不过当我们在谈论新媒体广告的形态时，我们却可以借用本书之前对于新媒体的形态划分作为依据，因此我们将新媒体广告的形态大致分成五大类，主要包括互联网新媒体广告、移动互联网新媒体广告、数字电视新媒体广告、户外新媒体广告和OTT广告。

1. 互联网新媒体广告

互联网技术是新媒体技术的重要支撑之一，那么互联网广告自然是众多新媒体广告之中影响最为深远的形态之一。互联网新媒体广告，主要指的是那些在互联网上发布、传播的广告，其广告形式、收费模式等都与以往传统的广告有所差异。互联网新媒体广告的种类繁多，常见的就有十几种，因此本书将对这些常见的互联网新媒体广告进行再分类，分类的方式则按照广告投放的密集度、广告传播的软硬度及广告内容的具体形式来划分。

按照广告投放的密集度，我们可将互联网新媒体广告分为聚合型与离散型两种。

聚合型互联网新媒体广告是指广告主自身建立的，向广大受众集中提供较为全面的详细的品牌及商品信息的网络媒体平台。最常见的形式有企业的官方网站、营销QQ等。

离散型互联网新媒体广告，包括发布型新媒体广告与推荐型新媒体广告两种。离散型互联网新媒体广告最大的特点在于，它不是在广告主自主建立的传播平台上集中传播的，而是依赖于整个大互联网环境，栖息在各类网站、网络社区、BBS、搜索引擎、IPTV等之上。离散型互联网新媒体广告广泛存在于互联网的每个角落，而它的存在方式是较零散化的。

发布型的互联网新媒体广告，就是目前我们最常见的网络广告或者叫作“狭义网络广告”，包括网站中的横幅广告、按钮广告、旗帜广告、电子贺卡、标题广告、商业动画广告、商业微电影广告等。我们在许多大型的门户网站上，都可以看到许多发布型的互联网新媒体广告，如图6-1所示。

图 6－1 搜狐网站截屏

在搜狐网的这则网页中，我们可以看到许多发布型的互联网新媒体广告，而它们都来自不同的广告主。如中国电信天翼 4G 的横幅广告、天猫伊利的按钮式广告以及若干标题广告。

推荐型的互联网新媒体广告，指的是通过新媒体可以进行相互链接的特点，新媒体广告展开有目的、有重点、有目标的品牌信息推荐服务，从而将相关信息送达有需求的消费者或受众①。这种类型的新媒体广告主要是依靠搜索引擎作为中介渠道，然后利用网站的 SEO（Search Engine Optimization），汉译为“搜索引擎优化技术”（专门利用搜索引擎的搜索规则来提高目前网站在有关搜索引擎内的自然排名的方式），来向受众或消费者提供他们需要获得的产品信息或品牌信息。一般来讲，消费者只需要在搜索引擎上输入一个或几个关键词，那么该搜索引擎就会提供成千上万条包含这个关键词的网页链接，而排在前面几位的搜索结果可能都是广告主已经付费的关键词网页链接，余下的信息都是与广告主所设关键词相关的信息，如新闻、行业动态，他人评价等，如图 6－2 所示。这些信息属于搜索广告的附加值信息，它们在影响消费者的消费决策时具有一定的参考价值。

① 舒咏平：《新媒体广告》，高等教育出版社，2010 年，第 12 页。

目前搜索引擎的排序是通过竞价购买实现的。在搜索同一个关键词时，哪家广告主出价最高，哪家网站的排名位置就越靠前。另外，点击率也可用来作为计算付费的指标。

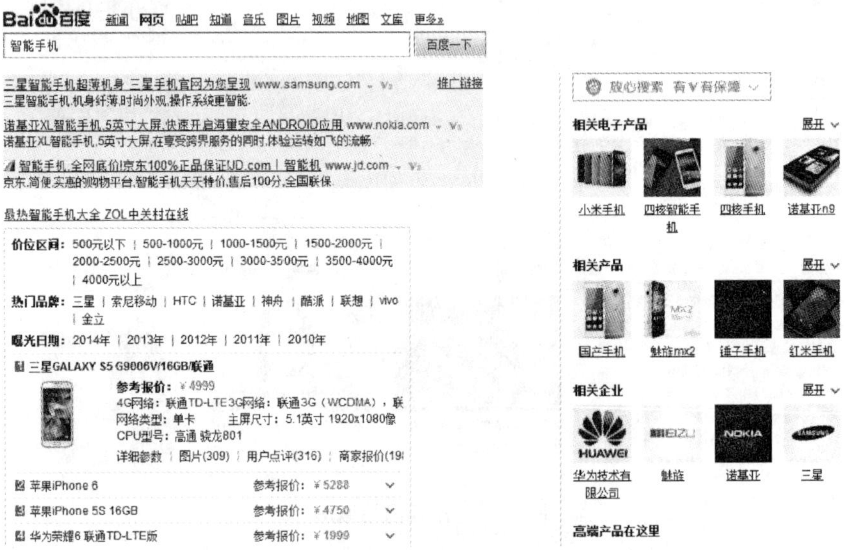

图 6－2　百度搜索页面截屏

2. 移动互联网新媒体广告

移动互联网新媒体指的是以手机、手持智能终端（以 iPad 为代表的各类平板电脑、掌上电脑）等为主的利用移动互联网技术进行信息交换的新媒体。常见的形式有移动电视、手机报、手机短信（手机彩信）、数字广播、移动应用 App（微博、微信等）。移动互联网新媒体广告就是依附在这些移动互联网新媒体上的广告。

移动互联网新媒体发展迅猛，网民规模的快速增长带动了我国互联网产业的发展，据《中国互联网发展报告 2020》称：截至 2019 年年底，我国移动互联网用户规模达 13.19 亿，占据全球网民总规模的 32.17%（如图 6－3 所示）。

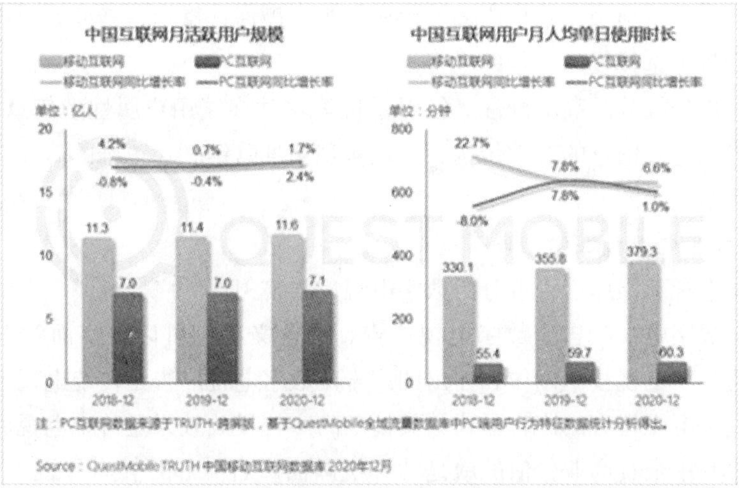

图 6－3　中国互联网络发展状况统计调查

面对如此巨大的用户市场，移动互联网新媒体对于传统广告界的冲击也是不难想象的。2020 年，移动互联网广告占比为 89.2％，PC 广告占比为 7％。《2020 年中国传媒产业发展报告》显示：广播电视广告收入、报刊收入持续下滑，而网络视听收入、网络游戏收入等保持增长优势。技术赋能下，网络广告将继续保持增长态势，社交媒体和视频媒体将分配到更多的数字营销预算。

尤其是在智能手机出现之后，移动互联网广告正式进入所谓的“用户时代”。手机型号识别、运营商识别以及地理位置等，都能成为广告主向消费者提供精确营销的有利信息。而此后 App 的普及，更是把用户的偏好与广告的精准投放紧密结合。目前，App 内置广告市场份额正在迅速膨胀。与此同时，短视频广告成为各大品牌的“宠儿”。截至 2020 年，短视频广告的市场规模是 1200 亿元，占移动互联网广告的 16.5％。

纵观整个移动互联网新媒体广告，我们可以发现以下特点：

（1）广告发布与广告接收的高便利性。由于移动互联网新媒体的高度便携性，所以消费者接触广告的空间与时间限制被打破了。同时由于人们对于移动新媒体的依赖程度越来越高，所以广告主将会有更大的机会接近并影响他们的目标客户群。

（2）广告投放后的高度互动性。有数据称，移动广告回应率高达 3％，因此是一种高效的媒体。利用手机等移动终端的高度互动性，广告主可以达到深度营销的目的。

（3）广告投放渠道的多样性。移动互联网新媒体的形式多样，手机短信、手机彩信、手机出版、手机广播、手机电视、微博、微信、新闻客户端等都可以成为广告主选择投放广告的平台。

（4）广告投放的高准确性。针对手机等移动终端用户属性的信息细分化，广告主可以进行信息的有效传送，真正实现精准营销。在正确的时间将正确的内容传递给正确的人。

3. 数字电视新媒体广告

数字电视新媒体广告可分为数字电视广告与IPTV广告。

（1）数字电视广告。数字电视广告，其含义我们可以按字面意思去理解它：利用数字电视技术制作和播出的广告。数字电视广告是传统电视广告的延伸，是数字电视特有的广告形式，其精准的广告投放效果是传统电视广告无法比拟的，其中最具商业价值的就是“开机画面广告”和“转台导视广告”。目前我国数字电视广告的发展方兴未艾。国内各主要城市开展数字电视广告业务的时间都不长，但从整体上看，产业规模较大且增幅明显。

在此，还有一个问题值得我们关注，那就是数字电视本身的理念其实与广告告知是存在一定矛盾的。《中国数字电视报告》显示，关于消费者“为什么考虑购买数字电视服务”的调查中，有45.5%的被调查者的选择是“可以免受广告的侵扰”。而从实际的数字电视运营中，我们也会发现许多频道，包括央视付费频道、上海数字电视等都打出了“无广告”的旗帜。由此我们便会知道，数字电视广告其传播方式必然与传统的电视广告不同，因为它的生存方式将会更加隐蔽，广告信息将会隐藏于各类电视节目中，储藏在数字电视广告服务器上，并且需要通过发送需求指令才能获取。而这种方式，也会在一定程度上降低广告的到达率。

（2）IPTV广告。IPTV，个性化的互动电视，即交互式网络电视，是一种利用宽带有线电视网，集互联网、多媒体、通讯等多种技术于一体，向家庭用户提供包括数字电视在内的多种交互式服务的崭新技术。IPTV，从传播学的角度来看，具有明显强于传统电视的即时互动性，而这使得IPTV广告的传播方式发生了革命性的变化。IPTV将传统广告信息的单向度流动变成即时的双向流动，将传统的“推广告”变成为全新的“推、拉广告”。具体来说，我们可以看到IPTV广告具有以下特点：

①广告信息的超容量性。依托IP电视技术，IPTV的电视节目及其广告的播出可以不受节目长度、节目时间段的限制，因此具有超容量的广告信息传播能力。

②广告信息选择的自主性。由于IPTV广告的信息容量太大，所以无法像

传统广告一样将信息一股脑地传递给消费者。加之 IPTV 有较强的互动性，所以也改变了受众接收广告的方式，在 IPTV 面前，受众不再是被动地接收信息，而是有了充分的自主权。他们可以利用遥控器自由地选择想看或者不想看到的信息。当他们对某个嵌入式的广告不感兴趣的时候，他们就可以主动向广告服务器发出指令，避免受到广告信息的强制性干扰。

③广告业务的综合性。利用高速的宽带网络，IPTV 不只具有信息传播的能力，还有了向电子商务扩展的能力。一旦受众对于某个商品或服务感兴趣，他们就可以按照屏幕上的指示进一步点击，以便了解更多信息。有的 IPTV 服务机构还推出了家庭商务系统，消费者可以利用电话、电脑等进行在线订购并完成在线付款，此种方式很好地弥补了传统电视广告中服务“脱节”的现象。

④广告形式的多样性。IPTV 在形式上的突破，刺激了广告创意的产生。IPTV 可以传送多感官的信息，图、文、声、像四维一体，形成了一种独特的广告环境。特别是一些广告主设计的虚拟商店，能够使广大受众产生一种身临其境的购物感受。这种购物感受也打破了很多人对于传统电视广告的厌恶心态。

⑤广告传播的互动性。IPTV 广告的互动性贯穿于商品信息传播到销售的全过程。从产品品牌传播—产品信息介绍—产品虚拟体验，再到试用—订购—付款—售后等多个环节，互动性起到了非常重要的作用。同时因为互动性，广告传播也更具精准性，比传统广告“广撒网”“大撒网”的做法更易到达广告主预期的广告目标。

4. 户外新媒体广告

关于户外广告，Asia Poster 公司 CEO 斯麦尔·伍德先生有着精辟的阐述：“户外广告才是真正的大众传媒。不是所有的人都看电视、读报纸或上网冲浪，但是任何人只要他离开家，就会看到户外广告。”①

户外广告的历史可以追溯到公元前六世纪罗马奴隶制共和国时期。那个时期的人们已经开始在闹市区竖起一些招牌了，后来政府为了改善杂乱无章的局面，便下令一律用墙壁做广告。这些广告的内容包括竞技场表演预告、失物启事、补鞋、寻人启事等。

此后户外广告的形式更加多样，从旗帜广告、灯箱广告、霓虹灯广告到后来的公交车广告、地铁广告、飞机广告，再到现在的互动液晶显示屏，户外广

① 曹家毓：《户外新媒体广告的现状及发展——移动电视广告在城市轨道交通中的发展》，载于《艺术研究》2012 年第 4 期。

告媒体不断出新。而新媒体的出现，更是让户外媒体有了新鲜的血液。随着人们户外休闲活动的不断增多，以及户外广告媒体形式的不断发展，户外广告的创意也随之提升，许多企业都开始关注户外广告的传播效果。户外广告媒体往往处在人流集中的繁华路段，因此接触率较高，再加之成本低而且形象统一，所以许多商家都把户外媒体看作宣传产品品牌形象的重要工具。数据显示，20世纪90年代以来，我国户外广告行业取得了突飞猛进的发展，企业对户外广告的投入以年均25%的速度递增。2015年上半年，我国户外广告总体投放额达615亿元。户外广告投放额与2014年上半年同期比较，上涨11.6%。目前，我国户外广告市场的发展已呈现出专业化、网络化和集团化的趋势。而我国户外媒体市场也已经出现了实力雄厚且模式各异的“四大家族”，即Media Nation（媒体世纪）、MPI（媒体伯乐）、白马户外广告和TOM. com。

户外新媒体广告，作为一种新生事物，其定义尚不严格统一。所谓“户外”指的是“走出家门”或在“家庭外”。户外广告，指的就是树立在户外的广告。而户外新媒体广告，其特点突出在一个“新”字。这种广告媒体是在新技术与新材料诞生的背景下产生的，同时其发展也与营销领域理念的变革密切相关。现在较为常见的户外新媒体广告有户外LED、户外LCD、户外触摸查询机、户外电子阅读栏、楼宇电视广告以及各类公众场所的液晶电视广告。另外，公交车、出租车、列车、地铁、飞机上的液晶电视等也是户外新媒体广告的重要载体。随着移动互联网应用的普及，户外新媒体广告发展迅速并且已经是势不可挡。分众传媒（Focus Media）CEO江南春就曾公开表示，分众传媒将建立一种新的广告形式，即基于LBS（基于位置的服务）的互动广告。该广告可以实现分众LCD/LED屏与手机用户的互动。

户外新媒体广告的优点也十分明显：

①高到达率。这一点是所有户外广告都具备的特点。通过策略性的媒介安排和分布，户外广告能创造出理想的到达率。有关调查显示，户外媒体的到达率仅次于电视媒体，位居第二。户外新媒体有着独一无二的黄金时间，比如对于公交媒体和楼宇液晶电视媒体，每天上下班的高峰期就是集中的黄金时间，这段时间广告的覆盖人群数量和关注度都会高于其他时段，与在家收看电视的受众这一黄金时间有着同样的高价值。另外，从新媒体商业价值来看，稳定的传播渠道、高质量的规模受众、相对吸引人的表达形式、可靠的发展背景，以及合适的价格等都是衡量新媒体核心价值的关键参数，也是新媒体实现持续、稳定发展的根本前提。

②高互动性。随着媒体形式的多元化和受众媒体接触的碎片化，传统广告

的传播方式已经越来越难以满足广告主的需求。在这样的背景下，具备交互技术的户外新媒体，则赢得了越来越多广告主的青睐。目前，中国户外数字媒体已经突破了让广告主生厌的单一的广告形式和播放模式，在传统媒体的基础上，借助人机互动、手机终端与大屏幕互动等方式，开启了户外数字媒体的双向互动传播时代。TOM户外传媒集团通过对其部分客户调研显示，50%以上的客户认为户外媒体的互动性是户外媒体发展的一个新方向，15%的客户表示愿意尝试具有互动性的户外媒体。[①] 在这个“人人皆媒体”的时代，户外新媒体利用互动技术，吸引越来越多的消费者主动地参与品牌形象的构建，而广告主也在新的营销环境中不断改良自己的营销方式，采用整合的思维去运用户外新媒体，将传统媒体与新媒体营销相结合，优势互补，从而实现传播效果的精准化和最大化。

5. OTT广告

OTT（over-the top），即：将数字内容传到电视或其他智能终端上的设备或服务。我们通常见到的OTT有：智能电视、流媒体盒子（如Apple TV、Android TV、小米盒子等）。

奥维互娱公布的数据显示，截至2019年12月底，中国OTT终端激活总量达25988万台，同比增长21.3%。分不同终端来看，2019年我国智能电视激活量为21604万台，增长22.8%；OTT盒子同比增长13.9%，达4384万台。

在此强大的用户背景之下，OTT广告迎来了发展的春天。从2017年到2019年，国内OTT广告的运营总收入从26亿增长到近百亿，成为新媒体广告中的重要一员。

OTT广告的常见形式有：

（1）开（关）机广告。开（关）机广告是指开（关）机后全屏显示的广告，一般有静态图片和动态视频两种形式，后者时长为5~15秒。

（2）待机广告。待机广告出现在待机过程中，其多数以图片形式呈现或者以视频形式播放。时长一般在30秒以内。

（3）贴片广告。贴片广告出现在视频内容正式播放之前，一般以动态视频的形式呈现，时长在15~90秒不等。

（4）暂停（退出）广告。在受众观看的正式内容进行播放暂停或退出的时

① 孙铭欣：《迅猛发展之下的冷思考——广告公司与广告主眼中的户外新媒体》，载于《广告大观：媒介版》2013年第7期。

候出现，通常以图片（动静态皆可）或视频的形式呈现。

（5）角标广告。一般在界面的左下角或者右下角，不影响视频观看，显示时间较长（如图 6-4 所示）。

图 6-4　角标广告示例

注：图中的麻袋理财即为角标广告

（6）视频播放准备栏广告

在视频播放准备栏中出现的广告称为视频播放准备栏广告（如图 6-5 所示）。其形式通常为纯静态图片或者 GIF 动图。

图 6-5　视频播放准备栏广告示例

注：图中的福特广告即为视频播放准备栏广告

除了上述 6 种常见的广告形式，还有线上购物商场广告、推荐位引导广告和品牌专区广告等。

未来，在 5G 的推动下，OTT 大屏广告的形式将不断创新，并朝着体系化、规模化的方向发展。

第二节 新媒体广告的发布方式

新媒体广告的类型很多，可以说有多少种新媒体，就有多少种新媒体广告。本节中，我们将会为大家重点介绍几种新媒体广告的发布方式，帮助大家了解新媒体广告的一般运作模式。

一、企业官方网站的广告发布

企业的官方网站，又可称作企业的品牌网站。美国公共关系学家迈克尔·莱文曾说："在1995年，为宣传品牌而开设网站是一个难以想象的事情，而如今这却是必不可少的一项措施。如果一个品牌没有网络宣传，它就不会被人认真对待，没有网络信息支持的产品或服务，根本不可能变成一个品牌。消费者也会这样认为。如果一家企业没有网站，消费者就不会认真对待它。"①

企业网站是企业信息管理系统与电子商务的结合，是企业在互联网上进行网络营销和形象宣传的有效平台。企业网站相当于企业的一张网络名片，一个好的企业网站不仅可以很好地宣传企业的形象，同时还可以辅助企业进行各项营销活动。

企业网站是企业的自有媒体，它的主要功能有：进行电子商务，以提供某种直属于企业业务范围的服务或交易，如网上银行、网上商城等；展示产品与服务，让消费者足不出户就可以了解企业的概况；发布信息，及时更新企业的各类动态及与企业相关的行业动态；互动服务，搭建与消费者进行沟通的媒体平台，更为有效地实现反馈，获得消费者对于企业的评价，增进消费者与企业之间的关系；传播企业的理念与文化，塑造企业的品牌形象；更好地开展IMC整合营销传播，帮助企业建立公众资料数据库。

企业网站具备一般网站所不具备的四项特征：

（一）服务性

品牌网站必须为客户提供一流的电子商务服务，否则一个粗制滥造的企业官网，将会严重损害企业的美誉度。尤其是现代的企业网站，必须将消费者的需求严格纳入其中，充分尊重消费者，真正实现新媒体广告的互动价值。

---

① ［美］迈克尔·莱文：《品牌化世界——公共关系与品牌塑造》，庄晖译，格致出版社，2008年，第139页。

（二）集成性

品牌网站是一个综合性的网站，它集合了企业的全部信息与服务。对外它可以实现信息的发布和与客户、消费者的沟通；对内它可以完成企业管理的相关工作，减少企业的经营成本。

（三）便捷性

新媒体出现后，对于企业来讲最大的威胁就在于消费者拥有了更多的自主权和选择权。并且，在消费社会中，人们的注意力有限，注意力已然成了极为稀缺的宝贵资源，所以如果一个企业的品牌网站不能做到以“受众为中心”，忽略广大消费者的习惯与感受，那么他的品牌推广肯定是收效甚微的。品牌网站是企业面向客户的服务终端，因此其网站的设计，包括网站的架构、网站的界面等都应该把良好的客户体验作为建设的重要参考指标。

（四）互动性

互动性应该是所有新媒体广告的核心要素，也是新媒体广告区别于传统广告的最大特点。对于任何企业来说，缺乏与社会、消费者的沟通，都是一件极为可怕的事情。因为，市场如战场，如果一个企业自视过高，而无法从市场上获得及时反馈，那么它在进行任何一项经营及管理决策时都会缺少科学依据，导致决策失败。所以品牌网站必须提供一个畅通的客户意见反馈及投诉意见征集的通道。

企业利用其官方网站发布广告，主要有以下两种方式：

1. 通过网页的界面设计，直接展示广告内容

如利用旗帜广告、按钮广告、Flash 悬窗广告、全屏广告、插入式广告等，直接将广告信息呈现出来。这种方式简单、直白，能够让受众一目了然，其广告具有明显的告知性和促销性。但同时这种类型的广告属于硬性广告，往往带有一定的强制性，所以可能会让一部分受众感到反感。图 6－6 中，中国银行网站的主页上，就有利用旗帜广告打出的企业广告“中行网银　中银掌上行　天天赢豪礼”，该广告的目的性非常强，受众打开网页就能一眼看到，所以到达率比较高。如果受众对该广告的内容感兴趣，就可以进一步点击该广告，了解广告中所宣传的业务或者活动的详细内容。在路易威登（Louis Vuitton）的官方网站上（如图 6－7 所示），最醒目也是最吸引受众眼光的就是它的旗帜广告。路易威登这则旗帜广告的内容是未来秋冬一季的时装广告大片，感兴趣的受众可以进一步点击，以探索更多详情。在点击了“探索更多详情”之后，我们就可以看到一个全新的网页（如图 6－8 所示）。这个网页里嵌

入了三位摄影师的作品，受众可以按照顺序或者自己的喜好再进一步点击，从而了解路易威登秋冬季的商品。旗帜广告（Banner），可以使用 HTML、Flash、DHTML、Java 等语言产生交互性，用 Shockwave 等插件工具增强表现力。随着技术的进步，现在还有一种新兴的 Rich Media Banner（富媒体 Banner）能够赋予旗帜广告更强的表现力和交互内容。

图 6—6　中国银行网站主页截屏

图 6—7　LV 中文官网截图

图 6—8　LV 中文官网截图

2. 通过发布企业软文或制作植入式视频，来进行商业宣传或品牌构建

企业软文是相对于硬性广告而言的，是通常由企业内部的策划人员或广告公司的文案人员来负责撰写的“文字广告”。与硬广告相比，软文的精妙之处就在于一个“软”字，好似绵里藏针，深藏不露。等到消费者发现这是一篇软文的时候，则已经冷不丁地掉入了一个被精心设计过的“软文广告”陷阱。企业软文追求的是一种“润物细无声”的传播效果。

企业软文可以隐藏在企业新闻之中，也可以隐蔽在企业的其他相关报道之中，甚至可以出自消费者之手。在企业的官方网站上，通常会设计一些固定的栏目来专门放置这些软文。如“企业概况”“企业新闻”“客户服务”等。事实上，企业软文经常会不固定地出现在官网页面的各个角落，往往是利用互联网的超链接技术，将发布在其他网站上的文章直接链接到自己的网站上。

植入式视频是植入式广告的一种形式。它是一种暗示类的新媒体广告。这种广告可以在不妨碍人们接收主要信息的前提下，巧妙地植入有关品牌或者有关产品的信息，以对受众进行无意识的影响，从而达到营销效果。

二、微博广告

2006 年，推特（Twitter）在美国横空出世，一场“微运动”在互联网的世界里迅速掀起。2007 年，中国第一个带有微博色彩的社交网络以“饭否网”正式上线，然而直到 2009 年，中国门户网站新浪推出“新浪微博”内测版（门户网站中第一个提供微博服务的网站），才使“微博”正式进入中文上网主流人群视野。

中国互联网络信息中心（CNNIC）报告显示，截至 2011 年 12 月底，我国微博用户数已达到 2.5 亿，较上一年年底增长了 296.0%，网民使用率为 48.7%。微博已发展成为近一半中国网民使用的重要互联网应用。“截至 2013 年 6 月，中国微博用户规模达到 3.31 亿，97%以上的中央政府部门、100%的省级政府和 98%以上的地市级政府部门开通了政府门户网站，政务微博认证账号超过 24 万个。仅微博每天发布和转发的信息就超过 2 亿条。”①

企业微博是基于微博的又一种商业化的网络工具，它是一个基于客户关系信息分享、传播以及获取的网络平台。企业可以通过 WEB、WAP 以及各种客户端组建企业个性社区，以 140 字以内的文字（也可插入图片或视频）来发

---

① 人民网：《政务微博认证账号超 24 万个》，http://politics.people.com.cn/n/2013/1129/c70731-23689816.html，2013 年 11 月 29 日。

布企业信息，并实现即时的商业内容分享。

据新浪微博与CIC联合发布的《2012企业微博白皮书》，“截止到2012年2月底，共有130565家企业开通新浪微博。其中，餐饮美食类企业独占鳌头，以近5万个企业微博账号排名第一。汽车交通则以汽车经销商为主（7546个）、商务服务（7212个）、电子商务（6594个）、IT企业（6047个）跻身前五”①。根据《财富》杂志于2011年发布的全球500强企业名单，截至2012年2月底，“共143家世界500强企业开通新浪微博，占总数的29%；国内方面，共207家中国500强企业开通新浪微博，占比达到41%”②。由此可见，微博毫无疑问已经成为企业营销宣传的重要阵地。

从实际的用户关注度来看，企业微博在受众中的影响力，也是不可小视的。“截至2012年2月底，新浪微博上的企业微博账号粉丝数超过7亿（未排重），排重粉丝数近1.7亿，平均每个企业微博拥有的粉丝数超过5000个，平均每个用户关注4个企业微博，56%的新浪微博用户至少关注1个企业微博。”③

相比企业网站，企业微博的优势明显：

第一，扁平化的传播方式。微博区别于传统博客的最大特点就是“篇幅短小”。140个字的内容限制，反而使微博变得短小精悍，灵活性强。在人们的阅读习惯越来越呈现“碎片化”的时代里，微博的出现可谓是投其所好。微博高度浓缩化的信息特点，正好符合了人们对于信息获取及人际交往的快捷化需求。同时微博“裂变式”的传播模式，也让信息的传播速度急剧提升。此外，微博发布的渠道多种多样，从电脑到平板，再到手机等移动终端，可以说真正实现了人们随时随地了解信息、发布信息的愿望。这种信息发布的状态，使得微博呈现出一种扁平化的传播方式。而这种传播方式可以更好地帮助企业，进行广告宣传、营销商务以及危机处理。

---

① 新浪微博、CIC：《2012企业微博白皮书》，http://wenku.baidu.com/link?url=8_8VcfgHi-6VG23t5jWghTM3QxmG5y-cTpf_eiik2txCXqKeTXZ6LkD9A9Qkw0fsnaHlY2a6EZbQCV7cqguGWkmGqqR95pJBkAgCOW57ymG，2012年3月22日。

② 新浪微博、CIC：《2012企业微博白皮书》，http://wenku.baidu.com/link?url=8_8VcfgHi-6VG23t5jWghTM3QxmG5y-cTpf_eiik2txCXqKeTXZ6LkD9A9Qkw0fsnaHlY2a6EZbQCV7cqguGWkmGqqR95pJBkAgCOW57ymG，2012年3月22日。

③ 新浪微博、CIC：《2012企业微博白皮书》，http://wenku.baidu.com/link?url=8_8VcfgHi-6VG23t5jWghTM3QxmG5y-cTpf_eiik2txCXqKeTXZ6LkD9A9Qkw0fsnaHlY2a6EZbQCV7cqguGWkmGqqR95pJBkAgCOW57ymG，2012年3月22日。

案例一：戴尔官方微博[①]

2010年3月，戴尔官方微博“@戴尔中国”在新浪网正式启动，如图6—9所示。戴尔在微博平台中提供了产品信息、企业新闻、促销活动和电脑知识等信息，并开设有奖问答及“戴尔中小企业网络营销圆桌论坛”等活动，与广大网友积极互动。截至2014年7月1日，该微博已经拥有了634172多名“粉丝”，累积发布微博数13412条。戴尔大中华区消费者事业部直销业务总经理陈建豪在其博客中写道：“中国将是戴尔继美国以后，通过社会性媒体和用户进行沟通的另一个前沿阵地。”[②]

图6—9 DELL戴尔中国官方微博截屏

第二，有效的双向互动。微博的操作方式简单，因此拥有比博客、SNS社交网更低的准入门槛。这种亲民性极大地增强了大众的使用热情。而微博与手机移动终端及多媒体的联姻，更是打破了时空的障碍，也打破了传播者与受众之间的固有身份属性。微博，不仅可以作为信息发布的有效平台，更是传播者与受众之间高效能的互动平台。通过微博，“消费者的互动性和主动性得到了极致发挥，‘蜂窝状的信息网络’增加了用户体验的黏性，容易产生忠实的‘粉丝群’。通过微博，企业可以发起各种话题，吸引公众参与讨论，也可以开展丰富多样的活动（如线上直播、有奖竞猜、在线投票、捐赠等），实现与用户们的互动。很明显，微博是企业与客户‘面对面’沟通的最佳阵地”[③]。

---

① DELL戴尔中国官方微博：http://weibo. com/p/1006061687053504/home? from = page _100606&mod=TAB#place。

② 人民网：《企业微博：品牌营销新工具》，http://media. people. com. cn/GB/40628/11598739. html，2010年5月14日。

③ 人民网：《企业微博：品牌营销新工具》，http://media. people. com. cn/GB/40628/11598739. html，2010年5月14日。

（一）微博广告价值

从某种程度上来说，微博的广告价值主要来自“粉丝”。有广告公司列出了覆盖各大微博的“有广告价值”的微博博主的报价单。报价单显示，这些微博的“粉丝”数量最少也有几万人，报价最低的是200元/条，具体报价按照“粉丝”的数量而调整。“粉丝”数量超过60万，报价为2000元/条；“粉丝”数量接近50万，报价为1500元/条；“粉丝”数量接近30万，报价超过1000元/条；“粉丝”数量在10万至30万之间，报价为500元/条至800元/条[①]。因此，自微博成为网络营销的重要组成部分以来，一些网络公关公司开始在微博上“养号”，以便在需要的时候通过多个渠道帮助客户发布信息和发起商业活动。

（二）微博广告的发布方式

微博广告的发布，有两种主要方式：

1. 企业或商家自主申请微博账号，建立一个“官方微博”，发布广告信息

2012年新浪微博与CIC联合发布全国首个企业微博白皮书，其数据显示：已有超过13万家企业开通了新浪微博账号。从运营情况看，商场购物类、快消品企业以及购物网站等企业微博运营良好，各类企业均与目标用户保持了12小时高互动状态，新浪微博已成为国内外知名企业首选的新媒体互动营销平台。

在微软Windows的官方微博里（如图6－10所示），我们可以看到许多不同形式的广告内容。在“公告栏”里，有关于Windows 8.1非常明显且直白的广告信息，广告中说明了Windows 8.1的强大功能。

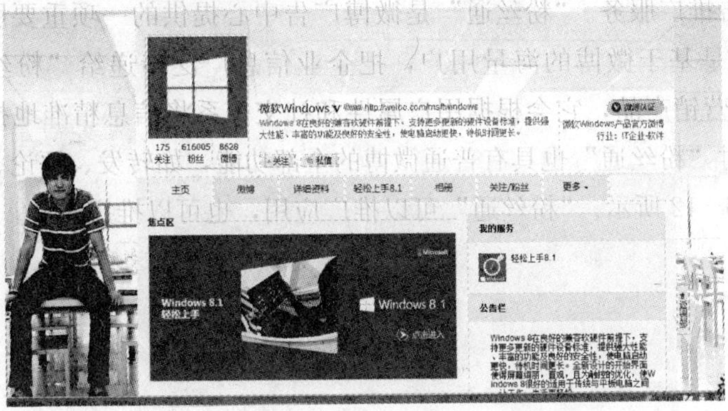

图6－10　微软Windows的官方微博截图

① 北晨网：http://www.morningpost.com.cn/xwzx/jjxw/2011－01－10/95570.shtml，2011年1月10日。

同时，几乎每天该微博都会发布许多 Windows 产品的相关广告。广告类型涉及文字、平面、网络视频等。并且许多广告有一定的隐蔽性，例如在图 6－11 中的第二则广告，就是以“鸡尾酒”这一话题引入，逐渐过渡到 Win 8 的功能上的，具有较强的娱乐性和知识性。

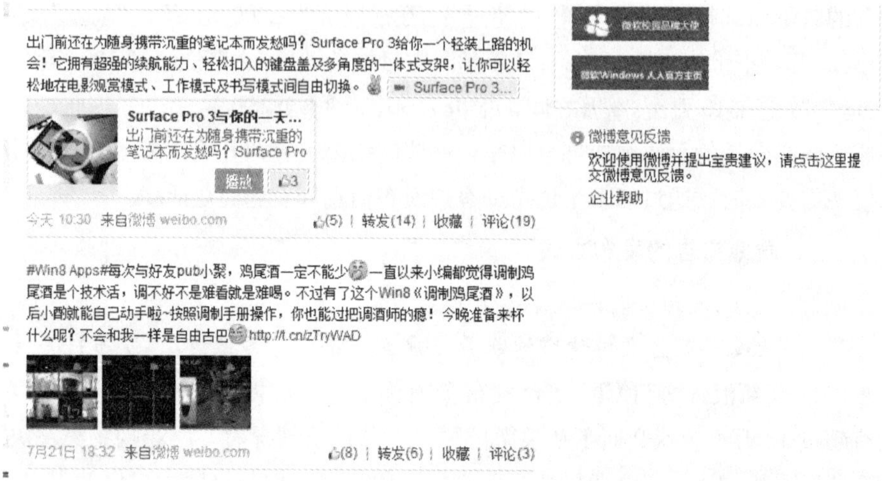

图 6－11　微软 Windows 官方微博截图

2. 利用微博推广服务——“粉丝通”，借助粉丝及其他微博用户的力量，发布广告信息

新浪微博下设微博广告中心，该中心可以向普通用户、企业用户提供专业的微博广告推广服务。“粉丝通”是微博广告中心提供的一项重要服务，微博“粉丝通”是基于微博的海量用户，把企业信息广泛传递给“粉丝”和潜在“粉丝”的营销产品，它会根据用户属性和社交关系将信息精准地投放给目标人群，同时“粉丝通”也具有普通微博的全部功能，如转发、评论、收藏、赞等，如图 6－12 所示。“粉丝通”可以推广应用，也可以推广博文。

图 6－12　**微博“粉丝通”页面截图**

（1）“粉丝通”的展现形式。当用户刷新微博时，推广微博会出现在信息流的顶部或接近顶部的位置。同一条推广信息只会对用户展现一次，刷新后随正常微博滚动。微博的精准广告推荐引擎会控制用户每天看到的推广微博数量。

（2）“粉丝通”与普通微博的区别。微博“粉丝通”会有产品说明标识；点击后跳转到官方说明微博，解释该产品机制；微博头像下方增加“关注”按钮以标识用户关系，并增加潜在“粉丝”对企业的关注度；左下角有推广标识（如图 6－13 所示）。

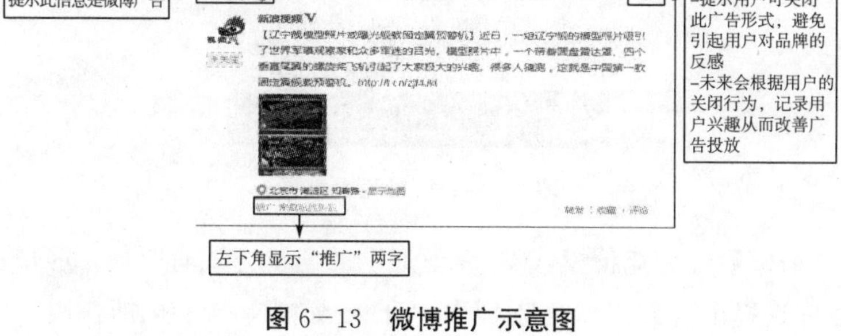

图 6－13　**微博推广示意图**

在 PC 客户端上，微博广告的置顶显示如图 6－14 所示。

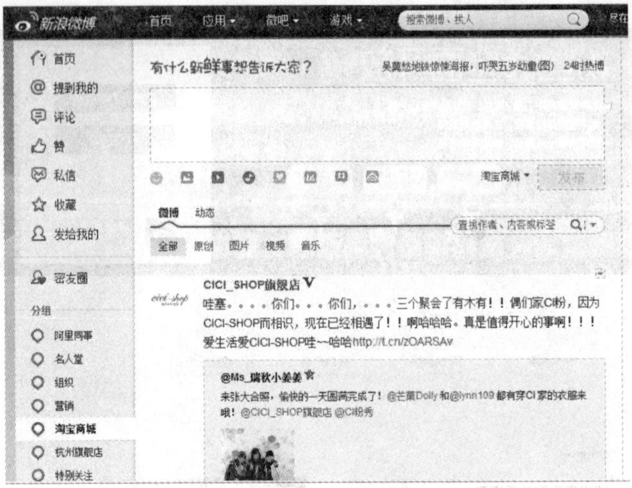

图 6－14 微博页面截图

在手机端和 Pad 端，微博表现形式一样，微博左下角增加推广标识，如图 6－15 所示。

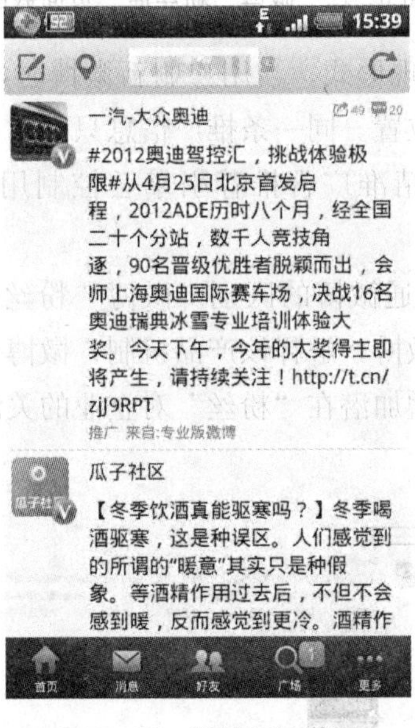

图 6－15 微博页面截图

(3)“粉丝通”的竞价模式。“粉丝通”的出价方式有两种，客户可按照企业营销目标选择出价方式：一是 CPM（千人成本），按照微博在用户信息流中曝光人次计费，起投金额 5 元/CPM，最小加价单位为 0.1 元；二是 CPE，按照微博在用户信息流中发生的有效互动（互动包括转发、点击链接、加关注、收藏）进行计费，起投金额 0.5 元/CPE，最小加价单位为 0.01 元。

客户可设置每日投放成本来控制预算，且出价不能低于系统起拍价。

“粉丝通”的收费由实时竞价情况所决定，收费不会高于客户的出价。客户推广信息的质量和出价，共同决定覆盖人群的数量。通过提高推广信息的质量或出价，广告将覆盖到更多人群。

推广信息质量与社交关系、相关性、热门程度相关。“社交关系”是指由“粉丝”间的相互关注以及互动频率等综合指标形成的社交关系指数。“相关性”是指推广信息与用户的兴趣标签、属性及用户行为的相关程度。“热门程度”是由推广信息的互动热度如微博评论、转发、点赞、收藏等行为决定的。

三、营销 QQ

营销 QQ 是在 QQ 即时通信的平台基础上，专门为企业用户量身定制的在线客服与营销平台。它基于 QQ 海量用户平台，致力于搭建客户与企业之间的沟通桥梁，充分满足企业客户稳定、安全、快捷的工作需求，为企业实现客户服务和客户关系管理提供解决方案。

与普通 QQ 相比，营销 QQ 的功能主要凸显在“营销”二字上。以下是营销 QQ 的四大功能：一是企业形象展示：400/800 靓号，高端专业，让客户放心，整合 QQ 的企业形象展示，供 7 亿网友查询企业微博和空间，在线形象统一规范；二是高效管理海量客户：容纳 10 万好友，分组管理方便快捷，接待历史、消息记录永久漫游保存，多工号、多权限角色灵活配置管理；三是便捷的在线沟通：直达 7 亿 QQ 用户，会话沟通无极限，网站访客监控与邀请，商机触手可及，多人服务并随时监控，保障服务质量；四是在线推广与一站式营销：群发支持多维筛选目标客户，精准到达，智达推荐，只展示给最需要的客户市场，活动丰富，定期提供密集展示机会①。

此外，营销 QQ 还有增值服务，即群发消息和在线调查。群发功能可支持向海量用户一键发送消息。企业可以定期向其海量客户发送通知、促销信息或节日温馨问候；还支持发送目标精准定位，向特定客户组发送消息，如图 6-16 所示。

① 资料摘自营销 QQ 官方网站：http://b.qq.com/crm/home.html。

图 6－16　营销 QQ 产品官网截屏

四、微信公众平台

1. 微信公众平台广告

微信（WeChat）是腾讯旗下的一款于 2011 年 1 月 21 日推出的为智能终端提供即时通信服务的免费应用程序。其中，微信公众平台是其主要服务项目之一。微信公众平台于 2012 年 8 月 23 日正式上线，曾使用名称“官号平台”和“媒体平台”，如图 6－17 所示。该平台一共有两种类型，即服务号与订阅号。服务号是给企业和组织提供更强大的业务服务与用户管理能力，帮助企业快速实现全新的公众号服务平台。订阅号的目标是为媒体和个人提供一种新的信息传播方式，构建与读者之间更好的沟通与管理模式。通常，企业在营销及广告宣传领域主要选择的是服务号。

图 6－17　微信公众平台截图

服务号上线之初，一个月内仅可以发送四条群发消息。服务号发给用户的消息，会显示在用户的聊天列表中。并且，在发送消息给用户时，用户将收到即时的消息提醒。利用服务号，企业可以及时向客户发布信息，并且可以提供相当丰富的服务内容。尤其在微信 5.0 上线之后，企业服务号不再被简单作为发布促销信息、优惠信息的平台，而是可以作为真正能与消费者互动的利器。全新的服务号“开放了自定义菜单的申请，自定义菜单的优势不仅在于可以在最显眼的地方最直接地展示特色功能，而且还可以让‘粉丝’无论过多久回到服务号来仍然可以与服务号进行有效互动。安卓用户还可以将指定公众号添加至桌面图标，利用微信第三方服务平台还可弥补服务号群发被限制的不足”①。企业服务号的建设重在树立品牌形象，加深消费者的品牌意识。可以说，服务号就是帮助企业做好客户服务的有效工具。

2014 年 4 月 13 日，腾讯广点通发布《关于微信公众账号广告的相关说明》，微信广告自助平台正式上线，微信认证的公众账号都可自助申请加入成为流量方；而符合条件的广告主，也可以进行自助广告投放。对于广告主来说，微信广告自助平台上线后，可以进行如下操作：申请成为广告主，对账户进行充值；投放广告，包括上传素材、设置定向条件、设置出价等；管理广

① 《企业为什么要选择微信公众服务号》，http://www.apps123.cn/apps123/news/20131113432.html，2013 年 11 月 13 日。

告，可对广告进行管理操作，如暂定、重启等；查看广告投放的效果。正式上线后的微信广告自助平台放低了流量方的准入门槛，任何企业或个人的公众账号，只要“粉丝”超过500人，都可以成为流量主。申请成为流量主后，公众号运营者可在后台内看到各类广告效果数据，包括前一天的曝光量、点击量、收入金额等。此外，如果公众号想暂停广告显示或者屏蔽某广告主的广告，也都能在后台中操作，如图6－18所示。

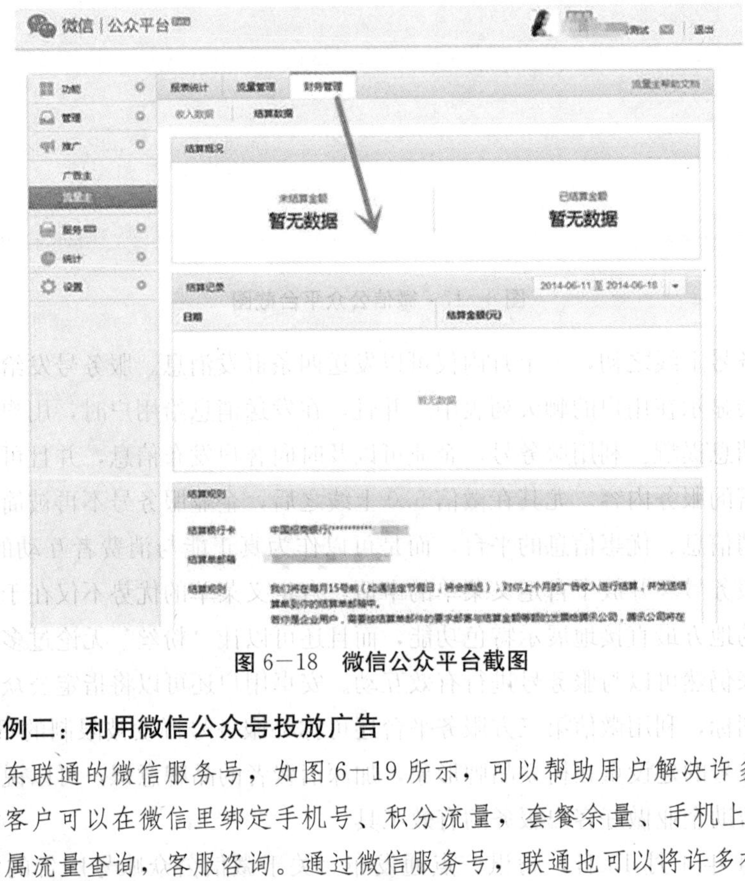

图6－18　微信公众平台截图

案例二：利用微信公众号投放广告

广东联通的微信服务号，如图6－19所示，可以帮助用户解决许多业务问题。如客户可以在微信里绑定手机号、积分流量，套餐余量、手机上网流量，微信专属流量查询，客服咨询。通过微信服务号，联通也可以将许多有关通信业务的广告即时有效地传递给用户。①

此外还有，联合利华在世界杯热播期间投放的“巴西大竞猜”活动，以Html 5移动页面作为推广页面，宣传其旗下日化用品品牌“清扬”。据其官方统计，在投放一周以后，清扬品牌曝光超过了3000万人次，活动页面的点击

① 微信公众平台：https://mp.weixin.qq.com/cgi－bin/loginpage?t＝wxm2－login&lang＝zh_CN。

超过 34 万人次，活动参与人数超过 25 万人次。而宝洁则通过微信渠道的投放，两天以 1.98%的点击率获得了 6000 多人次的点击，且从点击到预约的转化高达 50%。①

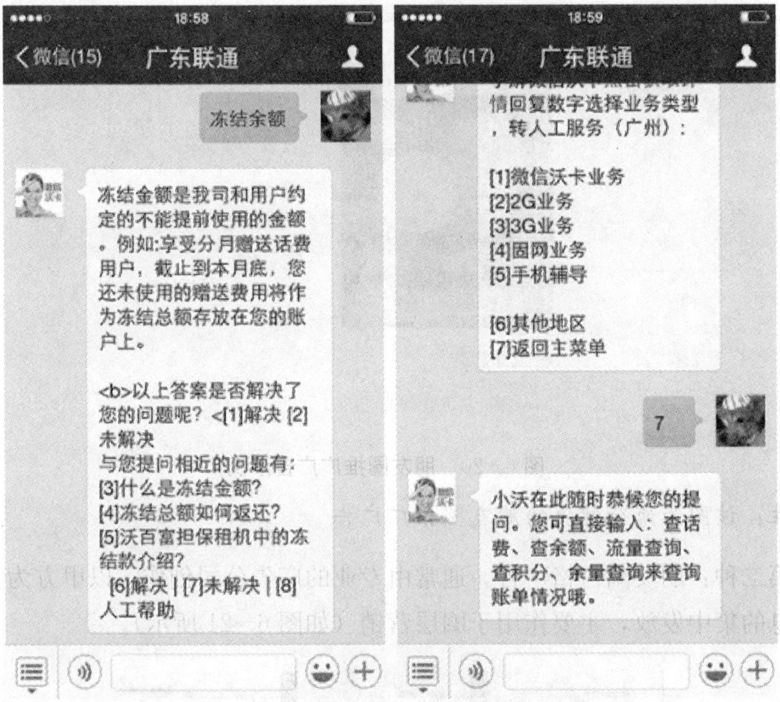

图 6－19　广东联通微信服务号页面截图

2. 朋友圈广告

朋友圈广告以微信平台为支撑，主要有两种形式：

第一种：以类似朋友的原创内容形式在用户朋友圈展示的原生广告。通过整合亿级优质用户流量，朋友圈广告为广告主提供了一个国内独一无二的互联网社交推广营销平台（如图 6－20 所示）。

① 搜狐 IT：《微信广告宣称日曝光量接近 1 亿 日流水或百万元》，http://it.sohu.com/20140721/n402527602.shtml，2014 年 7 月 21 日。

图 6—20　**朋友圈推广广告示例**

注：该图为薄荷健康的朋友圈推广广告

第二种：朋友圈宫格广告。通常由专业的广告公司创作，以甲方为主体进行信息的集中发放，主要作用于圈层营销（如图 6—21 所示）。

图 6—21　**朋友圈宫格广告示例**

注：该图为某地产品牌的朋友圈 3 宫格广告

3. 公众号推文广告

品牌方为更好地服务消费者，在微信上自建自媒体账号，用于品牌信息发布、产品活动介绍、社群运营。公众号推文广告是最为常见的一种广告形式，一般有图文型、视频型两种（如图 6－22 所示）。

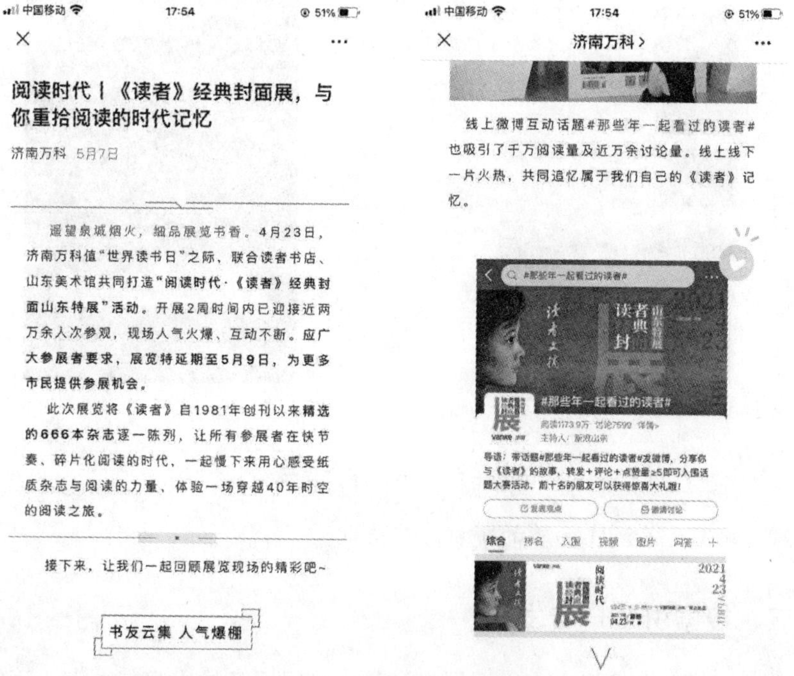

图 6－22　公众号推文广告示例

注：该图为济南万科的公众号推文广告（部分截图）

4. 小程序广告

小程序广告是一个基于微信公众平台，利用专业数据处理算法，实现成本可控、效益可观、精准触达的广告投放系统。

小程序广告置身于小程序之中，其具体展示位置由小程序流量主决定（如图 6－23 所示）。目前小程序推广支持“品牌活动推广”和“电商推广”两种类型。

图 6—23 小程序广告示例

注：此图为某汽车品牌的小程序广告

五、搜索引擎广告发布

搜索引擎广告是指广告主根据自己的产品或服务的内容与特点，确定相关的关键词，撰写广告内容并自主定价投放的广告。当用户搜索到广告主投放的关键词时，相应的广告就会展示（关键词有多个用户购买时，根据竞价排名原则展示），并在用户点击后按照广告主对该关键词的出价收费，无点击不收费。

搜索引擎效果提升的技巧主要是要选择合适的关键词、正确的投放时间，还有做好数据分析。搜索引擎广告发布需要注意的问题有：

第一，合理确立关键词，并提升关键词的“质量度”。目标客户会输入哪些词语进行搜索，这是广告主在设置搜索关键词时必须重点考虑的。但这种考虑不能凭空猜想，必须以真实的统计数据作为出发点，来进行合理的选择。另外还有一点需要重视的是，广告主在使用竞价排名服务后，其网站的排名顺序是由综合排名指数来决定的，而并非单由出价高低决定。综合排名指数是关键词“出价价格”与关键词“质量度”的一个加权平均数，即综合排名指数同时受到关键词“出价价格”和关键词“质量度”的影响。如果关键词的“质量度”越高，那么广告主就能在保持网站排名的同时降低广告的点击费用。

第二，选择合适的关键词匹配方式。现实中，由于许多企业无法合理选择关键词的匹配方式，因此会为了竞价排名花费巨额的资金，造成不必要的浪费。所以合理设置关键词的匹配方式，能让广告主顺利找到最精准的客户。关键词匹配有两种方式：广泛匹配和精确匹配。

第三，注重广告创意。不管广告的形式如何变化，广告内容的创意性都是其吸引消费者关注的最主要因素。创意，是广告的生命。因此，广告主必须十分注重其广告的创意，以便在众多广告中脱颖而出。在搜索引擎广告中，创意是通过“标题”“描述”“访问 URL”和“显示 URL”的撰写来决定的。

第四，有效设置广告投放区域，精确控制预算。任何广告都无法影响所有的消费者，因此对于那些只提供部分区域服务的企业，一定要设置好搜索广告的投放区域。目前，百度竞价的投放区域只能精确到直辖市和省。如果企业提供的服务只面向本地用户，那么投放区域应该设置成相应的省市，然后再通过关键词匹配方式的配合，使广告准确投向目标客户，避免无效点击。

（一）搜索引擎广告的发布流程

一套完整的广告推广计划是需要多个步骤才能完成的。通常，在锁定好目标客户之后，我们需要通过“计划、单元、创意、关键词、效果反馈”五个环节，来实现我们的推广工作。

1. 构建计划层级

以百度推广为例，如图 6－24 所示，我们需要先确定一个推广计划的名称，如“少儿英语”。接着输入推广单元的名称“课程类”或“学习＋英语专业”等。然后选择地域：“全部地域”或“选定地域”。地域的选择需要根据广告主的实际情况，如果为全国性产品就选择全部区域；如果为区域性产品就选择具体的区域，如图 6－25 所示。

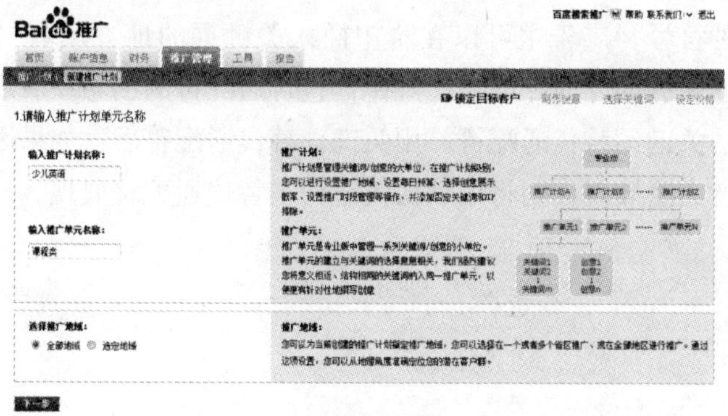

图 6－24　百度推广页面截图

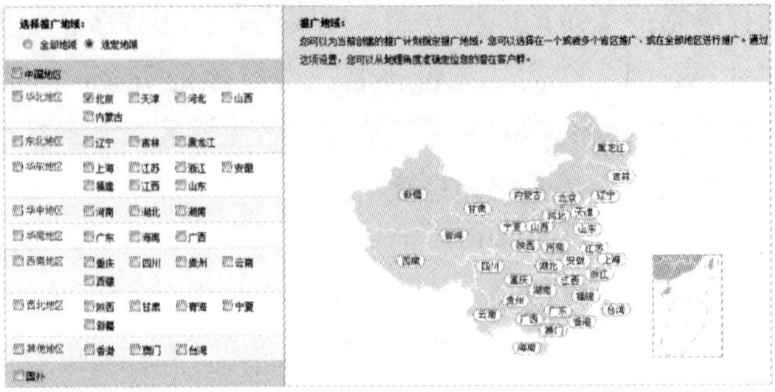

图 6－25　**百度推广页面截图**

在构建计划的时候，要注意以下三个原则：

第一，明确产品业务分类；

第二，明确不同业务对应的推广地域；

第三，针对特殊推广信息，单独建立推广计划。

在进行单元层级的设定时，要注意的是：单元层级向上依附于计划层级，向下承载关键词。所以单元层级是影响账户结构最关键的因素。因此，单元层级的划分宜多不宜少，且应保证每个单元的划分“主题一致、句式一致”。

2. 进行创意设置

创意由四个部分组成：

第一，标题（最多可输入 50 个字符）；

第二，描述 1 和描述 2（分别可输入 80 个字符）；

第三，访问 URL（最多 1017 个字符，一般是关键词的相关页面）；

第四，显示 URL（最多可输入 36 个字符，一般为网站主域名）。

由图 6－26，我们可以看到进行搜索引擎广告创意需要撰写的内容。这里我们介绍一个概念——“通配符”。“通配符”是指可以帮助广告在创意中插入关键词的一种符号。广告主可以在希望插入关键词的地方填写｛｝，并在｛｝中填写默认的关键词。通配符替代规律：包含通配符的创意在展现时，将以触发创意展现的关键词替代通配符。用关键词替代通配符后，如果因标题或描述超长导致创意无法展现，则将用默认关键词来替代通配符展现。

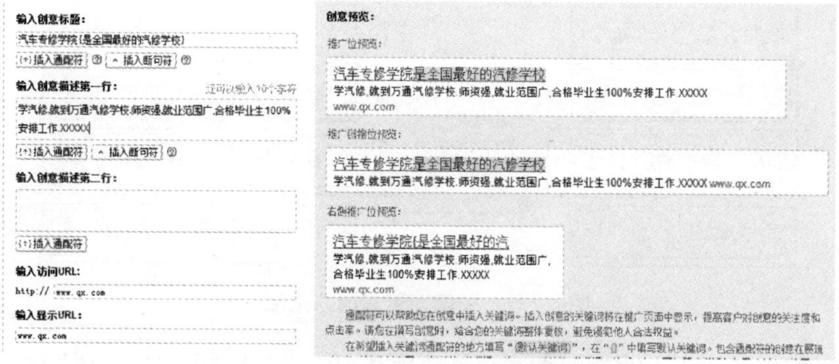

图 6－26　**百度推广页面截图**

此外有两种创意模式可供选择：优选模式和轮替模式。优选模式是指系统会优先展现用户比较关注的那条创意，从而吸引更多潜在受众点击推广信息，提高点击率，改善质量度。轮替模式是指商户选择该计划创意轮替后，该计划下所有单元中的创意将以相同的机会展现。一般情况下系统默认的选择是“优选”。

一般一个高质量度的创意需要具备以下四点要求：

第一，通配符使用一般 2 至 3 次为佳，标题中必须含有通配符；

第二，标题识别性高，简洁明了，朗朗上口；

第三，描述中语句与本单元中的关键词相关，语句中可适当包含潜在用户最关心的一些点，但不必为了凑字数而大篇幅描述；

第四，描述 1＋描述 2 字数大于 50。

3. 确立关键词

关键词的作用是准确找到搜索推广针对的潜在用户群体。确立合适的关键词的第一步是找出企业营销的对象，然后进行市场定位，分析潜在用户网络搜索的惯常行为。

选择怎样的关键词，需要我们考察多方面的因素，切勿随心所欲。从 6－27 图中，我们可以看到关键词通常表现的范围有八类。这八类都是可以反映产品或者服务的核心词汇。

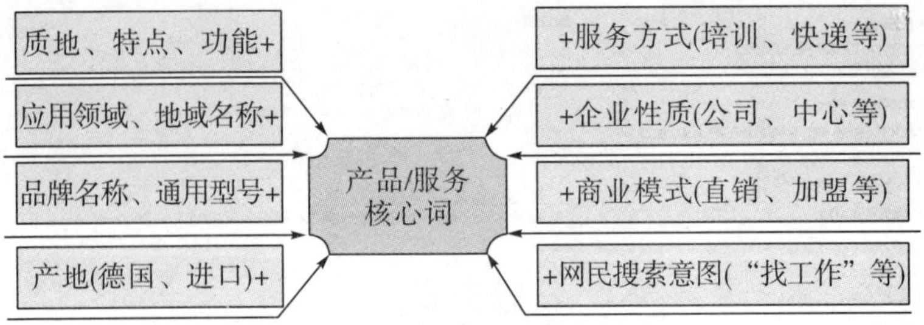

图 6－27　关键词策划的八爪图①

关键词的匹配方式有两种：一是精确匹配，是指匹配条件是在搜索关键词与推广关键词二者字面完全一致时才能搜索成功；二是广泛匹配，是指匹配条件是搜索关键词完全包含推广关键词，允许包含部分字面顺序颠倒或有间隔，是系统默认的匹配方式。该方式可能对匹配条件进行延伸，扩展至关键词的同义词、近义词、相关词，以及包含关键词的短语等。

关键词定价也是推广任务中十分重要的一个环节，因为它决定了广告主本次推广的成本。

关键词的实际点击价格是比下一位排名多一分钱，其计算公式如下：关键词的实际点击价格=下一名关键词出价×下一名关键词质量度/当前关键词的质量度+0.01。由此可知，关键词的点击价格肯定不会超过广告主自己设定的出价。而在同一排名上，质量度越高，广告主需要支付的点击价格就越低，因此不断优化质量度可以降低推广费用。最后由于竞争环境随时可能发生变化，所以即使广告主的出价不变，同一关键词在不同时刻的点击价格也可能不同。

对关键词进行出价，一定要首先考虑投入产出的比值。如果出价的费用过高，而实际效果甚微，那么无疑这会是一次失败的推广；相反，如果出价费用过低，又有极大可能会影响产品的正常推广。因此，我们建议：第一，广告主要根据实际排名需求定价，调整价格后，建议用一天时间观察排名；第二，部分竞价较高的关键词定价，要根据账户消费限额来定；第三，每次调整价格上下浮动不超过 20%～30%。

同时，"质量度"这个概念是非常重要的，因为广告主网页的排名综合指数=价格×质量度。所谓"质量度"，是系统根据该关键词的点击率、创意撰写质量以及账户表现（账户生效时间、账户内其他关键词的点击率）等多个因素计算出来的，在账户中以质量度等级的形式呈现。质量度包含内容：关键词

① 图片来源：http://upload.chinaz.com/2011/0822/1314004611374.jpg。

质量度（主要是关键词的点击率）、创意质量度（主要是创意的点击率）、账户结构质量度（主要是单元层级的结构划分）。

案例三：美联航空——优化关键词选取，达成机票销量翻番增长[①]

美国联合航空公司（United Airlines）在2007年第一季度期间，充分利用搜索营销手段，在消费者形成机票购买决策前就与之充分互动，将消费者最想预先知晓的机票信息做最有效的传达，在广告预算没有增长的情况下，搜索营销产生的销售业绩增长超过两倍。

美联航空通过调研获知，有65%的消费者在做出旅行决定前，会进行至少3次的搜索；有29%的消费者会进行5次以上的搜索。而用户关注的信息主要体现在三个层面：价格、服务和关于航空公司的详细信息。因此，针对这三个层面的信息，分别对关键词的选择以及结果的呈现方式做了优化，使消费者在决策前知晓相关的信息，从而带动了机票销量的增长。

美联航空的案例告诉我们，搜索营销能够告知客户在购买周期内关注的细节是什么，而如何把握这些细节，如能在营销活动中提升与客户的信息传达能力，并且时刻优化这些信息的呈现，让市场营销人员和用户保持互动循环，就能对销售产生实际的促进意义。

4. 考察效果反馈

对于推广效果的考察，首先要从账户层级判断：

第一，单元结构划分是否合理；

第二，推广在线时长；

第三，账户日均消费关键词，判断消费结构；

第四，点击量和点击率。

其次，从搜索前台判断：

第一，创意排名；

第二，与同页面推广创意作比较；

第三，打开页面速度、质量。

最后，从网站后台统计报告判断：

第一，独立访客（UV）；

第二，页面浏览深度；

第三，页面跳转率；

第四，平均访问时长；

---

① 案例来源：http://www.vecn.com/328/。

第五，在线客服系统数据反馈。

六、LED 广告发布

LED 广告是新媒体广告与户外广告的一种全新的结合。作为户外新媒体广告中最有代表性的一种广告，LED 广告目前的应用范围十分广泛。

LED（Light Emitting Diode，中文意思为发光二极管）是一种能够将电能转化为可见光的半导体，采用电场发光。LED 显示屏（LED panel）是一种通过控制半导体发光二极管的显示方式，来显示文字、影像的显示屏幕。LED 显示屏主要包括图文显示屏与全彩显示屏。

当今社会，图像逐渐替代了文字的一部分功能，成为一种形象化生存的社会必需品。LED 广告作为一种新媒体广告形式，依靠视觉图像传播信息，通过形象表达吸引受众关注，激发购买欲望。广告商针对不同的客户群，在不同空间投放合适面积的 LED 显示屏，使广告的传播效果最大化，这也就使 LED 广告的视觉传播形态变得丰富多彩起来。

LED 广告特点明显：寿命长、光效高、无辐射、低功耗，且环境适应能力强，变幻方式多样。尤其是 LED 广告营造出的那种“身临其境”的创意视觉空间，强调了人们全方位的视觉体验。世界领先 LED 技术的代表者，比利时的 Barco 公司的核心理念是：改变生活方式、提高生活品位和创造商业价值。对于创意型 LED 广告，Barcosports&OHC 总裁马可·布鲁内斯认为可以用六个字来解释：“创新、高质、耐用”。[①]

（一）楼宇外墙 LED 广告

楼宇外墙上的 LED 广告（如图 6－28 所示），通常安装在人流量较大的商业区楼宇的外墙上。随着 LED 市场的成熟与成本的降低，其屏幕面积也呈越来越大的趋势。在商业区铺天盖地的广告面前，受众记忆空间的有限性和信息传播的无限性，已使注意力逐渐成为一种稀缺资源，因此注意力经济已成为检验广告效应的最大尺码。大面积、动感化、声画合一的 LED 广告更能全方位触动受众感官，有效传达信息，成为企业体验营销的一部分。

LED 异型屏也开始运用至楼宇外墙 LED 广告中。楼宇拐角处“LED 曲面屏”的处理方式，可以扩大广告的可视角度，兼顾两个方向的受众视角。

① 鹰目网：《LED 大屏媒体发展趋势》，http://www.yingmoo.com/pingguinfo_17136.html。

图 6-28　楼宇外墙的 LED 广告大屏[①]

（二）LED 广告车

LED 广告车（如图 6-29 所示），是汽车与大型 LED 显示屏有机结合的可以进行移动式广告宣传的一种新型传播介质。其三维视频动画形式，能够实时显示图文信息，且内容丰富多样，表现力强，可以有效获得最大的广告传播效果。

LED 广告车一般用于产品或品牌推广、选秀活动、销售现场展示、体育赛事、演唱会、音乐会等。该车结构一般由五部分组成，包括大屏系统、供电系统、液压系统、操作系统、汽车底盘。供电一般采用工业 380V 电，或者自身发电机供电。

图 6-29　LED 广告车[②]

① 图片来源：http://img3.laibafile.cn/p/m/133900392.jpg。

② 图片来源：http://image.baidu.com/search/index?tn=baiduimage&ps=1&ct=201326592&lm=-1&cl=2&nc=1&ie=utf-8&word=LED%E5%B9%BF%E5%91%8A%E8%BD%A6。

（三）箱型立式 LED 广告

箱型立式 LED 广告（如图 6—30 所示），是一种可以不依靠其他建筑而独立设置于公众场所的 LED 广告。但是箱型立式 LED 广告所处的环境有一定特殊性，其通常会被设置在繁华的商业街口、大型卖场门口、商品展台附近、公交车站等空间相对狭窄的地方。所以，它的大小基本在 5 平方米以下。

图 6—30　箱型立式 LED 广告示意图①

七、IPTV 广告发布

（一）EPG 广告

EPG（Electronic Program Guide），即电视节目指南。IPTV 电视 EPG 可以提供丰富的节目信息预告以及方便灵活的搜索引擎。通过它，电视用户可以轻松、简便地浏览和查询节目信息，同时还可以看到有关节目的其他相关信息，如节目简介、演员信息、节目片段等。EPG 是 IPTV 电视中的一项基本业务，也是点击率最高的业务。EPG 的出现，为广播电视节目的运营商及网络运营商提供了一个十分理想的广告平台。目前，EPG 以多种不同的界面和形式存在于各地方的 IPTV 电视中，以下我们列举几种最为常见的形式。

1. 开机广告

开机广告是指当观众打开机顶盒时，出现在屏幕上的广告（如图 6—31 所示）。其形式有静态图片、动态图片（GIF）、文字、Flash、视频等。开机广告的时间一般比较短，以 5～10 秒为佳。如果开机广告过长，那么将会影响观

① 图片来源：http://image. baidu. com/search/index? tn = baiduimage&ps = 1&ct = 201326592&lm=－1&cl=2&nc=1&ie=utf－8&word=%E4%BB%BF%E8%8B%B9%E6%9E%9C%E7%AB%8B%E5%BC%8F%E5%B9%BF%E5%91%8A%E6%9C%BA。

众的正常观看活动，同时也会引起观众对广告的反感。开机广告最大的优势在于它是一种强制性广告，具有100％的高收视率。

图6－31　开机广告示意图

2. 主菜单广告

EPG上都配有一个主菜单界面（如图6－32所示），该界面是整个IPTV电视平台的门户。在主菜单上，观众可以选择想要观看的节目（直播与点播），可以对IPTV进行声画、音效等方面的调节，可以查询有关城市或地区的资讯，也可以进行一定的娱乐活动（点歌、互动游戏等）。EPG界面的广告位可以嵌入BMP、JPG、PNG、GIF等格式的图片，所有的广告图（配文字）可自由切换。这种广告主动性强、曝光频次较高，且容易被观众接受。

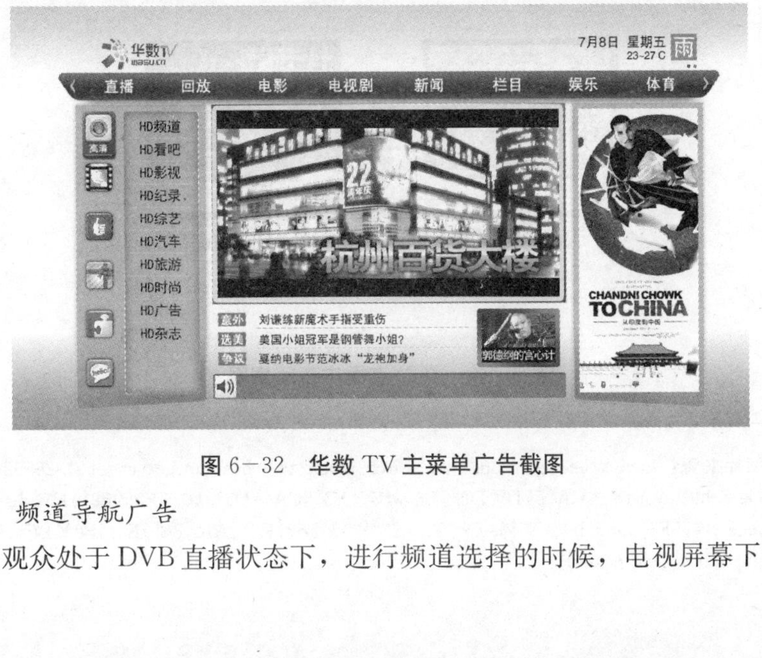

图6－32　华数TV主菜单广告截图

3. 频道导航广告

当观众处于DVB直播状态下，进行频道选择的时候，电视屏幕下方将会出现一个长条形的条目。上面除了有关频道的节目信息之外，也会出现一些广告信息，其持续时间很短，只有 3～5 秒的时间，而出现在这个位置上的广告就是频道导航广告，也称为频道换台信息广告（如图 6－33 所示）。这种广告出现频率最高，且到达率也最高。

图 6－33　频道导航广告截图

4．VOD 点播广告

VOD，全称 Video on Demand，即点播视频节目。在 VOD 的界面上，也有一个类似于主菜单的界面，来帮助观众进行节目的选择。在这个界面上，我们可以看到一些针对性很强的广告，其形式有图文式、Flash 式以及视频式（如图 6－34 所示）。

图 6－34　VOD 点播广告示意图[①]

① 图片来源：http://image. baidu. com/search/index? tn = baiduimage&ct = 201326592&lm = -1&cl=2&ie=gbk&word=%CA%FD%D7%D6%B5%E7%CA%D3%B9%E3%B8%E6&hs=0&fr=ala&ori _ query=%E6%95%B0%E5%AD%97%E7%94%B5%E8%A7%86%E5%B9%BF%E5%91%8A&ala=0&alatpl=sp&pos=0。

5. 其他类型的广告

EPG 广告模式众多，其他类型的 EPG 广告还有诸如“我最喜欢的频道”列表广告、超链接广告、滚动字幕广告、音量条广告、弹出式窗口广告等。

（二）电视邮箱广告

电视邮箱广告是通过后台管理系统，将广告信息直接发送至用户电视邮箱的一种广告形式。电视邮箱广告可支持附件的发送与接收，其附件可支持静态页面、图片与文字等形式的显示。通常，当有广告到达时，在电视屏幕的上方就会出现一个信封的符号，提示观众打开查阅。

电视邮箱广告是传统的 DM（Direct Mail，直邮广告）广告的变形。它不仅具备了直邮广告到达准确的特点，也具备了电视广告的互动性。因此，这种电视邮箱广告很适合作为高档品牌的传播平台，也可以为广告主进行市场销售的推广，以及进行客户关系维护与电视直销。

（三）专门电视广告频道

IPTV 电视里有许多专业化的频道，如购物频道、房产频道、汽车频道、美容频道、留学频道、医疗保健频道、宠物频道、母婴频道、娱乐频道等。这些频道的出现，使得现在的传播越来越朝着窄众化的方向发展。同时，这些专业化的频道也为广告的生存提供了更为适合的空间。由于这些频道本身已经进行了受众定位，所以广告主就可以利用这样的定位进行更有针对性和策略性的投放，避免广告投资的浪费，同时亦会产生更好的宣传效果。

早在 2004 年，英国开辟了世界上第一个广告专业频道。该频道除了播出当时的广告，还会播出历史上经典的广告作品。在我国，一些城市也尝试设立这样的专门广告栏目。如青岛数字电视的信息服务中，有电视购物、分类广告、游戏博彩、电视黄页等，其中的分类广告是核心。而现在较为常见的电视购物频道可以被看作电视广告频道的雏形。

（四）互动角标广告

互动角标广告是 IPTV 电视平台通过数据叠加视频的技术实现的一种广告形式。用户在收看电视时，其电视屏幕上方就会出现一个广告角标，用户若对广告有兴趣，就可以主动点击观看。这是目前在单向网络条件下可以实现的互动性最强的广告形式。

（五）植入式广告

IPTV 电视除了可供收看电视节目，还有很多新型的业务提供，有很强的娱乐性和便民性，例如在线游戏、在线支付、在线教育等。在这些新型的业务中，往往存在大量的背景设置，而这为植入式广告提供了很好的生存空间。许多背景设置的空白位，就成了天然的广告位。

八、网络环境广告发布

网络环境广告是利用互联网这种虚拟空间，通过图文或多媒体方式发布的广告；它与传统广告中的路牌广告、报纸广告、电视广告等具有相同点，即在受众浏览其他信息中搭配性、强制性给予的广告信息；同时它与其他传统广告的最大区别就是它是在互联网的特定空间环境中进行广告信息发布的[①]。

常见的网络环境广告有按钮广告、网幅广告、通栏广告、弹出式广告等。

（一）**按钮广告**（Button Advertising）

按钮广告通常的形式是一个链接着公司的主页或站点的公司标志，并注明“Click me（点击我）”字样的按钮，希望网络浏览者主动来点选。按钮广告是从网幅广告（Banner）演变过来的一种形式，是表现为图标的广告，通常广告主用它来宣传其商标或品牌等特定标志。根据美国交互广告署（IAB）的标准，按钮广告通常有四种形式，分别是：125×125（pixels）方形按钮、120×90（pixels）按钮、120×60（pixels）按钮、88×31（pixels）小按钮。

按钮广告由于尺寸偏小、表现手法较简单，多用于提示性广告，容量不超过2K。按钮广告的不足之处在于有限性、被动性，因为只有浏览者点选，才能看到有关具体的信息内容。

（二）**网幅广告**（Banner）

网幅广告是最早的网络广告形式。1994年10月27日第一条网幅广告诞生；1997年英特尔公司在我国投放第一条网幅广告，也是我国第一条商业网络广告。

网幅广告是以GIF、JPG、Flash等格式建立的图像文件，定位在网页中用来表现广告内容，同时还可使用Java、Javascript等语言使其产生交互性，用Shockwave、视频等工具增强表现力的网络广告形式。

网幅广告因为不可能占据太大的空间，所以在设计上往往只是提示性的——可能是一个简短的标题加上一个标志，或是一个简洁的招牌；但一般都具有链接功能，暗示你用鼠标点击或直接加上“Click me/here（点击我/这儿）”“点击此处/请进入”的字样，引你走向更深处，去了解更详尽的广告信息。

---

① 舒咏平：《新媒体广告》，高等教育出版社，2010年，第224页。

（三）通栏广告

网站通栏广告是最常见的网络广告形式，是互联网界最为传统的广告表现形式。

通栏广告往往以横贯页面的形式出现，它尺寸较大，视觉冲击力强，能给网络访客留下深刻印象。特别适合活动信息发布、产品推广、庆典等。

这种广告不仅仅是版幅较大，如果在推出的广告中配上一些“讯息单元”（Messaging Units），这些广告就如同一个小型网站。设计时利用普遍流行的Flash技术创建几个生动的画面，将这些画面用在“讯息单元”中，可以使用户在广告上通过鼠标点击就能直接观看更多的讯息，避免了链接到其他地方的麻烦。

（四）弹出式广告（Pop-Up Ads）

弹出式广告是访客访问网页内容时，在新窗口弹出的一种广告形式。尽管弹出式广告是网民最痛恨的广告之一，但各种数据却证明了其广告效果比其他广告要好4～10倍。

弹出式广告特别适用于季节性强的广告投放，例如暑期的留学培训、新游戏公测等。这种类型的广告需要在短期内形成广泛的关注度，因而会不惜“激怒”一些非目标客户的情绪来达到其宣传的目的。

为了减少其扰民特性所带来的负面效果，弹出式广告需要在广告设计上多费些心思，用好的创意来降低网民的抵触情绪。弹出式广告适宜采用透明化（即不影响视觉）的设计风格，且明确地显示出关闭按钮，以缓解受众在接触广告时的不良情绪。

九、短视频平台广告

2013年，短视频元年开启。微视、秒拍、美拍等一批短视频App崛起。

2016年，papi酱的爆红，让资本市场见识到了短视频的巨大商业价值。

2017年，短视频的能量彻底爆发。抖音、快手、微博正式确定短视频市场的三角之势。其中，尤以抖音的发展最为引人注目，“两微一抖”更是成为各家品牌争夺受众的传播主战场。

截至2020年，中国网络短视频用户规模为8.73亿人，网络短视频市场规模为1302.4亿元。智研咨询发布的《2020年中国短视频广告收入、广告形式及平台市场率分析》显示：2020年中国网络广告形式占比中，开机大屏广告占比最高为76%；其次是视频前贴为54%。相比传统广告，短视频广告的制作成本较低且受众面极其广泛，在传播呈现碎片化特性的当下，有着天然的竞争优势。相关机构统计，2020 年中国短视频广告市场规模约为 1200 亿元，占移动广告的 16.5%。由此可见，短视频已然成为商业传播的必争之地。

目前，中国短视频市场集中度较高，呈现寡头竞争垄断格局。2020 年 8 月，抖音及抖音系在短视频行业中市占率最高达 44.57%；快手及快手系市占率 33.06%，位居全行业第二；西瓜视频、好看视频、微视等平台市占率较低。①

有关短视频广告的类型，本书将以抖音平台为例进行介绍。

抖音上的短视频广告主要有信息流广告、开频广告、定制挑战赛及达人合作短视频广告。

1. 信息流广告（News Feeds）

信息流广告即出现在社交媒体用户好友动态中的广告。信息流广告是原生广告的最主要形式，其最大的特点是：它的形式与内容会自然融入媒体环境，成为媒体环境的一部分，以此降低受众在接受广告信息时所产生的抵触心理。

2. 开频广告

开频广告即用户在开启 App 时第一眼所看到的广告。开频广告中的动态视频只有 5 秒。与信息流广告相比，开频广告无法通过个性化推荐算法精准触达目标消费者，但其可抓住开频时的黄金 5 秒来吸引受众关注，因此也受到了许多商家的青睐。

3. 定制挑战赛

定制挑战赛指的是品牌与抖音合作定制主题挑战赛。挑战赛在限定主题的情况下，定制音乐、贴纸，并邀请 KOL 进行创作——主要是一些简单的、适合模仿的、容易引发扩散的短视频作品，借助 KOL 的影响力，带动整个品牌活动的影响力，以此完成商业转化（如图 6−35 所示）。

---

① 智研咨询：《2020 年中国短视频广告收入、广告形式及平台市场率分析》，https://www.chyxx.com/industry/202104/944548.html，2021 年 4 月 12 日。

图 6－35　**定制挑战赛示例**

注：图为安踏儿童抖音挑战赛

4. 达人合作短视频广告

达人合作短视频广告主要是指 KOL 在接受品牌方邀请后，根据品牌方的要求所创作的在抖音上传播的短视频内容。此类广告主要借助 KOL 自身的影响力，实现传播效能。其广告作品会以信息流的方式与其他媒体内容一起推送给受众（如图 6－36 所示）。

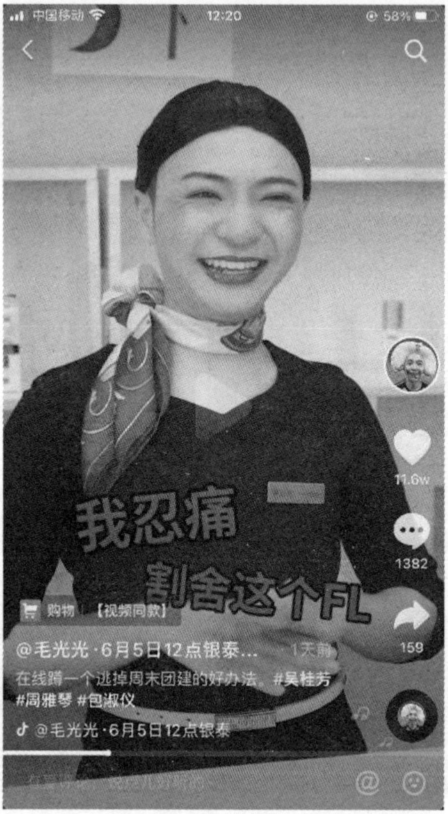

图 6—36 达人合作短视频广告示例

注：图为抖音达人毛光光的短视频广告

练习六

1. 什么是新媒体广告？其主要形态有哪些？请举例说明。

2. 如何看待企业发布的朋友圈广告？

3. 目前企业网站已经成为企业品牌宣传的重要战场，请举例说明一个优秀的企业网站应该具备哪些素质。

4. 2016 年百度搜索与魏则西死亡事件引起全国范围的广泛关注，请以此为例谈一谈你对搜索引擎广告的看法。

5. 你如何看待新媒体广告精准投放与用户隐私保护的问题？

6. 在短视频广告创作过程中应该注意哪些问题？

第七章　新媒体视频传播

美国传播学者麦克卢汉曾说过，“媒体是人体的延伸”，随着网络技术的进步和宽带的广泛应用，以网络视频为主的新媒体扩展并延伸出人体的感官神经，使受众可以更快、更多、更方便地“看”到、“听”到和“感受”到全球更加丰富多彩的信息。新型网络视频媒体正在受到更多人群的关注，逐渐成为新媒体发展的主流介质和发展方向。

第一节　新媒体视频传播概述

一、新媒体视频传播定义

新媒体视频传播是指将视频作品通过各种流媒体类型上传到网站、共享平台等进行传播发布，经个人电脑、手机、平板电脑等新媒体收视终端播放软件来接收的一种便捷、高效的网络视频传播方式。从已表现出的业务形态来看，新媒体网络视频平台包括了视频点播、视频直播和视频分享等多种交互性的数字新媒体视频服务。

二、新媒体视频传播发展历史

21世纪以来，以互联网信息技术、数字技术为主的新媒体传播形式迅猛发展，为传播实务带来了新的机遇和挑战。随着数字化技术的出现与进步，传统视频正在不断向数字化方向发展。经过多年的探索和发展，以网络视频为主的新媒体视频传播已经成为非常受欢迎的网络媒体形式之一。

我国最早的视频网站出现于2000年，当时被称为VOD，即在线视频点播。2006年是中国网络视频的行业元年，在一年左右的时间里，出现了大大小小200多家视频网站，其中包括原有门户网站创建的视频专区和绝大部分自创的商业视频网站。2008年，中国迎来了北京奥运会，大量主流媒体网站通过网络视频来对奥运赛事进行报道，从而推动了中国网络视频节目制作水平的飞跃发展。从2000年到2008年，中国网络视频用不到十年时间完成了从开始的少量、分散的在线视频到现在的产业化发展，一种新的传播、娱乐方式开始呈现。至今为止，中国的网络视频大概经历了萌芽、发展、波动、平稳等几个阶段。

（一）**萌芽阶段**（2006**年之前**）

早期的网络多媒体视频主要是指通过流媒体数字压缩技术让用户通过特定软件来一边下载一边收听。但由于早期技术的不成熟和宽带条件的限制，以流媒体为主的网络视频还不是当时互联网的主体，不管是从用户数量上还是传播影响上都无法与当时的网络论坛（BBS）相抗衡。在2000年后，国外的投资公司看到中国视频这一块的发展潜力，纷纷进入该领域，在2006年左右，我国出现大量以受众需求为核心的商业视频网站，如PPLive、PPS、优酷、土豆、酷6等。

（二）**发展阶段**（2006—2008**年**）

这个阶段中，中国的网络视频正在经历飞速的发展。市场研究公司PointTopic的数据显示，2007年年初中国宽带用户接近6000万，这是新媒体网络视频发展最重要的推动力。2006年网络恶搞短片《一个馒头引发的血案》和2008年北京奥运会的网络视频直播两个重要的媒体事件，掀起了一股网络视频观看热潮。国内多家商业视频网站又开始融资和扩展，以土豆、优酷等为代表的商业视频网站和以PPLive为代表的网络电视逐步被更多的用户所熟知。

（三）**波动阶段**（2008—2010**年**）

经历了前一个阶段的迅速发展，大浪淘沙而剩下的几个商业视频网站大佬开始进行整合发展，以网络视频为中心，拓宽相关产业链，如网络视频策划制作、包装、营销、整合推广以及开拓移动接收终端等内容，提高用户渗透率。但在拓展和融资的过程中出现了很多问题，如政策上的合法运营资格、内容上的版权问题等，这些问题会引发法律纠纷，因此很多网站在2008年就开始进行内容审查，净化网络环境成了视频网站当年的主题中心内容。同时，行业内部的竞争还在不断加剧。2009年，中国网络电视台诞生，有着强大"国家队"身份的CNTV加入后，市场形成了更加错综复杂的局面，某些小的视频网站被迫关闭，大的视频网站开始为争取牌照而努力。2009年8月，原国家广电总局发布了《关于加强以电视机为接收终端的互联网视听节目服务管理有关问题的通知》，要求厂商应取得"以电视机为接收终端的视听节目集成运营服务"

的信息网络传播视听节目许可证，即业内所称的“互联网电视”牌照。

（四）平稳阶段（2010 **年至今**）

网络视频经过前一阶段疯狂的产业化发展之后，逐渐开始进入平稳阶段。出现这样的状况是因为国家意识到互联网领域对舆论影响的重要性，加强了对互联网行业的监管并实施了三网融合的政策，使得互联网行业为了适应新的政策变化，开始采取一系列的改革措施，这个过程中网络视频的发展处于一个较平稳的阶段。

第二节　新媒体视频传播的现状

一、新媒体视频传播的特点

新媒体网络视频，一直处于新媒体发展前沿，其传递信息的快速、清晰、便捷、海量、共享、互动性等特点都凸显了新媒体的特征，在技术应用和传播形式上都显示出自身的优越性。

（一）交互性

交互性是新媒体最重要的特征，也是其区别于传统媒体的重要特征。在新媒体的传播过程中，不再只是传播者对受众的单向传播，两者之间的信息交流是互动的双向的交互式传播，传播者可以是受众，受众也可以是传播者。如在网络视频传播过程中，普通用户可以上载自己所拍摄的视频短片到视频网站上，分享给其他的用户，这个过程中他充当了视频信息传播者的角色。该用户在上载自己视频信息的同时又在视频网站中浏览到其他感兴趣的视频，这又充当了受众的角色。这样可以看出信息传播内容和形式不再被某一单方面控制，每个参与者都可以控制自己的信息，选择自己喜欢的信息。IPTV 的重要特征之一就是交互性，IPTV 用户不再被动地接收信息，而可以根据需要有选择地收看节目内容。数字交互电视的互动传播，使传播者和受众之间的位置不再是固定的，而是不断互相转换的。

（二）共享性

依靠数字网络技术而发展起来的新媒体视频传播，本身就具有互联网络的共享特征。互联网像一张巨大的看不见的网覆盖着全球，把世界各个角落的计算机、平板电脑、手机等终端连接在一起，打破了传统的地缘政治、地缘经济、地缘文化的界限，使得世界各地的人都可以通过任何一种终端接入互联网，来选择自己所需的信息。整个互联网上海量的信息都处于开放和共享的状态。如 YouTube 是现阶段全球规模最大的一家视频分享网站。根据网络调查公司 Alexa 的调查，YouTube 是目前全球排名第三的热门视频网站，提供 54 种语言服务，是海量原创电影、电视短片、音乐 MV 的视频分享网站的行业标杆。值得注意的是 YouTube 自身不提供视频资源，只是为全球各地网络用户提供一个共享视频的网络平台。而中国国内以优酷、爱奇艺等为代表的互联网视频分享平台，利用同样的模式不但成为互联网视频分享的主流平台，同时也成为商家、企业进行视频营销推广服务的首选平台。比如优酷，以视频分享为基础，为用户提供浏览、搜索、创造和分享视频等服务，是国内首家提供网络视频免费无限量上传与存储，并具备个人发起视频擂台及评分系统的网站。近年来，“优酷不断实践‘三网合一’的使命，现已覆盖 PC、电视、移动三大终端，兼具影视、综艺、资讯三大内容形态，贯通视频内容制作、播出、发行三大环节，成为真正意义的互联网电视媒体”[①]。在优酷，用户以视频语言表达自我、分享世界。

（三）广泛性

新媒体视频传播的广泛性主要体现在新媒体接收终端的广泛性和视频内容来源的广泛性上。随着数字媒体技术的发展，新媒体网络视频取代了传统电视媒体的传播地位，各种智能接收终端的出现，让人们可以随时随地通过平板电脑、手机、笔记本电脑收看视频信息，并逐渐成为一种新兴趋势。根据中国互联网络信息中心发布的报告，截至 2020 年 12 月，我国网民规模达到 9.89 亿，互联网普及率达到 70.4%，我国手机网民规模达 9.86 亿，网民使用手机上网的比例达到 99.7%。[②] 移动终端已经成为用户的首选，用户可以更加随意、更加方便地分享自己的生活趣事与各种经历。

（四）多源性

根据对互联网新媒体发展的观察，从横向比较来看，互联网的交互性打破了个人、组织、地域、语言和文化间的诸多隔阂和限制，受众可以对全球范围的网络视频进行选择，世界各地的用户也可以上传自己制作的视频或者分享别人的视频给其他用户，这体现了新媒体视频来源的多源性。从纵向比较来看，互联网打破了传统媒体单向传播的模式，用户可以通过超链接分享自己所看到

① 优酷网：《关于优酷》，http://c. youku. com/aboutcn/youku。

② 中国互联网络信息中心（CNNIC）：第 47 次《中国互联网络发展状况统计报告》，http://cnnic. cn/gywm/xwzx/rdxw/20172017_7084/202102/t20210203_71364. htm，2021 年 2 月 3 日。

的网络视频内容，由于互联网信息传播采取了无限超链接技术，信息的载体无界限和限制，这又体现出了新媒体视频传播模式的多源性。

二、新媒体视频传播的基本思路与技巧

著名的“使用与满足理论”认为：把受众成员看作有着特定需求的个人，而他们与媒体间的接触活动则是基于某种特定的需求动机来使用媒体的，从而让这些需求得到满足。可见，受众或用户的需求是传媒业发展的推动力。无论新技术为新媒体增加了多少功能，其最终的目的还是为受众所用。从 2000 年至今，新媒体视频的具体形态有：一是互动性网络电视媒体，如交互式数字电视、IPTV 等；二是新型视频媒体群，如地铁电视、楼宇电视、公交移动电视等；三是数字电影，如微电影、微视频等；四是网络社交短视频，如抖音、快手等。不同形态的新媒体平台有着不一样的传播优势，但移动端的新媒体平台，是受众群体最喜欢使用的平台，具有高度的黏性和传播效率，而如何获得移动端受众的喜爱并持续使用，就必须在交互形式上和内容上进行重点突破。

（一）善用发布平台

面对各式各样的新媒体视频平台，为了准确进行视频传播和营销，受众或者传播者就必须抓住各种平台的特征来选择。如互动性网络电视媒体中的交互式数字电视和 IPTV，具有传统电视直播、轮播和互联网互动性点播、回看以及各种网络应用的综合服务特征，这些特征是对传统电视内容的延伸、拓展和提高。观看传统电视媒体中的电视剧、综艺晚会等节目时，用户一旦错过播放时间可能就再也无法看到，但在 IPTV 里，我们可以选择回看、点播、网络视频录播等功能，在任何时间、地点都可以看到自己喜欢的内容。在 2016 年欧洲杯期间，很多球迷都在关注比赛，但因为有工作任务在身，不得不放弃看直播，而是通过网络电视来看录播，这样，既不耽误工作也不会错过精彩的比赛。可见，重大赛事、特定节目、综艺晚会一般都会选择在传统电视和网络电视两种平台上进行传播，充分利用网络电视的特征。

地铁电视、公交等移动电视的特征又有所不同，其具有覆盖面广、反应迅速、移动性强、接触频率高，但呈现出碎片化的特点，难以和受众进行有效的互动和沟通。通过移动电视平台制作和播放的内容应该具有“简短、快速、活泼”的特点，才能在流动性大、收视环境嘈杂的封闭车厢里有一定的传播效果。而手机电视则是依靠移动通信技术和互联网技术发展起来的以手机为接收终端的新兴视频媒体，具有很强的移动性、便捷性、隐蔽性特征。手机用户可以通过相关应用程序，收看电视节目、点播任意视频。手机电视传播效率较

高，但受众群体主要集中在中年人、青年人中，而且手机电视还具有屏幕较小、操作需要一定的技巧等缺点。因此，不论作为受众还是传播者，对于新兴视频媒体都必须有全面的了解，才能更好地进行营销推广。

（二）适应不同终端

不同的新兴视频媒体，其接收终端也不一样。要想使同一内容在不同平台上能有效地展示和传播，就必须制作适应不同终端的内容。随着视频行业逐渐走向成熟，各大视频网站都将竞争的重点放到各种终端的界面上。对于用户而言，任何一点贴心的体验创新都有助于提升其对该视频网站的黏性和忠诚度。2010年4月22日成立的“爱奇艺”网络视频播放平台，是国内首家专注于提供免费、高清网络视频服务的大型专业网站，坚持以“用户体验”为生命的爱奇艺，不断持续创新，开创了一云多屏概念，云即在云端实现视频编码，共享云端计算和储存等综合服务，屏即移动客户端全面覆盖，高端智能移动终端装机量逾1000万，iPad用户达240万，稳居行业第一[①]（如图7－1所示）。而2004年由搜狐宽频改成的搜狐视频成立，并迅速成为国内最具竞争力和影响力的综合视频平台之一，其覆盖了电视直播、视频新闻、电视栏目库以及网友上传播客等传统视频服务。同时，搜狐视频除了抓住传统PC用户外，还积极开发专门为手机、iPad等移动终端用户量身打造的在线免费视频客户端产品，包括iOS、Android等主要智能移动终端操作系统，以满足大量移动用户随时随地观看视频的需求。在以受众为核心的新媒体传播时代，满足受众需求是各种新媒体平台共同的研究重点，适应不同终端的需要是发展的动力。成立于2012年3月的字节跳动科技有限公司，在近9年的时间里，拥有了今日头条、西瓜视频、抖音、火山小视频、皮皮虾、懂车帝、悟空问答等多个子品牌，且这些品牌都属于移动终端应用程序。2015年，字节跳动开始启动全球化战略，根据App Annie预计，到2021年，抖音海外版TikTok的活跃用户数不会仅限于每月10亿，将直接突破12亿；而国内的今日头条和抖音移动端也拥有过亿的用户群体。诞生于2011年的快手科技有限公司，旗下的“快手”短视频移动端分享平台，同样拥有过亿的用户群体。快手大数据研究院的数据显示，2020年，快手中国应用程序及小程序的平均月活跃用户达7.77亿，其中，超25%的快手应用平均月活跃用户为内容创作者。通过这些可以看出，移动端市场已经是未来发展的趋势，各类平台都在依托移动端进行内容生产，去迎合当下年轻人的生活习惯和审美需求；同时，未来的跨平台、多终端之间互联互通

① 梁晓涛、汪文斌：《网络视频》，武汉大学出版社，2013年，第141页。

也是一种潮流。

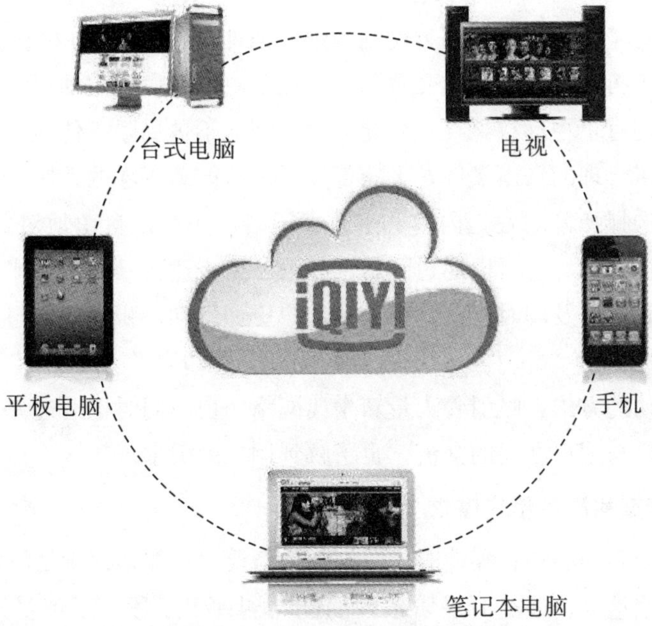

图 7-1　“一云多屏”示意图

（三）融入交互功能

美国马里兰大学马克·利维教授曾说道：如果把大众传播的传统媒介比作一只信息沙漏，那么，新的传播技术结构就是一种散布型的信息交流结构，可以把这种传媒结构比作信息交流的一个矩阵，一张经纬交错的渔网或者四通八达的蛛网。① 在当今众多新媒体网络视频平台中，除了追逐内容上适应多屏的竞争，还必须考虑到与用户间的互动，及时了解和掌握用户的需求和意见，为技术更新和产品研发提供数据来驱动平台发展。创立于 2009 年的 bilibili（哔哩哔哩）弹幕视频网站，聚集着一大批年轻人，从最初的二次元小众群体，到如今吸纳了无数“三次元”的庞大视频创作媒体，发展速度惊人，它又被大家习惯称为“B 站”。2021 年 5 月 13 日，哔哩哔哩公布了截至 2021 年 3 月 31 日的第一季度未经审计的财务报告。报告显示，2021 年一季度，B 站月均活跃用户同比增长 30%，达 2.23 亿；移动端月均活跃用户同比增长 33%，达 2.09 亿。社区优质内容的扩充和商业化能力的提升，推动该季度月均付费用

① ［美］马克·利维：《新闻与传播：走向网络空间的时代》，载于《新闻与传播研究》1997 年第 1 期。

户数再创新高，达 2050 万，整体付费率也创下 9.2%的历史新高。与此同时，毛利率从去年同期的 23%增长至该季度的 24%。作为国内首屈一指的弹幕视频网站，它对于传统的主流视频网站来说可谓冲击巨大。“在网络新媒体的时代下，用户不再被动单向地接受着信息，而是更加自发地主动地参与信息的生产与传播，拥有了主动权。在观看视频时，观众不再局限于传播者所提供的内容，而是更多合理的自由发挥，大家都能讨论自己感兴趣的话题。还可以根据自己的喜好选择弹幕的发送内容和形式，同时，还可以自由地对‘up 主’上传的内容进行筛选，也可以通过弹幕‘吐槽’来表达自己的见解或不满。这种即时的情绪表达以及即时互动，都会让用户更加主动、积极地参与其中，相反的，这也会提供给‘up 主’们更直观的反馈，并以此作出调整。”① B 站通过这种弹幕互动的方式，吸引着大量新生代网络用户，同时也通过弹幕互动的形式，实现用户与用户之间的交流，也了解到用户的需求。

（四）尊重和满足用户需求

在以受众为中心的新媒体时代，视频传播要尽可能多地满足不同受众的兴趣爱好和关注重点。通过开展阶段性的问卷测评等手段，了解受众的收视所需，调整自身的传播策略，完善视频内容，提升视频质量，使视频更好地为受众所认可和喜爱。当今，视频用户越来越喜欢时间较短的视频类型，大量的网络“微电影”“微视频”应时而生。各种题材、各种形式的微型网络视频充斥着网络，可以看出视频的传播者在寻找各种可行性去满足不同类型用户的口味，不论是“小清新”还是“重口味”，始终都会有人去关注。在各大主流商业视频网站不断改进自己的贴心的功能，并寻找各种来源的微视频去迎合用户时，一款很好用的免费图片处理软件“美图秀秀”就研发出来了。

而最潮短视频拍摄制作程序“美拍”，有着全球首创 MV 特效功能，能让普通视频秒变唯美韩剧、清新 MV、怀旧电影的效果，迅速在国内甚至亚洲火了起来。2014 年 4 月 27 日，厦门美图网科技有限公司将被誉为“10 秒成就一部大片”的短视频应用“美拍”安卓版抢先登录腾讯应用宝公测。“美拍 iPhone 版上线仅 1 天，即登 App Store 免费总榜第一，2014 年 5 月全球 iOS 应用下载排行榜中，美拍下载量排名第一，席卷亚洲”②，这样的成绩不得不

① 仲夏文案工作室：《网络直播环境下观众互动新形式探析——以 bilibili 视频弹幕网为例》，https://zhuanlan.zhihu.com/p/37136087，2018 年 5 月 22 日。

② 百度百科：“美拍”，http://baike.baidu.com/link?url=gloMOeI0d1g8130JGg07cDqVNLCojoePgCGr436vHlBm__gFS7hdRYwAykzlOIn2RSkMRgc4hy_RJ7x0EU-_z_。

让人刮目相看。首次使用“美拍”时用户必须通过社交网络账户（新浪微博或者 Facebook）登录，视频拍摄完成后加上模块化的 MV 滤镜，配上唯美小清新的音乐，10 秒钟后就有了好莱坞大片的风格，再通过社交网络分享出去，更多的用户就可以看到用户自制的大片。这样既可以让用户随时记录生活的点滴，又可以实现草根人士制作专业视频的愿望。“美拍”凭借其特有的 MV 效果，让每个人的生活都变成“大片”，一键式操作降低了使用门槛，每个人都可以成为导演，也提高了视频编辑的效率。虽然产品本身的一些细节还不是那么完善，但也算是一款诚意之作。可以看出，随着网络视频用户数量的不断增长，不论是互联网网络还是移动终端应用，尊重和满足各种接受主体的差异性需求，是新媒体发展的一个方向。

（五）巧用标题概要

“读书读皮，看报看题”，是说标题应先声夺人，在新媒体网络传播环境中，标题也拥有十分重要的地位。标题是否具有吸引力，有没有新颖性、独特性和创造性，是决定着用户是否第一时间能从海量的信息中选择你的信息的关键。如果标题内容特别独特、特别吸引人，视频被点击的可能性就越高。究竟标题中含有哪些因素会更吸引用户呢？美国学者庞德曾在《新闻学概论》一书中总结出：“能够引起人们兴趣的因素包括：（1）有利害关系的；（2）金钱；（3）性；（4）斗争；（5）冲突；（6）英雄的崇拜；（7）关怀；（8）人情味；（9）影响大、规模大、有组织团体的事件；（10）竞赛；（11）发明与发现；（12）犯罪。”

下面，我们以 2014 年 7 月 30 日优酷官网视频资讯类统计数据为例来进行分析（如图 7−2 所示）。

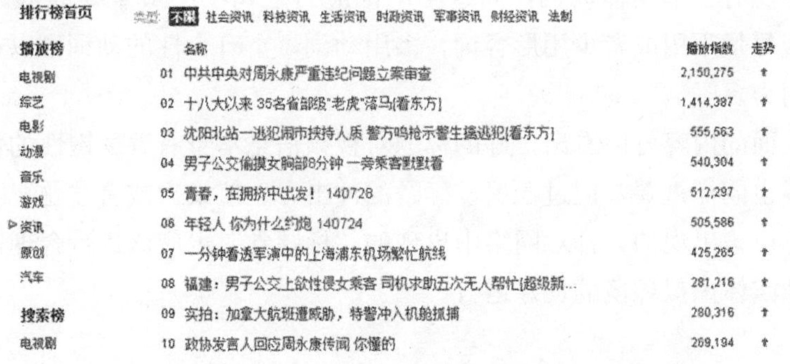

图 7−2　2014 年 7 月 30 日优酷官网视频资讯类统计数据[①]

① 图片来源：优酷网，2014 年 7 月 30 日。

从排名前十的资讯类视频标题可以看出，点击量较大的前两大内容都与“有利害关系的”“犯罪”“影响大、规模大、有组织团体的事件”这几个因素相关，而剩下的与其他因素都有关系。

同时，我们大致可以从中总结出视频标题的三个特征，即“简洁准确”“符合用户心理要求”“善用动词”。“简洁准确”是指作为网络视频的标题，要用最简洁的文字将视频中最有价值、最生动的内容展示出来，才能快速地被用户发现。以上述视频标题为例，如第五条“青春，在拥挤中出发!”巧妙地让视频内容和标题同步，从标题中我们可以较快解读出视频内容应该与年轻人、出行有关，因为“拥挤”这个词很容易让大家联想到现代都市的交通出行状态，这样的解读很快就会吸引大多数有过“拥挤”经历的年轻上班族，同时，“青春”一词也是最受用户群体关注的高频词。“符合用户心理要求”是指在错综复杂的网络中，用户每天都会接触到各种信息，可选择余地大，用户选择信息的时候一般通过信息的标题来导航，选择视频信息的目的就是要快速了解最近的各种新闻动态，好的视频标题可以较好地满足用户信息需求和心理情感的需求。如图 7-2 中第一条信息“中共中央对周永康严重违纪问题立案审查”，此标题不仅让用户准确地了解到视频的主要内容，同时也会第一时间被用户所点击观看。一是标题内容本身就是用户感兴趣的话题，二是标题所包含的信息量较大，符合用户的心理需求。又如第十条“政协发言人回应周永康传闻 你懂的”，其中的“你懂的”是一个新的网络热词，用在标题中，也可以让用户感到一种亲切感。“善用动词”方面，以这十条标题为例，它们都含有谓语动词，增加了内容的动态，更容易吸引用户。“美联社 1974 年修订的《编辑手册》曾经对其记者提出 10 条写作要求，其中也明确规定：要牢记，一个句子汇总，至少有一个实体动词，而这个动词应当是句子中最重要的词。”① 所以标题中应尽量不用或者少用形容词，多用动词，富有个性的动词可以让标题更具有吸引力。

从上面的内容可以看出，好的标题对视频信息本身有着关键性的作用，形式的包装也同样重要。但过于追求标题的冲击力、渲染力或者“题”不符实的情况是不应该出现的，针对网络中出现的“标题党”也应该进行合理监管，从而维护新媒体虚拟环境的良好运行。

① 百度百科：“新闻要素”http://baike.baidu.com/link?url=lWoQWqR9waNDxamFH9EMI5vQe-IchD-nTtJkiERSM9QQOypaoqjFSPsALCQ4wFwFKupaD6QKp-rWy6CZmU7g4_。

（六）接受法规约束

新媒体以不可思议的发展速度改变着人们对社会的认识，推动着社会的进步，新媒体视频传播给人们带来了极大的方便，但同时也出现了诸多负面影响，比如色情暴力视频泛滥、视频内容盗版严重等现象，阻碍了新媒体的健康发展。

新媒体平台中的色情、暴力视频内容很容易给未成年人造成误导，因为未成年人模仿和借鉴能力都特别强，在没有家长或教师的陪护时若过多接触网络，很可能受到不良视频信息的影响，对网上出现的色情、暴力、犯罪等行为缺乏辨识能力，从而进行模仿与借鉴，最后容易引发极端行为。所以应努力提高网络视频的产品质量和服务能力，用积极健康的网络视频产品去营造一个有利于未成年人健康成长的网络环境。

对于网络盗版现象，“2013 年 12 月 30 日，国家版权局联合国家互联网信息办公室、工业和信息化部、公安部公布 2013 年打击网络侵权盗版专项治理‘剑网行动’工作成果，通报国家版权局直接查办的百度、快播侵权案等十大较为典型、社会影响力较大的案件。国家版权局对百度、快播分别处以责令停止侵权行为、罚款 25 万元的行政处罚，同时对两家公司提出明确整改要求，将根据整改情况采取下一步措施”①。2013 年 11 月由腾讯视频主导，优酷、土豆、搜狐、乐视网、乐视影业、万达影视、光线影业、华谊兄弟等参加的中国网络视频反盗版联合行动发布会召开，并成立了“中国网络视频反盗版联合行动方”。联合行动的参与方对网络视频盗版现象表达出了自己强硬的立场，发布共同宣言，抵制盗版网络视频，共同倡导正版内容，一致认为只有依法不再盗版，自觉遵守相关法律法规，中国视频文化等内容创意行业才能够繁荣发展。

三、新媒体视频传播的相关技术

任何新媒体平台的出现，都离不开技术的支撑，迅速崛起的视频传播，更加需要较高的技术来实现视频的压缩传输、存储技术，用户也才能在各种应用平台中看到满意的视频内容。

① 搜狐 IT：《中央四部委联合“剑网行动”责令百度影音、快播停止盗版侵权》，http://it.sohu.com/20131230/n392665822.shtml，2013 年 12 月 30 日。

（一）新媒体视频传输与压缩技术

1. 新媒体视频传输技术

随着网络技术的不断发展，网络中的多媒体信息也越来越多，各种形式的网络视频和三维动画满足了人们视觉和听觉的感官需求，但网络用户数量的快速增长和网络硬件设备使用的局限性产生了矛盾，为了满足用户快速下载和在线观看的需求，一种新的网络媒体技术诞生了，这就是“流媒体技术”(Streaming Media)，即在数据网络上传递多媒体信息的一种技术。所谓流媒体是指“将普通的多媒体，如音频、视频、动画等，经过特殊编码，使其成为在网络中使用流式传输的连续时基媒体，适应在网络上边下载边播放的播放方式”①。利用流媒体技术对网络中的视音频信息进行传输时一般运用实时流式传输（Realtime Streaming）和顺序流式传输（Progressive Streaming）两种方式处理。实时流式传输方式一般运用于在线视频直播和网络视频会议等方面，顺序流式传输一般运用于网上办公等领域。在传输过程中关键的技术和传输协议主要有RTP、RTCP、RTSP几种。

实时流式传输可以实时传送多媒体信息，特别适合现场事件的视频直播，同时也支持随机访问，用户可以快进或者后退选择性观看。为了避免因网络拥挤而出现的信息质量下降，实时流式传输需要特定的服务器，如Quick Time Streaming Real Server和Windows Media Server。

顺序流式传输相当于顺序下载，用户在下载文件的同时也可以观看在线媒体，但用户要播放就必须等待多媒体信息进行缓冲，然后才可以观看已经缓冲的部分，依时间顺序进行观看，不能随意跳到还没缓冲的部分。而通过网页缓冲的过程不需要其他特殊的协议，只需满足标准的HTTP服务器即可，因此顺序流式传输也常被认为是HTTP流式传输。顺序流式传输比较适合高质量的片段，如片头、片尾和广告等，播放质量较高，但需经过缓冲和延迟阶段，实际上是一种点播技术。

2. 新媒体视频压缩技术

为了提高视频传输的实时性和效率，对视频、音频等多媒体信息进行有效编码是一个必要的过程。所谓视频压缩技术，就是通过特定的压缩技术，将某种视频格式转换成另一种视频格式的技术。经过编码压缩后，能有效减少图像数据量，降低视频图像实时观看时对带宽的要求，提高了多媒体信息处理、传输和存储效率。在流媒体压缩技术中主要分为两大标准体系，即国际标准化组

---

① 庄捷：《流媒体原理与应用》，中国广播电视出版社，2007年，第5页。

织（ISO）的MPEG标准，主要包含MPEG-1、MPEG-2、MPEG-4等；国际电联（ITU-T）标准，主要包含H.261、H.263以及两大组织共同制定的H.264。

（1）MPEG标准。

MPEG是Motion Pictures Experts Group，动态图像专家组的英文缩写，始建于1988年，专门负责为CD建立视频和音频压缩标准，其成员均为视频、音频及系统领域的技术专家。[①] MPEG文件包括视频、音频和视音频同步三部分，在时间上采用运动补偿技术压缩，在空间上采用变换域压缩技术。MPEG文件的平均压缩比为50∶1，最高可达到200∶1，在保持非常高的压缩比的同时还能保证很高的图像和音频质量。

MPEG标准的制定分为三个阶段：MPEG-1、MPEG-2和MPEG-4。

MPEG-1制定于1992年，为工业标准的设计，能适应不同带宽的设备，如CD-ROM、VCD、CD-I等。传输速率为1.5 Mbits/s，每秒播放30帧，具有CD音质，图像质量级别基本与VHS相当，主要用于视频点播和教育网络等。但随着传输速率的提高，其解码后的图像质量会有所降低。这类视频文件的格式扩展名一般包括mpg、mlv、mpe、mpeg等。

MPEG-2相对于MPEG-1来说有所提升和改进，其主要作用是将一个或者多个视频、音频或其他的基本数据流合成单个或者多个数据流，以便于传输。MPEG-2适用于广播级数字电视信号的编码和传送，被认定为SDTV和HDTV的编码标准，产生高清晰度的画面质量。但其压缩比相对较低，会占用更多的带宽和需要更大的硬盘空间进行存储。这类视频文件的格式扩展名一般包括mpg、mpe、mpeg、m2v等。

MPEG-4于1998年11月公布，专门针对流式媒体的高质量视频而设计。MPEG-1、MPEG-2的不同之处在于交互式视频服务以及远程监控，也是一种画质接近DVD的小体积视频文件。MPEG-4所具备的交互性，使用户不再只是观看，而可以加入其中。目前该技术主要以三种形式出现：DivX-MPEG光盘、网上MPEG-4电影、MP4等，视频文件的扩展名包括. asf、mov、avi。[②]

（2）国际电联（ITU-T）标准。

H.261又称为PX64，其中P为64Kbps的取值范围，是ITU-T研究出的

① 庄捷：《流媒体原理与应用》，中国广播电视出版社，2007年，第52页。

② 王宏、陈小申、张星剑：《数字技术与新媒体传播》，中国传媒大学出版社，2010年，第256～260页。

第一个针对动态图像的视频编码标准，主要运用于网络电视会议和网络电话会议。H. 261 在实时编码时比 MPEG 要少占内存运算量，优化了带宽占有量，但却损失了图像的质量，特别是运动中的图像质量。

H. 263 是一种运用于低比特率视频业务中的运动图像部分的压缩编码方法。H. 263 将减少空间冗杂的帧内预测法和减少时间冗杂的变换编码法结合起来运用，可以在很宽的码流中运用，并支持五种分辨率和四个可以协商的选项以及采用无限制的运动向量和基于语法的算术编码，较好地改进了 H. 261 的缺陷，提升了图像质量。

H. 264 是由 ITU-T 和 iSO 联合制定的新的视频编码标准，目的是在低比特率下获得更好的图像压缩效果并可适应不同的网络环境。与 MPEG-4 和 H. 263 相比较，H. 264 节约了 50%的码率，并且具有更好的网络传输支持功能；具有较强的纠错能力，可以在丢帧率、干扰严重的无线通信中进行视频传输；支持在不同的网络资源下的分级编码传输，以保证获得平稳的图像质量。一般主要运用于视频电话和视频会议、可靠的传输协议 FTP 和 HTTP 中数据下载、流媒体应用服务等。①

2012 年 8 月，爱立信公司推出了首款 H. 265 编解码器，而在仅仅六个月之后，国际电联（ITU）就正式批准通过了 HEVC/H. 265 标准，标准全称为高效视频编码（High Efficiency Video Coding），相较于之前的 H. 264 标准有了相当大的改善。H. 265 旨在在有限带宽下传输更高质量的网络视频，仅需原先的一半带宽即可播放相同质量的视频。这也意味着，我们的智能手机、平板机等移动设备将能够直接在线播放 1080p 的全高清视频。H. 265 标准也同时支持 4K（4096×2160）和 8K（8192×4320）超高清视频。可以说，H. 265 标准让网络视频跟上了显示屏“高分辨率化”的脚步。② 在 5G+4K/8K 的超高清时代，在保证画质和传输速度上有着巨大优势的 H. 265 编码，将成为未来影视传媒行业发展不可或缺的技术支撑。

（二）新媒体视频存储技术

在新媒体视频传播过程中，存储技术的应用可以为用户带来更加方便快捷的体验。数字多媒体信息本身具有数据量大、实时性等特点，对网络系统和终端操作系统的计算速度、性能以及数据存储的要求都很高，从已有的磁存储到

① 庄捷：《流媒体原理与应用》，中国广播电视出版社，2007 年，第 74～81 页。

② 果壳网：《H. 265：网络视频的高清时代》，https://www.guokr.com/article/436664/，2013 年 2 月 4 日。

半导体存储到光存储再到现在较流行的网络云存储技术发展来看，只有存储容量、传输速度等性能不断提高，才能适应新媒体应用发展的需要。

1. 磁存储技术

伴随着计算机的普及，磁存储技术也开始出现，最早的磁存储技术的载体就是磁盘，到后来发展到硬盘存储，它是信息存储领域的主流技术，具有不可替代的主导地位。磁存储技术一般分为模拟磁存储和数字磁存储技术两种，前者主要记录模拟图像和模拟声音信号，记录和输出的都是模拟信号，如早期的卡带式摄像机和录影带；后者是采取二进制信号记录的数字信息，设备主要有硬盘、软磁盘和磁带等。

随着新媒体的不断发展，数字存储的硬盘应用越来越广泛。硬盘具有容量大、体积小、速度快、价格便宜等优势，主流硬盘容量都具有 100 G 以上，平均寻道时间大约为 7～9 毫秒，缓存 32 MB，传输速率达 160 MBps，转速有 10000 rpm、7200 rpm 和 5400 rpm，传输端口主要又分为 IDE、SATA 和 SCSI 等。同时，随着移动智能终端设备的不断出现，用于移动存储的硬盘也不断增多，其体积小、容量大，使用灵活，方便用户日常生活中的数据携带。但对于大型数字媒体系统和互联网上的各种服务器来说，需要大容量的、可靠性高的存储设备，单独的一个硬盘不能满足需要，因此，由多个硬盘构成的存储系统磁盘冗余阵列（RAID）开始出现。这种技术综合解决了磁盘存储系统的吞吐速度和可靠性问题。如数字媒体应用中热点内容同时被访问的概率很大，如果所有文件都放在一个磁盘中，那同时访问该文件的用户量就会受到磁盘本身带宽的限制。选择适合的 RAID 级别可以使数据读写、传输速度加倍，同时还能提升系统的安全性和稳定性。

2. 半导体存储技术

半导体存储技术一般分为随即存储（RAM）和只读存储器（ROM）两大类，主要运用于数字信息闪存技术和移动闪存技术，即使在断电后重新打开也能保证内容不会丢失，稳定性和可靠性很强，因此应用领域日益广泛。目前，闪存芯片的存储容量达到了上百 G 的大小，而随着半导体存储技术的不断完善，闪存的容量还会大幅度提高。在日常生活中，常见的闪存类型有 SM、CF Memory Sticks、MMC、SD、XF、U 盘、C-Flash 等，都有与之相对应的个人数字媒体产品。C-Flash 是一代新型的 MMC 卡，尺寸小，更适用于手机等移动便携式数字媒体设备。同时，各种不同移动便携式智能终端都有相应的适配器，可以运用各种闪存卡。

3. 光存储技术

光存储技术是指将计算机生成的相应的数字信息送入光调制器中，采用激光照射介质并与介质相互作用，使介质本身性质发生变化而存储信息。信息的输出则采用激光扫描介质，识别出存储单元性质的变化。信息通常以二进制形式进行存储，所以在利用光存储前，先要将信息转换成二进制数据。光存储系统包括记录信息的光盘和读取光盘信息的设备两大部分。如最常见的 DVD 光盘和 DVD 播放器就是一套光存储系统。光存储技术凭借其存储密度高、存储寿命长、非接触式读写和擦写、信噪比高以及价格低等优势成为数字新媒体存储的重要载体。光存储介质一般又有只读式光盘、CD-ROM 光盘和可擦写光盘三种，以及后来出现的蓝光光盘。蓝光 DVD 光盘单面单层盘片的存储容量最高值达到了 27 G，主要用于高清视频、数字音乐等大容量信息存储领域。

4. 网络云存储技术

所谓“云存储”其实就是将一些数据资源放到网上，不管什么时候，用户都可以对自己所需要存储的内容进行存储和提取，云存储就属于一种比较新型的存储模式。站在用户的角度上进行分析，云存储并不是需要实体的存储设备（如硬盘光盘之类的介质），而是一种数据访问服务，它是由多种类型的存储设备和服务器相结合而组成的一种设备。作为用户，不管是什么时间、什么地点，都能够通过网络的形式，搜寻到自己所需要的存储数据。这种技术针对不同的用户群体又有不同的方式，针对企业用户，网络商家可以提供云空间租赁、维护服务，把企业中大量的数据存储到相应的网络空间中，企业就不再需要更多的实体存储介质去存储相关资料，而且还能给企业提供远程的备份服务，通过远程协助功能，把所有的企业资料备份，以备万一；针对个人用户，网络商家也可以提供网络云盘服务，满足个人用户存储自己相关资料的需要，使用户在任何时间地点，都能通过网络看到自己的资料，可以解除用户对移动存储设备的依赖。随着大数据时代的来临，网络云服务会成为未来发展的方向。

第三节　新媒体视频传播的发展趋势

一、中国新媒体网络视频市场竞争格局

中国新媒体视频行业目前的市场竞争格局大体分为两个竞争集团：一是以门户网站为代表，如腾讯、百度、搜狐、新浪、网易等，开始进军网络视频这一领域，依靠网站本身的实力技术，拥有极高的人气；二是拥有强大的资源、

资本优势的传统广电集团开始入驻，如中央电视台的 CNTV 和 CCTV. com，新华社的新华网，上海文广集团等，它们的进入让本身就竞争激烈的市场更加白热化。

2009 年年末，中国网络电视台 CNTV 正式上线，代表主流媒体声音进入网络视频传播领域。也在这一年，湖南广电集团旗下的官方网络芒果 TV 获得了该集团 11 个电视频道的网络视频直播、点播授权，参与竞争。就在这一年，土豆、优酷、迅雷等商业网络视频网站正面临激烈的反盗版斗争，这一场由搜狐、激动网、优朋普乐、华夏视联发起的“中国网络视频反盗版联盟”宣布对所有侵权的网站提起诉讼，使得很多网站删掉了盗版剧和电影，促使网络视频付费模式在斗争中开始运行，视频分享网站面临着艰难的抉择。2012 年 2 月，优酷、土豆宣布结盟，推出了“网络视频联播模式”并很快完成了企业资产的合并，合成一家。但新媒体视频的发展仍然不容乐观，竞争变得更加激烈。

视频分享市场大致分为四类，一是以土豆、优酷等为代表的垂直视频分享网站，在自身的技术、内容、营销等方面形成了自己的特点，同时获得了一定的风险投资，在资金、技术、产品、品牌等方面都具有竞争优势；二是新浪播客、搜狐视频、网易播客、QQ 视频等门户网站视频专区，依靠门户网站的品牌、用户和资金优势，发展潜力较大；三是其余的垂直门户网站，这些中小型视频分享网站的影响力有限，用户规模和访问量也不能跟前两者相比较，存在严重的生存危机；四是社交分享类短视频平台，自诞生起就具有超高人气，除了覆盖国内市场，还开拓了大量的海外市场，影响力和口碑最好的莫过于抖音和快手两个品牌。两个平台都拥有过亿的用户量，不仅改变了传统视频信息产品生产的模式，也带来巨大的经济效益，推动了社会经济和文化的发展。

视频点播直播网站中，一类以中国网络电视台、东方宽频、凤凰宽频等为代表，其背后有强大的优质传媒集团的支撑，能获得较全面的内容资源，竞争中处于优势；一类是以华奥星空、九州梦网等为代表，涵盖内容较全面但不能垂直深入的商业网站，用户数量庞大，忠诚度高，运营经验丰富，竞争实力较强。

P2P 播放平台包括 PPLive、QQLive、迅雷看看、风行、PPStream 等，技术构架成熟，拥有广大的用户群体，先后又拓展了移动终端平台和无线服务，覆盖优势明显，是用户追电视剧、看网络直播的必备应用工具。

二、中国新媒体网络视频市场营销特点

为了保证在激烈的竞争中保持优势，获得更多的市场利润，营销策略必须

有独特之处。目前，国内的新媒体网络视频市场营销呈现出多元化的特征，主要集中在节目营销、广告营销、活动营销、互动性增值等方面。

（一）节目营销

网络视频平台除了通过在线点播和下载方式出售内容获得效益，也不断开始探索自办节目和自办网剧，且都获得不错的市场效果。如爱奇艺 2017 年自制综艺《中国有嘻哈》、腾讯视频的自制综艺《创造 101》、爱奇艺的《隐秘的角落》、腾讯视频的《庆余年》等多部叫好又叫座的网络视听产品，都带来了海量的节目营销价值，产生着源源不断的商业利润。

（二）广告营销

在中国国内市场中，付费视频的市场环境还不够成熟，商业视频网站的盈利主要来源于广告收入。网络广告的形式非常多，比如缓冲广告、贴片广告、植入广告、插播广告等，其中的缓冲广告、贴片广告最为重要，它们为网络运营商带来了巨大的收益和利润。Analysys 易观发布的《中国网络视频市场发展趋势预测 2020—2022》显示，2019 年中国网络视频广告市场规模达到 759 亿元，其中移动视频广告市场规模为 609 亿元。预计到 2022 年，中国网络视频广告市场规模将达到 982 亿元，其中移动视频广告市场规模为 845 亿元，占比约为 86％。同时，网络视频平台还利用与其他平台合作进行广告营销推广服务，如与美团、饿了么、京东联合推广付费会员服务，不仅进行了捆绑式的营销，同时也增强了用户与平台之间的黏性。[①]

（三）活动营销

在新媒体视频市场竞争中，许多网站平台利用自身的品牌影响力和众多的用户群开展各类活动营销，也是一种获取利益的方式。以美国的 YouTube 为例，奥巴马在两次总统选举竞选活动中都通过 YouTube 与网友互动，无论对于奥巴马还是 YouTube 来说，都是一次成功的活动营销。优酷为了争取更多的市场份额，2009 年通过推出“自己的选秀计划——牛计划”活动，吸引了大量的“粉丝”和用户，并将国内的视频文化推向高潮。

（四）互动性增值

互动性增值即网站通过网友评论、投票、弹幕互动、虚拟物品和货币买卖来获取利润的一种营销方式。从电视购物演变而来的网络直播带货，在疫情期

① 马世聪、易观：《中国网络视频市场发展趋势预测 2020—2022》，https://www.analysys.cn/article/detail/20019731，2020 年 3 月 31 日。

间帮助大量的企业恢复生产，特别是央视主持人联合李佳琦和薇娅进行的直播带货活动，促进了该互动性增值服务手段的发展和推广。

三、中国新媒体网络视频市场发展趋势

结合 Analysys 易观分析的观点①，我们认为未来三五年网络视频市场可能会有如下发展趋势：

1. 多元化的内容生态，丰富着视频市场

近几年以动漫、知识、体育为代表的垂直内容品类的崛起，促使网络视频市场在剧本生产播放、网综流量获取、商业变现等方面的能力发展突飞猛进；同时，更多垂直内容品类受惠于用户对视频化内容的依赖程度加深、多样化的分发方式、平台流量与资金对创作者的赋能等因素，得到快速发展机会，其中又以动漫、知识/教育、体育等品类在未来几年的发展更值得期待。

在动漫方面，《哪吒之魔童降世》《魔道祖师》《姜子牙》等国漫在“Z 世代”（意指 1995—2009 年间出生的人，又称网络世代、互联网世代，统指受到互联网、即时通信、MP3、智能手机和平板电脑等科技产物影响很大的一代人）用户中口碑、票房双双走高，也为后续国漫作品树立起榜样；在教育/知识版块中，爱奇艺、抖音、快手、优酷等头部平台都先后发布了各自的扶持政策：爱奇艺知识发起“爱知计划”，抖音开启“DOU 知计划”，快手联合知乎发布“快知计划”，通过流量补贴、现金扶持的方式给予创作者支持，并推动知识付费形成良性的商业驱动力；此外，国内视频平台结合 5G、超高清技术的落地应用，将带动网络体育直播类视频内容的观看体验更上新台阶。

2. 付费成为主流趋势，会员需求的多元化和多层化日益突出

2019 年 6 月，爱奇艺宣布其总订阅会员数突破 1 亿，网络视频市场进入亿级会员时代。8 月腾讯视频独播剧《陈情令》在临近收官时开启了“会员超前点播”，随后《没有秘密的你》（腾讯视频）、《从前有座灵剑山》（爱奇艺、腾讯视频）、《庆余年》（腾讯视频、爱奇艺）等网络剧也进一步试验超前点播模式。

3. 短视频备受青睐，与电商的合作释放更大潜力

根据 Analysys 易观千帆数据监测，2019 年 9 月移动端短视频综合平台行业用户使用时长首次超过综合视频行业用户使用时长。从 2020 年开始，短视

① 易观数据：《易观：中国网络视频市场发展趋势预测 2020—2022》，https://qianfan.analysys.cn/refine/view/analyseDetail/analyseDetail.html?id=82，2020 年 3 月 31 日。

频平台与综合视频平台之间的用户使用时长差距将进一步拉开，短视频对用户时间和注意力的获取能力在数据层面将得到更清晰的印证。

4. 5G 技术的完善，促使短视频内容和体验的提升

2019 年 10 月底工信部宣布 5G 商用正式启动，底层移动通信技术迭代升级将带来网络视频的内容生产和传播速度、范围出现翻天覆地的变化。一方面，5G 网络搭载下的 VR/AR、超高清、AI、云计算等前沿科技与网络视频的内容生产制作更紧密融合，为视频内容产品的多样化表达带来更大机会，例如爱奇艺、腾讯视频等先后推出的互动视频就是利用 5G 网络的高传输效率创生出的新沉浸式互动内容形态；另一方面，万物互联时代，“万物皆媒”将在极大程度上拓展视频内容传播机会，驱动内容提供方在内容创意和形态创新上利用技术升级将实现更多可能，并驱动网络视频产业与其他产业的关系不断演进，催生更多渠道平台以及细分业态。

在 5G 技术的影响下，传统媒体的采、编、播、写、传等业务环节效率提高，本身的内容储备资源和内容生产能力将得到更大程度的推升，同时叠加 OTT 大屏、物联网发展红利，媒体融合在新技术、新机制、新模式下发展步伐将迅速加快。

练习七

1. 新媒体视频传播的特点是什么？
2. 新媒体视频传播的基本技巧有哪些？
3. 新媒体视频传播的发展趋势有哪些？

第八章 新媒体舆论与舆情危机应对

第一节 新媒体舆论的含义和特点

新媒体说到底是人类发明的新兴传播交流平台。这个平台由于有着诸多传播方面的特点，使得人们可以利用它来从事很多活动。其中，它赋予用户的自媒体特性和交互共享等特性，使它在社会的舆论活动中发挥着新的作用。这种基于新技术的支撑舆论活动的潜力，使新媒体从另一个角度对社会产生重要影响，促使我们从另一个角度——也就是舆论活动或舆论影响的角度，来进一步探究和了解新媒体。

一、新媒体舆论的含义

要了解新媒体舆论的含义，先要理清几个基本概念。

（一）什么是舆论

“舆论”这个概念，运用得非常广泛，但对它却没有一个统一的定义。美国学者哈伍德（C. Harwood）在研究了相关文献资料之后，收集到的关于舆论的定义有五十多个。沃尔特·李普曼对舆论作了比较粗略的描述：他们“头脑里的想象，他们自己的情况、他们的需要、意图和关系等等都是他们的舆论”[①]。

学者刘建明在《社会舆论原理》中这样定义：舆论“是一定范围内多数人的集合意识及共同意见”[②]。

学者李广智认为：舆论是社会公众对涉及个人利益事件的意见的自由表达和传播而形成的共同趋势。[③]

---

① ［美］沃尔特·李普曼：《舆论学》，林珊译，华夏出版社，1989 年，第 19 页。

② 刘建明：《社会舆论原理》，华夏出版社，2002 年，第 2 页。

③ 李广智：《舆论学通论》，黑龙江教育出版社，1989 年，第 4 页。

学者沙莲香在《社会心理学》中提出：舆论是指大家共同关心的有争议的问题上多数人意见的总和，是社会上的众人对某些社会事件的一致反应和判定，是具有代表性的综合性的意见。①

学者陈力丹认为："舆论是公众关于现实社会以及社会中的各种现象、问题所表达的信念、态度、意见和情绪表现的总和，具有相对的一致性、强烈程度和持续性，对社会发展及有关事态的进程产生影响。其中混杂着理智和非理智的成份。"②

学者喻国明的定义是："舆论是社会或社会群体对近期发生的、为人们普遍关心的某一争议的社会问题的共同意见。"还针对定义舆论的标准，提出："构成舆论至少要有两大要素：一是发出舆论的主体——公众；二是舆论的表达形式——意见。除此之外……公众总是要针对特定的客观对象来表达各自的看法、主张，所以，从逻辑上来说，构成舆论还不能缺少客体，它实际上是构成舆论的第三个要素。"③

综合上面的定义，结合现实生活中舆论的实际情况，我们可以发现，所谓"舆论"，通常具备这样一些要素：舆论是公众的意见，是个人意见在相对一致性基础上的集合；舆论通常要围绕一个现实中的焦点问题而产生；舆论具有影响社会状态及进程的作用，是一种强大的、不容忽略的精神力量；舆论不是静止的，而是动态的、不断发展变化的、处于流动过程中的公众意见。

（二）什么是网络舆论

有线互联网产生之后，舆论借助互联网这个平台，获取了新的表现形式，具有了新的特点，产生着新的影响。人们用"网络舆论"这个概念，来指称存在于网络平台上的舆论形式。

匡文波先生将"网络舆论"界定为："网络舆论是伴随着网络传播方式的流行而兴起的一种特殊的舆论形态，是网民对出现在网络上或社会现实（两者往往相交）中的各种现象、问题所表达的具有共同性的观点、态度、信念和情绪的总和，具有相对的一致性、影响力和持续性，并对社会发展及有关事态的进程产生影响。"④ 按照匡文波先生的观点，只要方式上以网络媒体为载体进行传播，内容上是公众发表的集合性意见，就是网络舆论。

① 沙莲香：《社会心理学》，中国人民大学出版社，2002 年，第 44 页。

② 陈力丹：《舆论学——舆论导向研究》，中国广播电视出版社，1999 年，第 11 页。

③ 韩运荣、喻国明：《舆论学原理、方法与应用》，中国传媒大学出版社，2013 年，第 45 页。

④ 匡文波：《新媒体舆论：模型、实证、热点及展望》，中国人民大学出版社，2014 年，第 30 页。

（三）什么是新媒体舆论

在移动互联网以及依托其上的移动终端大规模使用之前，网络舆论大致等同于新媒体舆论。目前，新媒体发展催生新的格局，移动互联网和移动终端也被数以亿计的用户作为意见表达的平台，网络舆论与移动互联网舆论结合发挥作用。在新的情况下，新媒体舆论应运而生。新媒体舆论既包括（有线）网络舆论，也包括移动互联网舆论。移动终端的介入，在保留网络舆论基本特性的前提下，拓展了网络舆论的时空，为网络舆论添加了新的元素。

（四）舆论、舆情与网络舆情

在论及“舆论”的时候，我们经常接触到一个相关的概念——“舆情”。在这个概念上，也有不同的认识。学者韩运荣、喻国明认为，“舆论与舆情并没有本质区别，它们是同一事物的两个方面。……应当说舆论是指意见本身、是本体，而舆情就是将舆论放置于社会环境中，还原了它具体的、情境性的关联，在这一基础上讨论舆论对政治、经济产生什么影响，对社会的发展、社会的变化、社会的决策具有什么样的意义”①。这种观点认为，舆情是舆论被置于特定社会环境中加以考察的一个概念。

杨兴坤先生在研究了国内学界对舆论和舆情的种种观点之后，指出：“国内普遍认为舆情与舆论存在一定的区别，即舆论是多数人形成的一致的共同意见，是单种意见的集合。而舆情是零散的、非体系的，也不需要得到多数人认同，是多种不同意见的简单集合。当舆情产生聚集时就可能向舆论转化，因而舆情是一个比舆论包含内容更为宽泛的概念。”②

在研究舆情的时候，学者们还使用了“网络舆情”这个概念。学者徐晓日认为：“网络舆情是社会舆情的一种表现形式，是公众在互联网上公开表达的对某种社会现象或社会问题具有一定影响力和倾向性的共同意见。”③ 纪红等学者认为：“网络舆情就是指在网络空间内，围绕舆情因变事项的发生、发展和变化，网民对执政者及其政治取向所持有的态度。”④

杨兴坤先生综合后表述：“网络舆情是社会公众（即网民）在网络这一公共空间对公共事务，社会热点、焦点问题，某些组织或个人带有公共性的问

---

① 韩运荣、喻国明：《舆论学原理、方法与应用》，中国传媒大学出版社，2013 年，第 101 页。

② 杨兴坤：《网络舆情研判与应对》，中国传媒大学出版社，2013 年，第 19 页。

③ 徐晓日：《网络舆情事件的应急处理研究》，载于《华北电力大学学报》（哲学社会科学版）2007 年第 1 期。

④ 纪红、马小洁：《论网络舆情的收集、分析和引导》，载于《华中科技大学学报》（哲学社会科学版）2007 年第 6 期。

题，政治问题等方面的具体事件而发表的情绪、意见、看法、态度、诉求的交汇与综合。”① 杨兴坤还特别说明，“我们在大多数情况下，讨论和研究网络舆情有一个预设前提，即该网络舆情涉及的具体事件，对政府、企业或某个组织造成了极大的负面影响，对政府、企业或组织的形象或实质利益造成威胁。……如果事件产生了巨大的正面影响，其主要的评价大部分是正面的，则无需政府或事件主体进行太多甄别或应对”②。

我们认为，在实际使用过程中，舆情和网络舆情，同舆论和网络舆论，的确存在杨兴坤先生所指出的那些差别；但学者韩运荣、喻国明关于舆情和舆论关系的说明，则又揭示了这种不同是由舆论所存在的社会背景和应对舆论者的身份角度、应对姿态等的差异而促成的。当孤立地研究“舆论”本身时，人们通常使用“舆论”的概念；当结合社会背景来考察舆论的生成、演变、影响及应对之策时，很多时候大家使用“舆情”的概念。

二、新媒体舆论的特性或特征

如前所述，新媒体舆论是网络舆论和移动互联网舆论的综合，其基本特性是新兴媒体特性在这个领域的特殊表现。目前，关于网络舆论、新媒体舆论的特性已经有很多论述。我们综合一下，从时空、内容、形式、主体、结构、影响等六个方面来论述新媒体舆论的特性或特征。

（一）新媒体舆论的时空特性

1. 速成性、即时性与突发性

新媒体舆论依托数字技术、网络技术与移动通信技术，为个人意见的表达提供了前所未有的便利，为个别意见迅速汇集成公众一致意见从而形成舆论，提供了技术前提。“新媒体舆论的速成性主要表现在新媒体舆论形成时间的缩短与空间的缩小。”③ 由于速成性的存在，新媒体舆论的形成基础——个人意见的发表，呈现了与传统媒体很不相同的情景。传统媒体如报刊、电视，要发表信息或意见，都要经历一个排版印刷、送达读者手中或拍摄制作、安排播出的过程，都有一定的时间滞后和空间阻拒。但在新媒体平台上，配合移动终端，理论上全时空发送和接收信息、形成舆论成为可能，这就是即时性的

① 杨兴坤：《网络舆情研判与应对》，中国传媒大学出版社，2013年，第20页。

② 杨兴坤：《网络舆情研判与应对》，中国传媒大学出版社，2013年，第21～22页。

③ 匡文波：《新媒体舆论：模型、实证、热点及展望》，中国人民大学出版社，2014年，第32页。

含义。

由于有速成性、即时性的前提和基础，当影响舆论的特殊信息出现，新媒体舆论的突发性便显现出来。例如某一牵动公众神经的普通事件发生，诸如官员在灾祸现场笑一笑，戴了一块名贵手表，抽了一盒高价烟之类，一经广泛转发，加上铺天盖地的情绪化跟帖，舆论会在毫无征兆的情况下，瞬间形成、扩散、升级，并在网上和网下产生重大影响。

2. 直接性

在传统媒体平台上，个人的意见要发表，如著述得经过出版机构的编辑出版，文稿要经过报刊的刊载，声音和图像要经过电视的采集、拍摄、编辑、播发。在新媒体舆论形成过程中，新媒体平台为每个网民直接发表意见提供了技术基础，网民的意见不需要经过其他媒体的转发，因而来自网民的原始意见可以直接汇聚成新媒体舆论，从而能够直接反映网民的观点、立场、情绪和心态，此即新媒体直接性的含义。

在新兴媒体平台上，固然平台经营者可以通过置顶、加精、沉帖、删帖等方式来影响用户意见的表达，但从更深广的范围来看，直接性是不可否认的特性之一。

（二）新媒体舆论的内容特性

1. 丰富性

"新媒体舆论的丰富性是指新媒体舆论的无所不包、无所不及。"① 在新兴媒体平台上，用户的意见五花八门，信息巨细靡遗。其中既有具备或不具备新闻价值的信息，也有各种各样的观点，还包括各种状态的情绪。这些承载新闻、观点、情绪的各类信息形式，数量巨大，经由网络平台，在广泛的领域内和广阔的区域里交流、共享、激荡，共同构成新媒体舆论丰富、驳杂、宏大的景观。

2. 理性与非理性因素并存

一方面，新兴媒体作为民意表达的重要平台，在新媒体上面表达的舆论能够较为直接地反映民意，其中包含不少积极的建议、理性的声音。这些信息为社会管理机构了解民意、掌握民情提供了不可替代的渠道和手段，为企业高效了解消费者的反应指明了方向。

但另一方面，由于我国目前正处于转型时期，社会变化加快，利益调整剧

① 匡文波：《新媒体舆论：模型、实证、热点及展望》，中国人民大学出版社，2014 年，第 31 页。

烈，价值冲突激烈，公众中蕴藏着各种偏激的情绪。在这样的社会背景下，相当数量的用户把网络作为宣泄情绪的渠道。新兴媒体的匿名性、互动性、开放性为用户发泄情绪提供了很好的技术支撑。因而，新媒体舆论包含大量涉及政治、经济、社会、文化、生活等领域的情绪化内容。这些情绪化内容很多呈现盲目、冲动、偏激、缺乏理智等特点，并依托新兴媒体的技术特性，迅速扩散，具有强烈的感染力，并经由相同观点、相同群体在新媒体平台上的迅速而广泛的聚集，形成影响广泛、威力强大的非理性舆论。

毋庸讳言，上面提到的非理性舆论常常嘲笑主流媒体的观点和权威言论，抗拒与自己立场不一致的观点、理念，这不但可能引发新兴媒体虚拟空间的观点冲突，在一定条件下，还可能将一件小事放大为舆论飓风，引发现实世界的群体事件等现实冲突。

（三）新媒体舆论的形式特征

1. 隐匿性

隐匿性是指新媒体舆论的具体观点、看法、信息，通常由大量隐匿了真实身份的用户表达构成。由于新兴媒体迄今为止并未实行实名制（即时通信用户等只要求后台实名），所以用户可以隐匿现实生活中的真实面目，以自拟的注册名在网上表达意见。这样，新媒体舆论从形式上而言，就由大量隐匿真实身份的信息构成，这就是隐匿性。

隐匿性会产生两个方面的影响：其一，让用户能够抛却现实生活中的“人格面具”畅所欲言，表达真实想法；其二，使情绪化、非理性的负面信息，能够畅行无阻，从而使新媒体舆论的负面影响成为不可忽视的因素。

2. 显在性

隐匿性是指新媒体舆论的意见表达主体身份隐匿，而显在性则是指新媒体舆论将过去潜存于普通民众心中的、未能被主流媒体接纳并无法形成影响巨大的舆论的意见、看法，或流行于民间的非主流信息，得以通过新兴媒体平台清晰地显现出来的这样一种特性。

传统社会中，任何一种观点、见解、信息，要形成舆论，必须通过主流媒体的传播，才有形成的可能。一般流行于民间的看法、观点、情绪，有可能被传统媒体把关人摒弃在大众传播视域之外，从而无法形成舆论。但在新媒体条件下，普通用户的意见可以通过论坛、博客组、微博“粉丝”群、即时通信或微信用户群及朋友圈等，非常容易地汇聚在一起，并经过转发、追加评论等方式激荡、叠加、强化，上升为舆论。这样，民间过去的意识潜流，就显在为可感的社会舆论。

显在性为社会舆论的构成提供了全新的可能，也向传统的舆论引导模式发起新的挑战。

（四）新媒体舆论的主体特征

1. 多元化

新媒体舆论的主体是多元化的，任何网络用户，都可以发起引发舆论的话题，都可以发布促成舆论产生的信息；任何立场、观点、看法、意见相似的用户，都可以借助新媒体平台，积聚一致意见，将其上升为舆论。这样，就使得新媒体条件下舆论的主体相较于原来主要由大众媒体、主流媒体、官方机构组成的舆论主体格局，转变为多元化主体并存的格局。

多元化主体只是一种理论可能，在新媒体条件下，舆论主体通常还是有构成的限定条件的。例如，品牌门户网站、影响力巨大的网络论坛、著名网络实名注册用户，它（他）们充当舆论主体的可能性大大高于普通用户。

2. 互动性

互动性是新兴媒体的根本性特性之一。在新媒体舆论中，互动性对舆论主体的特性影响显著。互动性使得新媒体舆论主体传播者和受众的地位模糊，这对于信息传播的效率和共同意见的形成，都具有增效的作用；而信息的交互和共享使舆论主体能够更容易地达成一致意见，并经由“群体极化”而使分散的意见上升为舆论甚至极端化的舆论。

3. 自由性

所谓自由性，是指新媒体舆论的主体在发布意见的时候具有在现实社会中不具备的自由。用户在新媒体上发表意见，可以不用顾及自身社会身份的限制，可以发布与自己社会身份不符甚至相反的意见和看法；在发布渠道上，可以自由地选择论坛、评论、发帖、跟帖、微博、微信等多种平台。同时，新媒体平台上的意见发布，门槛低，把关宽松，大量各类及各种性质的意见都能够得到表达，舆论的形成表现出明显的自由度。

4. 开放性

新兴媒体本身的特性，使得新媒体舆论的主体是开放的。谁发起意见，谁参与意见表达，谁最后成为具有相对一致意见群体中的一员，谁身处什么地区、具有什么社会地位、从事什么职业，都无关紧要，也没有谁审核。

新媒体舆论主体开放性的存在，使得网络水军、网络推手有了存在的可能，也使得通过渗透影响甚至操纵新媒体舆论有了一定的可能性。

（五）新媒体舆论的结构特征

鉴于新媒体舆论所具有的特殊性，我们注意到了学者李彪、韩运荣、喻国明等人在新媒体促成新的社会信息占有结构方面所做的研究及得出的结论，在这里做一点简单介绍[①]。

传统的社会结构是金字塔形的，法国哲学家福柯将其比喻为“全景监狱”。这个比喻的意思是，在传统社会的治理结构中，整个社会就像一个古罗马的金字塔式监狱（如图 8-1 所示），管理者就像狱卒居于最高一层牢房顶端的监视室中，社会成员就像处于下面不同牢房的犯人。管理者可以清楚地看到每一名社会成员的一举一动，而下面各个牢房里的社会成员只了解与自己和自己周围有关的有限信息，他们彼此间不能顺畅地联系，只能喊一喊、敲敲床、敲敲墙，进行有限的信息交流。这种社会结构提供了一种不对称的信息占有结构，少数管理者因为掌握全部信息而显得全能全知，而个体成员却茫然、无力，不知道发生了什么，只能服从权威。所以在这种社会结构及伴随的信息结构中，少数人可以高效率地管理整个社会。

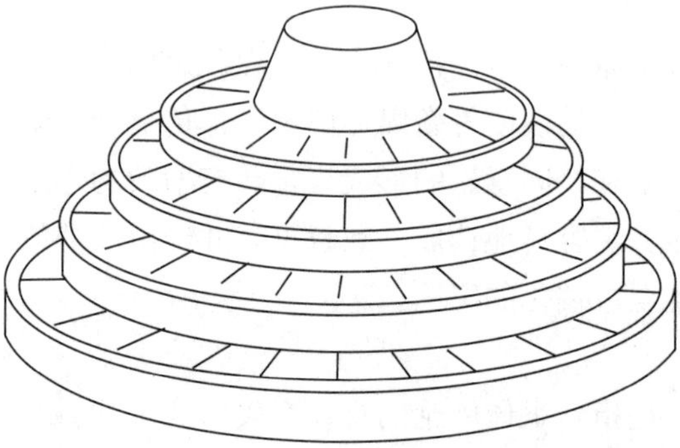

图 8-1　“全景监狱”图示[②]

但新媒体诞生之后，促成了一种新的社会信息占有结构。即时通信、社交媒体、微博、微信等新兴媒体应用，将人际关系与大众传播媒介紧密联结，从而形成了一种基于彼此信任的较为稳固、高效的信息传播通道。这时，社会信息占有结构从“全景监狱”转变为“共景监狱”（如图 8-2 所示）。“共景监狱”也是比喻，它指的是这样一种情况：所有社会成员通过新媒体共享信息，他们就像在罗马斗兽场的看台上，彼此能够看见，信息充分共享，而管理者或

① 参见李彪：《舆情：山雨欲来——网络热点事件传播的空间结构和时间结构》，人民日报出版社，2011 年，第 54～58 页；喻国明：《媒体变革：从“全景监狱”到“共景监狱”》，载于《人民论坛》2009 年第 15 期；韩运荣、喻国明：《舆论学原理、方法与应用》，中国传媒大学出版社，2013 年，第 103～104 页。

② 引自黄河：《政府新媒体传播——直面新媒体带来的挑战与机遇》，光明日报出版社，2012 年，第 24 页。

者主流传统媒体处在中心位置，他们的一举一动都在众目睽睽之下。在这种结构中，信息占有已经接近对称，管理者在传统信息结构中所具有的控制信息的优势已经不复存在，社会成员之间有了畅通的沟通渠道，他们对管理者形成一种“围观”的态势。在这种社会信息结构中，“人们不再一如既往地凝神聆听管理者和传媒的声音，整个社会彼此之间可以互相‘交头接耳’，沟通彼此的信息，互相提供价值愿望。他们之间跟过去一盘‘散沙’不一样了，开始形成一种社会势力，并设置着社会的公共议程，质询、甚至嘲笑着处于公共视野之中的领导者或者媒体。管理者或媒体的‘表演’是否有魅力，群体性的聚集可以给你喝倒彩，甚至可以给你轰下去。可以说，新媒介促成的社会微观结构进一步催生了观众的围观心理”①。

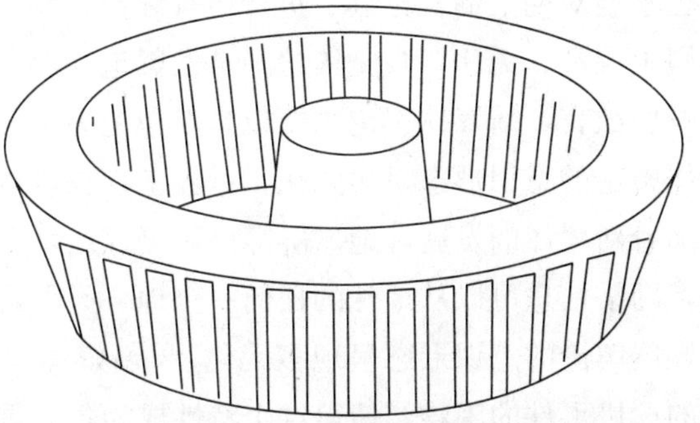

图 8-2　“共景监狱”图示②

很显然，这种社会信息占有结构特征，对新媒体舆论在当代社会环境中的影响非常显著，值得我们高度重视。

（六）新媒体舆论造成影响方面的特性

新媒体舆论在造成对社会的影响方面，有哪些不同于以往的特性呢？根据有限的研究，至少可以归纳出如下几类：

1. 效能巨大

新媒体舆论能够依托网络，汇聚来自民间的悄悄话，瞬间升级、激荡为强大的舆论飓风，跨越地域乃至跨越国界，甚至延烧到现实生活中，酿成重大社会事件。这在国外、国内都有案例。因此，新媒体舆论具有任何政府部门、企业机构、公众人物都不能忽视的巨大效能。

① 韩运荣、喻国明：《舆论学原理、方法与应用》，中国传媒大学出版社，2013 年，第 104 页。

② 引自黄河：《政府新媒体传播——直面新媒体带来的挑战与机遇》，光明日报出版社 2012 年，第 25 页。

2. 难以控制

新媒体用户规模巨大，并且人人可以通过网络发表意见；有线互联网与移动互联网结合，使具有互动性的传播渠道无时不在、无远弗届。虽然经过多年发展，新兴媒体早期那种完全没有把关人的局面已经改变，网站与论坛的值班编辑、论坛版主、博客平台审核人员等，事实上充当着新兴媒体传播平台上的把关人。但由于具有信息发布资格的海量用户以及由他们发布的大量信息的存在，要实现完全的把关是根本不可能的。这样，就造成新媒体舆论难以控制的格局。匡文波先生归纳了新媒体舆论难于调控的四个原因：(1) 新媒体舆论主导权不完全由网站掌握，而是由参与议论的网民数量的密集度和强度所决定；(2) 新媒体的开放性，使信息传播者往往可以想方设法绕开各种障碍来发布消息，网站管理者也不能对网上的言论逐一进行检查评价；(3) 新媒体舆论具有复杂性，新媒体舆论混乱、无序，自觉舆论与自发舆论并存，由于网民可以在网上对任何事情畅所欲言，新媒体舆论主要以自发舆论为主；(4) 新媒体舆论的多元性。新媒体舆论的意识形态呈多元化，世界上存在着对立的社会政治制度和意识形态，随着新媒体的发展，地域屏障已不复存在，希望在网上完全控制言论不太现实，网络信息可以从地球的任何一个地方无限量地向另一个地方传输，从而使新媒体舆论的意识形态呈现多元化。[①] 新媒体舆论的难控性导致应对新媒体引发的危机事件的困难，使得这个特性成为各方重视的对象。

3. 容易被操纵

当新兴媒体为民众表达正当意见、形成公众舆论提供新的可能性的同时，也伴生了一些负面的现象。各种负面现象中，值得注意的是新媒体舆论容易被“网络水军”“网络推手”等力量刻意扭曲，从而造成舆论变形，最后出现舆论被操纵的结果。这样，网络舆论就表现出容易被操纵的特点。那些被称为“网络水军”或“网络推手”的势力，受雇于网络公关公司，为他人发帖、回帖，在网上进行舆论造势，以此来获取报酬。目前网络水军或网络推手已经高度职业化，由专职或兼职的个人用户组成。这类关涉新媒体舆论的刻意操作，如果仅仅是围绕商业利益，其影响局限于商业利益领域，则其后果还不太严重；但如果这种力量被不怀好意者用来制造反社会危机事件，则后果就会非常严重。因此，如何通过新媒体领域的合理规制，抑制新媒体舆论上的这种负面效应，是目前需要认真对待的问题。

① 匡文波：《新媒体舆论：模型、实证、热点及展望》，中国人民大学出版社，2014 年，第 35 页。

第二节　新媒体舆论的形成机制与舆情研判

新媒体舆论的概念外延包括传统网络舆论与移动互联网舆论，是传统有线互联网和移动互联网融合基础上的舆论。新媒体舆论较之网络舆论，不过是互联网的传播领域和传受终端有了拓展，从技术本质和传播规律来看，关于网络舆论的研究成果完全适用于新媒体舆论。

一、网络舆论的形成机制

在网络舆论的形成机制方面，已经有学者进行了不少研究。其中，学者匡文波提出的“蝴蝶效应模型”和“网络舆论的议题出现、存活、整合、消散模型”，学者韩运荣、喻国明从时间结构和空间结构出发来观察网络舆论的方法，比较具备代表性。从本教材的特性和要求出发，我们以学者韩运荣、喻国明的方法为主，同时综合其他研究者的一些观点，予以介绍①。

学者韩运荣、喻国明的研究方法把网络舆论分解为两个维度：时间结构和空间结构。时间结构表现为网络舆论大致经历的六个阶段，空间结构表现为网络信息传播呈现为“花团锦簇的同心圆”。下面将进行具体介绍。

（一）网络舆论形成的时间结构

网络舆论的演化大致可以划分为潜伏期、爆发期、蔓延期、反复期、缓解期和长尾期等六个阶段②。

我们以“周久耕事件”为例，来说明六个阶段的特点。

周久耕事件：

2008年12月，时任南京江宁区房产局局长的周久耕因对媒体发表“将查处以低于成本价卖房的开发商”的不当言论，激怒网民，引发网友人肉搜索，陆续在网络曝出其抽1500元一条的天价烟、戴名表、开名车等问题，引发舆论关注。2009年10月10日，江苏省南京市中级人民法院做出一审判决：周久耕犯受贿罪，判处有期徒刑11年，并处没收财产人民币120万元，受贿所得赃款予以追缴并上缴国库。

---

① 韩运荣、喻国明：《舆论学原理、方法与应用》，中国传媒大学出版社，2013年，第105～112页。

② 李彪：《舆情：山雨欲来——网络热点事件传播的空间结构和时间结构》，人民日报出版社，2011年，第163～165页。

1. 网络舆论形成的六个阶段

(1) 潜伏期。所谓潜伏期，是指引起网民和媒体广泛关注的焦点事件尚未发生，但社会中对相关问题的讨论业已存在，随时可能引爆。像腐败、贫富差距、环境污染、食品安全、征地拆迁这些领域的话题，长期存在于网络舆情之中，一旦有与之关涉的事件发生并在网络披露，就有可能上升为网络舆论。

现阶段，由于我国处于社会转型的特殊时期，各类矛盾和问题十分突出，危机常态化倾向明显，导致危机的舆论潜伏期很短，甚至为零[①]。一个事件在毫无征兆的情况下瞬间引爆网络，并不是鲜见的现象。

周久耕事件中涉及的官员腐败、高房价，远在本事件发生之前就是网络的热门话题，这方面的民间情绪为周久耕事件在网络上的引爆，构成潜伏条件。

(2) 爆发期。所谓爆发期，是指舆情由潜舆论走向显舆论，其标志是某个具体事件发生，经由网民发帖或传统媒体报道进入公众视野，引发小范围的讨论和关注。“潜舆论是低水平的民意或处于形成时期的民意，表现为人民群众一致的内心活动。……潜舆论进一步升级，就会转化为显舆论，这时，民意表现为一种具有完整的意见形态的社会共识。”[②]

2008 年 12 月 10 日，南京市江宁区房产局局长周久耕在接受采访时表示要“严惩降价售房的开发商”，《现代快报》第二天予以报道。几乎在报纸面世同时，网友“小花半里”在焦点南京房地产网“恒大绿洲论坛”发出《八问江宁房产局局长》的帖子，对其进行质疑。周久耕由此瞬间成为信息爆发中的公众关注的焦点。

(3) 蔓延期。蔓延期是指相关的初始帖子或报道经由“搬运工”的搬运，从较小范围向外扩散，特别是进入主流媒体和主流网络论坛之中，各类信息“雪崩”般蔓延开来，舆论进入最高潮。

2008 年 12 月 11 日，一篇题为《遍撒英雄帖，追查南京市江宁区房产局局长周久耕》的帖子出现在凯迪社区，凭借该社区强大的影响力和号召力，迅速吸引了大批网友加入“人肉搜索”行列。随后，天涯社区、南方都市报、南京电视台、百度贴吧、瞭望东方周刊等网络平台和传统媒体相继介入，舆论进入高潮。其中，“天价烟”由网友“华阁”发现并促使事件升级，而网友热议的“周久耕为开发商弟弟谋取好处”后来被证明不实。这个时期，舆论升级与

① 李彪：《舆情：山雨欲来——网络热点事件传播的空间结构和时间结构》，人民日报出版社，2011 年，第 163 页。

② 宫承波：《新媒体概论》(第四版)，中国广播电视出版社，2012 年，第 167 页。

情绪化言论、极端性言论伴随，不实信息甚至谣言也有可能在群言喧哗中出现。

（4）反复期。反复期是指事件在网上蔓延开来，成为全民关注的热点，各种社会力量随之介入。除了网民和媒体，事件关涉的个人、企业、机构、政府相关部门、专家、学者也纷纷参与，公布信息、解释缘由、发表议论，推动事件不断发展。其间，不时有新的议题被发现，从而形成一个个小高峰，舆论进入上下波动的反复期。

周久耕事件中，天价烟、天价手表、开发商弟弟、建材商儿子等信息陆续披露，不断引发一轮又一轮的讨论热潮。

（5）缓解期。缓解期是指随着讨论的不断深入，迫于网络舆论的压力，上级领导或政府部门等社会力量开始介入，着手解决事件，包括公开回应、展开相关调查、启动司法程序等，网民对事件的关注度开始降低。

2008 年 12 月 22 日，在周久耕事件出现 12 天后，南京市委书记朱善璐要求要“认真倾听网民声音”，江宁区纪委随后宣布介入调查，江宁区房产局也首度予以正式回应，网民情绪有所缓解，相关讨论明显减少。这里面的原因是，中国网民普遍存有官尊民卑思想，很多事情只要政府部门积极做出回应，即使其说法和做法并不能令人完全满意，但在网民看来也已经是一种成功。①

（6）长尾期。长尾期是指舆论事件解决之后，人们对事件的关注度也降至低点，但由于兴趣和利益诉求上的多元性，网民对该事件的关注并未完全终止，而是在较低水平上维持一段时间，就像一条长长的尾巴。

2008 年 12 月 28 日，江宁区委宣布免除周久耕房产局局长职务，公众的关注度降至低点。2009 年 2 月 5—15 日、3 月 8—22 日，伴随着周久耕是否被双规的问题，事件关注度还曾出现两次短暂的小幅回升。② 由于网络舆论信息大多被沉淀、保留在网络空间，同时由于这一事件借助网络产生的巨大影响，所以，以后凡是出现与“周久耕”“江宁房产局”“官员抽天价烟”和“戴名表”等有关信息的时候，周久耕事件又会被人们提及。

2. 网络舆论时间结构的特点

（1）信息扩散期缩短。网络本身的技术特性与传播特性极大地提高了信息传播和民意积聚的效率。有统计显示，网络热点事件从潜伏期到蔓延期，平均

① 李彪：《舆情：山雨欲来——网络热点事件传播的空间结构和时间结构》，人民日报出版社，2011 年，第 85 页。

② 喻国明：《传媒新视界：中国传媒前沿探索》，新华出版社，2011 年，第 148 页。

只要5～6天即可传遍整个网络；许多突发事件从发生到引发网友热议，只需要1～2小时，这比危机管理中所谓“黄金24小时”规则还要短许多，留给相关部门进行有效操作、及时控制事件进程的空间较为有限。①

（2）民意集中爆发。学者李彪通过对“央视新台址大火事件”后网民评论的历时性分析发现，网民的评论数量并不是随着事件的推移和事件的获知度而逐步增加，而是集中于事件发生后的第二个半小时，尤其是第45分钟至第60分钟，之后逐步下降并趋于稳定。这表明，事件的最初发现者与事件的积极评论者并不一致。前者往往是一些经常在网上闲逛并寻找新闻的人，他们可能具有一定的新闻敏感度，能够及时发现和“搬运”新闻，却未必乐于发表意见，多是以旁观者视角呈现。② 只有当发言积极并具有独特视角的网民介入之后，尤其是网络意见领袖加入之后，讨论才能进入高潮。

网络意见领袖与现实社会中的地位并没有直接联系，只要他们有独立思考和对问题进行深入分析的能力，有社会责任感和正义感，有强烈的参与意识和表达意识，就有可能成为网络意见领袖。所谓意见领袖，是“在将媒介信息传给社会群体的过程中，那些扮演某种有影响力的中介角色者”③。

（3）议题存活的有限与无限。在网络上，舆论议题的存活状态既有有限性，又有无限性。所谓“有限性”，是指议题的活跃期有一定期限。有研究者指出，网络议题的活跃期平均16.8天，大多在两周以内。④ 促成有限性的因素有两个：一个是有关部门迫于舆论压力，对舆论事件进行了干预和处理，网民在获得尊重和满足后，主动退出，关注度随之下降；另一个是不断出现的新信息、新话题吸引和分散着网民的注意力，网民注意力被吸引到新的热点上去。“无限性”是指尽管网络热点在喧嚣一段时间之后会慢慢冷却，趋于沉寂，但并不会完全消失。特别是那些事关国计民生的重大事件，往往只会是阶段性的沉寂，只要问题尚未彻底解决，一旦有新的关联事件发生，便极易被网民旧事重提，再度成为热点。⑤

---

① 李彪：《舆情：山雨欲来——网络热点事件传播的空间结构和时间结构》，人民日报出版社，2011年，第166～174页。

② 李彪：《舆情：山雨欲来——网络热点事件传播的空间结构和时间结构》，人民日报出版社，2011年，第172～173页。

③ [美] 约翰·费斯克等：《关键概念：传播与文化研究辞典（第二版）》，李彬译注，新华出版社，2004年，第192页。

④ 喻国明：《中国社会舆情年度报告（2010）》，人民日报出版社，2010年，第25页。

⑤ 姜胜洪：《网络舆情热点的形成与发展、现状及舆论引导》，载于《理论月刊》2008年第4期。

（二）网络舆论形成的空间结构

1. 网络信息的传播结构与热点信息的网络传播结构

国内网络信息传播空间活跃着各种各样的传播主体。一般性网络信息的传播结构可以概括为“花团锦簇的同心圆”①。所谓“同心圆”，是指在一般性网络信息的传播场域中，各传播主体大致可以划分为三个层次：核心层、信息桥层和信息源层，形成三个同心圆。三个同心圆各自的构成、地位、作用分别是核心层、信息桥层、信息源层。

核心层，以主流综合论坛为主，如天涯社区、猫扑社区、新浪微博等，是整个传播场域的核心，汇集了最多的网民，拥有强大的聚合能力，任何事件要想成为网络热点，都必须进入核心层进行传播。

信息桥层，主要是传统大众媒体，承载着从信息源向核心层“搬运”信息的职能。由于传统媒体一般都具备较强的公信力，网民无须再进行信息的真伪辨别，因而能够迅速引起网民注意，激活讨论。

信息源层，主要是地方或专业类的论坛，它们整体上的影响力虽然不如主流论坛和主流媒体，却凭借地理或心理上的接近性，吸附着大量分众化的网民，形成一个个小型传播场域，在各自领域传播着信息，为整个网络空间源源不断地提供新的话题，是整个网络信息流动的源头。

网络信息的流动顺序，通常情况下是由信息源层经信息桥层流动到核心层。但由于核心层具有更大的影响力和人气，不少网民倾向于直接在核心层发布信息，信息借助核心层的影响力向其他圈层扩散，形成所谓的“反向流动”②。

在网络热点事件的信息流动过程中，传播结构表现为非常态的哑铃式或双核心式结构。在这种结构中，信息不再围绕一个中心逐层、有序地传播，而是直接进入网络核心层和传统大众媒体尤其是地方媒体层，形成信息传播的双核心。这种结构与同心圆结构相比，传播于其中的信息具有高效率、高连通性、高互惠性、无层级性等特征。③ 在这种结构中，任何信息只要流动到两个中心，均可造成网络热点事件，而一旦两个中心出现同幅同向共振，则该事件可

---

① 李彪：《舆情：山雨欲来——网络热点事件传播的空间结构和时间结构》，人民日报出版社，2011年，第142页。

② 李彪：《舆情：山雨欲来——网络热点事件传播的空间结构和时间结构》，人民日报出版社，2011年，第142页。

③ 李彪：《舆情：山雨欲来——网络热点事件传播的空间结构和时间结构》，人民日报出版社，2011年，第140页。

家喻户晓。

2. 网络舆论的空间结构特点

（1）网络舆论形成机制在空间上的特点是存在草根和主流两大舆论场。

其一是“草根舆论场”，由综合论坛、博客、门户网站论坛、贴吧等组成；其一是“主流舆论场”，由地方报纸、门户网站、中央新闻媒体网站等组成。①在当前传播环境下，一个事件要成为网络特点，既离不开草根舆论场的关注，也离不开主流舆论场的重视。

（2）一般来说，媒体议程能够影响网民议程，但有时网民议程会对媒体议程发生一定程度的反叛甚至逆转。

在“央视新台址大火”事件和“药家鑫事件”中，都出现了两大舆论场取向不同、观点有异，甚至尖锐冲突的情况。

“央视新台址大火”事件：

2009 年 2 月 9 日（农历正月十五元宵节）晚 21 时许，在建的央视新台址园区文化中心发生特大火灾事故，火势持续 6 小时，造成 1 名消防队员死亡，8 人受伤，直接经济损失达 16383 万元。事后查明，大火系违规燃放烟花爆竹所致，71 名事故责任人受到责任追究。大火燃烧时，上千名群众在附近围观，并纷纷拿出手机拍照，进行微博直播，引发网友热议。

药家鑫事件：

2010 年 10 月 20 日，西安音乐学院大三学生药家鑫驾车撞人，因怕伤者张妙看到汽车牌号后找麻烦，遂从车内取出一把尖刀，对其连捅数刀，致张妙当场死亡。此后驾车逃逸再次撞伤行人，被附近群众抓获。此事引起网民和媒体高度关注，进行了多方面的探讨。2011 年 4 月 22 日，西安市中级人民法院以故意杀人罪判处药家鑫死刑，于当年 6 月 7 日上午正式执行。

在“杭州飙车案”事件中，草根舆论场甚至左右了传播媒体的报道走向。

“杭州飙车案”事件：

2009 年 5 月 7 日晚，浙江大学高才生谭卓在杭州市文二路被胡斌驾驶的三菱拼装跑车撞飞，送医院抢救无效死亡。杭州值班交警认定车速为 70 码，引发网友质疑，并对肇事者展开“人肉搜索”。胡斌随后因涉嫌交通肇事罪被杭州警方刑事拘留，但也有网友认为应以“危害公共安全罪”论罪。当年 7 月 20 日，杭州市西湖区人民法院以交通肇事罪判处被告人胡斌有期徒刑三年。

---

① 李彪：《舆情：山雨欲来——网络热点事件传播的空间结构和时间结构》，人民日报出版社，2011 年，第 133～135 页。

庭审过程中，谭卓家属曾怀疑法庭上受审的是“胡斌替身”，再一次引发网民热议。

(3) 各传播主体存在量级差别和角色差异。

网络平台上，主流综合论坛（如天涯、猫扑社区）、门户新闻网站（新浪新闻）、主流微博贴吧（如新浪微博、百度贴吧）等在信息流动场域中处于较重要位置，扮演着核心主体的角色，最为活跃。① 其余的传播主体影响力相对较小。

(4) 从角色上看，综合网络论坛既是信息的流入方，也是信息的流出方。

天涯杂谈、猫扑大杂烩、凯迪猫眼看人等版面的日均主帖量都在500上下，原创率接近90%，成为信息的主要策源地和集散地；其他论坛的发帖量多半只能达到日均200左右，原创率也下降10个百分点。至于各地方报纸、门户新闻网站、中央级新闻媒体网站、博客、地方论坛、中央级新闻媒体网站论坛、门户网站论坛、地方新闻门户网站、贴吧、地方电视台等则更多扮演流出方角色。②

(5) 网络“搬运工”推动信息的流动和主流化。

由于传播主体存在量级差别，所以，一个事件只有进入核心层，也就是有影响的主流论坛的主流版块，才能引起广泛的关注。网络信息的“搬运工”把一些边缘性场域中的信息“搬运”至核心场域，促使这些信息“主流化”，同时再通过各论坛之间相互转发最新进展，促使信息扩散至更广泛的范围。另外，各论坛自身也存在“内部搬运”，即帖子的内部转发、推荐、置顶、加精等，这也是帖子能否引发广泛关注的重要条件。如在周久耕事件中，“天价烟”一帖被网站编辑贴上了“红脸”，推荐为网站头条，一天之内点击率超过7万，回复近200条，对其成为全国热议话题起了重要作用。③

二、网络舆情研判

基于与前面相同的理由，网络舆情研判的原理、举措、方法，与新媒体舆情研判的基本精神完全吻合。对于网络舆情研判已经有不少学者作了非常专门的研究，这里我们根据本教材的特点和功能，择要进行一些介绍。

---

① 喻国明：《传媒新视界：中国传媒前沿探索》，新华出版社，2011年，第111页。

② 喻国明：《传媒新视界：中国传媒前沿探索》，新华出版社，2011年，第97、133页。

③ 李彪：《舆情：山雨欲来——网络热点事件传播的空间结构和时间结构》，人民日报出版社，2011年，第156～157页。

（一）网络舆情研判的一般方法

梅文慧女士归纳的应对网络舆情的常用方法，可供我们在网络舆情研判中参考。[①] 这六种方法具体包括：

1. 明确舆情分析流程

明确舆情分析流程，可以使我们清晰地认识到网络舆情研判需要经过哪些环节，这有助于我们有条不紊地开展工作。从操作角度看，舆情分析包括如下几个模块：

第一，舆情信息抽取。在这个模块中，需要以最快的速度对论坛、博客、贴吧等网络舆论活跃平台进行信息采集、信息浏览和检索筛选。

第二，话题检测与追踪。这个模块的工作是对热点话题、负面消息及作者、文章等信息进行追踪。

第三，舆情态势分析。对收集到的信息进行综合分析，掌握事件发展的状态与形势。

第四，舆情威胁评估。对信息进行分类，判断舆情的正向价值和负面影响。

在上述四个模块的运行过程中，形成“数据库管理系统”“舆情数据库”“态势知识库”三个信息储存群集，为全面掌握舆情提供数据库（如图 8－3 所示）。

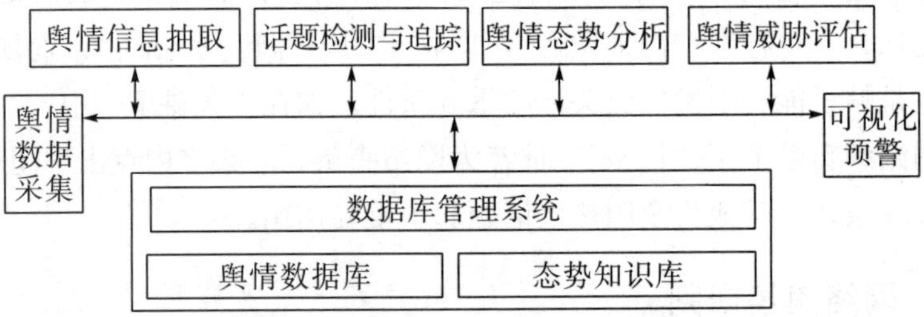

图 8－3 网络舆情分析预警模型图[②]

2. 关注网络舆情热点

网络舆情传播快速，有时事件一发生，往往几分钟就有网民将有关信息发到网上，十几分钟就有网站转载，几个小时后网络讨论就可以出现热潮。因此，要及时观测网络媒体议论的焦点和热点问题，特别是对涉及本地本机构的人和事，争取第一时间弄清楚事件真相，查实网络舆论追问的核心问题，争取

① 梅文慧：《信息发布与危机公关》，清华大学出版社，2013 年，第 57～59 页。

② 引自梅文慧：《信息发布与危机公关》，清华大学出版社，2013 年，第 57 页。

主动。特别是平时就要密切关注网上舆情，及时发现危机苗头，以免被动。

3. 形成舆情分析报告

这项工作的要点是，利用搜索引擎、搜索热榜、百度指数等工具，通过对信息总量、媒体分析、网友反馈、报道倾向等方面进行数据整理和分析，总结出媒体和公众对相关问题的关注要点，迅速判断舆情的正面意义与负面作用，形成书面的舆情报告。

4. 利用现代信息技术和多种方式监测网络舆情

网络舆情信息量巨大，仅靠人工搜寻难以提高效率，可以依靠软件等现代信息技术手段辅助搜寻。如今，用于网络舆情收集与分析的软件种类繁多，如ELINT舆情系统、软云神州舆情监测系统云服务平台。此外，还有一些专业机构可提供网络舆情监测服务，如作为技术型网络舆情服务机构的北京拓尔思（TRS）信息技术股份有限公司、北大方正（智思舆情分析系统）、广州邦富软件有限公司、中国南京绿色科技研究院；作为媒体型网络舆情服务机构的人民日报网络中心舆情监测室、新华网舆情在线、天涯舆情；作为研究型网络舆情服务机构的天津市社会科学院舆情研究所、北京交通大学网络舆情安全研究中心、华中科技大学舆情信息研究中心等。可以通过委托或与这些机构合作，来实现高效准确的网络舆情监测。

5. 设置信息管理员

鉴于新兴媒体环境中的网络舆情具有全时空的特点，各单位机构应专门配备人员管理舆情监测和应对。在专门岗位上的网络舆情信息管理员，应熟悉和遵循新媒体传播规律，善于发现和搜寻网络舆情热点信息，同时，用更具人情味、更平等化、更符合新媒体传播特性的方式来与民众开展有效互动，就网民所普遍关注的问题发表评论文章，参与在线交流，力争形成网络正面舆论优势。

（二）网络舆情研判的两个指标

目前有关网络舆情研判的文章不少，相关信息丰富庞杂。从本教材的特点和功能出发，我们在这里介绍两个涉及网络舆情研判的指标，以供专业学习者参考。

1. 网络舆情研判的主题指标

在网络空间进行舆情研判，不可能面对浩瀚的信息海洋全面出击，那样不但缺乏效率，同时在实际工作中完全不具备可操作性。网络舆情研判主题指标的提出，有助于人们在网络舆情研判中定向监测，提高效率。

学者谈国新、方一提出了网络舆情研判的六大类主题。这六类主题分别是：

第一类：生存危机类。包括医疗、住房、就业、教育、社会保障、三农（农业、农村、农民）问题、特殊群体等方面的信息。

第二类：分配差距类。包括城乡差距、区域差距、行业差距、个人收入差距等方面的信息。

第三类：腐败现象类。包括贪污受贿、挥霍公款、形象工程、任人唯亲、官商勾结、徇私舞弊等方面的信息。

第四类：公共安全类。包括自然灾害、刑事案件、恐怖威胁、社会治安、民族冲突、黑恶势力等方面的信息。

第五类：时事政治类。包括贸易摩擦、政治谣言、党的方针政策等领域的信息。

第六类：公共治理类。包括决策失误、工商税务、公检法、城建等方面的信息。①

上述六类主要是从公共领域着眼归纳的主题，如果是企业进行舆情研判，还应加上“对企业有危害的网络信息”这一类。

2. 网络舆情研判的程度指标

网络舆情由初始到爆发，有一个程度逐渐强化的过程。学者谢海光、陈中润提出了“网络舆情‘十度’指标”，用于对网络舆情的程度判断。所谓“十度”指标，即：

热点（热度）：过去某一段时间内，被相对更加关注或集中关注的信息点。

焦点（角度）：在持续数个数据统计期内，在热点排行榜上保持较高位次的信息点，即持续的热点。

重点（重度）：预先设定部分目标词（词群），一旦出现与预设目标词（词群）一致的信息点，无论位次如何，即为重点。

敏点（敏度）：在过去某一时段内，在热点排行榜上位次上升较多的信息点。

频点（频度）：在过去某一时段内，相关信息点数出现频繁的信息点。

拐点（拐度）：在相对位次排行中，过去位次较高的某一信息点。

难点（难度）：在过去某一时段内，关于某一信息点出现两种对立的观点，两派各执己见，争论趋于激烈，相关信息点频发，即为难点。

---

① 谈国新、方一：《突发公共事件网络舆情监测指标体系研究》，载于《华中师范大学学报》（人文社会科学版），2010年第3期。

疑点（疑度）：在过去某一时段内，关于某一信息点出现多种观点，各派讨论激烈，相关信息点频发，该信息点即为疑点。

黏点（黏度）：在很长的数据统计期内，在热点排行榜上保持较高位次的信息点。

散点（散度）：在一段时间内，所有信息点缺乏相对集中的变化趋势，信息点的分布呈离散状态，称之为散点。

在网络舆情的程度判定上，上述“十度”是一个比较好用的工具。①

第三节　新媒体舆情危机的应对

所谓新媒体舆情危机，主要指由新兴媒体通过网络舆情演变、舆论变化而促成的危机状态。“舆情危机”是受某一个具体社会事件刺激而产生的涉及公众利益较深广的舆情，在相对较短的时间内生成大量舆论，这些包含舆情的舆论信息潮的“潮头”直接指向社会事件刺激方（通常是决策者或相关机构），并在某个社区或更大范围的公众中掀起更大强度的舆情，与社会事件刺激方或事件本身形成激烈的认识或观点对抗、行为对抗等。② 通常情况下，新媒体舆情危机在以网络为主要传播领域同时也有传统媒体参与的媒介事件的基础上发生。新媒体在带给人们便利的同时，也带来一些挑战和冲击，对于政府机构或企业来说，由新媒体舆论作为主要促成因素的危机常态化是最为严峻的挑战之一。因此，应对新媒体舆情危机是专业传播工作者的重要基本任务。

目前，基于社会各方对新媒体舆情危机应对的高度重视，这方面的研究蓬勃兴旺，著述大量涌现，各种观点、建议丰富多彩。某些研究已相当细化，例如，不少研究者对导致危机的媒介事件进行细致划分，并分门别类地探讨不同的应对方法。本书当然不可能如此细化地介绍这方面的研究成果，只在这里综合一些有助于我们认识新媒体舆情危机、有助于应对新媒体舆情危机的知识和方法，按照简明、扼要、对实际有帮助的原则，予以介绍。

一、新媒体舆情危机的应对原则

面对出现突然、影响巨大、潜藏极大风险和危险的新媒体舆情危机，如何

① 谢海光、陈中润：《互联网内容及舆情深度分析模式》，载于《中国青年政治学院学报》2008年第3期。

② 舒天戈：《新媒体社会沟通能力提升》，红旗出版社，2013年，第263页。

把握正确的应对态度，进而坚持采取适当的措施，离不开一些基本的原则。这些原则是危机处理的智慧结晶，有利于我们应对危机时保持清醒的头脑和恰当的姿态。

（一）危机管理的一般原则

对于危机管理，有一个被称为“危机管理的5P模型”的原则。这个模型的内涵是：

第一，端正态度（Perception）。是指养成忧患意识，正视危机的发生。

第二，防范发生（Prevention）。要求建立风险评估和危机预警体系，加强对危机的防控。

第三，时刻准备（Preparation）。将危机管理制度常态化，以应对常态化危机。

第四，积极参与（Participation）。主动开展危机处理工作，包括查找危机根源、确定危机类型、分析危机带来的影响、落实危机决策等。

第五，“危”中找“机”（Progression）。制订危机恢复管理计划以消除危机带来的长期影响，并从中寻找政府或相关企业部门积极与民沟通、塑造形象的新机遇。①

新媒体舆情危机作为危机中的一类，上述一般原则也适用，当然还需要增加属于应对新媒体舆情危机特殊性的因素。

（二）新媒体舆情危机应对的特殊原则

综合起来，新媒体舆情危机应对有如下特殊原则：

1. 以人为本、生命第一原则②

在各种导致危机的媒介事件当中，涉及人的生命损失的事件是最惨烈和最敏感的，处置不当，不但易引发难以消除的危机，也严重违背社会主义核心价值观和基本公共伦理。这个原则要求，在危机事件的处置和有关信息的发布中，始终把人的生命健康权放在首位，凸显先救人后救物的轻重顺序。

2. 黄金24小时法则③

新媒体平台上负面信息处置的关键时间是信息发布后的24小时。如果能

---

① 胡百精：《危机传播管理——流派、范式与路径》，中国人民大学出版社，2009年，第18～19页。

② 杨兴坤：《网络舆情研判与应对》，中国传媒大学出版社，2013年，第63～64页。

③ 匡文波：《新媒体舆论：模型、实证、热点及展望》，中国人民大学出版社，2014年，第315页。

在24小时内及时处理，就可能化解危机，防止其成为舆论热点，否则就可能演变成媒介事件。按照这一法则要求，具体说来，就是要尽量第一时间发布新闻、赢得话语权，第一时间发布事件信息，第一时间展开舆论引导，第一时间掌握新闻主动权。

3. 依法应对、合乎情理原则[①]

在新媒体舆论应对过程中，一是要严格按照法律的要求处理，二是要合乎情理。对网民要合乎情理，对事实的细节、真相的公布也要合乎情理。

4. 信息公开原则[②]

在新媒体环境下，危机应对须及时公开信息，因为这个环境决定了封杀信息是办不到的。公开是原则，不公开是例外。当突发事件发生后，要速报事实、慎报原因，做到不失语、不妄语。要认识到在新媒体环境下，信息宜疏不宜堵，应通过信息的公开透明化来争取网民；危机应对者对尖锐问题宜解不宜避，应承担应有责任以争取主动。有学者提出可以采用切割战术：中央和地方切割、政府和无良官员切割。

5. 积极主动沟通原则

危机发生后，应采取积极主动姿态，放下架子，与媒体和民众沟通。一方面，通过新闻发言人与媒体沟通；另一方面，与网民平等地交流。对话胜于对峙。舆情爆发，如果居高临下、自说自话，在新媒体时代，只会激起公众的质疑和反感，火上浇油、形成对立。

6. 解决现实社会矛盾是解决新媒体舆情危机的根本之道[③]

虚拟的新兴媒体世界是现实社会的缩影，解决好民生等现实问题，完善常规利益表达和博弈机制是应对网络危机的基础。对矛盾要做好化解工作，不能把解决问题的希望完全寄托在危机应对的技术操作上。

二、新媒体舆情危机的动态管理

新媒体舆情危机是一个动态过程，应对这种危机也是一个动态过程。有学者参考美国著名学者斯特奇提出的危机管理“四阶段”理论（即把危机事件分为“危机形成”“危机爆发”“危机减退”“危机结束”四个阶段），从强化危机

① 杨兴坤：《网络舆情研判与应对》，中国传媒大学出版社，2013年，第64页。

② 匡文波：《新媒体舆论：模型、实证、热点及展望》，中国人民大学出版社，2014年，第316～317页。

③ 匡文波：《新媒体舆论：模型、实证、热点及展望》，中国人民大学出版社，2014年，第320页。

发生前的预防和过程中的控制出发，将与危机有关的舆情分为四个阶段，即“征兆期”“初显期”“发酵期”“消退期”，并提出动态管理的建议。这个处理和建议可以作为我们在动态应对新媒体舆情危机时的参考。[①] 我们根据这种阶段划分的观点，结合我们的思考，做出下面的介绍。

（一）征兆期：做好信息预警

征兆期是网络舆情危机形成的第一阶段，这个阶段有着短至瞬间或长达数年的潜伏期。在征兆期，为了避免危机的发生，舆情收集工作的重心是做好信息预警。在这个时期，前面我们所介绍的舆情研判的手段、方法、指标，都可以用上，目的是发现危机信息的苗头，并形成报告，提请决策者注意。

（二）初显期：抢占话语高地

初显期是舆情危机形成的第二阶段，一般是指危机爆发的初始阶段。这一阶段危机尚未蔓延，媒体介入少，知晓网民范围小，没有造成很大的危害与损失。此时，公众对舆情处于了解期。[②] 这个阶段的舆情危机应对重心是，按照前述原则，及时表达对事件的关注与观点，尤其要及时披露事实真相，承担应负的责任，采取合理现实措施，用综合举措抢占话语高地，促使舆论向积极、良性方向发展。很多时候，在这个阶段，涉事主体对舆情变化麻木不仁、视而不见，不了解网络舆情信息的趋势动向，也不采取任何积极措施，则导致舆情迅速升级，广泛扩散，最后形成危机。

需要说明的是，这个阶段，积极的现实作为与合乎规律的网络信息发布结合，才能获得好的效果，没有前者，仅凭后者，是无法奏效的。

（三）发酵期：降低危机烈度

发酵期是危机全面爆发的阶段，这一阶段，事件急速蔓延与升级，是信息传播最为活跃、负面信息最多的时期。[③] 发酵期到来，证明前期应对措施无效，危机已然爆发，此刻，损失、危险均达到危机演变过程的最大值。这一时期，公众情绪达到了饱和，舆情热度上升，各种猜测和质疑加剧，导致负面舆情上升，一些民众受群体煽动的影响，容易失去理性，推动舆情向更加严重的方向演化。[④] 这时的工作重心，是降低危机烈度，尽量减少损失和威胁的机会。在这个阶段需要采取如下措施：

---

① 梅文慧：《信息发布与危机公关》，清华大学出版社，2013年，第62～70页。

② 梅文慧：《信息发布与危机公关》，清华大学出版社，2013年，第64页。

③ 梅文慧：《信息发布与危机公关》，清华大学出版社，2013年，第66页。

④ 梅文慧：《信息发布与危机公关》，清华大学出版社，2013年，第66页。

第一，启动紧急预案，采用多种舆论调控手段进行全面多元化的调控。例如，主动通过新媒体及传统媒体发布信息，引导社会舆论；注意引导网络意见领袖发言，降低怀疑和批评，为应对危机营造良性的舆论环境；通过态度友善的沟通，注重疏导网络情绪，防范网络极端情绪淤积导致“群体极化”；信息发布注重事实、细节的真实严谨，适应在“共景监狱”舆论环境下工作的要求。

第二，利用某个新事物的出现吸引公众的注意力，转移舆论关注重心。

第三，适当采取网络“消负”技术手段。对于危机事件中明显出于恶意的捏造事实的信息，可考虑适当运用有关软件系统，如 Reputation Defender（声誉卫士），删除负面舆论；或者采用 SEO 技术（Search Engine Optimization，搜索引擎优化），通过调整正面信息与负面信息在搜索结果上的排位来减弱负面信息的影响。但技术手段应慎用，如果将其用于对付网民的合法合理诉求信息，则有可能激怒民意，适得其反。

第四，网上网下联动。一方面，降低姿态，承担应负的责任，求得舆论的理解和谅解；另一方面，采取切实的补救措施解决舆论关注的紧迫问题，鲜明地表达维护社会正义的坚定立场和对问题解决认真负责的态度，求得网民的信赖。

发酵期舆情活跃，信息丰富，局势瞬息变化，应对者应该按照降低危机烈度、促使舆情好转、促进危机向好的方面转化的基本思路，因时、因地、因情势做出反应，灵活采取措施。

（四）消退期：做好善后处理

消退期是舆论衰减期和信息疲软期，此时，危机基本解决，组织或个人从事件影响中开始慢慢解脱出来。[①] 这一阶段舆情逐渐消退，公众的情绪趋于平静，对事件的关注度减至最小。促使这一阶段出现的首要原因是媒介事件的消失或解决。这一阶段是善后处理阶段，应对者关注的重心是保证事件得到圆满解决，消除再度发生的潜在威胁，并启动形象重塑工作。具体可以考虑以下几方面举措：

首先，通过网络和传统媒体发布传播事件处理的进展情况；引用专家或其他权威人士对事件处理的解读，借以传达正面肯定的含义；选择善后工作中积极正面的典型事例进行重点推介，尽量消除危机事件的消极影响。

其次，根据网民心理，借助对未来的展望或者转移议题，把公众的注意力

① 梅文慧：《信息发布与危机公关》，清华大学出版社，2013 年，第 66 页。

吸引到新的可控主题上，加快危机事件淡出视野。

再次，内部总结经验教训，建设强有力的常态危机预警体制机制，防止反弹，防患于未然。

最后，启动重塑形象的工作。包括开办政务微博、官方微博、公共微信账号等，建立长效信息发布窗口，接受网民意见建议，搭建与公众的互动平台；举办公益活动，做出有益于公众的承诺；利用典型事件，扭转负面形象。例如，2008年“5·12”汶川地震前，王老吉因被曝光“配方中的夏枯草会导致胃溃疡”而面临严重危机。“5·12”地震后，在某电视台举办的捐赠晚会上，王老吉生产机构宣布为灾区捐款一亿元人民币。此事在网络上引起巨大积极反响，网上流传“买光超市的王老吉”的倡议，在一些地方，王老吉一度卖断货，该品牌此前的消极形象被彻底扭转。事后，有研究者认为，可以肯定这是网络推手公司为王老吉展开的一次系统的、有预谋的事件营销①。

总而言之，新媒体舆论规律的探索和新媒体舆情危机应对是新媒体研究中重要的领域，也是实践性极强的工作领域。任何一位从事传播工作的专业人士都有必要熟悉、了解这个领域，以便从容地应对未来工作的挑战。

练习八

1. 什么是网络舆论？什么是新媒体舆论？二者的区别是什么？
2. 请谈一谈你对舆论和舆情这两个概念的理解。
3. 什么是“共景监狱”？
4. 试举例说明新媒体舆论“理性与非理性因素并存”的内容特征。
5. 一般性网络信息的传播结构是什么？
6. 试阐述你对“网络舆情研判程度指标”的理解。
7. 为什么在新媒体舆情危机应对中应坚持“信息公开原则”？

① 梅文慧：《信息发布与危机公关》，清华大学出版社，2013年，第73页。

第九章　新媒体营销

第一节　营销的定义及营销理念的更新

一、什么是营销

营销，全名即市场营销，英文为 marketing，是一门实践性极强的学科。自 19 世纪初期开始，随着工业革命对生产力的不断解放，西方资本主义有了很大的发展。1825 年西方世界爆发了第一次以“生产过剩”为特征的大规模经济危机，此后几乎每隔十年就会出现一次周期性的经济危机。而为了减轻经济危机所带来的伤害，一些企业开始重视对于市场的研究，并着手开展了一些以市场为导向的营销活动。

直到 20 世纪初，一些学者开始比较系统地提出促销和分销方面的有关理论。1905 年，克罗伊西（W. E. Kreusi）第一次提出了“市场营销”（Marketing）这个词；1912 年，有市场营销学鼻祖之称的肖（A. W. Shaw）在《经济学杂志》上发表了题为《关于市场分配的若干问题》的论文。1920 年，彻林顿（Paul T. Cherington）编写出版了《市场营销基础》，该书更为系统地详述了市场营销的基本理论，从而使市场营销学的理论体系趋于明朗。

进入 20 世纪 50 年代以后，市场营销学的理论与实践也进入了成熟阶段。市场营销学，已不仅仅局限于美国本土，而是走向了更广阔的世界，向全球扩散。现在，人们对于市场营销的认识，已越来越深入，且呈现百花齐放状态。本书中关于市场营销的定义，采用了美国著名营销学家菲利浦·科特勒（Philip Kotler）的解释：

“市场营销是个人或群体通过创造，提供并同他人交换有价值的产品，以满足各自的需要和欲望的一种社会活动和管理过程。”

二、营销理念的演变

市场营销发展至今，其理念经历了多次变化，其中主要有三种理念最为典型，即以满足市场需求为目标的 4P 理论，以追求顾客满意为目标的 4C 理论和以建立顾客忠诚为目标的 4R 理论。

（一）以满足市场需求为目标的 4P 理论

美国营销学学者麦卡锡教授在 20 世纪 60 年代提出了著名的 4P 营销组合策略，即产品（Product）、价格（Price）、渠道（Place）和促销(Promotion)。他认为一次成功和完整的市场营销活动，意味着以适当的产品、适当的价格、适当的渠道和适当的促销手段，将适当的产品和服务投放到特定市场的行为。

4P 理论重视产品导向而非消费者导向，以满足市场需求为目标。4P 理论是营销学的基本理论，它最早将复杂的市场营销活动加以简单化、抽象化和体系化，构建了营销学的基本框架，促进了市场营销理论的发展与普及。4P 理论在营销实践中得到了广泛的应用，至今仍然是人们思考营销问题的基本模式。然而随着环境的变化，这一理论逐渐显示出其弊端：一是营销活动着重企业内部，对营销过程中的外部不可控变量考虑较少，难以适应市场变化；二是随着产品、价格和促销等手段在企业间相互模仿，在实际运用中很难起到出奇制胜的作用。

（二）以追求顾客满意为目标的 4C 理论

4C 理论是由美国营销专家劳特朋教授在 1990 年提出的，它以消费者需求为导向，重新设定了市场营销组合的四个基本要素，即消费者（Consumer）、成本（Cost）、便利（Convenience）和沟通（Communication）。它强调企业首先应该把追求顾客满意放在第一位，其次是努力降低顾客的购买成本，然后要充分注意到顾客购买过程中的便利性，而不是从企业的角度来决定销售渠道策略，最后还应以消费者为中心实施有效的营销沟通。与产品导向的 4P 理论相比，4C 理论有了很大的进步和发展，它重视顾客导向，以追求顾客满意为目标，这实际上是当今消费者在营销中越来越居主动地位的市场对企业的必然要求。

然而，从企业的实际应用和市场发展趋势看，4C 理论依然存在不足。首先，4C 理论以消费者为导向，着重寻找消费者需求，满足消费者需求，而市场经济还存在竞争导向，企业不仅要看到需求，还需要更多地注意到竞争对手，冷静分析自身在竞争中的优势与劣势并采取相应的策略，才能在激烈的市场竞争中立于不败之地。其次，在4C理论的引导下，企业往往失之于被动适应顾客的需求，往往令他们失去了自己的方向，为被动地满足消费者需求付出更大的成本，如何将消费者需求与企业长期获得利润结合起来是4C理论有待解决的问题。

（三）以建立顾客忠诚为目标的4R理论

21世纪伊始，《4R营销》的作者艾略特·艾登伯格提出4R营销理论。4R营销理论以关系营销为核心，重在建立忠诚顾客群。它阐述了四个全新的营销组合要素：关联（Relevancy）、节省（Retrenchment）、关系（Relationship）和报酬（Reward）。4R营销理论强调企业与顾客在市场变化的动态中应建立长久互动的关系，以防止顾客流失，赢得长期而稳定的市场；其次，面对迅速变化的顾客需求，企业应学会倾听顾客的意见，及时寻找、发现和挖掘顾客的渴望与不满及其可能发生的演变，同时建立快速反应机制以对市场变化快速做出反应；企业与顾客之间应建立长期而稳定的朋友关系，从实现销售转变为实现对顾客的责任与承诺，以促使顾客再次购买、扩大忠诚顾客群；企业应追求市场回报，并将市场回报当作企业进一步发展和保持与市场建立关系的动力与源泉。

4R营销理论的最大特点是以竞争为导向，在新的层次上概括了营销的新框架。该理论根据市场不断成熟和竞争日趋激烈的形势，着眼于企业与顾客互动与双赢，不仅积极地适应顾客的需求，而且主动地创造需求，通过关联、关系、反应等形式与客户形成独特的关系，把企业与客户联系在一起，形成竞争优势。

除了上述三种营销经典营销理念，20世纪末，整合营销之父舒尔茨提出的5R理论也是备受关注的一种营销理念。5R即：关联（Relevance），指客户需要什么样的产品和服务，而不是企业能生产或者提供什么样的产品和服务；感受（Receptivity），指客户什么时候想买或什么时候从生产厂商那里认知产品；反应（Responsive），指当客户产生需求时，企业如何去应对需求；回报（Recognition），指企业在市场中的地位和美誉度；关系（Relationship），指买方和卖方之间的长期互相促进的所有的活动。

舒尔茨认为：营销组织应该用4C和5R来替代4P，即更多地站在客户和潜在客户一方去理解其需求。5R用极为精炼的方式总结出了现代整合营销传播的精髓，值得每一位营销人关注并学习。

第二节　传统营销与新媒体营销

一、传统营销与新媒体营销的比较

无可否认，眼下我们的社会已经进入一个新媒体蓬勃发展的时代。相比传统媒体，越来越多的企业主会选择利用新媒体来进行营销活动，利用新媒体来维护与消费者之间的关系。

所谓的新媒体营销，我们可以将其理解为利用新媒体平台进行的营销活动，主要包括但不限于利用门户网站、搜索引擎、微博、SNS、博客、播客、BBS、RSS、Wiki、手机、移动设备、App 等进行营销活动。而为了能更好地达到新媒体营销的效果，企业主往往会利用多种不同的渠道（新媒体与新媒体，新媒体与传统媒体）进行整合营销，以形成一种立体式的营销氛围。

暨南大学副教授谷虹在其《品牌智能：数字营销传播的核心理念与实战指南》中对数字营销（新媒体营销的另一种称法）有着十分深刻的理解：数字营销传播（Digital Marketing Communication，简称 DMC）是指以数字网络和多媒体互动终端为载体，以品牌的智能化再造为核心理念，以品牌关系的累积升级为终极目的，以满足任何消费者在任何时间，任何地点，任何有关品牌、产品和服务的信息需求为目的的营销传播活动及其过程。① 可见，新媒体营销的出现，对于传统广告和营销活动而言，无论从理论上还是实践上，都是一次具有时代意义的革新。

1. 从 1898 年 E. S. 刘易斯的 AIDMA 模型到电通广告的 AISAS 模型

1898 年，美国广告学家 E. S. 刘易斯提出 AIDMA 模式，Attention（引起注意）—Interest（引发兴趣）—Desire（刺激欲望）—Memory（保留记忆）—Action（促成行动）。百年来为无数广告人提供了一个消费行为分析的经典框架。

如今，在新媒体营销时代，该模型受到了极大的挑战。2005 年，日本电通广告提出了一个全新的分析框架 AISAS 模型：Attention（注意）—Interest（兴趣）—Search（搜索）—Action（行动）—Share（分享）。该模型更加适

① 谷虹：《品牌智能：数字营销传播的核心理念与实战指南》，北京：电子工业出版社，2015 年版。

应于互联网时代下的消费者行为分析，通过该模型我们可以清楚地看到：在新媒体营销时代下，消费者可以随时随地获取用于支持消费决策的信息，同时可以分享自己的经验和感受。更重要的是“搜索”和“分享”的出现，改变了传统广告的作用过程，让消费的主导权更多地转移到消费者手上。

2. 从单向度的信息传播到以“受众为中心”的互动式体验传播

传统的营销追求的是“覆盖量”或者是营销到达率，如报纸杂志的发行量、电视广播收视（听）率、网站的访问量。然而这样的模式，其关注的重点主要是传播的量，即可能有多少人注意到了营销的内容，但无法计算出传播的质，即受众对于所注意到的营销内容的实际心理反应是什么。“数字”对于一场营销活动来说很重要，但“数字”并不能解决所有的问题。比如广告效果的测量，至今都是一个世界难题。

相比传统营销生硬的单向式灌输传播，新媒体营销更加注重的是受众参与度和受众反馈，因而我们可以把它看成一种以“受众为中心”的体验式、参与式的多向传播活动。企业与消费者之间的距离再也不是高不可攀的，为了能够更好地了解消费者、获取消费者、赢得消费者，企业必须弯下身来，以尊重、友善的态度利用各式各样的新媒体与消费者建立一种朋友式的亲密关系。而这与传统营销中那种冷漠的大锅饭式的传播方式截然不同，在新媒体时代下，消费者早已不是企业轻易就能征服的羔羊，而是能为企业营销助力的精明的好帮手。

3. 以不变应万变的营销核心三要素——STP

对于新媒体营销与传统营销的差异，我们还应该有一种认识，那就是尽管营销理论从经典的 4P 发展到后来的 4C 以及 4R，但实际上营销的战略核心并没有彻底改变，变化的只是营销的理论和手段。

在现代市场营销理论中，市场细分（Market Segmentation）、目标市场（Market Targeting）、市场定位（Market Positioning）是构成公司营销战略的核心三要素，被称为 STP 营销。即在营销的战略层面，我们始终要考虑的还是：“这是什么样的产品”“怎样定位”“卖给谁”“怎么卖”“卖多少钱”。而在营销的战术层面，其涉及的问题则主要包括：“用一个什么样的故事”“广告怎么设计”“公关如何开展”“代言人如何选择”“用什么渠道投放”等。

营销需要创新，创新通常有两个维度：一是发现新的元素，二是对现有元素进行创新性整合。随着新技术的产生，新产品、新终端、新模式一定会陆续出现，而未来的新媒体营销，应是“终端、产品（服务、体验）与模式”之间多样态、多维度的创新性结合。而在此之中，STP 营销将始终作为营销人员以不变应万变的法宝，成为新媒体营销取得成功的关键步骤。

二、新媒体营销的特点

（一）互动及参与性强

以往的营销方式都是硬性推广，尽管在推广之前很多企业也会开展相关的调查来了解消费者的需要，但这种了解仅仅局限于营销活动之前。通常，营销活动持续的时间都比较长，在营销活动中，企业利用传统媒体只能进行单向度的传播，形成一种自说自话的场面，而面对时刻都在变化之中的消费者，这样的传播越来越显得有气无力。新媒体营销则不同，新媒体的特殊属性增强了企业与消费者沟通的互动性，在一场由新媒体构筑的营销活动中，消费者不再是纯粹的受众，其感受、观点、行为也可以成为企业营销的重要卖点被加以利用。在新媒体营销中，消费者被“深度卷入”营销活动，消费者就是企业最好的宣传员，或者说消费者就是企业最好的品牌形象。

（二）用户触达的精准性高

传统的营销就像一桌大锅饭，不管消费者喜欢还是不喜欢，内容一般都是统一的，传播路径也是比较单一的。而在新媒体营销中，无论是门户网站上的按钮广告，还是搜索引擎中的关键词广告，或是精心制作的“病毒”视频、微电影广告，都比传统营销更具针对性。因为利用新媒体，企业可以更加准确地进行定位，企业可以更加精确地将营销内容投放给合适的消费者，从而减少漫天撒网的资源浪费。而对于每一位消费者而言，他们所接触到的营销内容也是充满差异性的，这种差异性主要来自其自身的个性化需求和习惯化的生活方式。

（三）广告创意的创造性提升

新媒体营销成功的关键要素就是“创意”，而新媒体本身则可以为创意提供一个广阔的施展平台。大数据营销、病毒营销、微信营销、微博营销、事件营销、微电影营销……随着新媒体的不断发展，新媒体营销的类型也在不断扩展。在现实生活中，也屡屡出现由新媒体创造的“营销奇迹”。例如“小米神话”“凡客体”“《来自星星的你》”等，其成功都与新媒体密不可分。

（四）基于消费者圈层的社会化信息传播

新媒体营销通常聚焦消费者本身的圈层，利用带有社交性质的传播平台进行社会化的互动传播。大众传播时代，营销借助大众传播的影响力，其传播活动的覆盖面往往也比较大，但其在精准触达目标消费者这一点上却难以把控。

新媒体营销利用大数据技术、精准广告投放技术，能够更加准确地覆盖其目标及潜在目标客群。再借助具有黏性的社交媒体的赋能，其传播活动能够更加有针对性、个性化地对消费者进行教育及劝导，最终为品牌发展助力。

第三节　新媒体营销经典实例

一、搜索引擎营销

搜索引擎营销（Search Engine Marketing）的基本思想是让用户发现信息，并通过（搜索引擎）搜索点击进入网站/网页进一步了解他所需要的信息。在介绍搜索引擎策略时，一般认为，搜索引擎优化设计主要目标有两个层次：被搜索引擎收录、在搜索结果中排名靠前。

案例一：BMW——根据 IP 地址显示搜索结果，达成品牌的本地化细分覆盖[①]

BMW 在美国本土的搜索营销策略是激进的投放策略，即让旗下所有产品名称都置于搜索结果的第一位，并在此基础上详细研究用户查询时可能出现的关键词组合方式，将有关产品名称的各种排列组合的关键词一并购买，并使之搜索结果排名也处于首位。

此外，BMW 与搜索运营商达成精诚合作，利用搜索引擎分 IP 显示关键词广告的功能，联合分散在全美各城市的经销商，进行当地市场的品牌精准传播。用户输入 BMW 产品的名称后，在结果列表首位展示的是 BMW 美国的官方网站，结果列表次位展示的是当地经销商的网站。如果用户的 IP 来自西雅图，第二位结果则是西雅图的经销商网站。

BMW 的这一创举，首先达成了品牌的大面积覆盖，关于 BMW 的一切产品都排在搜索结果首位，在用户心目中树立了良好的品牌形象。其次，达成了品牌的细分覆盖，能够根据用户所属地区提供有针对性的结果，为经销商的销售带来线索。最后，BMW 与经销商联合进行搜索营销，使得 BMW 的整体品牌形象得到高度统一，同时节省了各经销商各自为政带来的高额广告预算。

① 案例来源：《知名企业开展搜索引擎营销实例》，http://www.vecn.com/328/。

案例二：兰蔻——品牌与销售两不误①

如若有消费者在百度搜索上敲下“兰蔻”两字，搜索结果页面最上方不再是普通的文字链接，而是图文并茂的兰蔻网上商城品牌专区。作为在国内首家试水网上营销业务的化妆品品牌，兰蔻此次与百度再度联手，意在通过搜索引擎将潜在消费者吸入其B2C网站进行消费。

通过百度品牌专区，兰蔻网上商城链接、促销公告、商品信息等以图文并茂的形式呈现。与传统的搜索显示结果最大的不同是，广告主可以亲手编辑栏目内容，将企业的最新信息前移，主动管理企业在搜索引擎上的品牌形象，促进网络平台和线下活动的良性互动。

“通过百度的品牌专区，我们的品牌在那些搜索兰蔻的消费者面前有了更好的展示，不但能够提升品牌形象，并且为兰蔻网上商城带来了很多高质量的顾客。在使用了品牌专区之后，我们大幅度地提高了品牌关键词的转化率，因此而产生的销售也相应提高了30%。”欧莱雅副总裁兰珍珍表示。

二、微信营销

微信营销是网络经济时代企业营销模式的一种。利用微信，商家可与周围同样注册的“朋友”形成一种联系，并向用户提供其所需要的信息，推广自己的产品，宣传自己的品牌，从而实现点对点的营销。

微信营销主要通过移动客户端进行区域定位营销。现在的微信可为商家提供：微官网、微会员、微推送、微支付、微活动、微CRM、微统计、微库存、微提成、微提醒等服务。这种借助微信开展的互动营销，已经成为线上线下一种主流的新媒体营销方式。

案例三：招商银行微信服务营销②

2013年3月28日，招商银行信用卡微信服务正式上线。这个名为“招商银行信用卡中心”的微信公众号，其最大特点是和招行信用卡的每个持卡人信息一对一绑定。招行微信公众号几乎取代了90%的招行常规客服功能，大大缓解了招行每年平均增长50%的客服压力。据了解，目前招商银行微信公众号的自助查询回复命中率已经高达98%。

在招行微信公众号下方有好几栏自定义菜单，用户在微信中点击后可以查

① 案例来源：《5个经典的SEM营销案例》，http://www.youpinhudong.com/wang luoyingxiao/20141022264.html。

② 案例来源：《微信营销案例——招商银行》，http://www.qingdaonews.com/content/2014-07/28/content_10590510.htm。

看自己的账单、积分、额度，设置还款等（如图 9−1、图 9−2 所示）。另外，招行微信账号还开始取代短信提醒功能。用户每一次刷卡后都会收到微信推送提醒，而短信只会给单次刷卡 100 元以上的交易发送提醒。相比短信，微信推送的信息内容更加丰富，图文并茂，且字数不限。

为推广微信公众号，招行信用卡在自己的官方网站上放置了微信广告，并且在持卡人的账单邮件、消费邮件等地方附带推广其账号，短短两个月过去后，其微信“粉丝”数量已经超过了 100 万。这和信用卡总持卡人 2000 万人的数量相比（60%是微信用户），还有巨大的增长空间。

实际上，招行希望在微信上实现的功能远远不只简单的信息查询那么简单。据互联网公开报道透露，目前招行信用卡正在尝试做两项和微信特色紧密结合的服务。第一项是语音服务，以后用户只需要对着招行信用卡的官方微信说一段语音，系统就会自动将语音翻译成文本识别，然后对应地给用户提供积分查询等服务。

第二项是 LBS（基于地理位置的服务）功能，今后用户在招行信用卡的微信账号中把自己的地理位置发过去，就可以显示附近的招行信用卡特惠商户的信息。

微信平台的出现对于整个呼叫行业来说是一次革命性的改变，招商银行在微信上的创新与尝试具有把整个呼叫行业从劳动密集型引向知识密集型的重大意义。而通过与微信等新兴互联网技术的合作，在这一过程中，银行自身也能进一步提高服务质量。

图 9−1　招商银行信用卡微信服务平台截图

图 9—2　招商银行信用卡微信服务平台

三、内容营销

内容营销（Content Marketing）是指不需要做广告或做推销就能使客户获得信息、了解信息，并促进信息交流的营销方式。它通过印刷品、数字、音视频或活动提供目标市场所需要的信息，而不是依靠生硬的推销来销售产品或宣传品牌。在网络中，内容营销可以利用动画、文字、视频、声音等各种形式的介质进行传播。这种传播方式比起传统的广告，没有那么直白、生硬、不近人情，对于目标客户更具有吸引力，且不容易引起消费者的抵触心理。但是“言之无文，行而不远”，内容营销非常看重文本的实质内涵，如果企业只是一味模仿或打造出的只是“金玉其外、败絮其中”的作品，那么这种内容营销势必是不会成功的。

总之，内容营销要求一切以“内容”为中心。内容营销关注的是理性的、长期性的说服过程，而并不追求短期或立显性商业利益，也不追求受众非理性的行为改变。通过内容营销，企业可以获得“思想领导”的角色，同时加强与消费者的感情连接，真正将品牌的精神注入消费者的情感世界，最后形成强有力的品牌忠诚度，提升品牌的价值。

案例四：纪录片《进藏》——宝马 MINI 携手土豆的内容营销之旅[①]

2013 年 12 月 9 日，由宝马 MINI 中国与土豆网联合拍摄的电影纪录片《进藏》在北京举行了首映式。该片由导演程工（他也是《舌尖上的中国》第一集的执行导演之一）执导，前后历时半年制作完成。该片以真诚的态度为人

① 易车网：http://news.bitauto.com/areashopcar/20131217/1306308001.html。

们呈现了简单而纯粹的西部文化。

10 个人，8 台宝马 MINI，7 万公里，从川藏线、青藏线、新藏线、滇藏线、喜马拉雅线 5 条线，向西藏挺进。这部纪录片记录了来自 2013 年宝马 MINI 全系车型的一次史无前例的挑战。

作为一部内容营销的纪录片，处处透露着深厚的人文气息：孤独守护藏王墓 20 多年的守墓人，在所有同伴都还俗时仍坚持留了下来；拉萨的藏香师仁青德哲，为了保证藏香的品质，独自重复着复杂又缓慢的传统工序；30 年前发誓禁语，闭关修行至今，只念经，不说话的石渠闭关兄弟；33 年来认真打扫每个角落的德格印经院扫灰人……可以说《进藏》是一部关于信仰的影片，一部能让大众了解藏族人信仰的影片。

值得注意的是，在该纪录片从招募人员到拍摄制作，再到推出海报、上映预告等一系列环节中，宝马 MINI 中国没有浪费任何一个传播机会，并且展现了一场以纪录片为核心的整合传播的节奏。该片上映之后，无论是在营销界还是在纪录片领域都收获了良好的口碑，可以说宝马 MINI 中国利用《进藏》，进行了一次非常成功的内容营销（如图 9-3、图 9-4 所示）。

图 9-3　《进藏》宣传海报[①]

① 图片来源：http://news.16888.com/a/2015/1028/2183048.html。

图 9—4　《进藏》宣传海报[①]

四、微博营销

微博营销是指通过微博平台为商家、个人等创造价值而执行的一种营销方式，也指商家或个人通过微博平台发现并满足用户的各类需求的商业行为方式。微博营销以微博作为营销平台，每一个听众（“粉丝”）都是潜在营销对象，企业利用更新自己的微博向网友传播企业信息、产品信息，树立良好的企业形象和产品形象。该营销方式注重价值的传递、内容的互动、系统的布局、准确的定位。微博营销涉及的范围包括认证、有效“粉丝”、话题、名博、开放平台、整体运营等。

案例五：杜蕾斯玩转微博，活动营销有声有色[②]

杜蕾斯为全球知名的两性健康品牌，曾隶属于英国 SSL 集团，2010 年被利洁时集团（Reckitt Benckiser）收购后，杜蕾斯顺应传播环境的变化，在中国市场加大了微博营销的传播和推广力度。

2012 年 12 月 11 日，杜蕾斯微信推送了这样一条微信活动消息：“杜杜已经在后台随机抽中了十位幸运儿，每人将获得新上市的魔法装一份。今晚十点之前，还会送出十份魔法装！如果你是杜杜的老朋友，请回复‘我要福利’，杜杜将会继续选出十位幸运儿，敬请期待明天的中奖名单！悄悄告诉你一声，假如世界末日没有到来，在临近圣诞和新年的时候，还会有更多的礼物等你来拿哦。”

---

① 图片来源：http://www.mingyi—brand.com/newsshow/?/236.html。

② 此案例资料综合来自：http://www.xuexila.com/success/chenggonganli/83142.html；http://blog.sina.com.cn/s/blog_9e4ccd670101as5s.html。

活动一出，短短两个小时，杜蕾斯就收到几万条“我要福利”，10盒套装换来几万“粉丝”。微信活动营销的魅力在杜蕾斯这里被演绎得淋漓尽致。

杜蕾斯很懂得利用多元化营销模式将其微博的人气提高，尤其是在进行节日微博活动促销之后，更是笼络了大批追随者，为企业创造了价值。例如在2013年的“3·14”白色情人节当天，杜蕾斯利用支付宝良好的口碑作为衬托，在文案中与支付宝进行对比——“支付宝保护金子，杜蕾斯保护精子”（如图9－5所示），充分体现杜蕾斯产品价值，并且与支付宝官方微博进行协作，大大提高了宣传力度，真正做到高效宣传，实现了共赢。截至2015年1月，杜蕾斯官方微博已有121万位“粉丝”。

图9－5　杜蕾斯白色情人节宣传海报[①]

五、App营销

App是英文application的简称，即智能手机的第三方应用程序。比较著名的App商店有：苹果的iTunes商店，安卓的Android Market，诺基亚的Ovi Store，还有黑莓手机用户的BlackBerry App World，以及微软的应用商城。随着互联网的逐渐壮大及智能手机等移动终端的普及，App作为一种盈

① 图片来源：http://www.168eee.com/show－11－13872－1.html。

利模式开始被更多的互联网商业大亨重视。

App 的营销模式主要有三种：广告模式、用户模式、购物网站模式。

App 广告模式是在众多的功能性应用和游戏应用中最基本的模式，广告主通过植入动态广告栏链接进行广告植入，当用户点击广告栏的时候就会进入指定的界面或链接，可以了解广告详情或是参与活动，这种模式操作简单，适用范围广，只要将广告投放到那些热门的、与自己产品受众相关的应用上就能取得良好的传播效果。

用户模式的主要应用类型是网站移植类和品牌应用类，企业把符合自己定位的应用发布到应用商店内，供智能手机用户下载，用户利用这种应用可以很直观地了解企业的信息，用户是应用的使用者，手机应用成为用户的一种工具，能够为用户的生活提供便利性。这种营销模式具有很强的实验价值，让用户了解产品，增强产品信心，提升品牌美誉度。如通过定制《孕妇画册》应用吸引准妈妈们下载，提供孕妇必要的保健知识，客户在获取知识的同时，不断强化对品牌的印象，商家也可以通过该 App 发布信息给精准的潜在客户。

购物网站模式是商家开发自己产品的 App，然后将其投放到各大应用商店以及网站上，供用户免费下载使用。该模式基本上是基于互联网的购物网站，将之移植到手机上面去，用户可以随时随地浏览网站获取所需商品信息、促销信息，下单购买，这种模式相对于手机购物网站的优势是快速便捷、内容丰富，而且这类应用一般具有很多优惠措施，如淘宝 App、京东 App 等。

案例六：可口可乐 App——“Chok!”[①]

2011 年，可口可乐在香港进行了一次非常成功的 App 互动营销。首先，可口可乐制作了一款名为“Chok”的手机 App，并推出了一支非常简单的电视广告。通过引导，可口可乐让消费者先用手机下载“可口可乐 Chok 奖”App，当电视或电脑视频广告出现可口可乐这支广告时打开 App，广告中的特定音效会触发 App 并让手机震动，这时候消费者用力摇晃手机捕捉屏幕里的瓶盖，每次最多可捕捉到 3 个可口可乐瓶盖，每个瓶盖下面都有不同的奖品，当广告结束时，便可在 App 中查看摇到的奖品（如图 9-6 所示）。

这次互动营销轰动了整个香港地区，无论是在家、在电影院还是在户外大屏幕前的观众都为之疯狂。这款专用的手机应用下载量持续爆棚，首月就获取了 380000 次惊人下载量。此外，这支广告在世界移动通信大会上还夺得了

① 此案例资料综合来自：http://www.domarketing.org/html/2013/fmcg_0313/8509.html；http://www.weixinz.com/w/anli/704.html。

"最具创意移动应用"和"最佳移动广告或营销"两项大奖。

图 9—6 Chok 页面截图①

案例七：宜家（IKEA）App——制定您的专属小家②

宜家（IKEA）的年度产品目录对于各位爱家人士来说是必不可少的，每年的发行量也达到 2.11 亿之巨。如今宜家在保留传统产品目录的同时，将产品目录的部分内容数字化，通过"IKEA Catalog App"的方式呈现（如图 9—7、图 9—8、图 9—9 所示），并且加入了一些很酷的增强现实等互动功能。

这款 App 与宜家 2013 年产品目录搭配使用，在这份纸质目录上有一些特定标识，只要你打开 IKEA Catalog App 并扫描这些标识，就可以看到这些家具的内层和更多信息，另外还可以链接到这些产品的 3D 模型、视频介绍等页面。

同时，这款 App 可让用户自定义家具布局，用户可以创建并分享自己中意的布局，并且参与投票选出自己喜欢的布局，宜家还会对这些优秀创作者进行奖励。尽管对于线下实体店面来说，App 往往不是最好的销售工具，但是 App 可以弥补线下体验的不足。通过 App，商家可以打通会员营销、体验与服务体系，利用个性化定制营销来达成传播效果。

① chok 页面截图：http://bschool.hexun.com/2013—01—08/149908694_1.html。

② 此案例资料综合来自：http://www.tmtpost.com/58326.html；http://jandan.net/2013/09/16/ikea_ar_catalog.html。

图 9−7　IKEA Catalog App 界面①

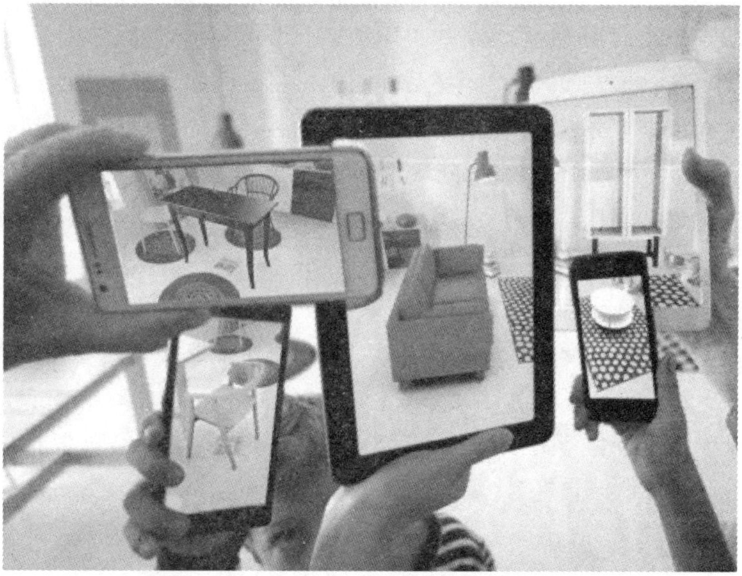

图 9−8　IKEA Catalog App 操作效果展示②

① 图片来源：http://digi.tech.qq.com/a/20111111/001295_6.htm。
② 图片来源：http://fashion.cnmo.com/28/281826.html。

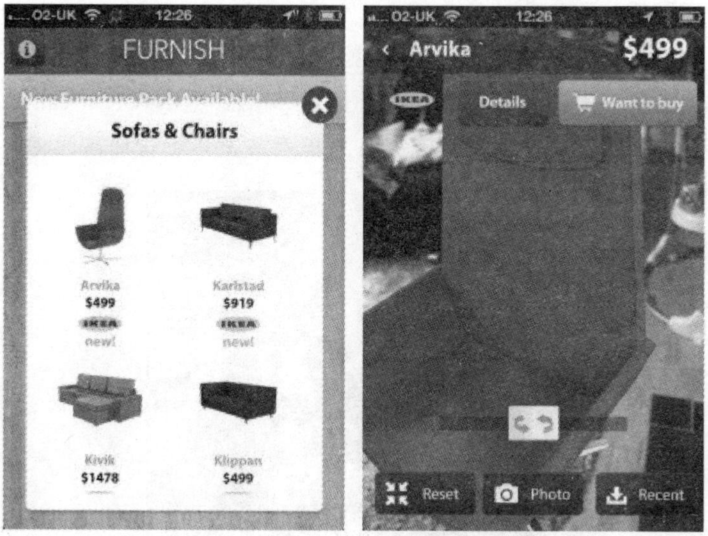

图 9－9　IKEA Catalog App 界面①

六、整合营销

新媒体营销的类型很多，本书只是选择了较为常见的几种类型进行介绍。事实上，现在的新媒体营销更加趋向整合营销，所谓“整合”就是把各个独立的营销综合成一个整体，以产生协同效应。所以，综合动用各种新媒体资源，协同作战，是眼下许多企业的选择。以下我们再来看两个案例：

案例八：李维斯的新媒体营销——李维斯“活出趣”②

时尚潮牌李维斯，曾经深受各国时尚青年的欢迎。然而，随着优衣库、H&M 等时尚品牌的壮大，李维斯在中国地区的销售一度陷入低迷。为了缓解这种销售上的颓势，李维斯试图利用新媒体营销，重新笼络年轻消费者的心。

2014 年 7 月，李维斯推出了一项全球性的推广活动——“Live in Levi's”(中文译名“活出趣”)。该项活动的灵感来源于消费者穿着李维斯所发生的上百万个故事。整个活动覆盖全球范围内的数字、社交平台、电视、电影院、平面媒体、手机媒体和店内体验，通过现实生活与虚拟活动的结合，深入接触激发消费者的参与性。通过拍摄短视频，在全世界范围内取景，选择李维斯的不同消费群体在不同场合穿着时的场景，来表现李维斯的品牌特性，再配合跳

① 图片来源：http://jiaju.sina.com.cn/news/jiaju/20130226/248341.shtml。

② 资料来源：《看李维斯如何玩转新媒体营销》，http://www.topbiz360.com/web/html/city/qy/special/2014/1028/160279.html。

跃、翻滚、跑步等动作凸显产品特性。

在国内，活动以“演绎它，活出趣”作为推广口号，并邀请明星余文乐与歌手艾菲作为秋冬季度的形象代言人（如图 9—10 所示）。二人在样册中尽情展示自己眼中的“活出趣”精神，并且突出产品秋冬主打产品的特性。

图 9—10 “活出趣”平面广告①

除了视频录制和传播，还有分享故事，全世界范围内的消费者都可以通过李维斯的平台，分享自己眼中的“活出趣”的故事，以及自己和李维斯之间的故事。作为活动主办方，李维斯更是发动涵盖歌手、时尚达人、时尚编辑、摄影师、潮人等圈子里的人来讲出自己心目中“活出趣”的故事，进而引导消费者讲出自己的故事（如图 9—11 所示）。

① 图片来源：http://news.china-ef.com/476236.html。

图 9－11 “活出趣”平面广告①

除了借助新媒体，李维斯还在传统媒体上投放了广告，利用线下门店做活动推广，让整个活动得以更大范围地传播，但是整个活动的主题以及后期的传播，包括故事征集却非常具有新媒体领域传播的特性——时刻注重消费者的参与感。

案例九：韩流再袭——《来自星星的你》的新媒体整合营销②

2014 年亚洲最火的电视剧是什么？答案毫无疑问，就是韩国的《来自星星的你》(如图 9－12 所示)。一时间，似乎大街小巷的人们都知道了初雪天的啤酒和炸鸡，都教授的广告铺天盖地，千颂伊的同款火爆淘宝等各大电商……一阵强烈的韩流就此来袭。

图 9－12 电视剧《来自星星的你》海报③

① 图片来源：http://www.shanghaimart.com/cn/News/NewsDetail.aspx?Article_id=1990。

② 此案例资料综合来自：http://www.meihua.info/a/41687；http://news.xinhuanet.com/edu/2014－02/15/c_119346413.htm；http://life.21cn.com/humour/laughting/a/2014/0301/09/26578195_3.shtml。

③ 图片来源：http://www.zjjzx.cn/news/gloab/361841_24.html。

《来自星星的你》是韩国SBS电视台于2013年12月播出的水木特别企划剧，推出后创造了73.4%的网络收视率和28.1%的全剧收视率神话。该剧自韩国播出后，迅速风靡整个亚洲，仅来自中国的网络播放次数就超过30亿，被称为“中国拥有社交媒体以来最被热议的韩剧”。虽然该剧目前已经播完，但是其带来的经济效应依然余温不减。在淘宝网上搜索该剧相关的关键词，如“星星同款”依然能够搜出13.9万件相关商品，关键词为“来自星星的你”的相关商品则有17.51万件之多；剧中诸多取景地已经成为游客的旅游热点，韩国著名旅行社京畿道于2014年3月推出“星你线路”，吸引中国游客前去旅游。

综合分析《来自星星的你》的火爆原因，我们可以发现该剧在推向市场的过程中，非常懂得利用新媒体营造传播氛围，如借助我国一些有名的网络视频播放平台爱奇艺、PPS、乐视网、迅雷视频等，同步韩国播放剧集；利用微博、微信等知名社交媒体制造话题，再借助圈内名人的推波助澜，使得追看《来自星星的你》成为一种时尚（如图9—13所示）。范冰冰、杨幂、赵薇（如图9—14所示）、高圆圆、白百合、伊能静（如图9—15所示）等一大批著名艺人都曾在其社交媒体上表示她们是“星星粉”，这一举动无疑会令大波网友追随模仿。新媒体的传播速度与名人效应的影响双剑合璧，《来自星星的你》想不火都难！

图9—13 电视剧《来自星星的你》海报[①]

① 图片来源：http://www.jstv.com/financial/newsletter/news/201402/t20140221_2141996.shtml。

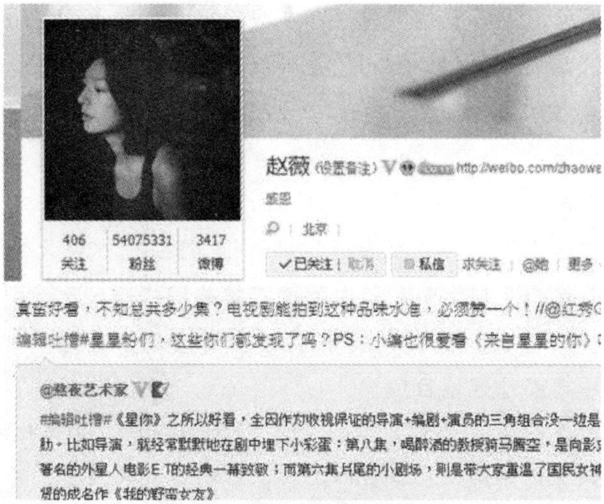

图 9—14　**赵薇微博截图**①

图 9—15　**伊能静微博截图**②

“粉丝”营销，功不可没。自 20 世纪 90 年代末开始，韩国电视剧就已经吸引了一部分国人之眼。尽管老一代的韩星逐渐淡去，但江山代有才人出，新一代的韩星在韩国娱乐产业的打造下正以不可阻挡之势冲击亚洲。而在此过程当中，韩星的“粉丝”们则表现出了相当惊人的影响力。如在《来自星星的

① 图片来源：http://ent.takungpao.com/photo/q/2014/0213/1371896_12.html。

② 图片来源：http://www.mmbang.com/bang/479/4062064。

你》热播之后，竟有金秀贤的“粉丝”在情人节来临前夕，买下报纸上的一整个版面登广告“示爱”。例如在 2 月 14 日，有“粉丝”集资在北京某纸媒上刊登整版示爱广告（如图 9—16 所示）。

广告全文如下：

“Dear 金秀贤：

我们代表中国千万名‘教授依赖症患者’，特别祝你今天情人节快乐！在我们心中，你是这个星球上最完美的爱情守护神！

2 月 16 日是你生日，我们也提前祝你生日快乐！希望‘来自星星的你’在地球上的每一天都灿烂耀目！

我们一直在默默地关注你，目光足以穿透 400 年。知道你将第一次来中国，特别以这种方式欢迎你，希望中国给你留下美好的印象，希望我们共同拥有这最珍贵的‘First Memories’！

我们 3.23 上海，4.4 广州，4.6 北京，不见不散！

爱你一世的 Kmoon

2014 年 2 月 14 日”

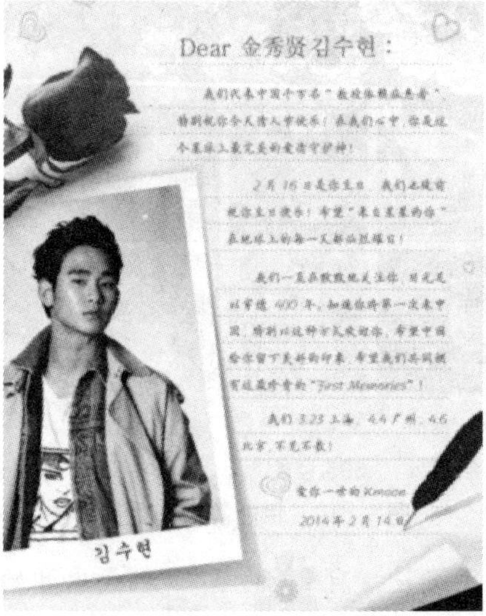

图 9—16　报纸截图①

“粉丝”对偶像的痴情换来的就是强大的传播力。我们在网络上看到的许多跟《来自星星的你》有关的内容和资源，大多都是“粉丝”自发创建的，如

① 图片来源：http://www.360doc.cn/article/1063372_370203152.html。

《来自星星的你》百度贴吧、话题组、讨论区等。《来自星星的你》借助着这些平台持续发热，从更广泛的渠道影响着更多的受众前来分享“都教授热”“啤酒炸鸡热”。

在新媒体尚未成熟之前，人们面对的通常只是“单屏营销”，而时至今日，人们在多屏幕的影响下越来越无法自拔。就像许多观众接触《来自星星的你》时一样，多是受到了微博、朋友圈的各种评价、转发的影响，有的受众甚至是为了追流行而追流行。人们一边盯着电脑上或者平板上的剧集，一边刷着微博逛着淘宝，总之所有的视线都被《来自星星的你》所攻占，而与《来自星星的你》有关的各类商品的信息（如图 9—17、图 9—18、图 9—19 所示）也就自然而然地进入了人们的生活。

图 9—17　淘宝商场截图

图 9—18　淘宝商场截图

图 9—19　淘宝商场截图

七、社会化营销

社会化营销（Social Marketing），又称社会化媒体营销或社交媒体营销。顾名思义，其主要是利用社会化媒体分享与共享的功能，在六维理论的基础上实现的一种营销。

社会化营销利用社会各节点，采用去中心化的营销方式进行营销，此时营销的主体不再是企业，而是用户。可以说，社会化营销是一种人人皆可参与的病毒式营销。

从本质上来说，我们可以将社会化营销看作对社会化心理的一种把握，而这也成为社会化营销取得成功的关键。

在进行社会化营销时，有 4 个重点需要营销者充分思考：

①如何有效地触及目标人群并引发其讨论；

②深入探查目标客群内在需求，传播对其有价值的信息；

③如何让消费者与品牌或产品产生关联；

④如何让目标客群积极参与并产生品牌好感，建立品牌忠诚度。

基于上述 4 个重点，我们认为，在进行社会化营销活动时，必须懂得以下几个原则：

→真实触达目标消费者：尊重每一位消费者，并采用个性化的方式与之互动，提升体验价值，降低营销可能带来的负面影响力。

→培养忠实客户，提升品牌忠诚度：对于企业来说，只有忠诚度高的客户才是最具价值的。利用社交媒体的黏性，深入目标客群，与之建立牢固、亲密、友好的关系，即是为品牌建立稳固的护城河。

→建立独特且完善的用户运营体系：社交媒体的运营是品牌社会化营销的重中之重。从平台传播框架的建立、传播内容的创作与发布，到日常的运维和互动，都影响着消费者对品牌的认知与好感。因此，品牌必须深入目标客群的世界，研究其喜好，传播对其具有价值的内容，并巧妙与品牌或产品信息进行关联，才能在用户运营与品牌构建上获得平衡，最终达到双赢。

→关注社会热点，适时借势：社会化营销传播，在保持品牌调性的前提下，需要充分接地气。社会化媒体的本质是一种强调参与的“平权媒介”。因此，在社会化媒体上传播的内容，一定是贴近生活的、被大众关注的内容。而在借势社会热点的同时，品牌也应该注意尺度的把握，避免涉及政治、宗教等敏感主题，否则一旦被扣上“作秀”“炒作”的头衔，将对品牌形象产生难以预计的影响。

案例十：2021　王老吉“姓氏罐”春节社会化营销活动

春节，作为王老吉“吉文化”核心传播场景，如何在高密度同质化的营销环境中，实现品牌吉文化的深度传播及销量增长？2021 年新春，王老吉携手微博开启“王老吉一姓氏罐”新年社交大事件。以“明星经济—红人联动—资源导流”三步策略，精准定位礼品市场，聚力渠道下沉，打造独一无二的新年吉文化。

首先，微博从明星数据库中，贴合品牌年轻化等营销诉求，甄选匹配王老吉的新春大使赵露思。1 月 25 号，赵露思在微博晒出她的专属吉云，#红罐赵老吉#，创意且吉利的专属姓氏罐（如图 9—20 所示）。

图 9—20　赵露思微博截图

紧接着，种草海量粉丝同款走起，同时撬动赵露思工作室与粉丝团加持传播力，饭圈热爱源源不断为品牌影响力加码。如何带动更多圈层种草“超吉年货”？美食、娱乐、时尚等六大圈层的 38 位红人和媒体分享花样王老吉姓氏罐。李老吉、杨老吉等各式姓氏罐在微博出现，热闹非凡。

本次活动覆盖 3.4 亿+用户，并带动大量 UGC 主动参与。王老吉趣味融入百家姓氏，吉文化层层渗透，全网活动期间微博“超吉资源”布局，助力王老吉覆盖用户追星、刷博全路径。核心流量多入口引流电商小程序，刺激用户下单买买买，全民喜提专属姓氏罐，最终微博助推王老吉，实现社交力、品牌力、电商力三重增长。在 10 余天的活动中，王老吉姓氏罐持续霸住微博潮物榜、美味榜，话题阅读量达 2.5 亿，品牌吉文化深入人心，激活用户快速增长，其中年轻用户占比近 70%，并提升用户行业覆盖率，带动了产品销售(如图 9—21 所示)。[①]

图 9—21 王老吉小程序姓氏罐定制页面

① 案例来源：https://hd.weibo.com/senior/view/31023。

八、直播营销

2019年，电商直播元年开启。在随后的短短一年时间里，电商直播便以其高效的营销模式打造了一个千亿级的消费市场，并由此掀起了新经济的大潮。

目前国内知名的直播平台有三大类：

①以一直播、映客、花椒、美拍等为主的真人秀直播平台；

②以斗鱼、虎牙、战旗等为主的游戏类直播平台；

③以淘宝直播、京东直播为主的购物类直播平台。

除此之外，抖音、快手等短视频平台也开通了直播功能，成为国内直播战场的重要阵地。

直播营销，就是以直播平台为载体进行营销活动，以达到产品销售或品牌提升的一种营销方式。目前，最受市场欢迎的三种直播营销模式是：

①明星＋网红＋直播；

②明星＋直播；

③网红＋直播。

对于企业而言，选择直播嘉宾是一项具备技巧性的工作。该工作一方面受制于营销费用，另一方面还需重点考察嘉宾人设、影响力、与品牌调性的契合度等。

同时，直播营销本身也是一项复杂且难度较大的活动。直播的真实感和现场感，虽然提升了受众观看的趣味性，但也加剧了执行把控的难度。直播过程中一旦出现问题，将会对营销活动的整体效果造成不可估计的影响，因此直播前夕的各项准备工作，成为考验企业执行力与应变力的关键。

图9—22为淘宝直播营销规划的路径图。该图对一场直播活动从前期到中期再到后期的所有关键节点性内容进行了归纳总结。由此，我们将了解到在不同的场景下，商家是如何进行直播营销规划的。

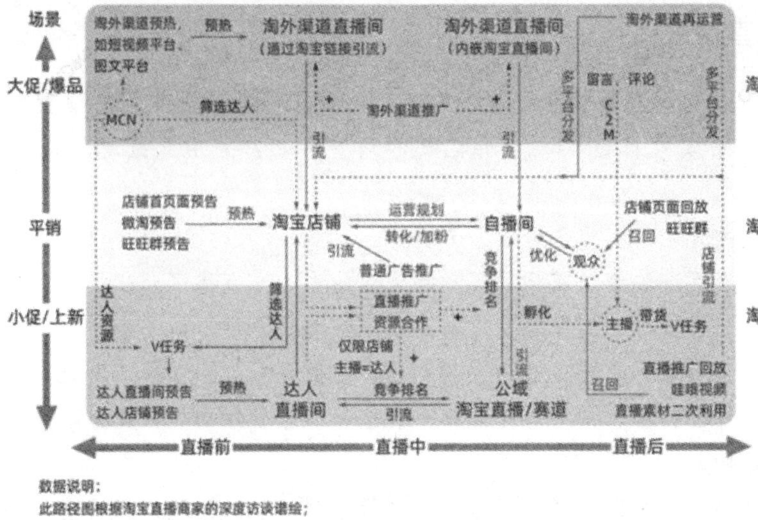

图 9－22　淘宝直播营销规划路径图①

案例十一："口红一哥"李佳琦的直播之道

5 分钟卖出 15000 支口红。如此惊人的"种草"效果，令李佳琦一跃成为美妆界最火的男人。

"30 秒给最多人画口红"吉尼斯世界纪录保持者，直播 2 小时内试了 380 支口红……李佳琦在创下纪录的同时，也拿下了"口红一哥"的大名。作为当前国内直播界的头部 KOL，李佳琦的成功并非偶然。从营销的角度来看，李佳琦的走红是精准的市场洞察之下，营销人的一次绝妙的操盘。

· 垂直领域的精致切入

纵观全网，美妆领域的 KOL 不计其数，但如果再进入更为细分的领域，能挑起大旗的 KOL 却十分稀缺。李佳琦的走红，就与这种稀缺性的定位密不可分。作为专业口红测评的 KOL，李佳琦在抖音上的视频内容有 75%是跟口红相关的。无论是和马云比卖口红，还是 30 秒内给最多的人画口红，李佳琦都将口红这一商品演绎得淋漓尽致（如图 9－23 所示）。

① 图片来源于《阿里妈妈直播营销研究》。

图 9－23　李佳琦抖音截图

·深语女性消费者心理

随着“她经济”的到来，越来越多的品牌开始将主视角聚集到女性消费者的身上。彩妆是以女性市场为主导的一类快消品，其品牌对女性消费者的关注和理解往往都在其他品类之上。在李佳琦的直播中，我们可以明确地看到他是如何站在女性的角度，将自己打造为一个精通美妆、护肤的亲民达人。李佳琦总是习惯性地称消费者为“姐妹”。在介绍产品的过程中，会使用能与女性消费者产生共鸣的表达：“少女感满满，初恋的感觉”“涂上你就是贵妇”……他经常将产品与明星挂钩，利用明星形象来描述产品适合的人群的气质，从而刺激女性消费者的购买需求：“迪丽热巴和杨幂的颜色”“这是全智贤本人呐”……

·极具个性化的人设标签

在众多直播主播中，李佳琦的个人风格也是十分突出的。其经典语录“OH MY GOD”“我的妈呀”“这也太好看了吧”，成为刺激受众记忆的专属语言符号。对待商品，李佳琦不似以往卖货之人的“卖花只赞花香”，夸张的赞美和毫不留情的批判，在其直播中都时常可见。而这也在一定程度上增强了他作为专业博主的公信力（如图 9－24 所示）。

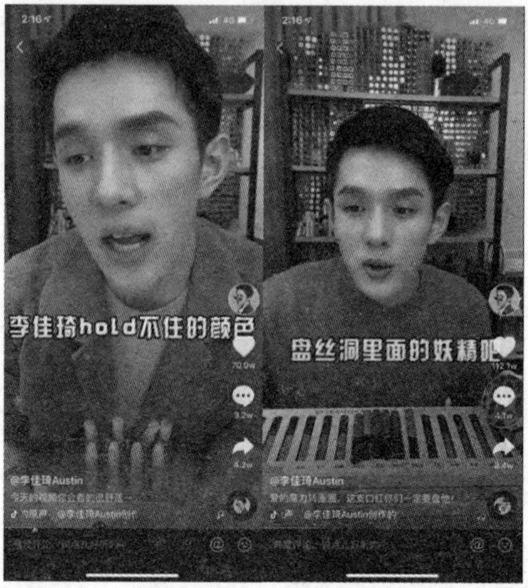

图 9—24　李佳琦抖音截图

李佳琦的影响力，让市场见识到了直播营销的强大力量。大家有目共睹，直播营销的风口已然到来，无论是对于商家还是消费者来说，这都将是一次前所未有的机遇和挑战。

第四节　新媒体营销的核心要素

一、内容为王，好产品永远是营销的关键点

有不少人认为，新媒体时代，技术与形式是排第一位的，内容可以屈居其次。这种观点可能在新媒体刚刚出现，尚未有很多人涉及该领域的时候，是有一定道理的，但是随着越来越多的人掌握了新媒体的技术，对于新媒体营销的认识也越来越深入之后，这种观点就无法站住脚了。技术如同工具，好的技术有利于我们创造财富，但是好的技术要应用在恰当的地方，制造出优质的产品才能真正地创造价值。说到底，人们对于技术的追求还是要最终落在个体自我的体验上。技术可以帮助我们丰富形式，但形式势必需要有内容的支撑才能生存。形式再花哨，但内容空洞无趣，结果只会加速其死亡。技术的更新换代是迅速的，人们喜新厌旧的心理也是永恒的，当一个产品只有外在的形式吸引人，而无内在的实质打动人的话，它就很有可能成为商场上昙花一现的笑话。

二、渠道制胜，整合媒体打出漂亮包围战

从我们为大家介绍的许多案例可以看出，眼下的多屏营销已是大势所趋。一般来说除了国际顶级的一线品牌，其他品牌想凭单一渠道获得胜利基本是不太可能了，何况现在就连那些金字塔尖上的品牌都开始尝试走亲民路线。整合媒体，实质就是整合资源。如何将不同媒体的特性发挥到极致，并可以利用最小的成本实现最大的利润，是所有企业都必须认真思考的问题。新媒体的出现，为很多企业特别是中小企业带来了机遇，因为相较于高傲的传统媒体，他们的选择面更多。但是，有时候选择越多反而会让人们迷失方向。所以，仔细研究每一种媒体的特点，不盲目跟风，结合自身产品的实际选择合适的渠道传播、销售，是每一个企业都不能忽视的工作重点。

三、资金是保障，创意是金箍棒

很多人认为新媒体的出现标志着自媒体时代的到来，而自媒体时代的到来则意味着人人都可以成为传播者，人人都可以受到关注。事实上，新媒体的确给了许多平凡大众以发声的机会，但是这并不意味着利用了新媒体人人都可以成为成功的传播者。因为，传播是需要资本的，其中，资金资本就是传播得以顺利实现并获得成功的重要保障，任何一种营销活动都是需要资金的。从网站、微博、微信的各种推广服务以及各类“粉丝通”服务，我们不难看出，在这样一个眼球经济万分活跃的时代里，没有资金是万万不能的。当然，肯定资金的重要性，并非是要减弱创意的重要性。的确，也有不少企业可以利用一个绝妙的创意打破资金的限制而创造巨大的收益。好创意就像金箍棒，有着强大的力量。但这并不是人人皆可效仿的，更多时候，我们需要用资金去推动创意，一个好的创意加上一个好的执行，才有机会让企业获得成功。总而言之，不用相信在新媒体时代就会出现从默默无闻到一夜成名的神话，因为在此神话背后，一定隐藏着资本的推动和公关的力量。

四、迅速反应，抢占先机

商场如战场，时机很重要。因此，企业在营销活动中，一定要懂得如何培养市场敏锐度，抢占传播的先机。2012 年伦敦奥运会期间，宝马汽车可谓是占尽了先机，抢尽了风头。一场比赛的冠军刚出炉，随之出现的就是宝马汽车邀请该冠军所拍摄的广告大片，如邀请中国帆船运动员徐莉佳和中国击剑运动员雷声拍摄的《为悦全力以赴》。如此迅速的市场反应着实让所有行家和消费

者为之惊叹，自然其所收获的关注也会随之高涨。

五、利用情感做营销，打造品牌与受众的感情纽带

现在的广告铺天盖地，商业活动的类型也是五花八门，许多消费者早已对此深感疲惫，甚至是十分厌恶。如何能了解消费者的心思，直击消费者的真正需求，使其产生对产品或品牌的好感便成了营销活动的重中之重。情感营销，即是把消费者个人情感差异和需求作为企业品牌营销战略的情感营销核心，通过借助情感包装、情感促销、情感广告、情感口碑、情感设计等策略来实现企业的经营目标。在情感消费的时代，消费者消费商品更多的是为了一种感情上的满足，一种心理上的认同。情感营销从消费者的情感需要出发，唤起和激起消费者的情感需求，诱导消费者心灵上的共鸣，寓情感于营销之中，让有情的营销赢得无情的竞争。进入大数据时代以来，企业对于消费者的研究进入一个崭新的阶段，从消费者心理到消费者行为，各种研究结果层出不穷。对于这些研究，企业必须能够将其落在实处，使之能够真正运用在广告营销之中，这样才能制作出打动人心的作品，将企业与消费者紧密地联系在一起。如此一来，消费者便可主动化身做企业最为真实、最为权威的形象代言人，进一步利用新媒体帮助企业传播品牌，实现品牌价值。

六、积极寻求跨界合作，实现企业双赢局面

如今，商家之间寻求跨界合作也不是新鲜事，我们可以将之称之为异业联盟。异业联盟，顾名思义是指产业间并非上下游的垂直关系，而是双方具有共同行销互惠目的的水平式合作关系。凭借彼此的品牌形象与名气，拉拢更多面向族群的客源，借此来创造双赢的市场利益。例如，2014 年 12 月 26 日，上海大众汽车牵手百度，开启了双方的战略合作——成立汽车行业数字营销研究中心。通过联盟，上海大众与百度公司联袂探索、感知消费者的需求差异，并在大数据时代下实现“私人订制”的营销策略。此外，双方还可以在 DMP（Data Management Platform，数据管理平台）、DSP（Demand Side Platform，需求方平台）领域，共同开展创新合作和探索。双方也将进一步探索整合数字营销领域的创新模式，共同推进营销新产品与工具的应用实践，在 LBS 定位技术、移动搜索应用、百度知识体系等方向，共同打造行业领先数字营销创新案例。

七、努力提升服务品质，打造完美用户体验

“用户体验”（User Experience）这个词最早是由用户体验设计师唐纳德·诺曼（Donald Norman）在 20 世纪 90 年代中期所提出和推广的。用户体验，即是指用户使用产品过程中建立起来的一种纯主观的感受。早期主要是被运用在网站的设计上，即要求在网站设计的过程中要结合不同利益相关者的利益——市场营销、品牌、视觉设计、可用性等各个方面。现在，我们利用新媒体进行营销，则更是需要重视这种用户体验的提升。因为，只有完美的用户体验才能长久地吸引消费者。关于这一点，苹果公司可以说是众商家学习的典范。苹果公司创始至今，一向将“用户体验至上”作为产品的战略本质。无论是产品的外观设计、系统设计还是工业设计，苹果公司都极力捍卫着它的完美主义。苹果产品的内在功能十分强大，但其外在设计和使用操作却非常简洁，这一点对于广大的消费者而言是魅力十足的。苹果公司每一次产品升级，都大大提升了消费者的用户体验，这也让消费者对于苹果公司的热情持续不减。

练习九

1. 请谈一谈你如何理解“内容为王”这个观点，并举例说明如何开展一次成功的内容营销。

2. 如何理解传统营销与新媒体营销之间的区别？

3. 什么是社会化营销？其本质是什么？

4. App 营销有何特点？利用 App 进行营销应该注意些什么？

5. 英享睿文化传播公司是一家专门经营艺术游学的高端定制文化传播公司，其主要的顾客群是具有良好消费能力的学生族及热爱艺术的人士。艺术游学的项目包括皇家礼仪培训、音乐、绘画、插花等短期欧洲艺术项目培训。请为该公司策划一套微信推广方案，主要内容包括设计公众号名称、宣传口号，以及创意一则用于微信推广的品牌微电影广告。

第十章　新媒体艺术

第一节　新媒体艺术溯源

尽管新媒体艺术的应用已经有一段历史了，而且这段历史已经被记载，但因为其一直处在发展中，所以似乎很难划分。要追寻新媒体艺术的历史轨迹，最简单有效的方法则是通过考察其所使用的媒介或技术来实现。

新媒体艺术的起源可以追溯到19世纪移动摄影的发明，例如被称之为“西洋镜”的幻影箱。当然，如果要按照媒体进化和演变的历史来探讨新媒体艺术，那么当人类社会处在原始时期时，就已经有了当时所谓的新媒体艺术了。不过，对此，学者和业界总会有不同的观点提出。就艺术本身而言，新媒体艺术源于20世纪60年代的观念艺术，以及包括早期未来主义宣言、达达式行为和70年代的表演艺术等。从20世纪60年代起，信息革命使个人电脑成为计算机的主要形式，掌握了便携式摄影录像设备的艺术家，开始将这一媒体用于艺术表现。因此，新媒体艺术通常指的是“以白南准为代表的实验性录像艺术、电影以及激浪派（Fluxes）艺术中的多媒体实验性表演。近年来，新媒体这个词，似乎已经与数字艺术（数位艺术/或数码艺术）的概念紧密关联在一起，并与计算机的理论和实践的历史融合在一起”[①]。

的确，新媒体艺术无论从其呈现方式上还是从保存路径上，都十分受计算机和信息传播技术的影响。同时，基于新媒体的互动性特质，一些新媒体艺术的创作者在艺术领域对新技术、新设备的使用已经有了开创性的探索和试验，例如借助电报、传真、微波、红外线、互联网、各类移动终端、比率信号发生器、全球定位系统等方式进行应用。

20世纪80年代，新媒体艺术在中国兴起。在20世纪90年代中前期主要表现为在装置、表演、摄影和录像等媒介上的广泛实验和使用；在90年代中

---

① 林迅：《新媒体艺术》，上海交通大学出版社，2011年，第106页。

期，录像艺术成为真正的新媒体艺术的前卫性实验；在90年代末期，随着计算机视觉技术的普及，互动技术、网络技术、Flash动画技术、电子游戏技术、三维视觉技术，以及计算机数字编辑技术等开始进入Video艺术的制作。新时期，随着IT产业的发展，个人电脑等技术设备的日益廉价化，数字技术与虚拟现实技术的日新月异，新媒体艺术的含义与形式得到了多角度的拓展，不仅录像艺术进一步得到繁荣，同时亦有更多的艺术家开始着手探索互动多媒体艺术和网络艺术。

案例一：影像装置与影像作品

1996年9月杭州中国美术学院画廊，举办了由吴美纯女士策划的名为“现象与影像”的中国第一次录像艺术展。这个展览展示了十几件影像装置和几件录像带作品，集中了张培力、王功新、陈绍雄等中国第一代录像艺术的开拓者的作品；1997年在北京陆续出现了数个高质量的纯粹展示影像艺术作品的个人展览，如“王功新个展”、宋冬“看”录像艺术展、邱志杰“逻辑：五个录像装置”个展等。这标志着中国的影像艺术已经由自发的、群体性的艺术实验逐渐走向成熟，一批独立的影像艺术家开始走上国内外的艺术舞台，直至中国各类艺术展览上影像艺术成了不可或缺的一部分。今日，在新媒体艺术的版图里，影像装置与影像作品都是其中发展最成熟，创作、评论、交易、收藏系统最完备的一部分。以张培力、杨福东为代表的专注于影像艺术的当代艺术家，成为我们在追溯中国当代艺术史影像板块时无法忽视的关键性人物。[①]

案例二：白南准及其作品[②]

艺术家白南准（Nam June Paik）大型回顾展于2010年12月17日—2011年3月13日在英国泰特利物浦博物馆（Tate Liverpool）举办（如图10－1、图10－2、图10－3所示）。

① 郭优：《中国新媒体艺术发展的现状及趋势》，载于《新闻爱好者》2012年第10期。

② 艺术中国网：《泰特利物浦将举办录像艺术大师白南准回顾展》，http://art.china.cn/haiwai/2010-08/11/content_365541.htm，2010年8月11日。

图 10−1　白南准作品《Route 66》1993[①]

白南准（1932—2006）出生于韩国，是20世纪最具创新能力的艺术家之一，普遍被认为是国际上第一位用视频进行创作的艺术家，开创了艺术界“MTV时代”，并且身兼录像艺术家、表演艺术家及作曲家于一身。白南准的艺术生涯从日本和德国开始，后逐渐对电子艺术和前卫艺术产生浓厚兴趣，与约翰·凯奇（John Cage），约瑟夫·博伊斯（Joseph Beuys），卡尔海因兹·斯托克豪森（Karlheinz Stockhausen）等艺术家一同工作，并受他们影响。

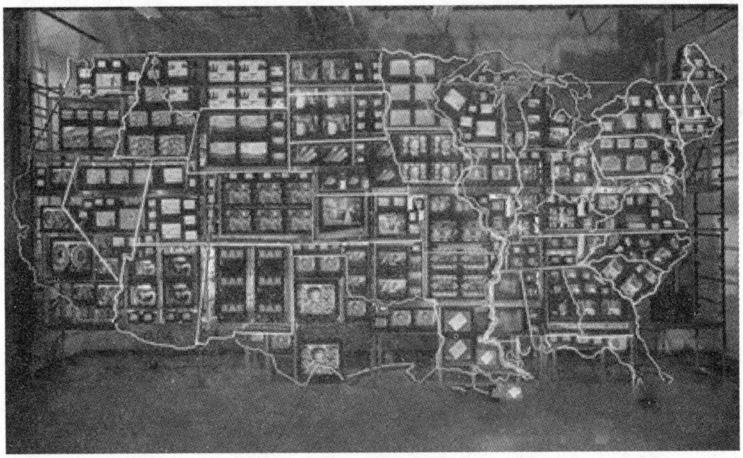

图 10−2　白南准作品[②]

1964年白南准移居美国，开始了行为与视频艺术的实验性创作。他与大

① 图片来源：http://art.china.cn/huihua/2010−08/06/content_3647677.htm。

② 图片来源：http://artspy.cn/html/news/3/3443_2.html。

提琴家夏洛特·穆尔曼（Charlotte Moorman）的合作对美国前卫艺术具有独特而深远的影响。

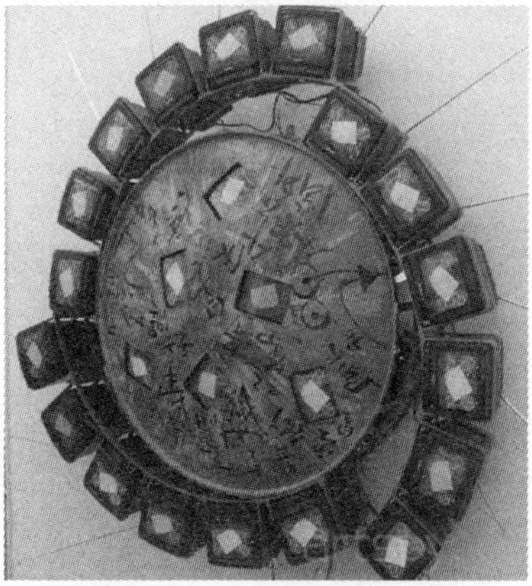

图 10—3　白南准作品①

充满诱惑力的闭路视频装置与人为控制电视作品是艺术家最具特色的利用科技进行的艺术创作实践。从早期的音乐表演和电视作品，到机器人雕塑和大型录像装置，该展览全面展现了该艺术家的生平艺术创作。白南准与日本录像工程师舒亚·阿贝（Shuya Abe）合作开发出“录像合成器”（Video-Synthesiser），通过扭曲屏幕图像的颜色和形状，使录像艺术有了革命性发展。同时他对公共广播和卫星电视以及流行音乐和视觉图像的运用也具有重要意义。

第二节　新媒体艺术的定义

新媒体艺术是什么？时至今日，无论是学界还是业界都没有一个确切的答案。这其中主要有两个原因：一是新媒体一直处在快速的发展中，其形态变幻莫测，人们很难透彻地理解其本质内涵；二是“新媒体”与“新媒体艺术”并不是同一个概念，然而在很多阐述新媒体艺术的文章中都容易将两者混为一谈，让初次接触到新媒体艺术的人感到困惑。

从文字的角度来说，新媒体艺术与媒体艺术是相对的。所谓的“媒体艺术”是指艺术家在工业社会中“用传统绘画、雕塑以外的一切工业、商业和技

① 图片来源：http://artspy.cn/html/news/3/3443_2.html。

术材料所从事的艺术创作和探索"[①]。作为新媒体艺术，其主要指的是那些利用录像、计算机、网络、数字技术等最新科技成果作为创作媒介的艺术作品[②]。此两者间的区别主要在于艺术媒介与载体的不同。

当然，也有的学者持文化上的泛化观念，认为"新媒体中的媒介，不仅仅指艺术表现的物质载体或手段，而且指当代艺术作为文化活动面向社会、进入社会公共空间的方式"[③]。

在本书中，我们选择采用学者林迅在《新媒体艺术》中为新媒体艺术所下的定义：

> 以数字媒体和技术以及信息传播科技为支撑和媒体的艺术形态；其本质特征体现在，通过利用和展示数字化及信息传播相关新技术，以交互为特征、从事或参与有关社会、政治、文化、美学、哲学等相关领域的艺术创作和实践活动。[④]

第三节　新媒体艺术的特征

一、数字化与信息化

新媒体艺术的基本特征首先表现为数字化与信息化。因为新媒体艺术首先强调一个"新"字。这个"新"体现出了新媒体艺术是时代发展的产物。随着技术的进步，尤其是信息技术的突飞猛进，媒介的变革正在以迅雷不及掩耳之势影响着社会生活的方方面面。置身于艺术领域，新媒体艺术的出现正是对以往的艺术内容、艺术形式的一种改革，甚至是颠覆。

在新媒体艺术的呈现方式中，我们会注意到几种常见的形态，如数字艺术、电脑艺术、移动艺术、VR艺术等，其产生与发展都依赖于数字技术与信息技术。另外，当我们回顾新媒体艺术的定义时，我们也会明确认识到新媒体艺术的数字化与信息化特性。

---

① 张朝晖：《什么是新媒体艺术》，载于《美术观察》2001年第10期，第66页。

② 王端廷：《〈域外观——什么是新媒体艺术〉主持人语》，载于《美术观察》2001年第10期，第66页。

③ 范迪安：《从媒体变革到文化视线——在中国当代艺术研讨会开幕式上的讲话》，载于《美术研究》2002年第3期，第66页。

④ 林迅：《新媒体艺术》，上海交通大学出版社，2011年，第111～112页。

二、感知的多元化

从人类对艺术的体验方面入手，新媒体艺术与传统艺术的主要区别在于：新媒体艺术开阔了人们的视野，综合性地调动起了人们的各项感觉系统，包括视觉、触觉、嗅觉、听觉和味觉。可以说，人类在新媒体所营造的虚拟空间中所获得的体验是全方位的、多元化的。当然这种全方位、多元化的体验得益于媒介技术的发展，从媒介的角度来看，电子媒介可以看作传统媒介的集大成者，正如麦克卢汉在《理解媒介》中所说的，“媒介是人的感觉能力的延伸或扩展：文字和印刷媒介是人的视觉能力的延伸，广播是人的听觉能力的延伸，电视则是人的视觉、听觉和触觉能力的综合延伸，而电脑可以看作是人类中枢神经的延伸”。

因此，从某种程度上讲，新媒体艺术已经最大限度地调动起了人类的感官，从视觉、听觉、味觉、嗅觉、触觉等方面延伸了人类的感知，让人类找回了长期失落的“感觉总体”，重新回到一种感觉平衡的状态。

三、超强的互动性

新媒体的艺术先驱，来自英国的罗伊·阿斯科特曾说：“新媒体艺术最鲜明的特征是联结性与互动性。”其中互动性的产生与媒介技术的发展密切相关，媒介的变化对于艺术的交流意义重大。

互动性为新媒体艺术带来了全新的体验。在许多新媒体艺术的呈现方式中，我们都能看到这种体验的奇妙魅力。比如在互动装置艺术中，我们会看到观众可以参与到录像装置艺术中，实现一种“在场”的审美；网络艺术中的超链接表达方式与共时性，也使得观众成为作品的创作者之一，实现一种“在线”的审美；在 VR 艺术中，通过佩戴可穿戴式设备，原本艺术的观赏者也可以成为艺术行为的发起者，实现一种即时即刻的互动娱乐。

在学者刘然的《新媒体艺术研究》一文中，他写道：“新媒体艺术随时可以让观众扮演不同身份、结识新的群体；可以利用不同的文本互相演示作品，并且向观众提供共同完成作品的机会；也可以通过让观众与作品产生直接互动，通过触摸、身体移动、发声来改变作品的进程、造型，甚至意义。新媒体艺术彻底改变了艺术家与观众之间传统的互为主客的分割与封闭的关系，而成为能够更深入体验对方的两个主体。正因如此，审美的交互主体性才在新媒体艺术中得到极大的彰显。”

案例三：香港艺术节互动艺术新装置[1]

两名新媒体艺术家设计的一件互动艺术创新装置，为2011第三十九届香港艺术节带来巴赫乐章和数学的美妙结合。由香港城市大学创意媒体学院院长兼媒体艺术讲座教授邵志飞与贝恩特·林特曼教授携手创作的互动装置作品"巴赫音乐的立体视觉世界"（如图10—4所示），为香港创意媒体艺术的发展开创了新的里程碑。

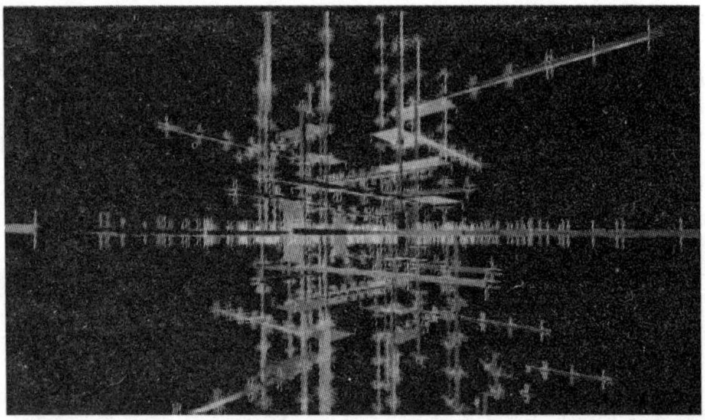

图10—4 这项互动装置模拟巴赫作曲过程的深层复杂数学结构，即时生成3D图形，以形象演绎音符"模块"如何谱写成乐章[2]

他的作品是香港艺术节加料节目中"巴赫全方位"系列的部分内容，而"加料节目"包含多种多样的活动，旨在为艺术节的主体表演节目锦上添花。这是香港艺术节首次展出数码媒体互动装置作品，该作品在艺术节期间布置在香港文化中心大堂展出，预计吸引逾七万人次参观。

这件互动3D数码影音装置取材于巴赫的《B小调弥撒曲》，凭借电脑软件将巴赫创作乐章的过程直观表现为视觉形象：随机选出的一个个3D图形不断地浮现、移动、变形而组成一个动态结构。作曲家巴赫好似建筑师，他聚精会神于一组组音符的建筑模块，使之和谐匹配以生成一个整体，而后进入谱写乐章的阶段。观众可按动电钮，从五个基本群组之中选择建筑模块，这些代表音乐结构的模块随即生长演化，在一幅巨型3D屏幕上投射出变幻莫测的奇异影像，令人浑然忘我，陶醉其中。

四、游戏化

在艺术的起源学说中，游戏论是一种经典的解释。早在古希腊时期，柏拉

---

① 案例来源：《新媒体艺术——互动的艺术》，http://siva411shalong.blog.163.com/blog/static/17532541720129236573727l/?suggestedreading&wumii。

② 图片来源：http://huanan.artron.net/20110301/n153344.html。

图就曾经指出，游戏是人用来安抚心灵的活动。而在《判断力批判》一书中，康德初次把艺术与劳动明确区分开来："艺术甚至也和手艺不同；前者叫作自由的艺术，后者也可以叫作被雇佣的艺术。我们把前者看作它好像只能作为游戏，即一种本身就使人快适的事情而得出合乎目的的结果；而后者却这样，即它能够作为劳动，即一种本身并不快适（很辛苦）而只是通过它的结果吸引人的事情，因而强制性地加之于人。"从本质上说，艺术是无功利而让人感到愉悦的，这一点与游戏有着深刻的关联。

新媒体艺术较之于传统艺术，在游戏性上可谓有过之而无不及。其虚拟性、互动性的特点十分契合艺术与游戏的本质，同时将两者的关系更加紧密地连接在一起，推动着艺术的进步。以网络艺术为代表，网民匿名登录，摆脱现实世界的枷锁，在虚拟世界中依照自我内心的真实意愿享受、体验，同时利用网络空间消解精英艺术的思想规范，构建属于自己阶层的话语圈。在艺术表达方式上，网络艺术用拼贴和戏仿的方式来消解经典艺术的形式规则和范式，以碎片化、平面化、非整一的形式来标新立异，追求一种符号化的话语狂欢。网民进行网络艺术创作完全是一种兴趣和表达欲望的驱使，在相当程度上，还可能是一种个人真实人格的演绎。网络艺术打破一切表达禁忌和题材禁忌，各种戏说、大话、角色反串、无厘头风格的网络艺术作品俯拾皆是。可以这样认为：如果说印刷文明的纸张型艺术在艺术符号的背后还隐藏着某种深层的意义和终极价值，那么网络艺术追求的仅仅是一种符号化的能指狂欢。网络艺术割断了能指与所指的深刻关联。①

如今，许多新媒体艺术家都试图通过新媒体艺术作品与观众直接交流，并将其诉诸感官刺激，艺术的游戏性与娱乐性都得到了前所未有的诠释。例如，华裔艺术家蔡文颖利用声音感应装置创作了可以对周围声音进行反馈的"赛博雕塑"。他的雕塑利用金属、玻璃纤维和光，来重现植物状的有机形体，在颤动和炫目中，配合周围环境中的声音和音乐翩翩起舞。无论是成年人还是孩子，都可以在他的作品中感受到一种游戏式的互动的乐趣，而这种乐趣同时也让艺术作品实现其自身的意义和价值。

从传播角度来讲，"新媒体艺术的互动性和游戏化反映的是一种双向的传播，与现代大众媒体单向性的传播相比，它把艺术家和观众更紧密地联系在一起，使之共同参与艺术的美感体验，甚至难分彼此。这样的审美不是静观和沉思，而是多元的和动态的，是无边的和开放的。现代艺术的先行者杜尚曾设想

① 李国春：《大学美育教程》，湖南教育出版社，2004 年，第 281～282 页。

的‘艺术由观众来完成’、博伊斯宣称的‘人人都是艺术家’的乌托邦在新媒体艺术的今天似乎得到了实现”[①]。

五、文化上的后现代性

后现代性是20世纪60年代以来在西方出现的具有反西方近现代体系哲学倾向的思潮。后现代性在哲学、建筑、文学、艺术、社会学、政治学等众多领域都有自成体系的论述。尤其在艺术方面，后现代性表现为一种对现代表达方式甚至思维方式以及价值观的颠覆和反叛，即一种对中心的消解，对传统的颠覆，对权威的反抗。深入了解，我们发现后现代性会以“拼贴”“移借”“戏仿”“混搭”“复制”等手法展示于各种各样的艺术作品中，特别是新媒体艺术作品中。我们可以把这种创作作品的方式定义为解构主义的艺术创作。而解构主义的基本特征是提倡多元化，提倡多角度理解、消解权威、分解结构，推崇大众狂欢，这些也恰恰都是后现代主义的基本特征。

案例四：米歇尔·鲁芙娜及其作品[②]

以色列艺术家米歇尔·鲁芙娜的影像装置作品《时光逝去》（如图10—5所示），就是一幅极富后现代主义风格的新媒体艺术作品。在作品中，艺术家把她所拍摄的人物，利用电脑进行重新组合，将其排成一列列成群结队的小人，并一再缩小，转换成只有在显微镜中才能观察到的细胞或细菌一样大小的生命，并把他们置放在细菌培养皿里面，如同细菌般的小人形在培养皿里仍然在或聚或散地走动。艺术家将人物缩小后与细菌培养皿进行了主题意义的组合。表明了她对人类的生存方式在瞬间和永恒、微观和宏观的生命观念。对于广袤深远的宇宙来说，生命不过是沧海之一粟，它的渺小使人类对其自身价值产生了怀疑，而它的短暂又使人类对自我产生惊恐。鲁芙娜以极其细敏的精神感悟和精炼单纯的视觉艺术语言，触及了人的内心和精神本体，非常透彻地揭示了人类生命的本质，她的作品让我们对生命的意义不得不引起思考。

---

① 刘然：《新媒体艺术研究》，山东大学，2009年硕士学位论文，第26~27页。

② 资料来源：《新媒体艺术的表达方式》，http://blog.artintern.net/article/550281。

图 10-5　米歇尔·鲁芙娜《时光逝去》(影像装置艺术) 局部[①]

第四节　新媒体艺术的分类

一、数字艺术 (Digital Art)

广义的数字艺术就是数字化的艺术，比如以数字技术为手段的平面设计、以万维网为媒介传播的所谓"纯艺术"。狭义的数字艺术一般指的是用计算机处理或制作出和艺术有关的设计、影音、动画或其他艺术作品，相对于传统艺术作品，它在传播、存储、复制等各个方面都有着不可替代的优势。林迅在《新媒体艺术》中指出："数字艺术是以数字媒体技术及数字信息传播科技为支撑和媒体的艺术形态。其本质特征体现在，通过利用和展示数字化及信息传播相关新技术，以及结合相关领域的艺术实验和创作，显示出艺术与技术融合的特质和魅力。数字艺术的发展必然会随着计算技术及信息科技的发展而不断变化和发展。"

与数字艺术相关的领域很多，从数字技术修改的摄影作品到数字电影、数字动画、算法艺术、处理器艺术、互动艺术、虚拟现实等，这种新的数字艺术形式创造的速度，似乎令任何一本讨论它的作品都显得老套。在此，我们仅为大家简单介绍其中几种具有代表性的艺术形式。

(一) 数字电影

数字电影是指在电影的拍摄、后期加工以及发行放映等环节，部分或全部以数字处理技术代替传统光学、化学或物理处理技术，用数字化介质代替胶片的电影。

---

① 图片来源：http://www.paigu.com/a/723945/33971868.html。

数字电影诞生于20世纪80年代，是高科技的产物。早在1977年第一部《星球大战》上映之时，视觉特效便对电影界产生了无法估计的影响。在统计了电影史上最卖座的20部影片后，我们不难发现它们不是视觉特效的巨制，就是CG（Computer Graphics）制作的动画片。如今，随着CG技术、图像处理技术、视频处理技术、多媒体技术、可编程硬件技术、集群渲染软硬件技术、非线性编辑特效技术及高性能计算硬件设备的迅猛发展，数字影视制作早已成为新一代电影电视和传媒产业举足轻重的实用技术。它的出现不但改变了传统影视行业的制作流程，为人们打造了炫目缤纷的视觉盛宴，也引导着科技、娱乐及社会价值的传播。

案例五：电影界的魔术师——工业光魔 ILM[①]

工业光魔，全称Industrial Light and Magic，简称ILM，是著名的电影特效制作公司（如图10－6所示）。自从乔治·卢卡斯（George Lucas）于1975年创建该公司并参与第一部《星球大战》（*Star Wars*）的特效制作以来，工业光魔已经为多达300多部影片提供了视觉特效制作服务。工业光魔的奇迹并不局限于在很多影片中创造的许多惊人的CG和视觉效果，更在于它开创了一个电影特效行业的新时代。迄今为止，工业光魔获得过15次奥斯卡最佳视觉效果奖。

图 10－6　**工业光魔** LOGO

时至今日，工业光魔公司依然代表着当今世界电影特效行业顶尖的制作水

① 此案例及其图片均来自百度百科：http://baike.baidu.com/view/420510.htm?fromtitle=工业光魔&fromid=9413755&type=syn。

准，取得的技术成就更是无出其右。据统计，如今好莱坞影片中70%的特效都是由工业光魔完成的。《星球大战》《侏罗纪公园》《加勒比海盗》《拯救大兵瑞恩》《绿巨人》《变形金刚》《哈利波特》《冒牌天神》等电影的特效都与工业光魔有关。其中最突出的成就大概就是1994年的《侏罗纪公园》，电影史上第一次出现由数字技术创造的，能呼吸的有真实皮肤，且有肌肉和动作质感的角色。随后，光魔的技术越来越先进，想象力更广阔，创造了电影史上无数第一。

（二）数字动画

数字动画（Digital Animation）是借助于计算机硬件和软件及相关设备和技术，对传统动画制作的数字化改造的过程。沃尔特·迪士尼是公认的现代动画鼻祖，他的贡献不仅在于为大众创作出一部又一部精彩绝伦的动画影片，更重要的是他把动画的创作过程系统化，并为后人提供了一套高效率、高质量的动画制作流程。

20世纪80年代初期，计算机图形技术的发展便为传统动画提供了全新的发展空间。最早在《美人鱼》一片中，就出现了用3D动画技术制作的画面，而到了被称之为有史以来最成功的原创动画《美女与野兽》中，迪士尼已经大量利用3D技术来制作背景和特效。1995年11月22日，世界上第一部全电脑制作的动画长片《玩具总动员》（*Toy Story*）在美国上映，该片历时4年完成，耗资上亿美元，并最终以1.92亿美元的票房刷新了动画电影的纪录，同时也为其导演约翰·拉赛特赢得了奥斯卡特殊成就奖。

案例六：皮克斯动画[①]

皮克斯动画工作室（Pixar Animation Studios）是一家专门制作电脑动画的公司。皮克斯的前身，是乔治·卢卡斯的电影公司的电脑动画部。1986年，史蒂夫·乔布斯（Steve Jobs）以1000万美元收购卢卡斯电影公司旗下的工业光魔公司的电脑动画部，正式成为独立制片公司——皮克斯。

1987年，皮克斯的短片《顽皮跳跳灯》（*Luxo Jr.*）获得奥斯卡最佳动画短片提名，并且获得旧金山国际电影节电脑影像类影片第一评审团奖——金门奖。这部短片也是皮克斯制作的第一部动画短片，片中的主角就是后来成为皮克斯象征的跳跳灯，它可以让我们联想到很多含义：孜孜不倦的工作、勇于实践的风格、左右逢源的灵感以及不墨守成规的个性。

---

① 百度百科：http://baike.baidu.com/link?url=EGIWN3FFc8esTnUvefDM0sgZl4ciICXdvJEpYJPW-acTuJnde_WXTZLZprPUYrZNwZWlo3RhorIh8VbfIn3QRq。

1991年5月，皮克斯迈出了具有历史意义的一步，与娱乐巨匠迪士尼结为合作伙伴。皮克斯与迪士尼签订了制作三部电脑动画长片的协议，由迪士尼负责发行。同年，皮克斯为芝麻街拍摄的节目赢得了伦敦电脑动画竞赛最佳影片奖。

1995年，皮克斯的，也是世界上的第一部全电脑制作的动画长片《玩具总动员》(*Toy Story*)在全美上映(由迪士尼发行)。影片以1.92亿美元的票房刷新了动画电影的纪录，成为1995年美国票房冠军，在全球也缔造了3.6亿美元的票房纪录。2001年11月2日，迪士尼与皮克斯公司合作的第四部电脑动画长片《怪兽电力公司》(*Monsters, Inc.*)上映。10天就突破了1亿美元票房大关，成为电影史上票房最快破亿的动画片，也是当时全球排名第二的高收入动画电影(仅次于1994年迪士尼的《狮子王》)。2004年11月5日，皮克斯继以《海底总动员》创下电影史上最卖座动画片纪录后又更上一层楼，挑战以真人为主角的超高动画技术，更值得一提的是《超人总动员》是皮克斯历史上第一部"动作片"，也是皮克斯第一次电脑挑战超级英雄的故事。除此之外，《怪兽电力公司》《赛车总动员》《美食总动员》《机器人总动员》《飞屋环游记》《怪兽大学》《头脑特工队》(如图10-7所示)……皮克斯为全世界的观众贡献了一部又一部精彩绝伦的经典动画片。

图10-7 《玩具总动员》《机器人总动员》《头脑特工队》海报[①]

二、录像艺术

录像艺术(Video Art)是一种典型的外来艺术门类，它的艺术实践产生于早期的"游击录像"和反商业化的艺术电视。早在1965年，录像作品作为

① 此三个图片的来源依次为：http://film.spider.com.cn/notice-1806/；https://movie.douban.com/photos/photo/1461851991/；https://movie.douban.com/photos/photo/2231021196/。

纯粹的艺术媒体便已出现。作为录像艺术的鼻祖，白南准或许没有想到，当他把便携式摄像机对准罗马教皇的时候，一个新的艺术类型就此产生了。

录像艺术的兴起源于电视机和摄像机的逐渐普及。当人们开始摆脱胶片昂贵费用所带来的创作局限，大量使用视频和录像技术时，艺术中的一场媒介革命便应运而生了，最终形成了以电视等为展示工具的视频艺术。

中国录像艺术尽管起步较晚，但其作品的数量、成就和影响却飙升得最快，呈现出更多元化的局面。录像艺术在大陆的历史，如从 1988 年艺术家张培力在“黄山会议”上发表《30×30》开始计算，迄今 33 年。这期间邱志杰、杨福东、汪建伟、陈劭雄等艺术家仍然活跃并作为中国当代录像艺术的重要实践者。而台湾地区的创作历史则从 1979 年诗人、艺术家席慕蓉举办“镭射绘画展”开始，迄今 42 年，这期间重要的实践者有陈界仁、袁广明、王俊杰、崔广宇等。

录像艺术作为“媒体魔术师”，扮演了非常重要的文化角色。录像艺术具有强大的阐释力，它与当代的文化、艺术，甚至是政治运动的思想都有过密切接触，并且通过对其深化地阐释，取得了空前的成功。“无论是艾滋病公益活动、女性主义、反战情绪、种族歧视、全球贸易，或者其他正在出现的问题，都会见到录像这种媒体活跃的身影，它向社会提出问题，煽动和激发群众的情绪，参与政治运动，创造并传播新的思想，有时甚至还起着教育的作用。”①

案例七：“中国录像艺术之父”——张培力②

作为“中国最早的当代艺术实验者之一”“最早的录像艺术家”，张培力（如图 10-8 所示）早已备受赞誉。美国纽约现代艺术博物馆、法国蓬皮杜艺术中心、日本福冈亚洲美术馆等世界级艺术机构都收藏有张培力的录像作品。这一串重量级的艺术履历散发出的光芒，足以令西克、尤伦斯、管艺等当代艺术重要收藏家对他的激赏显得平淡无奇。此外，他至今还保持着在美国纽约现代艺术博物馆开个展、三次受邀参加威尼斯双年展的唯一中国艺术家的纪录。

---

① 《录像艺术的简史》，http://contemporary.artron.net/20100810/n117585.html，2010 年 8 月 10 日。

② 资料来源：《张培力：影像的迷津》，http://news.artron.net/20100810/n117568.html。

图 10-8 张培力[①]

1988年，中国录像艺术处女作在他手中诞生。这件名为《30×30》的录像作品沉闷而单调——在长达三个小时的录像中，张培力耐心地把一面镜子摔碎、黏合再摔碎，进行了长达180分钟苦役般枯燥的表演。刺耳的镜子破碎声，摔碎与黏合的手部特写无休无止，考验观众的好奇心和忍耐力。尽管许多评论家至今仍不认为《30×30》是精确意义上的“录像艺术”，但张培力个人坚持这件作品已经与当时用录像记录行为艺术的做法区别开来。

美术评论家吴美纯、王明贤等声称张培力“开创了克制的表现主义”“开冷静分析之先河”，纽约时报的文化记者霍兰·科特（Holland Cotter）也曾在文章中评价他的作品“干净、机智、晦涩”。

三、装置艺术

装置艺术始于20世纪60年代，也称为“环境艺术”。作为一种艺术，它与六七十年代的“波普艺术”“极少主义”“观念艺术”等有联系。在短短几十年中，装置艺术已经成为当代艺术中的时髦，许多画家、雕塑家都给自己新添了“装置艺术家”的头衔。

装置艺术，是指艺术家在特定的时空环境里，将人类日常生活中的已消费或未消费过的物质文化实体，进行艺术性的有效选择、利用、改造、组合，以令其演绎出新的展示个体或群体丰富的精神文化意蕴的艺术形态。

随着科技的进步和艺术观念的更新，装置艺术也有了新的发展，即一种互动装置艺术开始出现。其无论在表现形式，还是在与观众的交互中都给予观众

① 图片来源：http://artist.baozang.com/15203。

新的认知感受。通过这些互动装置艺术作品，大众与艺术的距离被进一步拉近。在这里，人们将艺术的“高贵冷艳范儿”抛之脑后，尽情参与其中，享受这份似乎只有自己参与了才算一个完整的艺术作品的互动装置作品中。

案例八：看看那些令人惊奇的装置艺术作品[①]

1. 加拿大艺术家凯特林德·布朗（Caitlind Brown）的《云》（*Cloud*）

由加拿大卡尔加里艺术家凯特林德·布朗（Caitlind Brown）设计的《云》（*Cloud*）（如图10－9所示），是一个原比例的互动灯光装置，公众可以站在装置旁将上面的灯泡拿下来或安装上去，这种互动行为创造了一个灯光闪烁的巨大云朵。艺术家使用钢铁、金属拉绳和六千多个亮灯泡和烧坏的灯泡来制作该作品。这个设计对废物进行重新构想，用一种不同的艺术视角来处理过剩的材料。

图10－9　《云》（*Cloud*）[②]

2.《站着的人》（*Les Hommes Debout*）[③]

装置艺术作品《站着的人》（*Les Hommes Debout*）（如图10－10所示）第一次展出是在2009年的里昂灯光艺术节。自从首次展出以来，这一装置艺术作品便在很多公共场所、艺术节和展厅里展出过。《站着的人》处在人类学思考和一个地方活的记忆表达这两种形式之间，通过装置的参与设置，首先是一种传达意义和表达意义的平台。

荧光模特儿的大小与外形都和真人一样，艺术家是想对观众和作品之间的关系进行探索。这是一种会发出闪光，有回声、颜色变化的游戏。模特儿以不同程度的精彩形式，在不同程度上以出人意料的方式对路过的人们做出反应，从而将整个装置变成了一种第三类的灯光舞蹈。

① 资料来源：《这些互动装置作品 让艺术不再高冷》，http://news.zhuokearts.com/newsview.aspx?id=214201。

② 图片来源：http://news.zhuokearts.com/newsview.aspx?id=214201。

③ 资料来源：http://sanwen.net/a/yiscgoo.html。

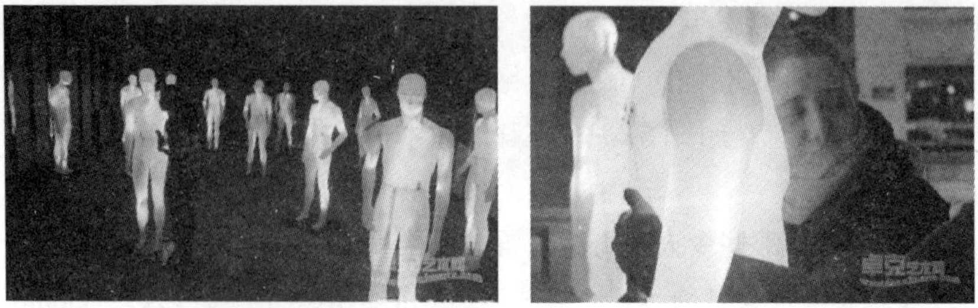

图 10－10　《站着的人》（*Les Hommes Debout*）

3. 艺术家丹尼尔·罗兹恩（Daniel Rozin）的雕塑装置①

艺术家丹尼尔·罗兹恩（Daniel Rozin）创作的一系列可以和人的行为发生互动的雕塑装置（如图 10－11、图 10－12、图 10－13 所示），这些雕塑装置就像是机械化镜子，用它们独特的方式映射着人们。这些装置大多是壁挂式的，配有隐藏式摄像头，当人进入 8 英尺的互动范围，装置就会反映人的行为。其中一个装置是等边三角形，上面配有黄色的粗线，这些粗线可以旋转，形成相应的图像。还有一个像大折扇的装置，这个装置由许多小折扇构成，当人们走近时，折扇背后的电机就会运作，让折扇形体变换形成观众的剪影。还有一个椭圆形的装置，会把人们的身影以艺术画的方式显示出来。

图 10－11　艺术家丹尼尔·罗兹恩（Daniel Rozin）的雕塑装置

① 此案例及其图片均来自：http://news.zhuokearts.com/newsview.aspx?id=214201。

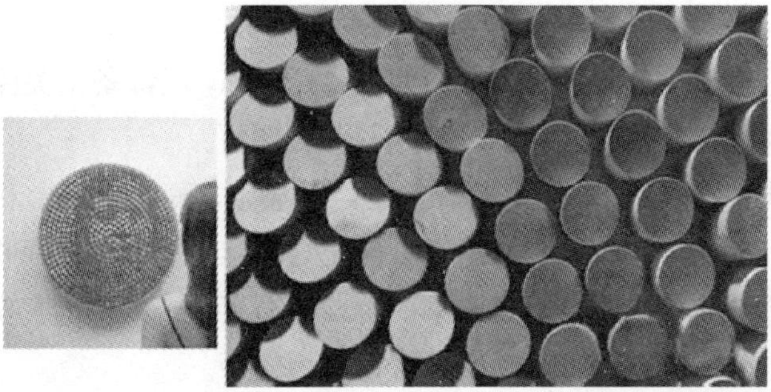

图 10－12　艺术家丹尼尔·罗兹恩（Daniel Rozin）的雕塑装置

图 10－13　艺术家丹尼尔·罗兹恩（Daniel Rozin）的雕塑装置

四、网络艺术（Internet Art）

网络艺术是以网络为载体而展开的各种艺术实践、创作及作品。早在 20 世纪 70 年代末，被誉为网络艺术先驱的阿斯科特就开始从事这方面的创造与研究，命名为“远程通信艺术”。

网络艺术的范畴广泛，其中既有与传统艺术结合而成的“网络音乐”“网络美术”“网络文学”“网络表演”等，同时亦有伴随着网络而诞生的“BBS 艺术”“电子邮件艺术”“搜索艺术”等。而在众多的形式中，网络游戏应当是最受关注的一种。

网络游戏是集情节、音乐、美术、动画、程序等为一体的复合技术，同时亦是一个具有强大生命力的文化产业。网络游戏以互联网为传输媒介，以游戏运营商服务器和用户计算机（还包括各类移动终端，如智能手机、iPad 等）为处理终端，以游戏客户端软件为信息交互窗口，旨在实现娱乐、休闲、交流和取得虚拟成就的具有可持续性的个体性多人在线游戏。

目前，网络游戏在欧美日韩等地区发展得极为迅速，已然成了文化娱乐产业的中流砥柱。在中国，网络游戏的发展同样势不可挡，有数据称 2012 年上半年，中国游戏市场（包括 PC 网络游戏市场、移动网络游戏市场、PC 单机游戏市场等）实际销售收入 248.4 亿元人民币，比 2011 上半年增长了 18.5%。而每年在全球各地举办的游戏展、Cosplay 展都备受关注，其产生的影响已经成为网络时代下人们不可忽视的一大课题。

网络游戏中涉及的 IT 技术十分广泛，其中逼真的 3D 图形和动画是未来游戏引擎技术的追求。有研究指出，智能化与情感化的交互界面将会成为未来游戏的大趋势。简单来说，就是未来的游戏将会更贴近人们的真实生活，其营造出的游戏空间将会把虚拟与现实融合得更为精妙。

五、虚拟现实艺术

VR（Virtual Reality），即虚拟现实。它于 20 世纪 60 年代初被提出，其具体内涵是：综合利用计算机图形系统和各种现实及控制等接口设备，在计算机上生成的、可交互的三维环境中提供沉浸感觉的技术。其中，计算机生成的、可交互的三维环境称为虚拟环境（Virtual Environment，简称 VE）。虚拟现实技术是“一种可以创建和体验虚拟世界的计算机仿真系统的技术。它利用计算机生成一种模拟环境，利用多源信息融合的交互式三维动态视景和实体行为的系统仿真使用户沉浸到该环境中”①。

所谓的 VR 艺术，《主体的终结：VR 艺术的游戏性体验》一文是这样解释的：“以‘虚拟现实’（VR）、‘增强现实’（AR）等人工智能技术作为媒介加以运用的艺术形式，我们称之为‘虚拟现实艺术’，简称‘VR 艺术’。”同时在该文中，作者还对 VR 艺术的内涵进行了更为深刻的阐释：

> VR 艺术依托于当今科技前沿的数字化空间，这一空间的特殊优势赋予了艺术创造、呈现以极大自由。它诉诸仿真和艺术实践的虚拟化，可以“通过无所不在的计算”来决定创造物的形式和行为，因而对于当代艺术而言，此等意义上作品的参与、发布等形式，能够完全独立于现实世界既有的艺术机制及主流话语权力之外，并与之形成对等性存在（它不仅超越了地理和空间障碍，而且享有现实世界所不具备的整合平台的功能，具有实时互动和全球化等特征）。
>
> …………
>
> 从基本概念上说，VR 艺术是以新型人机对话为基础的交互性的

① 百度百科：“VR 技术”，http://baike. baidu. com/link? url = fB3rpL1zL97CSrnnFzi 2fbZZhzXaS4gDEQXhrb6pB9z6rd _ 8KqD5gymdhbhpp7ogCh1HgYwd6p6n4PAXoibmQtVwDyLbCnUsdBU9iYnlEXy#reference-[1]-16872852-wrap。

艺术形式，其最大优势在于建构作品与参与者的对话，通过对话揭示意义生成的过程。德国艺术家杰弗里·肖（Jeffrey Shaw）在其装置作品《知觉之门》中，构造了一个由信息空间、可视化系统形成的宗教场域，该装置使用荒谬式、超现实式的语汇，以现实世界不可能出现的写实性，引领观众进入了一个无法抗拒的宗教世界，观众在观察作品时，无意识地被引导进行宗教仪式似的动作。

…………

从技术应用的整体视野来看，VR 艺术作为真正在现代科技领地付诸行动的艺术，赋予了艺术行为一种新型的技术美学色彩，在众多 VR 技术中，由法国爱迪斯通公司研制的虚拟现实软件 Virtools 以人性化的界面和超强的整合功能，为艺术家创作 VR 作品提供了必要的技术支持和新的可能性。该技术包括丰富的行为模块、人工智能模块、直觉式界面和多个行为模式，这些特殊模式可以帮助艺术家在虚拟世界中实现对周围环境的信息反馈，具有强大的虚拟现实沉浸效应和体验功能，交互方式也更接近于人们的自然行为。

…………

随着 VR 艺术的崛起，传统意义上的观众日益向“参与者”、“交互者”甚至“玩家”转变，艺术对于他们而言，不再是被动接受，而是被赋予了一种前所未有的参与性、互动性和浸入式体验。作品可以设置多种发展和变化的可能性存在，如设定实况捕获等形式将观者结合入想象的视频中，为观者参与创造提供了特殊的便利；通过超链接或嵌套式结构设置多文本框架，参与者可根据自己的意愿对作品施加影响，通过系统提供的技术帮助去完成对作品的再创造；也可以基于自身的动作和行为，以一种现实的方式和逼真的感觉输入去影响作品，在开放式的互动场景与完全自由的路线选择中浏览作品或与之交互，从而体验一种能够与自身行为产生回应的浸入式感觉；参与者可以从自身视点或者第一人称视界出发（或通过角色扮演），在其中创造属于自己的角色。他们的每一次参与，都可能创造一个重新结构了的新文本，这一过程用尼采的话说就是“重新制造自我”，因为作品空间变成了可由观众自主操控的多用户环境下的信息支持系统，该系统将创造物（可编程的实体）变为可以由计算机处理的数据或者可操控的信息。[①]

案例九：VR 游戏时代来临[②]

Oculus Rift：一眼一世界

Oculus Rift 是一款为电子游戏设计的头戴式显示器（如图 10－14 所示）。它将虚拟现实接入游戏，使得玩家们能够身临其境，对游戏的沉浸感大幅提升（如图 10－15 所示）。尽管还不完美，但它很可能改变将来的游戏方式，让科幻大片中描述的美好前景距离我们又近了一步。虽然最初是专为游戏打造的，但是 Oculus 公司已经决心将其应用到更为广泛的领域，包括观光、电影、医药、建筑、空间探索以及战场上。

虚拟现实技术可以说是目前最火热的技术之一，用户可以把许多想象变为现实。当 Oculus Rift 在 2012 年首次出现在众筹网站 Kickstarter 上，电子游戏玩家长久以来的“虚拟现实”愿望似乎终于从梦想走进现实了。

图 10－14　Oculus Rift[③]

① 李怀骥：《主体的终结：VR 艺术的游戏性体验》，载于《东方艺术》2010 年第 21 期，第 108～113 页。

② 案例来源：http://xj.news.163.com/16/0126/15/BE90PBH507091BJ6.html。

③ 图片来源：http://xj.news.163.com/16/0126/15/BE90PBH507091BJ6.html。

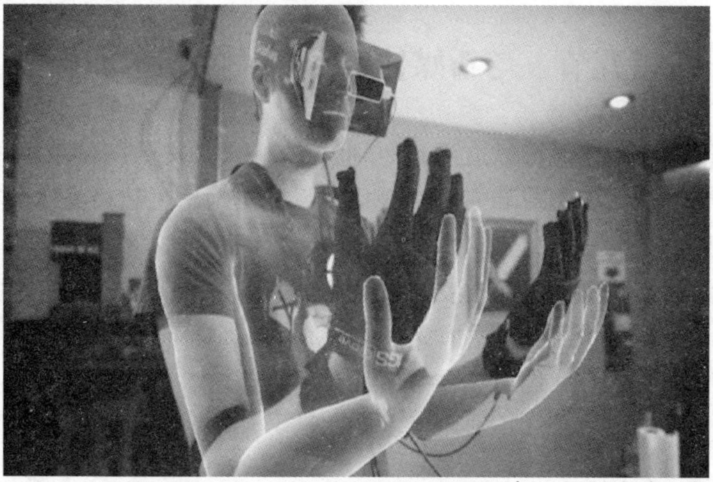

图 10-15　VR效果示意图①

Oculus Rift 有着迄今为止所有 VR 头显中最全面、最丰富的游戏内容。《异形：隔离》（*Alien Isolation*）、《毁灭战士 3》（*Doom* 3）、《无处可逃》（*The Edge of Nowhere*）等都是备受玩家好评的游戏。其中《EVE：瓦尔基里》（如图 10-16 所示）是《星战前夜》（*EVE Online*）的开发商冰岛 CCP 公司所制作的 EVE 衍生作品，是一款太空战斗题材的 VR（虚拟现实）游戏，需要 Oculus Rift 之类的 VR 头盔来体验。游戏中玩家需要驾驶铁骑舰载机通过第一人称传统空战的视角来领略 EVE 世界。

图 10-16　游戏《EVE：瓦尔基里》②

① 图片来源：http://www.microbell.com/ecodetail_4159900.html。

② 图片来源：http://news.17173.com/content/2016-03-01/20160301003000194_all.shtml。

第五节 与新媒体艺术相关的艺术理念

新媒体艺术的产生可以追溯到20世纪60年代以前的全部艺术史和科技史。与新媒体艺术的形成和发展有直接联系的艺术思想和相关理念很多，例如：20世纪60年代的观念艺术、后波普艺术、偶发艺术、行为艺术、环境艺术、装置艺术、大地艺术、激浪艺术以及早期未来主义宣言、达达主义式行为，及稍后出现的由偶发艺术演变而成的20世纪70年代的表演艺术等后现代艺术各流派。在此，我们简单介绍两种对新媒体艺术产生过较大影响的艺术理念。

一、达达主义

达达主义是一场兴起于第一次世界大战时期的苏黎世，波及视觉艺术、文学（主要是诗歌）、戏剧和美术设计等领域的文艺运动。达达主义是20世纪西方文艺发展历程中的一个重要流派，是第一次世界大战颠覆、摧毁旧有欧洲社会和文化秩序的产物。达达主义作为一场文艺运动持续的时间并不长，波及范围却很广，对20世纪的一切现代主义文艺流派都产生了影响。

达达主义的主要特征包括：追求清醒的非理性状态，拒绝约定俗成的艺术标准、幻灭感、愤世嫉俗、追求无意、偶然和随兴而做的境界，等等。这场运动的诞生是对野蛮的第一次世界大战的一种抗议。达达主义者们坚信是中产阶级的价值观催生了第一次世界大战，而这种价值观是一种僵化、呆板的压抑性力量，不仅体现在艺术上，还遍及日常生活的方方面面。达达主义运动影响了后来的一些文艺流派，包括超现实主义和激浪派，《波兰骑士》（如图10－17所示）就是达达主义经典的代表作之一。

图 10－17　达达主义代表作《波兰骑士》[①]

达达主义的代表人物是法国艺术家马塞尔·杜尚（Marcel Duchamp）。杜尚是 20 世纪实验艺术的先锋，同时也被世人誉为“现代艺术的守护神”。杜尚创作的许多作品对后来的绘画产生了极大的影响，例如《下楼梯的女人》、《新娘》、《大玻璃》（亦名《新娘甚至被光棍们剥光了衣服》）等，当然还有备受世人争议的观念艺术作品《泉》（如图 10－18 所示），即一个签了名的瓷质小便器。

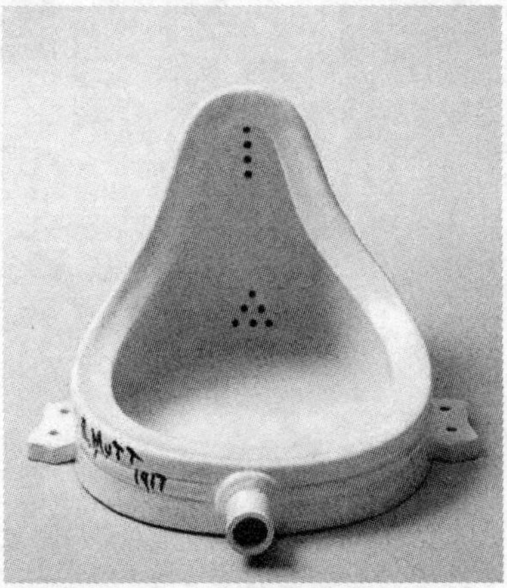

图 10－18　马塞尔·杜尚《泉》（1917 年）[②]

① 图片来源：http://huaban.com/pins/49479227。
② http://www.arts365.com.cn/news_show.jsp?id=538。

1917 年，杜尚把一个从商店买来的男用小便池命名为《泉》，匿名送到美国独立艺术家展要求作为艺术品展出。2005 年，他的这个作品，被全球 500 位重要的艺术界权威人士评为“对艺术史影响最大的艺术作品”。

二、波普艺术

波普艺术（Pop Art）是流行艺术（popular art）的简称，又称新写实主义，其代表的是一种流行文化。20 世纪 50 年代初，波普艺术萌发于英国，当时一群自称“独立团体”（Independent Group）的艺术家、批评家和建筑师对新兴的都市大众文化十分感兴趣，便以各种大众消费品进行创作。1956 年，理查德·汉密尔顿在一个名为“此即明日”（This is Tomorrow）的画殿中展出了一幅拼贴画《究竟是什么使今日家庭如此不同、如此吸引人呢?》（如图 10—19 所示），让更多人开始了解“波普”艺术。到了 50 年代中期，波普艺术开始在美国兴盛起来，其在美国现代文明的影响下演变为一种国际性艺术运动，多以社会上流的形象或戏剧中的偶然事件作为表现内容。波普艺术是英国评论家劳伦斯·阿洛韦（Laurence Allowey）予以创名的。

图 10—19　理查德·汉密尔顿

《究竟是什么使今日家庭如此不同、如此吸引人呢?》①

---

① 图片来源：https://site.douban.com/166461/widget/notes/13395035/note/277906008/。

安迪·沃霍尔（Andy Warhol，1927—1986），美国波普艺术运动的发起人和主要倡导者，同时也是波普艺术中最具代表性和影响力的画家之一。1962年，安迪·沃霍尔展出了一组汤罐和布利洛肥皂盒“雕塑”，由此出名。在他的绘画中，我们会发现其图式总是千篇一律，但他十分擅长从大众传媒的图像中获取灵感，不管是坎贝尔汤罐还是可口可乐瓶子，又或是美元钞票、蒙娜丽莎像以及玛丽莲·梦露头像等，都可以作为基本元素被重复排列于画布上。这种被重复了无数次的形象，给画面带去了一种独特的呆板效果及奇特的美感。对于他的作品，哈罗德·罗森伯格曾经戏谑地说：“麻木重复着的坎贝尔汤罐组成的柱子，就像一个说了一遍又一遍的毫不幽默的笑话。”

图 10—20　**安迪·沃霍尔《玛丽莲·梦露》**①

玛丽莲·梦露的头像（如图 10—20 所示），是沃霍尔作品中一个最令人关注的母题。“在 1967 年所作的《玛丽莲·梦露》一画中，画家以那位不幸的好莱坞性感影星的头像，作为画面的基本元素，一排排地重复四方排列。画面中那些色彩简单、整齐单调的一个个梦露头像，似乎反映出现代商业化社会中人们无可奈何的精神空虚与文化追求所表现出的迷惘。”②

① 图片来源：http://enjoy.eastday.com/e/20150514/u1ai8711447.html。

② 林迅：《新媒体艺术》，上海交通大学出版社，2011 年，第 60 页。

练习十

1. 新媒体艺术的基本特征是什么?

2. 尝试了解什么是“观念艺术”“大地艺术”“偶发艺术”和“激浪艺术”。

3. 谈谈你对新媒体艺术的理解和认识。

第十一章　新媒体与传统媒体的融合

马歇尔·麦克卢汉提出“媒介即讯息”的理论，认为任何一种新的媒介形式的出现都会拓展信息传播的途径，带来社会的新变化。新媒体的出现和发展必然带来社会的变革，对人类的社会生活和信息传播产生巨大影响。

新媒体对传统媒体产生了极大冲击，传统媒体长期以来的统治地位被打破，为了拥有更好的生存空间，纸质媒体和广电媒体开始进行数字化转型，利用新媒体平台发展自身。新媒体在发展的同时也出现诸多问题和弊端，因此传统媒体的优势得以彰显。新媒体的产生并不意味着旧媒体的灭亡，新旧媒体同时面临机遇与挑战，二者在融合中共生共存，在发展中合作双赢。

第一节　新媒体对传统媒体的影响与改变

一、新媒体对传统媒体的冲击

新媒体作为全新的传播媒介，渗入到社会的各个层面，深刻影响着人类社会，对传统媒体形成巨大挑战。新媒体的传播特点一定程度上弥补了传统媒体的不足，也改变了信息传播的诸多方面，使现有媒体的传播格局和生态环境产生重大变化。

（一）信息传播主体的变化

在传统媒体传播时代，信息发出主体主要是报社、杂志社、电台、电视台，他们负责采集、制作和传播信息，拥有绝对的信息发布权。在新媒体传播时代，专业的新闻采编人员仍作为重要的信息提供者，但是对媒体从业人员提出了更高要求，以适应媒体融合传播时代的要求。媒体工作者需要实现“全媒体化”，熟练文字写作、图像拍摄、音频录制以及运用相关软件进行整合发布，因此新闻工作者需要具备多方面的知识，成为适应新媒体特质的“全能记者”。以往的媒体从业人员工作有较具体的分工，在新媒体与传统媒体不断融合的当前，传统媒体人需具备多项技能，扮演多种角色，必须跨平台承担不同媒体所交给的任务。比如作为报社的记者既能给报刊做文字报道，也能给电视提供新闻稿件，还能为网站制作视频、音频节目；作为电视的编辑人员，既能剪辑电视视频内容，又能排版报刊，以及从事网页制作等。

除新闻传媒机构外，因新媒体的快速崛起，新闻信息源的结构发生变化，来自普通民众的言论和新闻占据越来越大的比重。信息的生产者更加多元化，手机媒体、网络媒体等新媒体的出现，使普通公民获得了从未有过的参与新闻传播的能力，他们借助手机、博客、播客、BBS 等，发布新闻、表达观点，无论是专业传播机构的工作人员还是“业余”的用户都能够在融合媒介上发布信息或展现自己制作的内容，开创了媒体产品生产的“双边”时代。[①] 比如“9·11”恐怖事件中，很多消息报道和资料不是来自传统媒体，而是来自互联网的博客站点。博客网站上人们对恐怖袭击的事实描述、照片和录像数不胜数，“博客们个人的消息不仅比专业的新闻机构的报道更加容易获得，而且这些消息还更加具有说服力”，“专业和业余的摄像师拍下了许多令人吃惊的悲剧的照片，但是最匪夷所思的照片出自普通公众之手”，“博客网站中关于恐怖袭击的文字表述也提供了许多新闻报道所缺乏的临场感”。[②] 在此次突发事件中，普通个人通过互联网履行了新闻工作者的职责，博客们成了一个个自发性质的信息传播者。随着电脑和手机的普及，各类大型门户网站成为信息发布的主要枢纽，BBS、博客、微博、微信、抖音等新媒体的兴起，很多热门新闻和焦点话题，都是网民通过运用“自媒体”发布和更新信息，打破了以往只有新闻从业人员才能进行新闻传播的固定局面，给普通民众提供了参与信息传播的公共平台。

（二）信息接收者的变化

传统的信息传播语境中，信息接收对象称为“受众”，是传播的目的和归宿，在整个传播链条中是非常重要的一环。传统媒介时代，受众比较被动，同时受各种局限，无法随时随地接收观看，比如受时间的限制，纸质媒体的出版有固定时间，比如日刊、周刊或者月刊等，受众需要耐心等待，而广电媒体是线性播放，受众需要按照时间序列来观看；还受到受众文化程度的限制，纸质媒体因其主要是抽象的文字，需要面向有一定文化水平和素养的大众；受环境的限制，广电媒体需要有特定的接收设备和接收环境，否则无法获取信息。

随着数字化技术的发展，传受过程中人们获得更多的主动性，信息接收者

① 杨溟：《媒介融合导论》，北京大学出版社，2013 年，第 132 页。

② 方兴东、王俊秀：《博客：e时代的盗火者》，中国方正出版社，2003 年，第 25～26 页。

不再是被动接收者，而成为主动的使用者，有更大的选择权。新媒体作为传播渠道拥有了先天的优势，受众突破种种限制，选择自己感兴趣或是需要的媒体信息，可以随时随地获取信息，使用各种设备和形式接收信息。比如通过网络或手机浏览新闻，无须等待，还可进行自主搜索；观看视频节目也不受电视线性播放的限制，可以在播出后依据自己的喜好进行点播欣赏。并且受众的潜在数量增加，身份多样，接收信息的门槛越来越低，提高了信息传播的范围，分流了传统媒体的受众群体。

新媒体的产生使信息传播日益走向自由化，受众除了主动使用信息，还成为积极的参与者。传统媒体中受众参与率低、机会少，即使受众想参与，在很大程度上也是相对被动。但是在新媒体时代，一切发生了转变，受众可以通过实时评论发表自己的观点，通过论坛、QQ、微博、微信等对热门话题进行交流、探讨、辩论，形成“网络民意”，或者是积极关注、推进新闻事件的发展，做到“人人都是传播者”。比如“微博打拐”事件，此公共事件起于2011年1月25日中国社会科学院农村发展研究所于建嵘教授收到一名失踪孩子的母亲的来信，该名母亲请求他帮忙发微博寻找失踪的孩子杨伟鑫。于教授在新浪微博上发起“随手拍照解救乞讨儿童”活动，热心网友不断转发微博并纷纷将乞讨儿童照片上传至该微博。该微博引起全国网友、知名人士、各地公安部门的关注，形成强大的舆论传播力量，并吸引了传统媒体的跟进与关注。“微博打拐”是网络时代典型的民众自发行动，网友们在此事件中主动参与，积极转发，促使政府与民间行为形成合力，推动了事件的发展，取得了很好的社会效果。

（三）信息内容形式的变化

新媒体产生后，信息容量大，内容丰富。移动互联网拥有技术优势，信息资源扩大，而传统媒体的容量有限，报纸受版面的限制，广电媒体受播出时段和节目容量的限制。数字化改变了以往传统媒体受控制的局面，新媒体的开放性带来信息的海量存储，世界各地的信息都被容纳，为每个人获取和输出信息提供了便利。同时，新媒体可以通过超文本使受众置身于由无数的信息源所构成的传播环境之中，吸收到远超过去的大量信息，但也很难像传统媒体垄断时期那样，有一个稳定的忠实于某种媒介、某种刊物或是某个频道的受众群，从而使受众的注意力分散在信息海洋中。

新媒体较传统媒体更具个性化，分众明显。传统媒体是大众传播，新媒体则是个性化服务，面向更加细分的受众，博客、播客、微博等就是个性化的最好体现。受众不需要按传统媒体线性播出的方式被动接收信息，而是根据自己的需要，定制、检索、选择或者发布信息，各取所需，并且每个人所接收到的信息可以完全相同，也可以完全相异。与此同时，传播者可以对用户发布有针对性的特定信息，根据用户的需求进行专门化服务。

超文本是一种非线性存储、组织和浏览信息的技术，使“信息在组织上采用网状结构，结点间通过关系链加以链接，从而构成表达特定内容的信息网络。它对信息的存储可以按照交叉联想的方式，从一处迅速跳到另一处，打破了原文本系统只能按顺序、线性存取的限制”①，突破传统媒体的“顺序”阅读，用户可以根据自己的需要点击“链接”选择，改变了信息组合方式和传统阅读方式。

新媒体集合了多种媒体的表现形式，具备多媒体特性。纸质媒介通过文字和图片来传播信息，广播以声音作为传播载体，电视借助声画播放节目，新媒体融合了文字、声音、图片、动画等多种形式，可以说是多种媒体的综合。新媒体将传统媒体的特点优势集于一身，兼容并包，克服了传统媒体单一的传播形式，形成“媒体融合”，创新了信息传播手段，丰富了信息传播内容。

二、传统媒体对新媒体的运用

新媒体的出现既是一股颠覆性力量的“来袭”，又是一次难得的发展机遇。新媒体对于传统媒体的挑战是全方位的，但传统媒体不会消亡，只是变革的时代已经到来。传统媒体必须有效应对，寻找自身发展的突破口，既要扬长避短，又要与时俱进，利用新媒体技术特点，在新传播环境下保持自身的竞争活力。

（一）纸质媒体的新媒体转型

纸质媒体面对新媒体的众多优势，是最早也是最直接感受到威胁的传统媒体。近几年纸质媒体在读者量、广告额、到达率等方面都呈不断下降的趋势，因此传统媒体纷纷转向新媒体，对自身进行改造升级。各国的纸质媒体都积极向新媒体领域进行探路实践，比如美国的《纽约时报》，该报高度重视报纸与互联网的互动，有关新闻的采集、制作、发布，都实现传统报纸与互联网的协同，也即突破报纸和网站各自独立的状态，在传统的广告外，增加了收费阅读、电子商务和数字发行等方面的收入，并成立了独立的公司主体，积极扩展独立的互联网新媒体业务，到 2009 年，《纽约时报》网站最高月独立用户量超过了 5000 万人，成为美国影响力最大的报纸网站。② 我国纸媒也与新媒体进

① 石磊：《新媒体概论》，中国传媒大学出版社，2009 年，第 17 页。

② 严三九：《新媒体概论》，化学工业出版社，2011 年，第 202 页。

行整合运作，派生出网络报纸、手机报纸、网络杂志和手机杂志等新形态。

我国报纸最早将新媒体运用于报纸的网络版，初期的网络版报纸大多是直接将内容放于网上，与传统报纸差异不大，只是信息的载体发生变化；第二阶段是报纸新闻网站的出现，主要是“门户网站等网络媒体将传统报纸的新闻信息进行重新组织，以新栏目、新内容传输给互联网，同时根据网络的特点制作一些新的内容”①，比如2000年《人民日报》网络版改版为“人民网”，由多家传媒机构联合创建的千龙新闻网等；其后进行报网融合，组建全媒体中心，在报纸所属网站传播包括图文、音视频的全媒体信息。

继创办报纸网络版、办报纸网站以及报网融合后，手机报纸是传统报业与新媒体融合的另一产物。比如《南方周末》建立了自己的独立网站，网站依托《南方周末》的品牌影响力做新媒体，新媒体网站格局建立后开始在手机上推行新闻浏览器的客户端，使《南方周末》从报纸到互联网到移动媒体终端。手机报是传统报纸与移动媒介融合的产物，突破了传统报刊的时空限制，具备实时性、便捷性，并且手机报包含了文字、图片和视频等，可以实现信息的多媒体传播。手机现已成为人们重要的通信工具，随着手机客户群体在不断增加，手机报的覆盖面也在不断增大。

传统杂志与传统报纸境况相似，在新媒体传播时代也必须进行重新定位和转型升级，网络杂志与手机杂志应运而生。我国网络杂志的发展经历了三个阶段，“第一阶段是传统杂志的数字化，即纸质杂志出现网络版；第二个阶段是数字媒体的杂志化，即门户网站筛选出主题类似的内容，定期以杂志的形式发布；现在，我国网络杂志产业正处在第三个发展阶段，这个阶段网络杂志的特点是强调多媒体性和互动性，利用P2P平台进行传播”②。目前，网络杂志加入多媒体元素，建立互动平台，加强内容营销，有更好的发展前景。

手机杂志是以移动手机媒体为传播平台的新型电子杂志，它将新媒体技术与传统杂志结合，既具备传统杂志的可读性又拥有移动手机的众多优势，可以随身随时阅读，快捷方便，适应分众化市场需求。手机杂志最初是期刊的手机版，后来进行了多媒体资源的整合，表现形式丰富，引起了大批年轻读者和商务用户的阅读兴趣。

（二）广电媒体的新媒体转型

广播电视是传统媒体时代最具影响力的大众传播媒介，随着新媒体的兴

① 宫承波、庄捷、翁立伟：《媒介融合概论》，中国广播电视出版社，2011年，第127页。

② 宫承波、庄捷、翁立伟：《媒介融合概论》，中国广播电视出版社，2016年，第148页。

起，广播电视的垄断地位受到冲击，使之需要重新定位和调整，与新媒体融合成为必然选择。广电媒体进行数字化转型，催生出网络广播、手机广播、网络电视、手机电视、IPTV 等新形态。

网络广播是以互联网为传播手段进行音频服务的广播媒体，与传统广播最大的不同在于网络广播不需要收音机，而是需要一台连接互联网的电脑即可。在我国，“1996 年 12 月 15 日，珠江经济广播电台开办了广播网站，成为我国内地第一家上网播出的广播电台。随后，从中央到各省市电台，也相继开办了内容丰富、形式多样的广播网站”[①]。较之传统广播，网络广播摆脱“线性”的局限，可以重复收听，互动性强，扩大了选择范围。

2003 年我国出现了手机广播业务，是传统广播媒体的另一突破手段。手机广播以手机为终端来实现广播的收听。手机广播的实现方式主要有两种，一种是通过移动通信网络实现广播的收听或点播，一种是通过广播网与通信网的融合来实现的。手机广播除了拥有传统广播的内容资源，还具备移动媒体的便携性和互动性特点，不受时空的限制，但现阶段手机广播因费用、运营模式等影响因素，普及率还不是很高，处于探索发展阶段。

电视媒体的新媒体转型分为三个阶段：在第一阶段，电视台开办网络版，网站内容几乎是照搬自电视台，也缺乏与网友的互动；第二阶段，电视台网站走向独立定位，内容原创，并注重互动；第三阶段，开始进行新媒体整合，与报纸、电视、手机多种媒体合作，涵盖多种内容形态，走向媒体融合。

网络电视和手机电视分别是传统电视与网络媒体、手机媒体相结合的产物。前者作为新兴媒介形式，将电视技术和互联网技术的优势集于一身，突破传统电视的传播方式，互动性和选择性强，越来越受广泛关注；后者以手机为终端设备，用户通过手机媒体可以进行电视直播、点播或者下载，移动性、交互性和私密性比较强，在智能终端快速普及、网络资费下调、Wi-Fi 全面覆盖的情况下，手机电视的使用率会逐渐提升，实现电视媒体与移动互联网的融合发展。同时，传统电视媒体还吸收数字和网络技术，产生了交互式网络电视 IPTV，其利用现有宽带接入，采用音视频编解码和流媒体传送技术，积极促进传统电视对新媒体技术的运用。以凤凰卫视为例，作为电视媒体转型的先行者，它实现了在新媒体领域的突破，通过自身的发展调整，“凤凰新媒体已成为凤凰卫视传媒集团全资拥有的跨平台网络传媒，融合互联网、无线网和网络电视（IPTV）三大网络平台”，现已作为“国内传统媒体向新媒体转型最成功

① 金震茅：《网络广播传播形态研究》，苏州大学出版社，2007 年，第 215 页。

的代表”[①]。

（三）传统媒体的融合新发展

新媒体对传统媒体形成强有力的冲击，虽然传统媒体没有消亡，但是传统媒体必须改变自身，向新的融合模式方向发展。

2012年以后，以报纸和电视为代表的传统媒体在受众群体和广告经营方面呈明显下滑趋势。传统媒体需要在困境中寻求更好的发展机会，与新媒体进行融合发展成为最好的选择。传统媒体保持自己的权威专业性特点，充分运用新技术和新应用，将阵地逐步转移到互联网和移动互联网。传统媒体融入新媒体的各种优势，与新媒体进行技术和内容方面的有机融合，向融媒体机构转型。2018年之后国家大力推进传统主流媒体的媒体深度融合改革，极大改变了传统媒体的存在方式和运作模式。

传统媒体在融合发展中建立融合传播矩阵，打造融合媒体平台，推出一系列融媒体产品，比如人民日报的“人民号”、中央电视台的“智慧融媒体”、新华社的“现场云”等。地方传统媒体也大力推进媒体融合，比如上海报业集团融合改革推出的“澎湃新闻”、四川日报报业集团积极打造的“封面新闻”，其影响力不断提升，成为传统媒体融合转型的典型代表。传统媒体与新媒体相互整合后，在全国很多地方成立融媒体中心，利用融合媒体模式，将信息分类整合，使纸质媒体、广播电视媒体等传统媒体与移动媒体、网络新兴媒体等新形态融合成一个庞大的媒体资源聚集地，重新整合资源，进行资源共享，改善业务流程和生产过程的速度、质量以及发布效率。

2020年9月，中共中央办公厅、国务院办公厅印发《关于加快推进媒体深度融合发展的意见》，指出：“推动传统媒体和新兴媒体在体制机制、政策措施、流程管理、人才技术等方面加快融合步伐，尽快建成一批具有强大影响力和竞争力的新型主流媒体，逐步构建网上网下一体、内宣外宣联动的主流舆论格局，建立以内容建设为根本、先进技术为支撑、创新管理为保障的全媒体传播体系。”传统媒体在保留自身优势的前提下，通过制度创新、技术运用、内容革新、渠道优化等路径，实现向新兴媒体转型升级。

第二节　传统媒体在新媒体时代的地位和作用

新媒体对传统媒体的市场地位和生存空间产生了巨大冲击，传统媒体被迫

---

① 杨溟：《媒介融合导论》，北京大学出版社，2013年，第101页。

进行融合转型，寻找自身的发展之道。但当前传统媒体的地位和作用仍旧是不能忽略的，它在新媒体时代以其权威性和可信度在信息传播中发挥着重要的作用。

一、传统媒体信息的原创性和精选性

发布原创新闻是吸引受众、打动受众，增强媒体竞争力和树立品牌形象的重要途径，传统媒体拥有的更多的是原创性新闻，而网络和手机媒体主要是对传统媒体信息的二次传播，其海量信息更多的是对传统媒体内容的汇集。新媒体的新闻报道比较依赖传统媒体，有的是报纸、杂志的“翻版”，对信息进行简单加工后就“移植”到网站上；部分信息又是直接借鉴，因此造成新媒体中独家新闻较少，重复性较高，新闻缺失特色。比如对同一则新闻热门事件，门户网站都会宣传并以各种标题来吸引人们的眼球，但点击之后会发现，除了标题相异，其他内容都类似，网络报纸和手机报纸等也是如此，同质化现象比较严重。究其原因，主要是新媒体缺乏独立的新闻采编权，而传统媒体大量的专业新闻采编人员可以进行实地采访，使得一些新媒体发布的新闻信息在很多时候只能是转自于传统媒体。

传统媒体信息精选性强。新媒体一个最大的优势就是海量的信息存储，新媒体的传播可以说没有“量”的限制，但对许多信息却无筛选和侧重，甚至有些是简单堆积重复，未经认真整理，因此使受众的注意力相对分散，使得受众产生另一种需求，即在最短时间找到最契合的信息，这就需要媒体对信息进行选择加工。纸质媒体因为容量相对较小，会对信息进行选择报道，比如报纸媒体因受版面的局限，刊载的新闻必定是经过精选精编的，在海量信息里选择最有价值意义的内容，方便受众的阅读了解；广播和电视因为线性播出的时间限制，也会对节目内容进行选择编辑，更能吸引受众注意，这可以说是传统媒介的一大优势。

二、传统媒体内容的深刻性和公信力

传统媒体在信息的思想深度方面是新媒体所不及的。很多人认为，随着新媒体的发展和信息量的爆炸，阅读方式已转变成“浅阅读”，人们通过网络和手机更多的是进行浏览式阅读、标题式阅读、跳跃式阅读。究其原因，是因为新媒体信息多呈碎片化，涉及面很广却缺少深度，“新媒体在大多数时候提供的是一种简单的‘新闻快餐’。与此相比，传统媒体可以投入相当的时间和精力进行更充分的采访、调研，从而做出更全面、更深刻的新闻报道”[①]。传统媒体具备信息深度，不仅报道浅层信息，还关注新闻背后的各种值得挖掘的深层次信息，虽然有的网络媒体已经增加了新闻发展背景、后续追踪及相关内容报道，但较传统媒体中的“深度报道”而言仍是一大弱势。比如2008年南方遭遇雨雪冰冻灾害，当时不少网络媒体都有报道，但更多地集中在雨雪灾难情况、人们出行困难等方面，《南方周末》等纸质媒体却把触角伸向了新闻背后那些鲜为人知的新闻，比如深度报道《雪压中国》，用了一个整版的篇幅，剖析人们面对自然灾害，从思想意识、心理变化到社会行动等各方面的细微变化，在立足大量事实的前提下，尖锐地指出了一些社会矛盾和弊端，并通过理性分析和专家解读，让人们在关注表象新闻的同时，更多地产生理性思考[②]。可见传统媒体在新闻的深度、广度方面仍然具有新媒体难以企及的优势。

媒体公信力是新闻媒体本身所具有的一种被社会公众所信赖的内在力量，它是衡量媒体权威性、信誉度和影响力的标尺，也是媒体赢得受众信赖的能力。长期以来报纸、广播和电视等传统媒体所形成的权威性和可信度是得到受众认可的，上面发布的信息为大家所接受并广泛传播。曾经有人通过网络进行有关了解和关注国家政策方针的媒介途径的调查，结果68%的人选择了《人民日报》《光明日报》等报纸，理由是这些由中国共产党、政府机关以及一些职能部门主管主办的报纸，代表着党的喉舌，传达着政府的声音，其发布的信息与自己生活环境和自身人生价值的实现息息相关，也是最值得信赖的[③]，被调查者们认为，虽然其他媒体包括网络、手机等也有相同的信息，但这两大传统报纸发布的信息最权威、最准确。除了国家政策和新闻的发布，广告传播也同样如此，《京华时报》曾为新浪网站做过一版植入式广告，影响很大，新浪网作为一个成功的媒体网站，也拥有众多的网民，却选择做传统媒体广告，不少人觉得无法理解，也引发了网友热议，最后的解释是因为在广大受众心目中，传统媒体所具备的公信力和权威性是当前新媒体不能替代的。[④]

三、传统媒体的把关能力更强

信息传播在自由的同时又受一定的把关控制，而且不同的媒体具有不同的

---

① 刘晓林、邓利平：《传统媒体的传统优势》，载于《青年记者》2012年第21期。

② 张兵：《发挥自身优势提高纸质传媒核心竞争力》，载于《军事记者》2009年第2期。

③ 张兵：《发挥自身优势提高纸质传媒核心竞争力》，载于《军事记者》2009年第2期。

④ 人民网：《吴海民：传统媒体广告的公信力和权威性强于新媒体》，http://media.people.com.cn/GB/20837/14383663.html，2011年4月13日。

把关人。传统媒体的信息控制通过各个层级的“把关人”来完成，在新闻信息的提供、采集、写作、编辑和报道的全过程中存在着许多的“把关人”，“把关人”在传统媒体中处于决定媒体内容的支配地位。因为有较强的把关控制，传统媒体具备甄选优质内容的先天条件。首先，受报纸版面和广播电视播出时间的限制，需要对信息进行选择，同时，报纸、杂志、广播和电视媒体都必须严格遵守各项国家政策和国家法律，媒体机构的从业人员也需要具备职业操守，因此，我国传统媒体是把符合国家利益、民族精神、时代要求的优质内容甄选出来，提供给广大受众。因此，传统媒体信息更具真实性、权威性，更可信，也更容易为大众所接受。

新媒体兴起后，“把关人”的角色出现变化。信息传播中不再有固定的“传播者”，受众既可以是信息的接收者又可以是信息的发出者，因此传者和受者的区别逐渐减小，新媒体作为新型的交互性传播媒介，使“把关人”失去了传播中的“特权”，“把关人”角色开始出现缺失和弱化。由于“把关人”作用的减退，网络上繁杂的信息给受众带来了难以甄别真假信息的问题，使新媒体在信息采集上难以得到质量保证。虽然针对互联网和手机等新媒体有相关的政策法律，但是很多法律法规仍旧存在不完善的地方，因此在新媒体传播中开始出现虚假新闻、色情炒作、内容侵权、网络暴力、垃圾信息等失范问题。比如2010年12月6日在网络上一条内容为“金庸，1924年3月22日出生，因中脑炎合并胼胝体积水于2010年12月6日19点07分，在香港尖沙咀圣玛利亚医院去世”的消息在微博上疯传，短短半小时被数千网友转发，一时间真假难辨，最后被澄清是一条虚假消息，这让众多网友对微博消息可信度产生了怀疑。此条微博之所以被不少网友信以为真，并在短时间内迅速传播，很大一个因素是因为中国新闻周刊的官方微博也转发了这条消息，虽然后来中国新闻周刊在其微博上两次发出更正与道歉声明，但其不良的社会影响已无法控制，从另一个角度也看出大众对于有传统媒体融合的新媒体平台更为信任。

传统媒体和新媒体相较而言，传统媒体有良好的自我把关传统，形成了成熟的运作机制，报道的事后追惩制度也较为健全，因此在信息传播过程中更具有权威性。

四、传统新闻工作者更具专业素养

传统媒体聚集了一大批职业化的优秀新闻传播工作者，包括报纸、期刊、通讯社、广播电台、电视台等新闻机构的记者、编辑、摄影师等。他们接受过专业训练，又接受过道德规范和专门教育，拥有扎实的专业知识、熟练的业务能力和较高的新闻职业道德，能做到遵守国家法律和纪律、坚持正确的舆论导向、维护新闻的真实性等，因此能够把握新闻传播事业的本质和内在规律，能够相对自觉地遵守职业和社会规范，在采写、报道、编辑和传播新闻时能做到真实性和事实化，从而得到广大受众的信任和认可。

新媒体的出现为新闻传播带来了革命性的变革，媒体的单一喉舌功能被打破，信息传播者身份出现多元化。新媒体平台的传播者有初期作为核心的计算机技术专业人员，也有新闻采编人员、经营管理人员、网页设计人员等，同时广大接收信息的受众也参与信息传播，传播人员繁杂，传播目的各异，新闻的制作专业度较低，使得当前新媒体的新闻职业道德水准总体不高。因为传播者的不专业、不理智、不负责任和一些牟利需要，新媒体信息传播过程中往往会出现虚假信息、炒作信息、色情信息、垃圾信息等。

比如网络上流行的“人肉搜索”，人肉搜索是指在网上提供或公开他人信息，被认为是网络暴力行为的典型代表之一。虽然在人肉搜索中曾展现过“网络正义”，但更多的事例却显现了人肉搜索的负面影响，比如在“铜须门”“最毒后妈”“死亡博客”等事件中，局面一度失控，大量网民参与信息的公开与传播，实质已经侵犯了当事人的隐私权，超越了法律和道德的底线，并对当事人造成了极度生活困扰和严重精神伤害。再比如“网络推手”，网络推手主要指借助网络媒介对特定对象进行相关策划、实施并推动其影响力，使之产生知名度的运作者。他们通过网络捧红诸如天仙 MM、二月丫头、流氓燕等人，制造炒作“封杀王老吉”“别针换别墅”等一系列网络事件，也进行了谣言传播。例如知名网络推手“秦火火”，他编造“7・23”动车事故政府花 3000 万欧元天价赔偿外籍旅客、虚构雷锋生活奢侈细节、捏造中国残联主席张海迪拥有日本国籍等事件，他这种恶意造谣、侵害他人名誉的行为，给网络传播、社会和谐以及国家安定都带来了严重的负面影响，最后他被警方刑事拘捕，以诽谤罪、寻衅滋事罪追究刑事责任。

五、传统媒体拥有固定的受众群

虽然新媒体挤占了传媒市场，传统媒体的受众产生了分流，不少受众对报纸、杂志、广播和电视的依赖性大幅度减少，但是传统媒体仍锁定一部分忠实受众。

首先，人们的阅读视听习惯难以改变。传统媒体拥有不少固定受众，比如广播的听众，随着私家车和出租车的增多，因其时效性和伴随性，车载听众比例也在增长，车内广播的收听成为当前许多司机的首选，也是广播在竞争激烈的媒体市场获得一席之地的重要原因；电视的观众，电视传播范围广，受众不受文化层次和年龄限制，各阶层的人都可以看懂电视，因此电视进入亿万普通家庭，成为人们生活中密不可分的一部分，也培养了一批稳定性强的受众。

其次，传统媒体具有品牌优势。传统媒体大都经过了长期的经营和发展，规范的管理体制与机制在受众中享有不同程度的知名度和影响力，这是新媒体在短时间内无法超越的优势。也正因为如此，一些传统媒体转型新媒体是用同名网站，比如央视网、凤凰网、新华网、人民网、光明网等，同时一些新媒体平台采取和传统媒体合作的方式，都是为吸引受众的眼球，增加他们的信任感。当新媒体平台有热点事件或者焦点话题产生，不少人还是以传统媒体是否跟进报道作为评判其真实性的依据，这也是基于对传统媒体的信任。

再次，传统媒体锁定部分老年受众群。从受众的年龄阶层看，中青年受众和老年受众对媒体的选择是有所区别的。年轻受众一般乐意接受新技术，愿意尝试新事物，因此能在较短时间内掌握新媒体相关知识，熟练运用新媒体，并成为新媒体受众中的主导力量。年纪大的受众因为年龄、经历和身体等因素，不太容易接纳新事物，对于新兴媒体的兴趣相对不大，而习惯阅读报纸、收听广播和收看电视。因此，现阶段新媒体很难完全覆盖老年群体，他们更倾向于传统媒体，依旧对传统媒体“情有独钟”。

第三节　归宿：在新媒体平台上的涅槃

“传播符号、传播媒介和传播科技的发展始终呈叠加型状态，一种新的媒介的诞生并不意味着一种旧的媒介的消亡，一种旧的媒介在经过变革后又蜕变出新的媒介，旧媒介以新的方式与新媒介并行发展，各种媒介呈现出整合—替代发展的趋势。”[①] 传统媒体在新媒体平台上整合，并获得新的地位，而新媒体成为各类媒体的最后归宿。因此新旧媒体需要把握机遇，在互为依存中融合，在融合中发展壮大。

一、媒体融合注重渠道互补

传统媒体虽然具备内容生产和品牌传播的独特优势，但受到版面、时间和顺序等方面的局限，因此传统媒体需要借助新媒体平台进行传播渠道的拓展。首先，传统媒体的信息一般出自专业人员之手，信息发布也集中在专业机构，

① 石磊：《新媒体概论》，中国传媒大学出版社，2009 年，第 177 页。

新技术产生后，在网络和手机平台，人人都成为信息的生产者和传播者，传统媒体获取信息的渠道被拓宽，民众议题进入传播范畴，民间话语彰显力量。比如“南京梧桐树”事件就是典型代表，2011 年 3 月南京市政府为建设地铁将主城区内的梧桐树移栽，其行为造成了部分南京市民的强烈不满，“关注南京梧桐树”成为新浪微博最热门的话题之一，黄健翔、孟非等社会人物在微博上进行关注并予以谴责，除了新媒体渠道的传播，传统媒体也开始关注报道该事件，当地影响力最大的都市报《扬子晚报》对“梧桐树事件”进行了全程报道，广播电台“金陵之声”以及电视台都及时跟进。各大传统媒体对这场源于互联网的“梧桐树风波”的密切关注，加速了该事件的进程，为事件最后的圆满解决起到了促进作用。

其次，利用新媒体平台渠道，传统媒体可以扩大自身影响力，使内容得到更广泛的传播。比如电视台的不少节目，除了通过电视直播，还可以在网络、手机、IPTV 等平台实现传播覆盖；一些电视综艺节目也提供了官方网站、BBS、微博、电子邮箱等联系方式，使节目组和观众更好地进行沟通交流。目前不少传统主流媒体均建有自己的官方微博、微信，进驻抖音、快手等短视频平台，利用“两微一抖”方式吸引年轻受众，增强用户黏性。地方报业集团融合转型的新媒体产品“澎湃新闻”“封面新闻”等也是传统媒体重视渠道建设的体现，其利用网络社交化平台不仅凸显了内容质量，还彰显了新媒体的快捷特性和稿件推送优势，从而推广媒体资源，扩大品牌影响力。

新媒体拥有技术优势，但多数情况下只是人们了解信息的工具，在公信力方面的积累远不及传统媒体，只有不断加强与传统媒体的合作，通过传统媒体途径来拓宽自身的信息源，才能使人们加深对它的良好印象，提升权威性和公信力，彰显社会主流价值。比如整合传统媒体资源，组建大型网络媒体平台的新媒体代表——千龙网，它是由北京日报社、北京人民广播电台、北京电视台、北京青年报社、北京晨报社等京城主要传媒共同发起和创办的国内第一家综合性新闻网站，于 2012 年 12 月进行改版，它融文字、图片、视频、论坛、社区、手机等内容形态为一体，打造全业态的全媒体展示平台。大量传统媒体的聚集为千龙网的权威信息源提供了保障，加之新媒体技术的运用，受众进入网站可以“看”到最及时的新闻，“听”到评论、专题、访谈等体现网站观点的声音，还可以查询到各类专业化、生活化服务等信息，体现全媒体特色，为用户提供优质服务，因此千龙网可以算作新媒体与传统媒体合作较为成功的案例。

二、媒体融合强调内容为王

“融合媒介与融合新闻把我们带进了一个‘内容为王’的时代，我们可以更多更方便地根据信息内容传播的需要来选择和决定使用什么样的媒介，内容产品的生产进一步与传播的载体分离，载体的使用将完全服务和服从于内容。”① 传媒业发展的基石是“内容”，没有内容就没有灵魂，因此，新平台基础上的新旧媒体融合必定要以内容发展作为前提。

传统媒体的内容生产性强，信息原创居多并具有深刻性，但是实时性和容量上不及新媒体，通过网络、手机等新媒体渠道，传统媒体可以在保持自身内容优势的基础上丰富和壮大；新媒体具备即时性、海量性、多媒体化，但是同质化现象严重，深度与厚度不够，则需要借助传统媒体优势，以补偿内容制作能力的先天缺陷，改变自身的内容特色。

要以“内容为王”实现互助发展，新旧媒体融合首先应资源共享，因为不少新媒体缺少新闻采编权，所以内容资源方面必须依赖于传统媒体，如果两者形成良性互动将会促进双方共赢发展。比如凤凰卫视与新媒体的融合，一方面所有凤凰卫视记者在给凤凰卫视发稿的同时，要给凤凰网发来在当地采访的稿件；另一方面凤凰网得到最新消息后，也会马上通知驻该地区的记者，并为之提供采访参考资料。凤凰卫视和凤凰网正是靠彼此合作，从而各自在新平台上得到良好的发展。

其次，让特色内容成为亮点。新媒体信息内容最大的问题之一就是同质化比较普遍，打开网络报纸、手机报纸，或是网络电视、手机电视，内容差异不大。其实，网站不只是母体媒体的简单延伸，而是建立在其基础上的一种全媒体形态，有原媒体刊载或播放的内容，也有超越原媒体更深入的内容，还有其他网站没有的特色内容，这样网站才会获得更大的生存空间。建立特色版块内容可以让媒体增色，比如有的网站虽然是建立在传统媒体基础上，但原创了一些内容版块，南都网的“亿像素”、财新网的“数字说”就属于此例，它们突破了所依赖的传统媒体的局限，找到了属于互联网的更生动的表现方式，深受网民喜欢。

再次，新旧媒体融合仍需重视受众群体。一是根据受众不同需求制作成不同类型不同平台的产品，比如同一新闻事件，可以在微博进行图文消息的编发，也可以在网站进行深度挖掘的报道，还可以在抖音、快手等短视频平台进

① 赵志立：《媒介融合的四个优势》，载于《中华新闻报》，2007 年 7 月 4 日。

行视频类的介绍，文字、图片、音频、视频综合运用，“两微一抖”各自发挥其作用；二是可以根据受众年龄来制作他们所需的不同内容，新媒体的受众年轻人居多，他们所喜爱的游戏、娱乐、影视都被囊括其中，老年受众更倾向于传统媒体，在新旧媒体不断融合发展中，需要针对老年人创立更多适应他们需求且操作简易的网站或者移动端App，从而全方位覆盖老年受众群体。

三、媒体融合需要技术支撑

技术对人类信息传播体系发展起着决定性支撑作用，科学技术的进步推动媒体进入了数字与网络时代，传统媒体的优势是内容的采集加工生产，而劣势则在于对新技术的研发应用相对滞后，因此媒体融合中技术建设和内容建设同样重要，技术和内容是媒体融合发展的双翼，强调内容发展的同时也要注重技术创新及运用。

推动媒体深度融合，要坚持以先进技术作为支撑。2020年9月中共中央办公厅、国务院办公厅印发的《关于加快推进媒体深度融合发展的意见》指出，要以先进技术引领驱动融合发展，用好5G、大数据、云计算、物联网、区块链、人工智能等信息技术革命成果，加强新技术在新闻传播领域的前瞻性研究和应用，推动关键核心技术自主创新。媒体融合要注重优质的内容产能，而新兴技术则可以更好地创新内容表现形式并提升传播效果。“利用大数据和云计算，可以提升数据的存储、挖掘和利用能力；利用最新的通信传输技术和移动直播，可以提升信息传播的效率和稳定性；无人机、全景拍摄、VR、AR、MR、3D等技术的广泛使用，将会进一步丰富信息的表现形式，从而使人们获得更为全面的信息。”①

随着大数据、云计算、物联网等技术的成熟，智能技术给媒体融合带来更多的发展机遇。万物互联的5G时代，媒体智能化，人工智能技术成为媒体融合重要的技术手段和工具。2017年12月26日，在成都举行的中国新兴媒体产业融合发展大会上，新华社发布了基于大数据和人工智能技术的“媒体大脑”，并通过“媒体大脑”生成了中国第一条MGC（机器生产内容）视频新闻，短短2分多钟的视频意味着人工智能技术在媒体领域取得重大突破。“媒体大脑”是媒体人工智能平台，是智能时代新闻生产基础设施的角色，提供线索发现、素材采集、编辑生产、分发传播、反馈监测等服务，进行智能化新闻

① 《新闻学概论》编写组：《新闻学概论（第二版）》，北京：高等教育出版社、人民出版社，2020年，第81页。

报道。“媒体大脑”通过数据和技术驱动媒体变革，优化媒体的生产和分发流程，“融合大数据、AI、云计算、物联网等多项技术，让新闻信息生产更为智能化，综合运用各项技术，赋能媒体，促进媒体的深度融合、跨界融合，改变媒体行业的生产模式”①。

机器写作、智能推送、虚拟现实、智能语音等都是人工智能发展中的新兴技术，新技术多角度、立体化地呈现信息内容，新技术的发展带来媒体生态的变革和更新，也更好地推动新旧媒体的深度融合发展。

四、媒体融合加强监管引导

新旧媒体融合改变了媒体生态环境，同时也带来了诸多媒体失范问题，出现负面信息的夸大、失实信息的报道、低俗情色图片的传播、垃圾信息的发布等现象，因此加强监管、完善法规、引导自律成为当前媒体发展的重要前提之一。

（一）国家要加强管理力度

虽然我国的互联网监管有一定的规模，但是仍然存在很多空白领域，且管理部门职能交叉，规范不成体系。2011年国家互联网信息办公室成立，职责主要包括落实互联网信息传播方针政策，推动互联网信息传播法制建设，指导、协调、督促有关部门加强互联网信息内容管理和新闻业务监管，依法查处违法违规网站等，其机构的设立进一步加强网络建设、发展和管理。随着新媒体的发展壮大，国家和政府需加快建设步伐，积极规范新媒体行为，引导新兴媒体有序发展。

（二）加强法制规范

“权威性”在新媒体传播中有所消解，一方面缘于信息源和信息内容本身；另一方面是因为法制管理的缺失，从而降低人们的信任度。媒体要进行融合发展，需要更多的媒体规制进行约束。近年来，我国相继出台了《互联网信息服务管理办法》《中国互联网行业自律公约》《文明上网自律公约》《互联网站禁止传播淫秽、色情等不良信息自律规范》等法规条文，这些条文对新媒体的信息传播起到一定的约束作用，但是在信息安全和版权管理等方面仍然存在缺陷。从当前我国新媒体的发展势头来看，需要确定立法的原则和重点，完善现

① 新华网：《新华社“媒体大脑”的主要功能和AI时代的新闻愿景》，http://www.xinhuanet.com/newmedia/2018-06/20/c_1123007785.htm，2018年6月20日。

有法规，并加大执法力度。在进行立法规制的基础上与新媒体企业合作是一种较好的管理途径，比如北京市 2011 年 12 月推出《北京市微博客发展管理若干规定》,《规定》提出微博用户注册时须使用真实身份信息，不少微博运营商都积极配合，采取“前台自愿，后台实名”的方式，新浪、搜狐等网站微博在 3 月 16 日全部实行实名制，3 月 16 日之后未进行实名认证的北京微博老用户被拦截，将不能发言、转发，只能浏览。此举措得到微博运营商的支持，因而能较好地实施并起到规范网络传播秩序的作用，也有助于建立网络诚信体系和营造健康的网络环境。

（三）媒体融合中要加强自律

在强调对新媒体进行监管、完善相关法规的同时，要对新媒体的从业者加强正面教育，使其强化自身修养，提升自律能力，拥有社会责任感；对于新媒体管理人员、内容写作者、视频发布者、信息传播者等应加强引导，完善“自我净化”机制，增强传媒素质教育，提高他们的媒体素养，在信息开放的传播环境中，自觉维护信息空间的纯净性。

五、媒体融合重视人才培养

面对媒体融合的趋势，面向市场需求，传媒业发展需要全媒体、应用型和创新型的复合型传媒人才。因此传统媒体工作者需要转变观念，具备媒体融合思维，掌握新科技，运用新技术，积极适应媒体融合的发展。

新旧媒体融合，技术的发展带来了变革，传统媒体记者写作、编辑的工作方式也发生了转变，新媒体时代要实行全媒体化的采集发布以及融媒体化技术的掌握。基于此，新闻传媒学院所培养的学生就需要从适应单一媒体向适应报纸、广电、网络、手机等多种媒体的融合转变，培养专业全能记者是媒体融合形势下的必然需求。当前国内一些高校已进行融媒体人才的培养；从源头上完善人才制度，加强后备力量建设。比如四川传媒学院的新闻与网络传播系，最早于 2013 年在开设传统新闻专业基础上增设“网络与新媒体”等新兴专业与方向，突破传统专业知识技能的局限，实施个性化教学，采用跨媒体、精专业的课程体系，培养动手能力强、综合素质高的新媒体人才，后来随着媒体融合发展的需要，2018 年更名为“融合媒体学院”（简称融媒学院）。融媒学院适应主流媒体急剧转型之后的融媒体人才需求，制定了融媒体人才培养方案，构建完整的融媒体教学体系，在教学实践中接轨业界，掌握最前沿的发展状况，适应传媒业发展的最新动态。同时，依据教育部提出的“新文科”建设要求，高校传媒人才的培养需要按照“新文科”要求进行改革、建设和提升。媒体深度融合发展中的新技术，如5G、超高清、云计算、大数据、区块链、人工智能、数据可视化等融入传统文科，在新闻传播教育领域进行学科重组和文理交叉就是“典型新文科”的体现。高等教育中新闻传播专业的“新文科”建设，既是行业和经济社会发展的必然要求，也是优化人才培养确保媒体融合发展顺利推进的必由之路。

媒体融合人才的培养中，除了技术技能的掌握，传媒职业伦理的教育也是非常重要的方面。媒体融合对传统新闻职业产生深刻影响，从某种程度上说，削弱了新闻职业的重要性，在日益竞争的媒体发展压力中，“记者可能首先考量的是生存的压力，不得不将新闻理想放在一边”，又或者“记者的首要身份不再是还原真相和秉持社会理想的守望者，而是满足各种媒体形式需要的‘内容提供者’”①。因此，新媒体人才培养中，传媒人的伦理道德教育也将是一个严峻的课题，不容忽视。在融媒体的工作环境中，新的传媒人也应坚持真实报道，恪守职业道德，引导主流价值观，形成和谐的传播环境，因为媒体融合社会不仅需要全能型的信息传播者，更需要胸怀理想、守望社会的传媒职业人。

练习十一

1. 新媒体的产生给传统媒体带来了哪些冲击?

2. 以纸质媒体和广电媒体为例，谈一谈传统媒体是如何进行融合新发展的。

3. 在新媒体的冲击下，传统媒体仍然具备哪些优势？请举例说明。

4. 新媒体传播应怎样维护自身的权威性和公信力?

5. 媒体融合中如何才能做到“内容为王”?

6. 如何理解“媒体融合”要坚持以先进技术为支撑?

7. 作为一名传媒专业学子，你觉得在当前媒体融合时代，需要具备怎样的知识和职业素养才能担负起新闻传播的重任?

---

① 杨溟：《媒介融合导论》，北京大学出版社，2013年，第217页。

第十二章　新媒体的规范

第一节　新媒体失范现象与后果

一、什么是新媒体失范

新媒体的快速发展和广泛应用，给人类社会带来了巨大变革，它在发挥积极作用的同时也产生了一定的负面影响，对人类社会的法制管理及伦理规范提出新的挑战，也即所谓的“新媒体失范”现象。

所谓“失范”指失去规范，包含社会失范和行为失范两个层面。前者指社会规范缺失，社会体系无序化，无法对社会成员思想和行为提供指导与约束；后者指社会团体或社会成员自身的行为偏离或违背现行社会规范。

“新媒体失范”则是社会失范与行为失范在新媒体中的具体表现。新媒体发展日新月异，技术、应用不断推陈出新，但是尚未形成一套完整的价值与规范体系。一方面，新媒体传播中缺乏较为健全的规范机制，较难对传播者和受众的思想行为进行指导和约束，由此产生混乱无序的传播环境；另一方面，新媒体传播者和受众在虚拟的情景中，缺乏稳定的社会关系纽带，从而产生违背主导社会规范的行为。

新媒体失范现象的产生与自身特性密不可分，新媒体平台的虚拟性、开放性、匿名性、互动性等特征是其根本原因，同时把关人角色的缺失、网民自我约束较差、政策监管不力等，导致信息污染、新闻失实、价值扭曲、权利受侵、语言暴力、网络犯罪等失范现象。

二、新媒体失范现象

（一）信息安全问题

新媒体的开放性与自由性为信息传播提供了方便，但同时也产生了一系列信息安全问题。

在网络时代，“黑客”入侵已成为全球关注的话题。据美国联邦调查局的调查，在计算机犯罪中，有80%的案例为黑客通过互联网非法侵入别人的计算机网络系统。[①]“黑客”指对计算机信息系统进行非授权访问的人员，利用通信软件，通过非法网络进入公共或他人的计算机系统，截获或篡改计算机中的信息，危害信息系统安全的电脑入侵者。[②]黑客利用计算机病毒入侵他人网站、修改系统信息、堵塞信息通道、盗取个人信息等。电子邮件、非法网站和软件作为病毒传播的载体，传播速度快，传播形式多样，几乎每天都在产生及更新，具备隐藏性和传染性的特点，因此对新媒体信息安全带来巨大威胁。同时，智能手机日益增强的各项功能及5G通信技术的发展，也为病毒在移动终端的传播提供了温床。

信息安全至关重要，直接影响到国家安全和社会稳定。新媒体环境下的国家信息安全指政治、经济、军事、科技、司法、文化、教育等系统信息不受内外网络环境侵袭、破坏、泄露，保证信息的保密性、真实性、完整性、可靠性及连续性，保证信息系统安全。较之于传统媒体，新媒体传播中信息获取、处理、传输、存储方式都发生了改变，一方面泄密的渠道增加，而可控性减弱，为窃取政治机密、军事机密、经济机密、科技机密等行为创造了机会；另一方面，通过网络和移动媒体进行宣传煽动较为方便快捷，这中间也包括一些不法分子利用网络传播来达到破坏国家统一、颠覆国家政权、危害国防利益等政治目的。虽然各国政府可以通过技术监控并拦截，但基于新媒体信息传播的隐蔽性和快速性，不法分子仍然有机会进行信息传递与渗透，严重威胁到国家的社会政治秩序。

个人信息安全也是新媒体时代不容忽视的方面。随着电脑和移动终端的普及，各类即时通信软件、社交软件被广泛运用，人们在网络上随时随处留下自己的个人信息，由于缺乏相应的监管和规范，再加之网民缺乏应有的警惕和保密认识，个人隐私很容易泄露，从而造成信息被非法利用。在新媒体平台，聊天、交流、搜索、资讯、商务、服务等功能众多，QQ、微博、微信软件利用率极高，虽也有账号和密码等限制，可是安全系数并不高。不法分子破解账号和密码后盗取个人信息，一些网络运营商也安插“间谍程序”在未征得用户的同意下获取用户信息。虚假信息、不良信息、诈骗信息、病毒网址等也会依附于即时通信和社交平台得到复制粘贴，传播过程中用户一方面充当“帮凶”，

① 匡文波：《新媒体概论》，中国人民大学出版社，2012年，第140页。

② 宫承波、刘姝、李文贤：《新媒体失范与规制论》，中国广播电视出版社，2010年，第56页。

一方面失去信息安全保障，很多时候财产安全和经济利益也会受到威胁或侵害。

（二）信息失实问题

新媒体对信息传播产生了深远影响，开辟了广阔道路，但同时也裹挟了大量失真的信息垃圾，造成真假信息混杂的局面。所谓“信息失实”是指传播的信息不真实，包括虚假信息、欺诈信息以及网络谣言等。

信息失实的原因在于：其一，新媒体传播的门槛较低，自由性充分，人人都可以参与传播，但是部分传播者不具备新闻职业素养和道德操守，因此信息生产及传播随意性强；其二，新媒体平台信息资源丰富，信息源多样，转载的较多，核实难度较大；其三，信息传播者往往看重网络媒体的“即时性”，片面追求速度，真实性让位于时效性；其四，把关力量相对较弱，而新媒体的开放性促使失实信息不断扩散，其影响力瞬间就会形成，很难修改或补救。

假新闻在虚假信息中占有的比例相对较高，其来源一种是传播者自己采写发布的，一种是转载传播的虚假新闻。此类信息失实比较常见，比如经常在新媒体传播平台出现的“被去世”消息，一些名人比如琼瑶、成龙、余秋雨、周星驰、姜文、白岩松……都曾“被死亡”，内容基本为杜撰，但时间地点俱全，连细节都编造得有鼻子有眼，发布后依托微博和微信朋友圈等平台瞬间传遍各个角落，传播速度快，涉及范围广，其带来的不良影响以及对当事人的伤害非常大。

信息欺诈是新媒体发展的产物，也是网络犯罪的主要手段。由于网络具备虚拟性和匿名性的特征，一些不法之徒利用网络技术和多媒体技术制作电子信息进行诈骗，加之传播的快速性与广泛化，很容易设置一个又一个真伪难辨的信息陷阱，让不少网民上当受骗。常见的网络信息欺诈内容包括购物诈骗、中奖诈骗、投资诈骗、冒充他人诈骗以及网络交友诈骗等方面。近年由于新媒体的蓬勃发展，呈现多发态势，信息诈骗形式越来越多样，骗局也越来越高明，同时也给公安侦破和取证定罪带来困难。

网络谣言是指“通过网络介质（例如邮箱、聊天软件、社交网站、网络论坛等）传播的没有事实依据，带有攻击性、目的性的话语，主要涉及突发事件、公共领域、名人要员、颠覆传统、离经叛道等内容”①。网络谣言把谎言包装成事实，扰乱人心，比如“新疆籍艾滋病人通过滴血食物传播病毒”的传

① 中国网：《网络谣言》，http://www.china.com.cn/guoqing/2012-04/01/content_25044828.htm，2012年4月1日。

言一度引发民众恐慌，2010年山西地震谣言令数百万人街头“避难”，“蛆橘事件”让全国柑橘严重滞销，“江苏响水县陈家港化工区发生爆炸”谣言引发群众大逃亡，多人受伤，四人遇难……随着自媒体的发展，微博和微信也成为谣言传播的主要来源之一，比如“肯德基六翅怪鸡”“康师傅地沟油”“娃哈哈肉毒杆菌”等谣言一度成为热门推送及刷屏的内容，一些微信传谣已形成公司化、链条化运作趋势，其中不乏恶意竞争所致，虽然食品企业可以通过司法程序获得索赔，但对企业的商业信誉、品牌声誉造成的伤害无法估算。网络中，民众的辨别力相对较低，而网络谣言的快速扩散，可直接影响社会正常秩序，危害社会诚信和社会稳定。

（三）信息污染问题

这里的信息污染问题主要针对淫秽色情类信息的传播。此类信息是信息环境污染中传播最广、危害最大的一类，具体指在新媒体环境下传播的黄色图文、淫秽影片、低俗文学、色情游戏和不雅行为等低级趣味的有害信息。网络淫秽色情大有泛滥之势，“据苏格兰一家软件公司对互联网所做的调查显示，全球每天新增色情网站两万多个”，“全球每秒钟有28258个用户在看色情图片，全球570亿美元的色情业利润中，网络色情业利润达25亿美元”①。

与传统淫秽色情信息传播相比，新媒体更具隐蔽性和广泛性，传播内容多样。比较常见的是图片、音视频及文字，色情类图片及音视频对网民形成感官刺激，吸引浏览者点击或下载，而这些图片、视频往往是计算机病毒传播的最佳途径；色情类文字则大多是直接的性描写，通过大胆、露骨的低俗文字吸引网民注意，特别是一些网络小说，对于性爱场面进行生动细致的刻画，引发网民性冲动和性幻想，对喜欢阅读网络小说的青少年群体形成较大腐蚀性，也影响他们的身心健康。网络游戏也成为色情淫秽信息传播的重要场所，在游戏中有刺激性强的淫秽内容，也有通过网络角色扮演进行虚拟的色情活动，并且很多游戏是3D动画制作，其逼真程度很高。随着移动媒体的发展，社交平台和直播平台的色情交流与色情服务也在不断出新，利用视频聊天室和即时通信软件进行充满诱惑挑逗性的聊天、表演甚至大尺度的“裸聊”，往往在吸引网友眼球后诱使其入会并收取高额会费，甚至进行网络诈骗等。

色情信息传播途径也多样，一些门户网站为了追求点击量，页面上常出现颇具挑逗诱惑性的标题、文字、图片、视频；一些商业网站进行“色情营销”，

---

① 宫承波、刘姝、李文贤：《新媒体失范与规制论》，中国广播电视出版社，2010年，第74、81页。

通过女性、健康等栏目登载淫秽色情内容，或以附着在新闻事件页面边栏的黄色图文吸引网民眼球，从而进行产品的商业推广；建立淫秽色情网站或即时通信群，以登载广告或收取会员费等方式牟利；通过论坛、博客、微博、微信等平台与色情网站链接，传播淫秽信息或提供色情服务；移动智能终端应用商店以阅读器、电子书、游戏等方式，向移动终端用户传播黄色信息；通过网络视频平台和网络直播平台进行色情信息传播；等等。比如近两年，网络视频直播成为新媒体平台快速发展的形态之一，受到很多网民的追捧，但是有的直播平台为追求流量、吸引眼球，疏于信息污染的管理。2020 年 6 月，国家网信办有关负责人表示，结合群众举报及核查情况表明，国内 31 家主要网络直播平台普遍存在内容生态不良现象，不同程度地存在内容低俗的问题。其中，秀场类直播乱象频发，一些女主播衣着暴露，一些男主播言行粗鲁恶俗，低俗热舞、恶搞、谩骂等现象屡禁不绝；聊天类直播内容无营养无价值，传播不良价值观，甚至有的利用色情低俗内容诱导未成年人充值打赏，其影响恶劣，危害青少年健康成长，社会各界呼吁要严加整治。①

淫秽色情信息的传播污染网络环境，败坏网络风气，腐蚀人类心灵，究其原因在于新媒体本身所具备的虚拟性和隐蔽性特点比较适合不良信息传播，同时把关机制的缺失也给网络信息管理带来一定困难，增加了信息监控和查处的难度。淫秽黄色信息传播中，信息生产与传播者一方面深知受众的内心需求，迎合受众渴望新鲜寻求刺激的心理；一方面新媒体运营成本低、利润高，使得他们面对金钱的诱惑而漠视社会道德和法律责任，甚至铤而走险。因此形形色色的色情信息屡禁不止、屡打不绝，成为生长在虚拟空间中的一颗“毒瘤”。

（四）信息侵权问题

“侵权”是指侵害他人权益的行为，新媒体的侵权既包括对作品著作权的侵犯，也包括对名誉权、隐私权等人格权的侵犯。

新媒体已日渐成为一种重要的版权作品传播载体，基于网络的开放性，侵犯著作权的行为层出不穷。著作权侵犯的具体表现是：未经著作权人许可擅自将作品在网络中刊登传播；未与新闻单位签订许可使用合同，擅自发表转载该新闻单位的新闻；未经许可将作品原件或复制品提供给公众交易或传播；在网络上私自传播盗版的音像制品；等等。2011 年著名“80 后”作家韩寒起诉百

① 中华人民共和国国家互联网信息办公室网站：《国家网信办指导属地网信办依法约谈处置虎牙、斗鱼等 10 家网络直播平台》，http://www.cac.gov.cn/2020－06/23/c_1594459834502044.htm，2020 年 6 月 23 日。

度侵权案就是一个典型事例，韩寒状告百度文库多篇文档侵犯其著作权，后法院判定百度侵犯韩寒的三部作品的著作权，韩寒胜诉并获赔 9.58 万元。此案件是众多网络侵权中的一例，“最高法院资料显示，2011 年全国法院受理一审著作权案件占整个知识产权案件的 59.8%，其中涉及互联网案件又超过半数。在网络著作权纠纷中，网站未经许可，擅自传播文字作品、影视作品、摄影作品等约占 75%”[①]。不少侵权案件最终因维权成本高、败诉风险大而不了了之，而且监管缺失，法律条文中也缺少有效的惩处条款，使网络侵权屡禁不止，呈现“侵权易、维权难”的局面。手机出版领域也涉及版权侵犯问题，手机出版作为网络出版的延伸，相关法律法规存在空缺，立法不够完善，因而如何保护新媒体传播中的著作权，促进出版行业的良性发展是当前必须重视的问题。

除了版权侵犯，人格权受到侵犯的事件也在新媒体领域中经常发生，包括名誉权、肖像权和隐私权等。“网络名誉权”受侵犯主要是指通过网络的文字、图片、视频等作品传播，破坏他人声誉，贬损他人人格的行为，网络诽谤和侮辱是比较常见的手段。新媒体平台的开放与自由性一方面给公众带来了话语权，另一方面却提供了捏造、损毁他人名誉的机会，一些网民利用网络空间任意发表不负责任的言论，或恶意中伤，或人身攻击，或秽语谩骂，造成恶劣影响。同时，未经本人同意，以营利为目的，擅自使用、随意更改他人照片在新媒体传播中也常见发生，比如一些网站或网友利用名人效应获取利益，但实质上是侵害了当事人的肖像权，应当承担相应的法律责任。

“隐私权”是争议最多的话题，“网络隐私权”是“隐私权”在网络环境下的一种延伸，相较以往的隐私权，其范围扩大，内容更复杂，主要是指公民在网上享有的私人生活和个人信息受到法律保护，不被他人非法侵扰、知悉、收集、利用和公开的权利。网络媒体中隐私权的侵犯类型多样，侵权者可以通过各种软件程序对网民个人资料进行盗取，获取私人秘密信息，或者进行用户跟踪，记录用户行为；有些网站在提供服务时需要用户填写相关个人资料，网站为了获取利益也会将私人信息公开甚至变相售卖；网络交友平台也存在隐私信息泄露的可能，甚至造成经济损失等。网络中流行的“人肉搜索”，未经授权而提供或公开传播他人资料就是对隐私权赤裸裸的侵犯。现代社会中，手机拍摄已成为日常化随意性的行为，但同时个人的隐私权也随时可能遭到侵犯，手机体积小巧，携带方便，拍摄隐蔽，像素高清，上传网络也容易，因此常作为

① 中国经济网综合：《韩寒胜诉百度案映射网络版权生态荆棘丛生》，http://www.ce.cn/culture/gd/201209/20/t20120920_23699341.shtml，2012 年 9 月 20 日。

秘密拍摄的工具。手机偷拍行为本身是一种不道德行为，但当偷拍行为涉及当事人的隐私，或者向社会公众公开传播，就属于侵犯隐私权的违法行为，当不法分子利用手机偷拍来实行敲诈、勒索、诈骗或者牟利等违法活动时，就可定性为犯罪行为了。

（五）舆论失范问题

新媒体网络虽是一个虚拟社会，但与现实社会密切交织，社会群体特征明显，其舆论意见已成为社会舆论的重要组成部分。新媒体中最为常见的就是“草根舆论”，即广大网民借助贴吧、论坛、虚拟社区、QQ、博客、微博、微信等途径发表对某人、某事或某种现象的看法与意见。较传统媒介而言，新媒体作为民意表述的自由平台，在社会监督方面发挥了重要作用，比如湖北巴东县邓玉娇案、云南晋宁县看守所“躲猫猫”事件、南京江宁区原房管局局长周久耕“天价烟”事件……在维护权益、伸张正义、鞭挞腐败方面都展示了网络舆论监督的强大力量。但是新媒体平台又具备隐匿性，加上把关强制力的缺失，就容易出现虚假造谣或偏激的非理性言论，或是极端言论煽动民众情绪，或是网络谣言误导舆论导向，或是演变为暴力讨伐，影响社会的和谐稳定。

舆论失范就会使正常的舆论监督变成非正常的舆论暴力，“‘网络舆论暴力’具备三个特征：以道德的名义，恶意制裁、审判当事人并谋求网络问题的现实解决；通过网络追查并公布传播当事人的个人信息（隐私），煽动和纠集人群以暴力语言进行群体围攻；在现实生活中使当事人遭到严重伤害，并对现实产生实质性的威胁”[①]。比如“人肉搜索”，不少网友本意是为了实现“网络正义”，但网络是一把双刃剑，一方面则可以做到惩奸除恶，另一方面可能会成为无形的杀手。在大量的“人肉搜索”事件中，这种行为侵犯了当事人的隐私权，超越了道德和法律的底线，其结果对当事人造成严重的精神伤害，并将这种伤害从虚拟的网络空间转移到现实社会中，打破了他们正常的生活秩序，甚至威胁到他人的人身安全。2008 年北京女白领姜岩写下“死亡博客”后跳楼身亡，自杀事件源于她与丈夫的婚姻，因此其丈夫王菲被愤怒的网友们“人肉”，大量信息被披露，同时还遭到网友唾骂和骚扰，他的工作与生活受到严重影响。王菲不堪其扰后将大旗网、天涯网、北飞的候鸟三家网站起诉至法院，首次将“人肉搜索”和“网络暴力”推向司法领域，催生出“人肉搜索中国第一案”。其后因“人肉搜索”导致的“舆论暴力”事件时有发生，“铜须门”事件、“虐猫”事件、“最毒后妈”事件……2015 年“成都女司机别车”

---

① 《网络舆论暴力来势汹汹　如何向它说不》，载于《人民日报》2007 年 8 月 13 日。

事件，原本是一起交通纠纷引发的冲突，但在网友的集体围观与道德评判下，舆论几次偏转，女司机的照片、身份证、车牌、违章信息、家庭及其他大量隐私信息被公开，各种谩骂攻击指向女司机，最后女司机发布道歉信，恳请大家“到此为止”。“人肉搜索”如果运用得当的话，可以对舆论起到积极推动作用，但因缺少合理规制，往往成为一种侵权行为，进而演变成舆论暴力事件，给当事者带来巨大伤害。

新媒体舆论包括网络舆论和移动终端舆论，特别是互联网和手机的结合，使文字、图片、视频的传播更为方便快捷，经常第一时间发布第一手信息，一些意见领袖在网上的感召煽动性也极强，具备传统媒体无法企及的传播优势。因而新媒体舆论失范是一个重大而严肃的课题，开放话语权的同时需要积极引导和规范管理，才能促进舆论空间的良性发展。

（六）语言失范问题

新媒体语言是伴随着新媒体发展而兴起的一种语言形式，其失范主要指新媒体信息交流传播中语言的不规范使用。

当前新媒体语言使用极为普遍，已影响到日常生活中人们的用语习惯，关注度也越来越高，成为一种新的流行风尚。新媒体语言一般是电脑用户和手机用户在网络交流中形成的，由于这些用户大多数是年轻人，其用语不受传统语法语义的规范和标准约束，呈现出数字化、字母化、符号化、谐音化等特点，有其独特魅力。新媒体语言具备新意，语言体系也在不断丰富与创新，给语言领域带来生命力，但同时也存在简单化、随性化的倾向，对规范语言文字产生了冲击。

新媒体语言在基本语言规则上存在失范现象，从语音、语法和用法各个方面都有网络新兴词汇的产生，比如谐音类的菇凉（姑娘）、稀饭（喜欢）、童鞋（同学）、杯具（悲剧），只取音而不顾其义，与汉字的规范用法是相矛盾的；比如具备网络新义的“人艰不拆”“十动然拒”“不明觉厉”“累觉不爱”等词语，分别表示“人生艰难不要拆穿”“十分感动然后拒绝”“虽不明白说什么但感觉很厉害”“很累感觉自己不会再爱了”，将一句话压缩成四个字，貌似成语，但表意混乱，意思难以理解；语法方面的混用，比如同学 s（同学们）、小伙伴 s（小伙伴们），模仿英语名词“数”的变化，在汉语中加复数词尾“s”来替代“们”。在年轻网民中还流行“火星文”，“火星文”是网络文化的衍生物，由符号、数字、繁体字、日文、韩文、方言、冷僻字等非正规化的文字符号组合而成，用法不合汉字规范，初看像是乱码或打错的字，有的文字还能勉强辨认，有的则完全让人不知所云，因“普通地球人难以理解”而被网友称为“火星文”。比如“17 斗 4 幻 j，↓b 倒挖 d!”（一切都是幻觉，吓不到我的）、“钚缃信 ye 否有痈”（不相信也没用）、“莪还湜崀唻哋莪”（我还是原来的我）、“那①刻 _ ゞ ωǒ 哭了 ooO ゞ为了〆伱ゞ ωǒ 真 De づ变乖了ゞゞO”（那一刻，我哭了，为了你真的变乖了）……这类天书般的文字表述，一般人很难理解意思，因此网络上出现“火星文字对照表”“火星文字输入攻略”等使用指南，甚至出现了专用的火星文转换软件。

新媒体语言在语言文明方面也存在失范现象，一些网友以情绪发泄为目的进行网络谩骂，有的网友则是以粗鄙低俗为个性网络表达方式，聊天交流或发表意见中经常使用不文明的语言及符号。生活中的脏话经由新媒体变形而受到广泛传播，例如“草泥马”“尼玛”等词语同音利用，也有脏话词语因输入法运用而呈现出象形创造，例如“卝”“我屮艸茻𦍌”“我凸（卝皿卝）”。2015 年 6 月人民网舆情监测室发布《网络低俗语言调查报告》，报告显示“按照‘原发微博提及量’排行，‘尼玛’位居网络低俗词语排行榜第一位，屌丝、逗比、你妹、草泥马、我靠等榜上有名”[①]。

新媒体语言的想象力与创造力给语言领域带来了新鲜元素，但语言环境的失范，必然对人们的语言能力及学习生活产生不利影响，特别是对正在学习成长中的青少年，因此需要净化网络语言，遵守社会公德，倡导文明用语，努力营造健康的新媒体网络文化。

三、新媒体失范的后果及影响

（一）破坏社会的安全与稳定

信息安全是社会安全和国家稳定的重要因素之一，我国新媒体发展时间较短，防护意识还不强，信息安全形势并不乐观，政治、经济、科技和文化领域都面临挑战。黑客侵袭、病毒蔓延均会影响信息的正常使用，一旦信息丢失或被篡改、破坏，都可能给国家、企业或个人造成巨大损失，数字化网络化的国家重要部门一旦遭到入侵和破坏，后果不堪设想。一些境内外敌对分子非法侵入新媒体信息系统，破坏信息系统安全，进行政治反动渗透和颠覆活动，危及国家安全和人民利益，或是在网络中散播各种政治偏见，宣传异教邪说，煽动极端情绪，扰乱人心，造成极坏的政治影响。

针对新媒体具备的成本低、传播广、速度快、隐蔽性高等特点，一些不法

---

① 新华网：《网络低俗语言排行发布“尼玛”位居第一》，http://news.xinhuanet.com/2015-06/03/c_127872677.htm，2015 年 6 月 3 日。

分子利用新媒体或是对新媒体系统实施攻击，从而实施犯罪活动。新媒体平台的犯罪包括病毒传播、非法入侵计算机系统、盗用上网账号和信用卡数据、网络敲诈、发布虚假广告和信息、贩卖违禁物品等，包括杀人、强奸等直接对人身的犯罪现在也可以通过新媒体网络途径间接实施。而且新媒体犯罪逐渐呈现出产业化、低龄化、专业化等特征，严重危害公共安全、国家安全，直接影响到一个国家的政治、经济、文化等各方面的正常秩序。

（二）削弱新媒体的公信力

“公信力”是媒体在长期的发展中积累而成的，“公信力”体现了一个媒体存在的权威性、在社会中的信誉度以及在公众中的影响力。新媒体平台信息海量，使用便捷，传播即时，但由于把关者的缺失，改变了传统信息发布严格审核的形式，造成了鱼龙混杂的局面；同时也出现了虚假信息泛滥、网络谣言频出、公民隐私权遭到侵犯、著作权很难保护等诸多问题。新媒体信息传播的失范，一方面会造成个人及社会的恐慌，一方面会使民众对于媒体本身失去信任。比如 2016 年 5 月初引起轩然大波的“魏则西事件”，21 岁大学生魏则西的死亡悲剧暴露出我国医疗体系监管方面存在严重漏洞，需要问责北京武警二院和予以承包的莆田系医院，但是百度对于“莆田系医院”的竞价排名和虚假宣传是造成后果的直接原因，因此百度饱受道德谴责，遭到众多网友的口诛笔伐，成为舆论的众矢之的，也失去了大众对其搜索内容的信任。

新媒体的公信力面临严峻挑战，造成公信力削弱的原因有四：其一是新媒体平台传播速度快，信息发出后影响迅速放大，一旦发布就覆水难收，不良后果较难控制；其二是新媒体匿名性强，信息混杂，真伪难辨，对大量文章和信息的真实性与原创性很难进行审核判定；其三是新媒体从业人员相对年轻，媒体工作经验不足，专业素养和能力参差不齐；其四是对新媒体缺乏相对完善的管理制度与政策法规。

“公信力”是新闻媒体最有价值的内在品质，是一种被社会公众所信赖的内在力量。网站发出信息，如果有误，可以修改或删除，然后再进行道歉，这些操作在新媒体时代很容易办到，但是“信息的错误虽然能在一瞬间删除，可是好不容易积攒起来的受众对媒体的信任，也可能同步丢失”[①]。没有公信力的媒体终将失去生命力，因而新媒体要想保持更好的发展，必须树立且维护自身的公信力。

---

① 中国之声：《媒体因误报“九江地震”致歉专家：伤害公信力和权威性》，http://www.china.cnr.cn/xwwgf/20160105/t20160105_521036707.shtml，2016 年 1 月 5 日。

（三）冲击公民的道德传统

新媒体在快速发展中与传统价值观、道德观产生了偏离，在市场利益为主导的发展条件下，传播者为迎合受众口味，提高点击率，吸引更多的广告商，出现了传播内容的道德缺失，其传播方式的改变也使得把关力量减弱，从而导致社会责任的缺失。暴力、色情、欺诈、侵权等信息通过新媒体传播，冲击了传统的道德规范，影响了社会的公序良俗。

新媒体信息中充斥着色情和暴力，侵蚀着人们的心灵，挑战了人们的道德底线。比如色情文字、图片和视频的泛滥，在传统媒体时代色情淫秽内容难登大雅之堂，但在新媒体环境下，却能以最大限度得到人们的认可；网络主播可以凭借穿着出位博取人气，性感八卦新闻位居网站头条，刺激诱惑的图片视频赢得网民青睐，还有一些社交媒体中的色情交友也广泛存在。还比如网络暴力，新媒体平台开放了话语权，但同时也为道德失范提供了机会，网民可以在虚拟的网络世界中发表伤害性、侮辱性、煽动性的文字、图片和视频，或是打着道德的旗帜去进行集体“讨伐”，网络暴力行为中，传播者失去了道德束缚，不仅侵犯了当事人的权益，触及法律底线，也破坏了公共秩序，冲击着人类自身的道德防御系统，原本符合社会伦理和道德意识的价值观也会被扭曲，挑战了传统价值观，进而阻碍了和谐社会的进程。

新媒体虽是一个自由的虚拟世界，但具有公共性和社会性，与现实紧密联系，因此网上的一言一行都必须在道德和伦理的框架之内，不能随意逾越，否则便会沦丧道德与诚信，动摇社会的伦理根基，与时代文明风气渐行渐远。

（四）影响人格的健康发展

新媒体时代信息泛滥，又有大量重复无用和碎片化的信息，海量的信息让人们应接不暇，受众往往只是快速浏览而没有深刻理解，也因为信息获取的方便而疏于思考，导致思维空间发展片面化，并缺乏逻辑概括能力和探求事物本质的精神。有人将之形容为“平面人格”，即如果人们过多地消费现成的网络信息，一味地接受而没有消化和回旋的余地，思维就会变得被动和僵化，形成表面、狭隘、被动的思维习惯，久而久之想象力和创造性就会逐渐丧失，人们的主体意识也会变得岌岌可危。[①]

新媒体的自由开放让受众解放个性、畅所欲言，论坛、博客、微博、微信等平台成为表达自我思想、宣泄情感的自由领地，但同时也形成了以自我为中

---

① 宫承波、刘姝、李文贤：《新媒体失范与规制论》，中国广播电视出版社，2010年，第202页。

心、自恋等现象。不少年轻网民生活在“自我”的虚拟世界里，一方面自我意识极强，经常性谈论非主流话题、发表极端言论，或是成为网络暴力的参与者；另一方面又在虚拟世界中尽情扮演另一个自己，很容易出现偏执性人格或多重人格障碍，其人生观和价值观也容易发生扭曲。

使用新媒体的群体以年轻人为主，不少年轻人很容易对网络形成依赖性，新媒体平台的游戏、信息、社交、色情等都可能导致沉迷并上瘾。一些青年学生心智不成熟，沉迷于网络，分不清现实社会与虚拟社会，继而产生厌学、逃学思想，甚至模仿网络游戏进行犯罪或者自杀。习惯于网络生活的成年人也很容易变成“宅男”“宅女”，或是沉溺手机的“低头族”，每天大量时间都是刷微博、刷抖音、刷朋友圈，沉醉于网络虚拟世界，远离现实生活，缺少社会性接触，自我封闭，情感冷漠，内心脆弱，性格孤僻，甚至产生人格分裂，出现人际交往障碍。

第二节　新媒体失范治理与法规建设

一、政策法规管理

新媒体推动社会不断进步，与此同时失范现象也逐步显现，我们应该根据自身国情的需要，借鉴国外新媒体的治理经验，专业性、前瞻性地制定相关政策和法规来进行监管。

（一）国外新媒体的管理规制

德国是全球第一个制定新媒体成文法的国家。1997 年制定了世界上第一部关于新媒体的法律——《信息与通信服务法》（简称《多媒体法》），为新媒体的管理提供了法律框架。该法为综合性的法案，用来解决经由互联网传输的违法内容，包括猥亵、色情、恶意言论、谣言、反犹太人等宣扬种族主义的言论，更严格规范了有关纳粹的言论思想与图片等相关信息。该法提出了新媒体服务提供者责任三原则：一是对自己提供的网上信息内容负全部责任；二是对网上提供来自他人的内容只是在一定条件下才负有责任；三是对于仅仅是提供了进入通道的网上信息不负责任。①

美国是较早探索新媒体管制的国家，在保护新媒体言论自由的同时也制定了严格的法律，1984 年美国国会就通过了《联邦禁止利用电子计算机犯罪

① 张峰、匡文波：《对新媒体法制管理的思考》，载于《青年记者》2014 年第 23 期。

法》，1987 年美国国会批准成立国家计算机安全技术中心并制定《计算机安全法》。美国针对新媒体法规制定分类也比较细致，比如在保护公民信息隐私安全方面，1986 年颁布《电子通信隐私法》，1997 年颁布《联邦互联网隐私保护法》，1998 年颁布《儿童在线隐私保护法》等，较全面地维护了个人的信息隐私权。比如在保护未成年人方面，美国是对儿童网络信息保护较为严格的国家之一，制定了《儿童互联网保护法》，对以 13 岁以下儿童为目标客户的网站和 13 岁以下儿童参与的普通网站进行规范，根据该法律，网站在收集、保存或使用儿童个人信息之前，必须获得其家长或监护人的同意。

韩国是世界上最早设立互联网审查机构的国家。早在 1995 年，韩国国会就修改通过了新的《电信事业法》，将“危险通信信息”作为管制对象，组建信息通信伦理委员会，接受不良信息举报，对网络进行监察，对网络纠纷进行仲裁，关闭国内非法或不健康网站，屏蔽国外不良网站等。2001 年，韩国先后颁布“不健康网站鉴定标准”和《互联网内容过滤法令》，在法律框架内确立信息内容过滤的合法性。同时，为规范上网行为，减少网上不良信息，韩国政府逐步推行“实名制”，成为世界上首个强制推行“网络实名制”的国家。2005 年 10 月，广泛征求社会各界意见后，韩国政府发布“网络实名制”规定，根据该规定，网民在网站留言、建立和访问博客时，必须先登记真实姓名和身份证号，通过认证方可使用。2006 年年底，韩国国会通过了《促进信息通信网络使用及保护信息法》修正案，规定主要门户网站在接受网民留言、发布照片和视频等操作前，必须先对网民个人的真实姓名和身份证号码等信息进行记录和验证，否则将对网站处以最高 3000 万韩元（折合人民币约为 180000 元）的罚款。①

新加坡是主张政府必须强制介入新媒体内容管理的国家之一。新加坡政府于 1996 年 3 月颁布了管理条例，要求提供联网服务的公司对进入新媒体的信息内容进行监督，以防止色情内容和容易引发宗教和政治动荡的信息传播。政府自己也对新媒体进行监督。新加坡根据广播法颁布了新媒体行为准则（Internet Code of Practice）与产业标准，由信息通信发展局（IDA）管理，最初检查的重点是对青少年有害的色情信息。新媒体行为准则明确规定：“禁止那些与公众利益、公共道德、公共秩序、公共安全和国家团结相违背的内容。”同时，传统的诽谤法、煽动法、维护宗教融合法案等相关内容也适用于新媒体

① 《各国网络监管：韩国强制推行实名制 美国监控且侵犯》，载于《广州日报》2010 年 2 月 1 日。

管理，任何危害国家安全或防卫的内容都禁止在新媒体上交流[①]。

（二）国内新媒体的管理规制

我国新媒体管理机构建立于1996年，1996年年初国务院信息化工作领导小组办公室成立，1997年6月成立中国互联网络信息中心（CNNIC），1998年3月成立信息产业部，同年8月公安部成立公共信息网络安全监察局，检测网络安全并打击网络犯罪等。2011年5月我国成立中华人民共和国国家互联网信息办公室，主要职责是落实互联网信息传播方针政策和推动互联网信息传播法制建设，指导、协调、督促有关部门加强互联网信息内容管理，依法查处违法违规网站等。

同时，我国也形成了一套新媒体管理体系，制定了各种法律法规。1994年2月国务院发布我国最早的网络管理文本——《中华人民共和国计算机信息系统安全保护条例》，该条例对我国政务、国防、经济、科技等领域的信息安全保护提供依据。随后，颁布的《中华人民共和国计算机信息网络国际联网管理暂行规定》《中国互联网络信息中心域名注册实施细则》《计算机信息系统保密管理暂行规定》等构建了我国新媒体管理的基本框架。2000年被认为是"网络立法年"，我国出台了大量的关于网络管理的法规，国务院发布了《中华人民共和国电信条例》和《互联网信息服务管理办法》，前者对中国电信、互联网乃至整个信息产业都具有指导意义，后者则是我国第一部对网络媒体进行管理的行政法规，开启了中国网络媒体立法的大门，也是中国网络媒体内容管理的根本大法。2002年8月我国正式实施《互联网出版管理暂行规定》。2005年出台的《互联网著作权行政保护办法》，首次明确规定了网站在制止网络侵权方面的措施以及著作权人维护权益的行为方式[②]。从2005年开始，我国的新媒体法制建设进一步完善，包括移动互联网的管理，2005年信息产业部发布《关于进一步加强移动通信网络不良信息传播治理的通知》，2006年7月实施《信息网络传播权保护条例》，2008年修订《电子出版物出版管理规定》，并为减少著作权纠纷推行数字版权自愿登记制度。2012年通过《全国人民代表大会常务委员会关于加强网络信息保护的决定》，从不同侧面对互联网参与行为主体的活动进行了规范。2015年11月《中华人民共和国刑法修正案（九）》中增加新规定，明确在微博、微信、QQ群等社交平台进行虚假信息编

① 张峰、匡文波：《对新媒体法制管理的思考》，载于《青年记者》2014年第23期。

② 参见宫承波、刘姝、李文贤：《新媒体失范与规制论》，中国广播电视出版社，2010年，第25～26页。

造和传播，最高处七年有期徒刑，这是对当前新媒体信息造谣失范进行的直接的法律管制。

第十二届全国人民代表大会常务委员会第二十四次会议于 2016 年 11 月 7 日通过《中华人民共和国网络安全法》，并从 2017 年 6 月 1 日起施行。《中华人民共和国网络安全法》是我国第一部全面规范网络空间安全管理的基础性法律，起到保障网络安全、维护网络空间主权、保护公民合法权益的作用，是我国在网络空间进行法治建设的重要里程碑。近年来，网络直播带货兴起并蓬勃发展，为更好加强网络直播带货监管，2021 年 3 月国家市场监督管理总局出台《网络交易监督管理办法》，2021 年 4 月国家互联网信息办公室、公安部、商务部、文化和旅游部、国家税务总局、国家市场监督管理总局、国家广播电视总局等七部门联合发布《网络直播营销管理办法（试行）》，以此促进直播带货健康发展，建设清朗有序的网络空间，构建完善的网络营销体系。

除了相关法律法规，我国还制定了一些具体的社会管理措施。比如对于网吧的整改，我国在互联网普及初期网吧数量众多，很多又属于无证经营，针对这种现状，国家要求相关部门进行重新审核和专项整治，要求所有公开网吧必须具备“三证”，即公安部颁发的网络安全许可证、文化部颁发的网络文化许可证和消防部门颁发的消防安全许可证，严厉查处接纳未成年人进入行为，打击网上传播有害信息的行为。还比如针对手机媒体失范现象，我国实施手机实名制管理政策，即移动通信运营商需要对办理手机入网的用户进行真实身份的审查和登记，目的是从源头上对发送信息者进行管理，但是手机用户群体庞大，实施实名制是一项长期而艰难的工作，再加上对个人隐私的担忧，该项管理也有具体的实施困难。

我国借鉴其他国家的经验，总结自身新媒体的发展状况，制定了一系列政策法规，也实施了一些管理措施，但属于管理性质的行政规章居多，有些规定不够明确和细化，有些行为的界定及处置依据不够明晰，有些政策则在执行规范上存在漏洞，加之专项立法进程比较缓慢，滞后于新媒体的发展，因而我国的政策法规管理方面还需进一步健全和完善。

二、技术防范与监管

对于新媒体失范的治理，相关政策法规在具体实施中往往障碍重重，对失范违法行为不能面面俱到，因此从技术层面予以直接的管制也非常重要。

（一）具体的技术防范

美国、日本、韩国、澳大利亚等国一般实施新媒体的分级与过滤技术，分级和过滤是进行技术监管的有效手段，可以更好地净化新媒体环境。分级技术分为两种，一种是针对内容的分级，一种是针对年龄的分级。前者通常按照暴力、性、裸露、语言、潜在有害内容等几个方面进行分级，从而把网络信息分为一般节目、色情节目、暴力节目等，以防止用户接近有害信息；后者通常分为适合成人的内容、儿童必须在父母指导下观看的内容、适合13岁以下儿童观看的内容、所有观众观看的内容等若干级别。过滤技术是使用具有过滤功能的应用软件来实施的，其工作机制分为两种，一种是基于词的过滤，通过关键词和主题词以及面向主题的分析方法等阻挡有关信息，如果一个网站的内容含有过滤软件设定的禁用词语，就会被列入过滤的范畴；一种是基于站点的过滤，其方法是建立一个获准名单，把获准名单外的所有站点都屏蔽出去，或是建立一个拒绝名单，凡是在拒绝名单上的所有站点都不允许进入。① 分级和过滤技术既保护了新媒体内容的自由性和受众选择的自愿性，又能避免未成年人受到不良信息的侵害，因此广受青睐，具有积极意义。

我国在技术防范方面，虽然有关于新媒体平台分级技术的探讨，但总体上还没有采用统一的分级管制标准，主要是采取过滤技术和阻止进入技术。过滤技术主要针对网络社区、论坛、博客、微博、微信等平台的管理，网民在发信息的过程中如果使用了一些限制性关键词，信息便不能直接发出，而被转到管理员处审查，审查员可以将该内容修改后发布，也可以直接删除，但一些网民凭借变化的关键词形式躲过审查，成为过滤的“漏网之鱼”。移动媒体方面也可以通过相关措施实施技术过滤，有效地拦截垃圾信息或者保护个人隐私信息。阻止进入技术则是设定对某些政治敏感或色情网址访问的限制，使网民无法直接登录网站获取信息或发表言论。新媒体传播无国界，因此加大网络防御技术与设备的研究开发投入，加强对路由器、保密网关、防火墙等重要网络设备的监控，可以有效降低国外对我国新媒体的不利影响。

（二）建立专业的监管队伍

新媒体失范行为层出不穷，犯罪手段不断翻新，并且经常实行跨国作案，因此亟须在不断提升网管技术的同时，进一步充实网络监管队伍的人力及技术设备，培养具有较高法律素养、熟悉新媒体并能灵活运用网络侦查技术的复合型新媒体监管人员。不少国家都在培养对新媒体虚拟环境进行管控的队伍，比如2007年7月韩国警察厅成立了由64名精通网络技术的“网络警察”组成的

① 宫承波、刘姝、李文贤：《新媒体失范与规制论》，中国广播电视出版社，2010年，第21～22页。

网络犯罪应对中心，该中心人员具备较高水准的网络搜查技术和专业技术知识，专门对付网络犯罪。近年来，我国也建立了网络警察部队，“网络警察”是公安系统内部负责网络安全保卫和管理的部门人员，是我国网络安全管理的中坚力量，需要担负监督管理新媒体信息系统的安全保卫工作，既要拥有新媒体相关专业技术，又要具备一定的网络办案经验。网警的工作职责是进行网上搜寻，防范和跟踪在数秒内犯下的各种网络不良行为和犯罪活动，有的网警负责电子邮箱方面涉及辱骂恫吓和滥发垃圾邮件等现象，有的网警负责追踪破坏计算机信息安全者，有的网警负责调查网络经济诈骗，有的负责调查诱导青少年色情，等等。随着现代信息技术的发展，网络攻防、电子数据取证、大数据应用等新技术成为网络警察的核心能力，具备较强科技应用能力的网络警察，才能提升网络犯罪的破案率，维护社会稳定。同时，优秀的新媒体监管人员还要借鉴国外遏制与打击网络犯罪的成功经验，增加网络监管的手段和策略，接受国内外专业训练以提升反网络犯罪技术，从而有效加强新媒体专业监管队伍的力量。

三、自律和道德建设

政府进行监管、法律法规执行以及技术防范控制均是从外界进行的管制手段，对于新媒体治理最基本的实质在于“人”自身，只有活跃于新媒体平台的所有成员进行自我约束，构建一套伦理体系，才能从“外”变“内”，从被动变主动，才会真正做到维护新媒体的传播秩序，营造健康文明的网络环境。

（一）传播者自律

新媒体发展过程中，人们的言论、社交和活动不再受时空的限制，获得了越来越多的行为能力，传统道德规范对言行的限制却开始削弱，因此带来了一系列道德失范。行业自律缺失，比如一些新闻网站为了攫取“点击率”，新闻标题与内容夸张化、猎奇化、粗俗化，或者文不对题、断章取义；一些视频行业成为不良信息、侵权作品传播的重要来源地；自制网络剧内容和格调较为色情低俗；逐渐兴起的网络视频直播也涉黄涉暴。新媒体环境下，受众也是传播者，任何人都可以成为“自媒体”，但基于不同的道德约束，虚假、迷信、造谣信息在微博、微信、QQ等社交平台传播和转载，人肉搜索、网络暴力、偷拍侵权行为也时常发生，严重偏离了社会的基本伦理道德，因而行业和个人进行自律非常重要。

不少国家都建立了行业自律组织，我国也于2001年5月组建了“中国互联网协会”，该协会由国内从事互联网行业的网络运营商、服务提供商、设备制造商、科研教育机构等多家互联网从业者共同发起成立。协会发布了《中国互联网行业自律公约》，该公约的基本原则是“爱国、守法、公平、诚信”，倡议全行业从业者加入公约，从维护国家和全行业整体利益的高度出发，积极推进行业自律，创造良好的行业发展环境①。2003年中国互联网协会新闻信息服务工作委员会成立，人民网、新华网、新浪网等三十多家互联网新闻信息服务单位签署了《互联网新闻信息服务自律公约》，承诺进行自我约束，接受政府管理和公众监督，坚决抵制有害信息的传播。针对移动媒体的道德失范，2006年北京网通、移动、搜狐等246家通信企业联合签署了《北京市无线移动增值服务行业自律公约》，2007年人民网等多家媒体共同签署了《手机媒体自律公约》，号召全行业加强自律，推动手机行业的道德责任建设。

新媒体应用平台不断拓宽，近年来，微博、微信、网络直播、短视频等新形式不断涌现，但随之也出现违规失范现象，行业也需从实际出发制定自我约束的条例，比如2012年5月新浪网与用户共同制定并共同遵守的《新浪微博社区公约（试行）》，目的是维护新浪微博社区秩序，保障微博用户合法权益；2014年解放日报旗下的新媒体阅读产品“上海观察”团队发出《微信转载公约》，呼吁微信圈中文章的转载能得到更多的版权保护，一些有影响力的媒体微信号和自媒体大号纷纷加入并转发；2016年4月百度、新浪、爱奇艺、乐视、优酷、搜狐等20余家从事网络直播的主要企业负责人共同发布《北京网络直播行业自律公约》，承诺网络直播房间必须标识水印，所有主播进行实名认证，18岁以下未成年人禁止担任主播，并建立主播黑名单制度、审核人员24小时实时监管制等。

近年来网络直播和短视频营销发展迅猛，直播和短视频营销中存在经营者责任不到位、推荐禁限售商品、虚假宣传、违法广告等问题，针对此现状，2020年10月抖音、快手、京东共同发布《网络直播和短视频营销平台自律公约》，将80万余户平台经营者纳入公约管理范畴，公约强调变“他律”为“自律”，平台主动规范自身及相关主体的经营行为，健全服务协议与行为规范，建立网络直播和短视频营销信息检查、监控、公示和违法行为处置公示制度，完善商业推广者信用管理体系等，进一步加强直播和短视频平台内部管理，更好维护网络市场秩序。

新媒体行业需要严格自律，强化责任意识，建立道德意识，文明办网文明

① 光明网：《〈中国互联网行业自律公约〉发布》，https://www.gmw.cn/01gmrb/2004-06/19/content_45677.htm，2004年6月19日。

传播，积极传递正能量，同时自律也是自保，只有自律才能呵护本行业的健康发展，也才能保持长久的生命力和稳定的经济效益；作为个人，也必须严格自律，文明上网理性上网，不哗众取宠，不信谣传谣，对新媒体平台的不良信息不点击不转发，多一些独立思考和理性判断，少一点轻信盲从和偏激冲动，同时应参与社会监督，及时向有关部门举报，更加有效地行使手中的话语权，承担起共同净化新媒体空间的重任。

（二）伦理道德建设

建立和签署一系列“自律公约”，对新媒体行业与个人行为形成限制，促使所有人进行自我约束，但仍旧存在空白地带，所以最重要的是使之成为人们自觉遵守的行为准则，也即要进行伦理道德建设。所谓“新媒体伦理道德”，是指人们通过新媒体进行交流时所表现出来的人与人、人与媒体、人与社会等各种道德关系。伦理道德是一种无形的潜在力量，是人们行为的精神内核和社会赖以生存的根本，对社会规范起着基础性作用，也是规避新媒体失范行为的内力根基，更是新媒体良性运行的重要支撑。

新媒体伦理道德的建设和我国传统道德思想一致。中华民族的传统伦理道德博大精深，内容丰富，虽然其中有一些具有历史局限性，但更多的传统美德对人们形成强大的感召力，影响着世世代代中国人的思想和行为。优秀的精神文化包括尊老爱幼、宽厚待人、维护正义、谦敬礼让、诚善于心等理念，儒、道、墨家都力求构建仁爱互助、和谐亲善的社会，比如儒家追求人际和谐，道家崇尚自然和谐，墨家讲求社会政治和谐等。中国几千年的伦理道德文化底蕴在新媒体快速发展过程中因追求时效、追求利益而不断被遗忘，这些传统道德思想在当今社会同样需要，传播者和受众需要弘扬传统道德理念，结合新媒体传播特性加以创新和发展，形成适应和谐社会和中国特色新媒体传播的伦理规范。

新媒体伦理道德的建设需要媒体人加强自身素质修养和职业操守。传统媒体的经营困境和新媒体具备的新特性，造成部分新闻媒体工作者放弃新闻理想，降低道德底线，在新媒体平台中成为虚假新闻、低俗新闻、炒作新闻的始作俑者，或是追求新闻传播效益的最大化，或是报道他人隐私以吸引网民围观。对于新闻媒体人的评判不仅在于其新闻知识的广博及业务能力的高低，更重要的在于其道德思想的优劣，因此一方面需要加强对新媒体从业人员的职业道德的培养，引导职业理性；另一方面，从业人员需要不断加强自身修养，保持价值判断上的客观公正。新媒体传播中各种声音夹杂，新闻媒体人作为社会良知的守望者，应当坚持正确的舆论导向，秉承实事求是的原则，树立严谨的工作作风，坚守新闻职业道德，才能使新媒体具备公信力和诚信度，也才能使新媒体保持旺盛的生命力。

新媒体伦理道德建设还需要逐步培养和加强公众媒体素养教育。新媒体时代几乎所有网民都是传播者，媒体伦理素养培养面对的不仅是新闻媒体人，更重要的是全体网民用户。新媒体给公众提供的是一个虚拟的世界，平台的运用、言论的发表、信息的传播、视频的制作、情绪的表达可以自由且随意，因而更应该培养公众对于传播信息的认知、解读、评判及利用的整体素质和实际能力。公众的媒体道德培养是一项长期的引导过程，比如可以通过学校的课程机制来教育，或是开展社会化的媒体道德讲座来宣传，通过持久、广泛的教育，使之深入人心，提升公众的道德水准，增强公众的道德责任心。在全社会共同的教育引导下，逐步使公众用严格的道德标准约束自己，使他们在新媒体传播中积极弘扬真善美，抨击假恶丑，明辨是非，维护真理，坚守社会责任，形成稳定和谐的新媒体传播秩序。

练习十二

1. 什么是新媒体失范？
2. 新媒体失范具体有哪些现象？
3. 新媒体失范的后果和影响有哪些？请举例说明。
4. 针对新媒体失范，国外和我国是如何进行政策法规方面管理的？
5. 新媒体传播者如何做到自律？
6. 如何理解新媒体伦理道德建设的意义和内容？
7. 对于网络直播带货和短视频营销，应该如何进行规范引导？

第十三章　新媒体的发展

第一节　新媒体环境下的虚拟社会

一、虚拟社会的发展背景

随着21世纪的到来，以数字技术、计算机网络技术和移动通信技术为核心的互联网应用不断深入到大江南北，人们开始逐渐了解互联网，进入互联网，运用互联网。迄今为止，互联网逐渐成为人们生活中不可缺少的部分，影响着人们社会生存中的各个方面。中国互联网络信息中心发布的第47次《中国互联网络发展状况统计报告》显示，截至2020年12月，我国网民规模达9.89亿，较2020年3月增长8540万，互联网普及率达70.4%；我国手机网民规模达9.86亿，较2020年3月增长8885万，网民使用手机上网的比例达99.7%，较2020年3月提升0.4个百分点；同时，我国网民使用手机上网的比例达99.7%；使用电视上网的比例为24.0%，使用台式电脑上网、笔记本电脑上网、平板电脑上网的比例分别为32.8%、28.2%和22.9%。飞速增长的互联网和以手机为主要应用平台的移动互联网络，开始改变人们在社会中的生存习惯和生活方式。人们在以互联网为技术平台所构建的虚拟空间中，可以实现现实社会中的日常活动和服务功能，以及在现实社会中不能完成的想法和生活状态。一套完善的虚拟社会空间呈现在人们面前，大家都能感受到虚拟社会带来的生活便利，感受到新的生活观点和方式的冲击。

二、虚拟社会的概念和特征

（一）虚拟社会的概念

随着时代的进步、科技的发展，以计算机技术、微电子技术和通信技术为核心的互联网网络，从根本上改变了人们的生活方式、行为方式和价值观念，也使现代社会逐渐被人们认同为信息化社会、数字化社会、网络社会等概念。以数字信息关系为纽带，通过网络化的信息交往与互动而结合形成的虚拟世界结构体，开始融入人们的生活，这种真实存在于现实社会中的虚拟世界也被称为“虚拟社会”。

虚拟社会（Virtual Society），“又称赛博社会（Cyber Society），是指不同网民之间经由计算机、远程通讯终端等技术设备相互连接起来以进行信息的共享、互动与交流，并在其中进行社会交往、社会活动而形成的一种亚社会性质的网络虚拟空间（金吾伦，1997）。在一定意义上说，虚拟社会是现实社会的别样表达和延伸（冯斌元，2010）。然而，作为一种亚社会形态和模式，虚拟社会有其独特的社会属性，与现实社会有着较为明显的区别”[①]。

（二）虚拟社会的特征

1. 交流互动性

当大众传播进入互联网新媒体时代后，社交媒体平台不断涌现，掀起了一股信息传播方式的革命。在以用户为中心的互联网时代，人际关系在网络中得到充分的展示，人与人之间、人与智能设备之间的互动交流显得特别频繁。在现实社会中，首先，人们经常被时间、空间等因素困扰而无法对信息进行有效的互动；其次，现实社会中的人们进行互动交流都是线性的、一对一的，随着时间的流逝，信息也会消失。

在虚拟社会中，首先人们利用智能的终端可以随时随地进行互动式交流，打破了空间和时间的限制；其次，随着 Facebook、MySpace、Twitter 以及国内的微博、微信等社交网络平台的使用者数量猛增，互联网在虚拟空间中再现了一个真实的人际关系社会。网络中的人们进行互动式交流则表现出多向的、共时的、一对多、非线性的显著特征。当然，越来越多的人开始利用社交网络进行互动式的交流时，也同样给网络带来了商业价值。

2. 参与随时性

在虚拟社会中，群体不仅需要有效的互动交流，还需要随时参与信息的制造和传播。郭庆光老师曾经说过：“传播就是社会信息的传递或者社会信息系统的运行。”在互联网新媒体时代，随着人们接入互联网络和移动互联网络的技术门槛降低，我国网民的数量每年都呈现出增长的趋势。随着互联网不断地发展，大量的网民积极参加到信息的传播和制造中。因此，在当前时代，有一种信息生产模式叫 UGC[②]。这就可以看出，大量的网民对自己喜欢、感兴趣的

---

① 杨昕：《论虚拟社会的基本特征及其管理》，载于《社会工作》2012 年第 1 期。

② UGC（User Generated Content）指用户原创内容，是伴随着以提倡个性化为主要特点的 Web 2.0 概念而兴起的。

信息保持着较高的关注度，一旦其感兴趣的话题出现，就会造成大量的相关信息流。美食短视频创作者李子柒，其创作的一系列农村田园风光美食短片火遍海内外。在B站（Bilibili）李子柒的个人主页中，其上传的原创短视频，播放量达到2.4亿次；2021年2月2日，吉尼斯世界纪录发文宣布，李子柒以1410万的YouTube订阅量刷新了由其创下的“YouTube中文频道最多订阅量”的吉尼斯世界纪录；2021年2月28日晚，2020新浪微博之夜在上海举行，李子柒获微博年度热点人物。通过数据得出，虚拟社会中的人们对于自己关注的社会热点，都愿意利用手中的移动智能终端设备积极地参与，无论时间和空间。

3. 信息共享性

虚拟社会中的人们，个个都是信息的传播者，同时也是信息的接收者，打破了传统媒体时代对信息传播的垄断性控制。进入以新媒体技术为核心的虚拟社会，人们不仅可以主动地获取信息，也可以自愿地分享、发布信息，并获得他人的关注和认同。在这个过程中，人们可以直接参与虚拟空间中的信息传播。在以微博、微信为主的国内自媒体平台中，大量的用户都会参与信息的生产和信息的分享。而通过网络空间进行的舆论监督、社会救助、网络众筹等网络现象，都离不开用户群体对信息的分享，最终形成“忽如一夜春风来，千树万树梨花开”的宣传效果。“被称为‘2016年中国第一网红’的‘papi酱’，凭借一系列时长数分钟的原创短视频，在短短几个月内迅速蹿红网络世界。她通过扮演各种不同角色，并用夸张、嘲讽甚至自贬的语气点评社会热点话题，吸引了超过1000万粉丝，在优酷等多个视频平台累计播放量过亿次。”① 从数据可以总结出，人们通过大量的信息分享，造就了无数网红和大V，进而带来了无限商机。

4. 身份隐蔽性

随着新媒体技术的不断完善和发展，人们可享受随时随地创造、分享信息的便利，而且还可以隐藏自己的真实身份。这种情况的出现，造成了大量复杂的信息让人们真假难辨的现状。在现实社会中，每个人都有被社会系统识别的身份信息，如一个人的名字、性别、年龄等信息。在虚拟社会中，参与网络进行信息发布、传播的人们，都不需要以真实的身份信息出现在虚拟网络中，大家可以在社交平台、论坛、贴吧等各种平台中注册一个虚假的网络身份，并以“网民”的身份出现在网络中，进行信息的发布和分享，且不需要面对面。在这种情况下，民众的隐私得到充分的保护。大量的民众通过网络表达自己的观

① 搜狐公众平台：《ImageQ大数据：不爆粗口的papi酱还能红多久》，http://mt.sohu.com/20160422/n445543144.shtml，2016年4月22日。

点，谈论在现实社会中不曾谈论的话题，甚至通过在线虚拟游戏，扮演在现实社会中不能体验的各种社会角色。虚拟社会空间中的这种特性，给予了大量不敢在现实公众场所表达自己观点的人一次自信表达观点的机会，使得民众不断加入体验虚拟社会空间。同时，也助长着另一种网络现象，即虚假网络信息和网络语言暴力，这也是虚拟社会空间中不可回避的话题。

5. 主体多样性

正是由于身份隐蔽性的促使，我国的网民数量规模不断增长，近7亿的网民几乎占总人口数量的50%。不同省份、不同城市、不同民族、不同年龄、不同职业的网民，造成了虚拟社会的网络主体多样性。在虚拟社会中，主体的多样性也带来了丰富多彩的网络文化，促进了网络文化产业链的发展。中国互联网络信息中心发布的第47次《中国互联网络发展状况统计报告》显示，截至2020年12月，我国网民规模达9.89亿，2020年我国个人互联网应用增长较为平稳。其中，短视频、网络支付和网络购物的用户规模增长最为显著，增长率分别为12.9%、11.2%和10.2%。基础类应用中，即时通信、搜索引擎保持平稳增长态势，用户规模较2020年3月分别增长9.5%、2.6%。网络娱乐类应用中，网络直播保持快速增长，增长率为10.2%；网络视频、网络音乐的用户规模较2020年3月分别增长9.0%、3.6%。[①] 从这些数据可以分析出，网民主体的多样性，直接推动了网络文化产业的发展。

6. 个体差异性

在主体多样性的推动下，虚拟社会中的文化产业飞速发展，越来越多的网民开始在网络中去寻找自己感兴趣的文化类型，网民的个体差异性开始凸显。在万千世界中，由于各种原因，人与人的兴趣爱好不尽相同，很难满足每个人的兴趣需求。而虚拟网络空间中，提供着网络音乐、网络游戏、网络视频、网络文学、网络直播、网络社区、网络商务等不同类型的网络文化服务产业，分别满足着网民不同的兴趣爱好。随着网络技术的不断发展，大数据时代的到来，网络平台还可以根据民众在各类搜索引擎中搜索的记录，主动分析民众的兴趣爱好，并提供相应的信息整合服务，甚至在同一平台中，不同用户得到的信息推送内容都不一样。只有在互联网行业中，民众的个体差异性，才能得到充分满足，这就是所谓的“用户思维”。而以互联网为基础构成的虚拟社会，将会展现出更独特、更具个性化的服务，以此满足个体差异性的需求，形成一

① 中国互联网络信息中心（CNNIC）：第47次《中国互联网络发展状况统计报告》，http://cnnic.cn/gywm/xwzx/rdxw/20172017_7084/202102/t20210203_71364.htm，2021年2月3日。

个丰富的虚拟社会体系。

三、虚拟社会中的生存发展

一个完善的社会体系，能够为个人提供丰富的物质生活和精神生活保障，这样才能让民众安居乐业，让社会和谐发展。在虚拟社会中，民众同样需要物质和精神生活方面的保障，来满足生存所需要的条件。“衣食住行思”代表着人们在生存方面的需求，为了表现人们如何在虚拟社会空间中生存，我们从这几个方面进行讲述。

（一）虚拟社会中的“衣”

虚拟社会体系中，人们在生活方面的需求不仅可以得到满足，而且更加方便、快捷和智能化。如人们在“衣”方面的需求，包括服装的买卖、制作、设计等环节，民众都可以参与进去，而这些都可以在足不出户的情况下完成。

首先在服装的买卖环节中，人们可以通过线上的淘宝、京东、唯品会、蘑菇街等平台去选择、购买自己喜欢的衣物，而不需要像在现实社会中一样花时间去逛各个商场，浪费大量的时间和体力，影响购物体验。在线上平台中购物，民众可以选择在任何一个地方、任何一个时间段浏览商品信息，甚至宅在家里，都可以全球购物，而且商品价格比实体店便宜很多，可以说是物美价廉。这样的消费体验，对于大量的 80、90 后们，是极大的福利，不用出门，也能愉快地进行消费体验。随着网络购物规模的增长，国内快递行业飞速发展，也为大量创业者提供了机会。但网络购物却有一点是无法与实体店相比较的，那就是民众无法试穿自己心仪的衣服，导致退换货率也在不断上升。2016 年以来，虚拟现实技术（也称 VR）不断成熟和应用，民众通过这种智能设备可以体验在实体店一样的试穿感受，不用担心因为不合身而退换货。

在网络购物不断发展中，大量的商家也开始融入个性化定制服务，周全地考虑到顾客各种方面的需求，如顾客可以自己设计标识、样式，商家代理制作过程，而这些也是大多数实体店不能做到的。伴随网络购物而来的就是网络支付技术的实现，民众可以通过支付宝、京东白条、百度钱包等多种网络支付平台来实现付款和结账，不再需要面对面交易。中国互联网络信息中心发布的第 47 次《中国互联网络发展状况统计报告》显示：从产业规模来看，网络零售交易额稳定增长，持续释放消费新动能。从 2013 年至 2019 年间我国电子商务交易额从 10.40 万亿元增至 34.81 万亿元。年均复合增长率为 22.3%，2020 年仍保持稳步增长态势。以网络零售市场为例，2020 年全国网上零售额 117601 亿元，比上年增长 10.9%。其中，实物商品网上零售额 97590 亿元，比上年增长 14.8%，占社会消费品零售总额的比重为 24.9%，比上年提高 4.2 个百分点。从数据可以得出，网络是民众选择购物的主要途径之一，民众在虚拟社会里对于购物的需求被满足。

（二）虚拟社会中的“食”

“民以食为天”，现实社会中的人们对于美食的追求从来没有消减过，因此生活在虚拟社会中的民众不仅对“衣物”有需求，同时也对“食品”有需求。第一种类型是大量忙碌的都市白领，很少自己买菜做饭，他们大多数都会通过线上的百度糯米、美团、天猫、聚划算等平台去选择自己喜欢的美食或者团购美食消费券，然后直接去消费。这些团购平台中，聚集了大量实体美食店，人们通过网上预约支付后可直接到店消费，民众有了更多选择的机会。另一种类型是部分对美食情有独钟的民众，他们会自己去选食材、制作美食，而逛菜市场可能会花掉大量时间，网络平台所提供的生鲜商场，不仅不出门就可以挑选食材，还可以很快地送达，这样既节约时间成本，也节约物质成本。当“全球购”出现后，民众还可以吃到来自全球的美食。针对部分喜欢美食但不会制作的人而言，网络可以提供大量制作各种美食的视频教程和文章，这样人人都可以当大厨，人人可以做大餐，享受另一种美食体验。还有一种现象是近几年，饿了么、美团外卖等网络外卖服务的出现，更多人选择这种叫餐方式，餐餐都是饕餮盛宴，也让更多人愿意宅在屋里，形成一种特殊的“宅”文化。

（三）虚拟社会中的“住”

虚拟社会中，人们可能不会像现实社会中那样，需要一个固定的住所，但在节假日外出旅游时、在租售房屋时民众都可能会出现要找酒店、公寓或者客栈等住宿服务。这些服务在现实社会中不能很好地集中，民众在咨询、寻找时比较被动和烦琐，会花费大量的时间，但效果并不好。虚拟社会空间中，民众可以在 58 同城、赶集网、美团、百度糯米、去哪儿、携程网、房天下等平台上迅速找到住酒店、租房、售房等相关信息。这些平台汇集了大量本地和全国各地的信息，民众足不出户，在网络中就可以找到自己感兴趣的地方的相关信息，进行对比选择，很快找到适合自己的内容。同时，这些平台除了满足民众对房屋租售等信息的需求，也为相应散落于普通民众中的想出租、出售房产的人提供了一个免费广告的机会。“如成立在 2008 年 8 月，总部设在美国加州旧金山市的 Airbnb，是一个旅行房屋租赁社区，用户可通过网络或手机应用程序发布、搜索度假房屋租赁信息并完成在线预定程序。Airbnb 用户遍布 190 个国家近 34000 个城市，发布的房屋租赁信息达到万条。Airbnb 被《时代周刊》称为住房中的 EBay。”[①] 可以看出，在虚拟社会体系中，民众关于“住”的需求，很容易得到实现。

（四）虚拟社会中的“行”

中国的城市化进程中，大量人口开始聚集增加，民众出行一般会选择公共交通工具或者私家交通工具。公共交通工具的配套始终跟不上城市扩张的速度，这就造成公共交通工具无法满足人们出行的需要，多个城市出现出租车难打、野的数量激增、私家车数量不断增长、交通堵塞严重等现象，而大量的私家车在上下班途中都是一人一车，闲置了很多私车资源。在虚拟空间中，人们的出行更加方便、快捷，人们可以通过滴滴出行、快的、Uber 等网约车平台来就近选择闲置的私家车资源，满足自己的出行需求。2009 年成立的 Uber，总部位于美国旧金山，主要开发打车 App，最初提供高端定制租车服务，随后扩展至平价打车服务。2014 年 2 月正式宣布入华，最先在北京、上海、广州和深圳等 9 个城市运营。Uber 等打车平台的出现，有两个显著的特点：一是将大量的闲置的私家车资源进行了整合，让他们可以通过平台方便快捷地找到有出行需求的人；二是大量分散在城市中的民众也可以通过平台定位功能，找到距离自己最近的车主，快速出行。这种出行方式，不仅速度快，而且价格低，很快就风靡全球。全国网约车监管信息交互平台统计，截至 2021 年 2 月 28 日，全国共有 222 家网约车平台公司取得网约车平台经营许可，各地共发放网约车驾驶员证 329.1 万本、车辆运输证 122.9 万本。各网约车平台公司 2 月份共新注册合规驾驶员 5.8 万人，新注册合规车辆 2.2 万辆。除了滴滴出行、美团、高德，还有首汽约车、曹操专车、享道出行、嘀嗒顺风车等多种网约车平台，丰富了人们出行的手段和方式。[②] 虚拟社会体系中，民众在“行”的方面，也将压力大减。

（五）虚拟社会中的“思”

生活在虚拟社会中的民众，除了满足“衣食住行”方面的需求，还需要不断地思考和学习，提升自己的能力，让自己变得更加优秀，以更好的姿态面对社会的快速变化。现实社会中，民众大多数是通过学校，辅导培训机构，各城市中的图书馆、阅览室、书屋等平台来学习的。虚拟社会中，大量的在线教育

---

① 百度百科：“Airbnb”，http://baike.baidu.com/link?url=e9VfTYAbwjBYL94Tv7LEp07Kf7ZdYzoxdiQjRhlAxePExDNdzUobmuxC4e_h4g04qNu-OkBlGit8h1IRJM1MPq。

② 东方财富网：《2021 年中国网约车行业发展现状及竞争格局分析》，https://baijiahao.baidu.com/s?id=1696439865632157696&wfr=spider&for=pc，2021 年 4 月 8 日。

机构、数字图书馆、视频教学服务、网络书店等教育平台无处不在，民众可以通过电脑、手机 App、平板阅读器等工具，随时随地享受海量的网络教育资源，帮助自己不断学习和思考。在虚拟社会中，各个行业都可以在网络空间中找到学习资源，如美妆、影视、摄影、三维动画、美食制作等行业，都有相应的视频教学资源。也正是用户需求的不断增长，造成了网络视频分享平台的壮大和发展。截至 2020 年 12 月，我国网络文学用户规模达 4.60 亿，较 2020 年 3 月增长 475 万，占网民整体的 46.5%；手机网络文学用户规模达 4.59 亿，较 2020 年 3 月增长 622 万，占手机网民的 46.5%。随着全民阅读的推进，互联网数字阅读用户规模快速扩大，用户阅读习惯逐步形成并衍生出多样化的阅读需求，互联网数字阅读已成为用户精神文化生活的重要组成部分。这些数据都真实地展示出了当代人对阅读的重视度。除了对学习的重视，民众还需要通过大量的信息去了解快速变化的社会，规划自己的发展。在智能移动端，民众通过今日头条、澎湃新闻、网易新闻等客户端实现对信息的掌握和了解。如“今日头条”，不仅催生了大量优质的原创文章，而且还能根据用户的阅读习惯抓住用户的信息需求点，主动推送相关文章，进而获得了忠实的用户群体。

通过上面几点可以看出，虚拟社会已经拥有一套较为完善的体系，能够满足当代社会人们生活和学习方面的各种需求。当然整个虚拟社会体系还需要不断地磨合和进步，杜绝系统中“BUG”① 的出现。

第二节　新媒体未来发展的趋势

在新媒体不断深入发展的过程中，未来将呈现怎样的一个社会？人们都充满着好奇。根据现有新媒体技术体系的表现，未来我们的社会发展会表现得更加智能化、人性化、便捷化。如互联网将进一步延伸到汽车、家居设备、办公设备、娱乐设备、制造工业等各个方面，造成万物互联的网络结构，使得人、数据、智能设备都能通过该网络互联互通。美国著名脑科学专家杰弗里·斯蒂伯也曾说：“人类大脑有 1000 多亿个神经元。大约再过 20 年，互联网连接的计算机的数量就会达到这个数字。一段时间之后，互联网将接近大脑的复杂程度。”可以看出，未来的互联网将会无限延伸到各个领域，接入网络的终端设

---

① BUG：人们将在电脑系统或程序中，隐藏着的一些未被发现的缺陷或问题统称为 bug（漏洞）。百度百科，http://baike.baidu.com/link?url=aT6ZOw-fvBbTHlpHVPuQsIPdSwsEHWrM64tV4tZ7PLxbkXMdy2v-O2NXo5xlNUL6PHD7DmzNBcXDfRPe_HSup9ddojWL8lf-Q4dnlaLfw1u。

备大大增加，可能会出现类似人脑思维的生物媒体，也有可能形成智能化、人性化的工业制造体系，带来工业革命的飞跃。技术的创新推动着世界各国经济的发展和人们生活方式的改变。

依托科技进步和新技术发展而出现的新媒体领域，毫无疑问地将改变人类社会未来的发展。而对于未来我们一直在遥望，期待着更多的技术应用不断实现，让民众生活在更加舒适的社会环境中。本节中，我们主要从物联网、大数据、虚拟现实、增强现实这几个方面来探索新媒体未来发展的趋势。

一、物联网

（一）物联网的概念

2009 年以后，一种基于互联网的基本思想，将物理实体用互联网联结起来的网络“物联网”（The Internet of Things），开始进入人们的视野。物联网是新事物，关于它的定义有多种，百度百科的定义是：“通过射频识别（RFID）、红外感应器、全球定位系统、激光扫描器等信息传感设备，按约定协议，把任何物品与互联网连接起来，进行信息交换和通信，以实现智能化识别、定位、跟踪、监控和管理的一种网络。”

物联网是互联网的扩展和延伸，它包括三个显著特点：全面感知、可靠传递、智能处理。

互联网的功能是提供人与人、人与机器的信息交流，而物联网的功能是提供人与物、物与物之间的信息交流，从而满足人们对物理实体的全面掌握和智能应用。

（二）物联网的发展历程

1995 年，创立微软的比尔·盖茨首次在其书《未来之路》中提出“物联网”的概念。随着全球传感技术网络的不断发展，更多的人开始认识到物联网可能存在的广泛用途。

1999 年，中科院对传感技术网络进行了相关研究，包括无线智能传感器网络技术、移动基站等方面，都取得了重大突破。

2005 年 11 月 17 日，突尼斯举行了信息社会世界峰会（WSIS），国际电信联盟（ITU）发布《ITU 互联网报告 2005：物联网》，在报告中明确指出，以射频识别技术（RFID）、传感技术、纳米技术、智能嵌入技术为基础的物联网应用时代即将来临。

2009 年年初，IBM 向美国政府提出了“智慧地球”的战略，受到美国政府高度重视。随后，美国总统奥巴马不断向世界推荐，“物联网”一词开始成为全球焦点。

2009 年 10 月，标志我国在物联网核心技术突破的唐芯一号芯片诞生，其具有射频无线收发、数字基带、数据处理等多技术处理能力，填补了国内芯片市场在这一领域的空白，达到世界级水平。至此，我国与德国、美国、韩国一起，成为世界物联网标准制定的主导国。

2016 年 3 月 24 日，在博鳌亚洲论坛“5G：信息随心至，万物触手及”分论坛上，与会嘉宾展开了一场关于未来移动通信推动物联网发展的探讨。与会嘉宾一致认为，伴随着人工智能在各领域的实现，处理器、存储器能力的提升，以人为中心的互动式通信需求向着以物为基础的互动式通信转变，这预示着万物互联的物联网时代即将到来。

（三）物联网的应用业务

1. 身份识别业务

“身份相关业务应用主要是利用射频标志（RFID）、二维码、条码等可以标志身份的技术，并基于身份所提供的各类服务。”① 在“宽带中国”“智慧城市”的战略实施背景下，物联网的应用推广也在加速。如在智能电力、智能安防、智能工业、智能农业、智慧城市、智能家居、智能医疗、智能物流、智能交通、智能汽车、智能建筑、智能水务、商业智能等众多领域都有成功应用的案例。无论在哪个行业领域应用，物联网要达到智能化和自动化，都必须首先确定用户和物品的合法身份。这里我们分为两类身份识别，一是社会体系中的人，二是社会体系中除人以外的物体（也包括虚拟物体）。对于人的身份识别，一般采用基于生物特征的电子身份识别系统（简称为 EID）来处理。一般来说，我们选择人脸、语音、指纹和虹膜 4 种生物特征作为基于生物特征的 EID 服务的识别基础。中兴通讯曾经为了实施“智慧城市”的战略，提出一套五合一应用方案，把民众平常最需要的生活服务：户口登记、选举活动、驾照验证、水电气服务、医疗服务等综合在一起管理，所有验证信息统一保存，各个机构不必重复采集市民数据。综合管理方案让市民生活更优化，让城市更智慧。对于社会体系中物的识别，一般我们会运用 RFID 技术对动物进行识别、跟踪，或者利用二维码、条形码技术对商品进行识别、跟踪、管理。比如，如果给家里的宠物安装了传感器，当它生病、饥饿的时候，我们就能迅速在终端识别出信号。如果对宠物还装置了定位设备，不管它跑到哪里去了，我们都可

① 魏长宽：《物联网：后互联网时代的信息革命》，中国经济出版社，2011 年，第 148 页。

以很快通过网络定位服务找到它。

2. 信息收集汇聚型业务

信息收集汇聚型业务，“指由物联网终端采集、处理，经通信网络上报数据，经物联网平台处理，再提交给具体的应用和服务。信息汇聚型业务的全过程都需要平台的统一管理，整个系统包括：M2M[①]终端、网络、平台、应用、运营系统。有时候考虑到网络以及终端数量的不同，也会接入网关设备”[②]。

比如在智能居民用电领域，如何安全地控制电量以及如何快速抄收上万家庭用户的用电量，这些都可以通过物联网来解决（如图 13－1 所示）。2014 年北京市电力公司召开“电靓京城，为民服务”发布会，表示将完成 200 万居民用户智能电表的更换工作，覆盖 16 个区县约 2300 个居民小区，争取到 2015 年北京市所有行政辖区居民都能实现智能电表运作。智能电表如何体现出其智能化呢？智能电表除了查询用电情况、交费购电情况、欠费及余额情况等服务，还可以通过网络平台实现在线购电、显示电费余额预警、电价调档提示等服务，是一套相当完善的智能化、自动化的抄表设备。

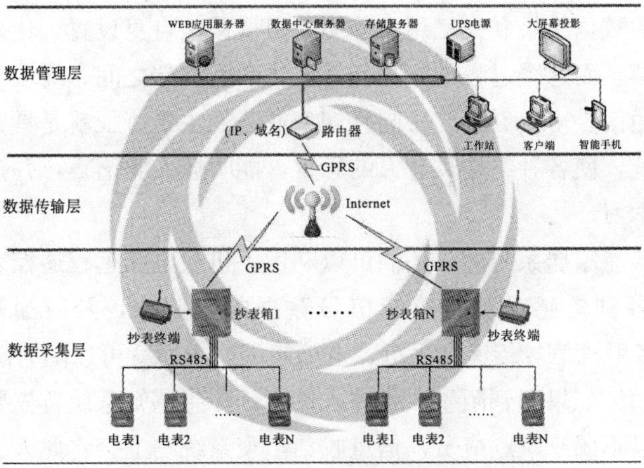

图 13－1　电表远程自动抄表系统[③]

① M2M：可代表机器对机器（Machine to Machine）、人对机器（Man to Machine）、机器对人（Machine to Man）、移动网络对机器（Mobile to Machine）之间的连接与通信，它涵盖了所有实现在人、机器、系统之间建立通信连接的技术和手段。百度百科，http://baike. baidu. com/subview/4548/8677432. htm# viewPageContent。

② 安防知识网：《探秘物联网三大业务四大挑战五大问题》，http://www. asmag. com. cn/tech/201405/70524. html，2014 年 5 月 22 日。

③ 中华工控网：《电表远程自动集中抄表系统》，http://www. gkong. com/solutions/solution _ detail. asp?solution _ id=23739。

自动抄表的系统是怎么运行的呢？数据采集设备先采集终端设备（电表、水表、气表）上的信息，再通过电力线载波、GPRS 网络、宽带网络中任意一种网络途径传输到服务器（M2M 平台），服务器再根据信息进行处理，得出结果发送到相关部门，给管理人员制定管理措施提供依据。整个过程中，不需要人工操作，由机器按照程序自动完成。

相比于智能抄表系统而言，传统的人工抄表方式，不仅效率低、误差大，而且有时候工作人员还有可能徇私舞弊。如果使用智能抄表系统，这些缺陷都可以弥补，同时减少了人力成本，也更有效地保护了国家电力资源。除此之外，信息收集汇聚型业务还将应用在物流管理、交通管理以及电梯管理等多个领域。

3. 协同感知型业务

协同感知型业务与信息收集汇聚型业务的最大区别在于，在信息收集汇聚型业务中，终端只需要执行数据采集、数据处理、数据上报等任务，终端之间是不需要信息交互的。协同感知型业务则不仅需要系统通过终端进行数据采集、处理、上报等任务，还需要根据数据显示的结果来预测未来状态，并根据环境所提供的数据结果和记忆用户使用的习惯调整自身设置，让人与物之间配合得更加默契。而这个过程中，我们需要物联网终端之间、终端与人之间进行大量复杂的通信。可以看出，协同感知型业务的主要特征就是具有自我学习能力的反馈系统，使各种终端具有人的思维，能听懂人类语言，并按照人类的思考方式自行学习。

比如在智能家居系统中，人们可以利用手机或电脑远程遥控来监控住宅里面的情况，各种传感设备将感知信号数据收集起来，及时通过宽带网络、GPRS 网络将手机信号传递到手机、电脑终端，人们就可以随时随地监控住宅里发生的一切。如果遇到陌生人要进入住宅，传感感知系统首先要对其进行身份识别，如果不属于家庭成员，信息收集汇聚系统马上会将此人的照片信息同时传送到家庭成员的手机终端和社区警务平台，以防止盗窃行为发生。除此之外，人们还可以通过智能家居系统控制住宅的灯光系统、影音系统、家电系统、门窗系统等，为家人提供一个健康、舒适、安全的生活环境。当系统能够自我学习时，就会逐渐成为用户的得力助手。比如在智能厨房系统中，智能冰箱可以根据自我感知和记忆功能，判断家庭成员喜欢的食物存储量，决定是否需要通过网络选购家庭常用食物；根据用户平常上下班的规律，自动开始解冻食物，为制作餐食做好准备；当用户走进厨房，传感系统识别到用户信息，通过网络指令自动启动厨房灶具，并在厨房相应平面上，根据用户的身体健康状况，投射出适合用户食用的制作食谱，通过智能系统启动智能电饭煲。又如前火狐团队推出智能家居枢纽 Sense，主打自动化、智能识别与安全，旨在通过适应与学习用户的行为模式，解决家居设备之间的配合，实现个性化的工作流程。这整个过程，都可以体现出智能家居系统中各个部分的协同感知能力，为人类生活带来极大的便捷（如图 13－2 所示）。

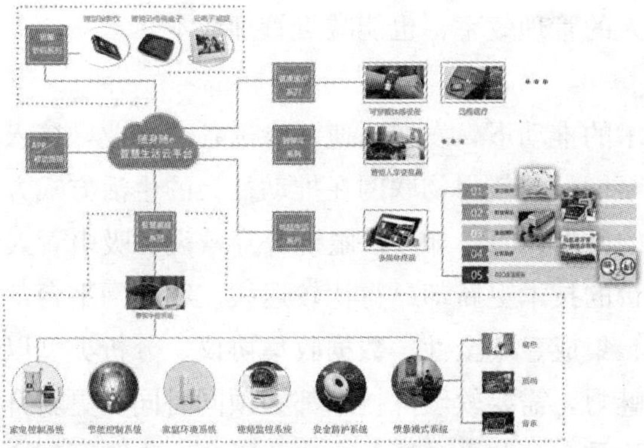

图 13－2　智能家居系统示意图①

综合可见，协同感知业务应用有着十分具体的内容，如场景应用、需求、架构、通信协议等。从未来规划看，它是物联网发展的核心趋势。“由于协同感知业务应用包括的内容太多太复杂，很多技术并不成熟，需要努力进行完善，如任务驱动的大规模自治组网技术、上下文感知技术、移动通信网络与无线传感器网络无缝融合技术、海量信息处理技术，等等。相信随着物联网时代的不断发展，这些问题会慢慢得到关注并得以解决。”②

（四）物联网的未来

随着技术水平的不断发展，未来的物联网将更加智慧化、平台化、生活化。未来生活中，汽车、家居家电、办公系统等之中都可以嵌入人工智能芯片，让身边的物体都具有智慧，政府、企业、个人也都可以通过平台来实现智能管理和应用。

1. 智慧化

美国知名科技媒体“商业内幕”（*Business Insider*）旗下研究机构 BI

① 图片来源：http://tech. huqnqiu. cmo/Enterprise/2014－0414974795. html。

② 中国信息产业网：《剖解物联网发展三大业务及五大制约》，http://www. cnii. com. cn/thingsnet/2014－05/27/content _ 1369969. htm，2014 年 5 月 27 日。

Intelligence 提供的数据显示：预计到 2020 年将有 340 亿台设备接入互联网，而在 2015 年只有 100 亿台设备接入互联网。物联网设备将占到 240 亿台，剩下的 100 亿台设备为传统的计算机设备（比如智能手机、平板、智能手表等）。广泛存在于人和各个行业、各类物品上的网络将会形成，为智慧化的应用提供无所不在的网络传输条件。原本存在于我们生活周边的物品都将具有智能芯片，可以通过网络进行智能化的识别、定位、跟踪、监控和管理，不仅能提升政府、企业、个人的管理效率，也能减少管理成本。

2. 平台化

物联网在技术的推动下，发展迅速，渗透各个行业，接入物联网的设备数量和多样性也不断增长，使得物联网在推动社会的生活方式方面有着极大的潜力。接入物联网的硬件设备，如 VR 眼镜等穿戴设备吸引着人们的眼球，但与之配套的软件平台的技术更新却显得比较迟缓。物联网平台却有举足轻重的作用，在设备管理、集成、安全性、数据收集协议、分析类型以及支持可视化等方面有着独特的魅力，需要软硬件技术都必须同时同步更新升级，以展示平台的巨大作用。无论是在公共平台还是在专业平台，物联网都会形成特有的商业模式，吸引万千企业参与投资建设。如在 2014 年，从小米和华为布局智能家居、乐视布局智能汽车、比亚迪和特斯拉布局车联网可以看出，国内有着互联网基因的企业都开始在抓紧赶乘“物联网”这趟列车。

3. 生活化

无论物联网如何发展，具备怎样的规模，其核心都是为人的生活提供更加便捷的服务和应用体系。在未来的生活中，任何一个物体都会有一个对应的 IP，标明自己在物联网中的身份；每一个终端都可以实现智能化的应用，无论是人与人之间的沟通，还是人与物之间的沟通，都显得普通平常。各种智能化的应用吸引着人们憧憬美好的未来。

二、大数据

（一）大数据的概念

大数据是指那些大小已经超出传统意义上的尺度，一般的软件工具难以捕捉、存储、管理和分析的数据。[①] 但是具体多大的数据才能称为大数据呢？并没有普遍的定义。大数据存在的意义在于专家和学者可以通过多维度、多层次

① 喻国明、李彪、杨雅、李慧娟：《新闻传播的大数据时代》，中国人民大学出版社，2014 年，第 4 页。

的数据进行梳理、整合、分析，找到它们之间的联系，从而发现新的认知，创造新的价值。

（二）大数据的特征

虽然业界对大数据的概念存在不同描述，但对其特征，都有一个普遍的认同：大数据一般具有 4 “V” 特征，即 Volume、Variety、Velocity、Value。

一是数据体量巨大（Volume），百度资料表明，其新的首页导航每天需要提供的数据超过 1.5PB（1PB=1024TB），如果打印这些数据的话，将用超过 5000 亿张 A4 纸。有资料证实，到目前为止，人类生产的所有印刷材料的数据量仅为 200PB。

二是数据种类非常丰富（Variety），从现有数据类型来看，一般包括了网络日志、音视频、图片、地理位置信息等类型，而个性化数据居多。

三是数据处理速度极快（Velocity），海量的数据处理需要不同于传统数据处理的手段和方法。一般大数据的处理都会与云计算等技术紧密合作，使得数据处理遵循“1 秒定律”，在数秒内可从各种类型的数据中快速获得高价值的信息。

四是数据价值密度低（Value），以网络视频为例，一小时的视频，在不间断的监控过程中，可能有用的数据仅仅只有一两秒。

（三）大数据发展趋势

“根据易观智库 2014 年中国大数据市场行业投资结构数据显示，金融、通信、零售为前三大行业，投资占比分别为 16.0%、15.6%和 13.9%；政府、医疗、旅游投资比例分别为 12.7%、9.0%和 4.1%，六大行业累计占比 71.3%。其他行业包括教育、制造、能源、媒体、互联网等，累计占比 28.7%。”[①] 可以看出，国内大数据产业群逐渐在形成，各个企业开始通过云服务、大数据分析，提升企业核心竞争力。而未来大数据的发展，将会呈现以下几个方面的趋势。

1. 大数据生态系统高度个性化

大数据系统不仅是一个巨大的计算机通信网络，而且是一个由大量、复杂、多元性的政府、企业、个人等多元素构成的多维度、多层次的网络数据生态系统。这套系统逐渐为个人、行业、组织、国家提供足够了解自己的各种数

① 新浪科技：《大数据市场未来将呈现三大发展趋势》，http://tech.sina.com.cn/it/2015-10-02/doc-ifximrxn8154904.shtml，2015 年 10 月 2 日。

据整合服务，如个性化营销服务、个性化医疗服务、个性化生活服务等。如在大数据时代，企业根据顾客某个阶段在搜索引擎中的搜索记录、电商平台中的消费记录、医疗机构中的就诊记录，就可以判断出个人的健康状况，并提供适合个人的治疗方案，做到“精确打击”。又如在2016年3月21日，南京理工大学就利用学生饭卡消费记录大数据对贫困学生进行了一次精准扶贫，旨在解决该校贫困生的温饱问题，当然还包括大数据的个性化营销等，这就是大数据个性化的典型体现。

2. 大数据生态系统高度智能化

随着工业4.0的提出、物联网的发展，政府和企业对大数据的利用越来越频繁，越来越智能化。如物联网中智能家居、智能汽车领域，就需要大数据的支撑来实现智能化。如谷歌无人驾驶汽车项目，从2009年开始，截至2020年10月，该项目进行公路测试迄今已累计进行约322万公里。谷歌无人驾驶汽车通过谷歌智能驾驶系统和传感器承担所有驾驶工作，使得车辆操作简单化、智能化。而整个智能驾驶系统的正常运行需要将GPS卫星导航数据、路况数据、天气情况数据、与他车之间的距离数据、自动泊车数据、燃油数据等各种数据整合后提供给智能驾驶系统进行分析，然后系统再发出相关指令，如刹车、减速、加油等，而这些信息都会高度汇聚和整合，并能智能化地处理，迅速形成结果，指挥车辆行进。

3. 大数据生态系统高度产业化

依托大数据为基础发展起来的企业都会在广告营销、人工智能、产业升级上体会到大数据的魅力，导致越来越多的企业开始加入大数据生态系统。2015年3月5日上午十二届全国人大三次会议上，李克强总理在政府工作报告中首次提出“互联网+”行动计划，推动了整个生态系统产业化发展速度，大量的传统行业开始寻求与互联网企业合作，利用大数据提供准确的决策信息，改变传统行业发展困境。比如传统出租车行业加入互联网行业，就是现在的网约车行业，改变了人们出行的方式，缓解了城市交通状况。网约车平台通过网络定位数据，为乘客智能定价，为车主智能发单，把城市中大量闲置的私车资源按需、按距离实时激活，再根据GPS数据，进行智能导航服务，迅速在全球得到了乘客和车主的认同。而网约车平台就是利用大数据高度整合了车主和乘客两个供需市场的数据。

三、虚拟现实

（一）虚拟现实的概念和发展历程

1. 虚拟现实的概念

虚拟现实，也称 VR（Virtual Reality），是一项由数字图像处理、计算机图形学、人机交互技术、传感技术和人工智能技术等综合集成的技术。一个完整的虚拟系统通常由虚拟环境，以高性能计算机为核心的虚拟环境处理器，以头盔显示器为核心的视觉系统，以语音识别、声音合成与声音定位方位为核心的听觉系统，以方位跟踪器、数据手套和数据衣为主体的身体方位姿态跟踪设备，以及味觉、嗅觉、触觉与力觉反馈系统等功能单位构成。[①] 其技术的主要意义在于计算机通过软件模拟创造一个三维环境，用户可以通过智能的穿戴设备、传感设备融入虚拟环境，同时还可以与虚拟空间中的人或者物体互动，产生一种身临其境的感觉。

2. 虚拟现实的发展历程

20 世纪 80 年代末期，美国 VPL Research 公司的创始人拉尼尔（Jaron Lanier）最早提出虚拟现实的概念。而被称为虚拟现实技术开端的事件是 1965 年美国的“计算机图形学之父”麻省理工学院博士生伊万·萨瑟兰（Ivan Sutherland）率先提出了感觉真实、交互真实的人机协作新理论，并设想采用头盔显示装置来观看计算机模拟产生的虚拟场景，因此伊万·萨瑟兰也被称为“虚拟现实之父”。“1991 年出现的一款名为‘Virtuality 1000CS’的 VR 头盔出现在人们眼前，但其外形笨重、功能单一、价格昂贵，不被人接受。1995 年任天堂推出的 Virtual Boy 主机，由于仓促推出到市场，使得硬件由头戴式变成了三脚架支撑，加上画面显示的红色单一色彩，配属游戏作品纷纷被玩家吐槽，当时被《时代周刊》评为‘史上最差的 50 个发明’之一。2012 年 Kickstarter 的众筹模式给了一个刚刚成立的公司 Oculus 一个机会，Oculus Rift 募资达 160 万美元，并且后来又被 Facebook 以 20 亿的天价收购。Oculus 直接将 VR 设备拉低到了 300 美元（约合人民币 1900 余元，而同期的索尼头戴式显示器 HMZ-T3 高达 6000 元左右），这使得 VR 向大众视野深深地走近了一步，至此虚拟现实又一次走进人们的视野。2014 年 Google 发布了 Google

---

① 苏宏元：《网络传播学导论》，中国社会科学出版社，2010 年，第 174 页。

CardBoard，三星发布 Gear VR，现在苹果也加入了 VR 大军。”[①] 随着 VR 的智能穿戴设备不断地进入我们的视野，中国的企业也开始对虚拟现实这个新兴的市场充满了兴趣，如暴风、小米、腾讯、阿里巴巴等互联网企业都开始研发和推出自己的产品，抢占 VR 这块市场蛋糕。

（二）虚拟现实的特征

无论技术发展得如何完美，“人”永远都是主导的核心。从早期大型设备到台式 PC 再到智能手机、智能穿戴设备，人机交互的功能在不断升级，VR 的创新将推动人机交互迈入全新的发展阶段。虚拟现实系统也表现出典型的特征。

1. 多感知性

在早期计算机技术阶段，人们只能通过电脑显示器来实现视觉和听觉上的感知，其他的感知功能却无法实现。虚拟现实技术发展成熟后，用户可以通过全息传感反应设备，在虚拟环境中“拥有”到视觉、听觉、触觉、嗅觉、味觉等多种感知，进而产生强烈的身临其境的感觉。不过在人们的眼中，虚拟现实在理想状态下应该可以满足人们的一切感知功能。但在现阶段的技术基础上，VR 的感知功能局限于视觉、听觉、力觉、触觉、运动等种类，未来技术研发进步后，将逐步实现所有的感知功能。

2. 沉浸感

沉浸感是虚拟现实技术中的一种重要特征，有时又被称为临场感。一般是指用户借助智能穿戴设备（如 VR 眼镜、数据手套等）和人体感知系统，把自己放置到虚拟环境中的融入程度。在理想的状态下，被置入虚拟环境的人将会十分真实地感受着虚拟环境，分辨不出真假，环境中的一切对使用者来讲都是真的，甚至能闻到食物的气味或者把食物吃到嘴里，跟真实环境一模一样。未来技术进步后，用户不仅可以在视觉、听觉上沉浸感知，也可以在嗅觉、味觉、触觉、力觉等多种感知功能上亲身感受。为了达到逼真的效果，人们对相应的技术也提出了更高的要求，如在视觉的显示终端的影像质量和分辨率上能不能达到人眼识别的状态，不会出现视觉差；又如在听觉设备上能不能产生自然声、碰撞声等，同时耳朵还可以根据声音的大小来判断声音发出者的位置等方面，这些都是技术需要突破的难题。

---

① 搜狐公众平台：《浅谈虚拟现实（VR）发展史》，http://mt.sohu.com/20160209/n437154398.shtml，2016 年 2 月 9 日。

3. 交互性

在新媒体信息传播领域中，所谓的“交互”是指信息的传播者和受众之间通过多途径实现信息互动的过程。在虚拟现实技术中，“交互性”是指用户通过使用专用输入、输出设备，在虚拟环境中也能跟现实环境一样操控身边的各种物品，并得到相应信息反馈的自然程度。虚拟现实系统的目的就是使人与虚拟环境之间进行最真实的交互，跟现实环境无差别。用户一是可以通过传统的键盘、鼠标、触摸板等设备，二是通过具备传感技术的头盔、眼镜、数据手套等智能穿戴设备，使用自己的语音和身体的头、手、眼、腿等各个器官来操控虚拟环境中的物品，感受真实。比如在虚拟环境中，用户用手去抓一个苹果，这个时候用户不仅可以感受苹果的重量，而且被抓的苹果还能随着手移动，非常逼真，而这就是一种身体信息的交互感受。

4. 构想性

构想性强调虚拟现实技术的创作者对想象空间和认知范围的拓展，有时也被称为“创造性”。虚拟现实技术不仅可以模拟现在的真实世界和再现过去的世界环境，同时也能创造现实世界中不存在的事物、环境或空间，给人们插上想象的翅膀。如在工业设计领域，传统的设计中，工程师需要画大量的图纸，在脑海中想象物品的样式，效率低，创新性少，但在虚拟现实技术中，工程师可以通过 VR 眼镜来设计汽车、家具、桥梁、房屋等，通过 VR 眼镜展示一个直观的三维模型，可以通过数据手套来控制、调整物品的各个部分，这样非常简明生动、一目了然。

因为沉浸感、交互性、构想性的英文单词首字母都是 I，所以这三种特征又被大家称为“3I”特征。

（三）虚拟现实的分类

根据“证券时报网”提供的信息：2016 年 5 月 9 日，虚拟现实技术创新及产业发展大会在京召开，大会由中国光学工程学会与多家权威机构联合主办，旨在推动国内外虚拟现实及相关技术的交流与合作，促进我国虚拟现实技术及产业的创新发展。虚拟现实技术不断得到国家和企业的重视，将会带动庞大的产业体系共同发展。而根据沉浸程度和体验环境虚拟现实系统本身也大致被分为三大类：桌面虚拟现实系统、沉浸式虚拟现实系统和分布式虚拟现实系统。

1. 桌面虚拟现实系统

桌面虚拟现实系统又被称为 Desktop VR，是一套依托普通 PC 为终端平台的小型虚拟现实系统（如图 13-3 所示）。该系统一般用中低端的图形工作站电脑及立体显示器来展示虚拟化的场景，用户通过位置跟踪服务、重力反馈感知服务、三维鼠标、数据手套以及其他可以控制的输入设备，来实现虚拟现实系统中的各种功能，感知一个真实的虚拟环境。比如在服装设计中，设计师可以通过这套设备，在电脑中设计一个三维的模特儿，并可以将模特儿脱离于屏幕外，放在桌面上，转动模特儿，从不同角度进行服装设计，或者利用数据手套直接控制设计软件，调整服装颜色、面料、花纹等元素，这种更加直观的设计方式，给设计师带来非常大的便利。

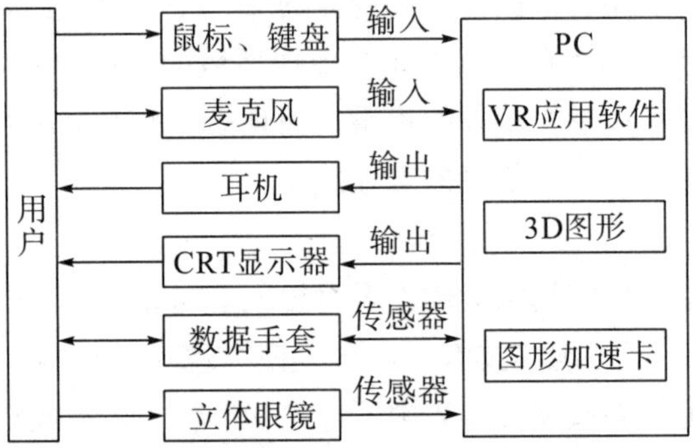

图 13—3　桌面虚拟现实系统结构图[①]

2. *沉浸式虚拟现实系统*

沉浸式虚拟现实系统又被称为 Immersive VR，是虚拟现实系统中一种重要的显示系统，能够给用户提供一种完全沉浸的使用体验。用户利用头盔显示器把视觉和听觉完全封闭起来，产生虚拟视觉和听觉；同时用户还可以利用数据手套产生虚拟触觉，再利用系统的语音识别系统来控制、驾驭虚拟环境，产生一种身临其境的感觉。常见的沉浸式虚拟现实系统一般包括头盔显示系统、投影式显示系统、远程存在系统等，其核心原理是利用虚拟系统将用户的各种感觉器官封闭起来，再提供给用户与现实生活状态差不多的虚拟空间，通过各种设备和软件使用户从头到脚都完全沉浸在虚拟环境中。比如当前市场上出现的 4D 电影，又称四维电影，在三维的空间基础上又加入了环境特效、模拟仿真等感知体验。当观众在看 4D 电影时，随着故事内容和情节的发展变化，可以实时感受到风、雨、雷、电、撞击等与影片中相同的感受，产生一种身临其境的真实感，有的影院甚至把屏幕做成环形的，把观众包围在里面，使得体验感更加强大。随着技术的发展，未来的 5D、7D 电影带来的沉浸感将更加丰富。

---

① 喻晓和：《虚拟现实技术基础教程》，清华大学出版社，2015 年，第 5 页。

3. 分布式虚拟现实系统

分布式虚拟现实系统是建立在网络基础上的虚拟环境，可以为物理位置环境不同的多用户或多个虚拟环境进行网络连接，用户通过计算机图形显示技术进行交互并共享信息，共同完成工作任务。一般来说，分布式虚拟现实系统由图形显示器、通信控制设备、处理系统和数据网络等构成，主要应用于教育、工程、商业和娱乐领域中。比如在娱乐领域，在线网络游戏《魔兽世界》，用计算机数字影像技术和三维虚拟技术结合了音乐、绘画、文学等多种艺术形式，就可以通过这种系统实现不同物理位置的用户进入同一个虚拟系统参与虚拟游戏环境的控制，把用户全部置入游戏。这种使用户实现时空上的交互的技术越来越贴近我们的现实生活，让人沉浸其中，体验一种真实的虚拟环境，为我们带来更好的娱乐体验。

（四）虚拟现实的应用领域

随着虚拟现实技术的不断进步，其应用的领域也不断扩大，人们可以通过头盔、眼镜、数据手套等智能设备，穿越到硝烟四起的古战场，也能游弋在浩瀚的太空中，感受一种别样的真实。目前来看，虚拟现实主要应用在航天航空、文化娱乐、教育培训、医疗卫生、工业制造设计等方面。

1. 航天航空领域

对于该领域来说，虚拟现实技术几乎是飞行员训练、太空舱对接、太空舱外部维修等方面的必备技术之一。因为太空环境极其复杂危险，飞行员、宇航员的日常训练没有办法直接去太空进行，只有通过虚拟现实技术，模拟一套逼真的太空环境来进行训练，降低训练成本和风险。如太空失重、缺氧等环境条件的虚拟，以及对飞行器的操作模拟，这些都是在地面完成的，但飞行员、宇航员通过虚拟现实系统进行训练时都能产生真实的感知。所以，虚拟现实技术最早应用到航天航空领域，为国家航天航空事业做出了巨大的贡献。

2. 文化娱乐领域

虚拟现实技术具有较强的沉浸感和交互感，任何一个静态二维平面的艺术品都可以转换成动态三维、四维的虚拟影像艺术品，这样更方便人们去了解、学习、感受艺术品的魅力。如 2010 年上映的 3D 电影《阿凡达》，给人展示了一个气势恢宏、逼真的原始生态场景，让人印象深刻，特别是 3D 效果深受人们喜欢。至此，3D 技术开始广泛运用到电影领域。但 3D 电影的感官刺激并不特别完美，而通过虚拟现实技术则能满足人们在视觉、听觉、触觉、味觉、力觉等多方面的感知需求，是未来不断完善和前进的方向。

3. 教育培训领域

在教育培训领域中，虚拟现实技术推动着自主学习的热潮，也提供着“自学”的氛围。我国的教育资源分配不均，东南沿海一带聚集了大量优秀的教育资源，而西南、西北等区域教育资源匮乏。运用虚拟现实技术，可以提供基于教学、教务、学校生活的三维可视化的生动逼真的学习环境，丰富教育教学资源。一些在职白领和对学习有需求的工作人员，由于白天工作繁忙，没时间进学校、课堂学习，通过虚拟现实技术，可以模拟一个真实的上课环境，在家通过头盔、数据手套等设备，就可以接受老师面对面、一对一的辅导，产生强烈的真实感。

4. 医疗卫生领域

虚拟现实技术一直都是医疗卫生领域的主要应用技术之一，具有十分重要的现实意义。很多医疗机构经常利用虚拟现实技术，建立虚拟人体模型，借助于跟踪球、感觉手套，人们可以很容易地了解人体内部各个器官结构，可以更加形象直观地向医务工作者提供立体的人体结构图，无论是在手术中，还是在教学中，都是很好的技术。“比如虚拟现实模拟软件公司 Surgical Theater and Conquer Mobile，使用 CAT 扫描或者超声波产生的诊断图像来生成患者解剖结构的 3D 模型。虚拟模型帮助外科医生来决定最安全有效的方法定位肿瘤，决定手术切口，或者提前练习复杂的手术。”[①] VR 技术在医疗教学过程中也具有强大的优越性。比如通过电脑图形图像技术建立的虚拟医学实验室，可以为学生提供生动、逼真的实验环境，以利用虚拟人物来练习各种手术，提高手术技能，对学生在实际操作方面的学习起到了积极的作用。VR 技术在医疗康复方面也有重要的作用，“如 MindMaze[②] 希望利用计算机视觉、人工智能、神经科学和触觉反馈技术开发出医用虚拟现实系统。多感知技术已经被用于中风和脑损伤病人的治疗。另外，欧洲和亚洲多个国家监管部门已经批准 MindMaze 将其设备应用于临床”[③]。

5. 工业制造设计领域

VR 技术在工业领域的应用，给设计师的工作带来极大的便利。比如在汽

① 南方网：《虚拟现实技术除了游戏以外的十大应用领域》，http://tech.southcn.com/t/2016-01/21/content_141248183_2.htm，2016 年 1 月 21 日。

② MindMaze 是一家拥有 52 个雇员的强大神经科学公司，专注于将虚拟现实和运动捕捉跟大脑机器界面结合，帮助病人从创伤中恢复。总部位于瑞士洛桑。

③ 腾讯科技：《MindMaze 融资 1 亿美元研发 VR 软硬件治疗中风病》，http://tech.qq.com/a/20160218/036650.htm，2016 年 2 月 18 日。

车研发设计过程中，传统的方式需要依靠设计师依照创意画出原稿，然后进行电脑制图，经过反复修改论证后，再让工厂制作，而整个过程显得枯燥和烦琐；当应用 VR 技术后，设计师就可以把图纸变成 3D 虚拟立体影像，设计时通过 VR 眼镜、数据手套就可以在虚拟立体空间直观、方便地操作虚拟汽车，调整各种参数直到达到最终效果。“如使用 Oculus Rift[①] 的福特汽车公司，已经让虚拟现实成为其汽车研发的中心。在密歇根州迪尔博恩的沉浸式实验室，员工可以带上虚拟现实头盔来检查汽车的内部和外部，也可以在汽车被生产出来以前坐在车里体验。这个虚拟现实原型系统允许来自不同部门的设计者和工程师们仔细检查不同的元素，比如发动机和内饰，以及发现一些潜在的问题。”[②]

由此可见，VR 技术实际应用上有着巨大的作用，随着技术的升级，未来应用的领域越来越多，将直接影响人们的生活、学习、工作等各个方面。

四、增强现实

（一）增强现实的概念和发展历程

1. 增强现实的概念

增强现实（Augmented Reality，简称 AR）技术是借助光电显示技术、交互技术、多种传感技术和计算机图形与多媒体技术将计算机生成的虚拟环境与用户周围的现实环境融为一体，使用户从感官效果上确信虚拟环境是其周围真实环境组成部分的一种技术。[③] 可见增强现实技术可以为真实环境提供补充信息，让信息表达得更加直观、生动，而不是完全取代真实环境。

2. 增强现实的发展历程

当社会和文明不断发展，科技不断进步，越来越多的科研人员钻研 AR 技术，并为之做出了毕生的贡献。

1962 年，还是电影摄影师的莫尔顿·海利希（Morton Heilig）就研制出了一种摩托车传感器，并取名为“Sensorama”，被称为历史上最早具备沉浸感知和具备视觉、听觉、力觉、味觉、振动等多感知的 AR 技术。

“1997 年，该领域的权威学者北卡大学 Ronald Azuma 提出，AR 系统包

① Oculus Rift，是一款为电子游戏设计的头戴式显示器，是一款虚拟现实设备。

② 中国电子网：《虚拟现实技术除了游戏以外还有哪十大应用领域?》，http://www.21ic.com/news/analog/201601/661698.htm，2016 年 1 月 29 日。

③ 王涌天、陈靖、程德文：《增强现实技术导论》，科学出版社，2015 年，第 3 页。

含三个内容：一是真实世界和虚拟世界的信息集成，即虚实融合；二是具有实时交互性；三是三维尺度空间中定位增添虚拟物体，即三维跟踪注册。”①

2012 年，谷歌发布了全球第一款真正意义上实现增强现实技术的硬件设备 Google Glass，也称为谷歌眼镜，它具有通过声音控制拍照、视频通话和辨明方向以及上网冲浪、处理文字信息和电子邮件等功能。

2015 年 1 月 22 日，微软公司发布了 HoloLens 全息眼镜，头盔内部安装了惯性测量装置、环境光传感器、一个深度测量摄像头、四个环境感知摄像头，所有这些元件协助处理用户周围的环境信息以及用户与环境的互动信息。可以用于智能家居、工业设计、军事科研、航空、3D 场景制作等方面。

（二）增强现实技术的特征

从增强现实的定义和现实运用，可以看出增强现实一般表现出三个典型的特征，即虚实融合、实时交互、三维定位与注册。

1. 虚实融合

虚实融合即将真实场景与虚拟信息结合，把用户无法感知的信息可视化，使其更加直观、形象。比如在新闻播报过程中，当涉及数据时，节目制作团队就可以把数据制作成 3D 的柱形图、圆饼图等直观的形态，在新闻播报同时直接置入真实演播室中，与主持人同时出现，这样观众更容易理解记忆；在电视节目制作中，当涉及历史事件或已发生的事件，并且没有留存影像资料时，节目制作团队也可以利用 3D 技术将历史事件制作成三维动态影像资料，在节目播出过程中准确出现在演播室中，配合主持人的讲解，让观众能更加深刻地理解。中央电视台的《今日说法》《天气预报》以及北京电视台的《档案》等节目制作中，都在不断应用 AR 技术，将虚拟信息与真实环境相结合，使观众过目不忘。

2. 实时交互

AR 技术不仅可以让虚拟信息与真实信息相结合，也可以展示实时与虚拟信息的交互。用户利用体感摄像头、触感手柄等相关智能设备，就可以控制虚拟物体，并通过手势和语音来进行及时交流，实现人与机器的互动。比如在游戏领域，用户通过头盔、手柄等设备，可以把虚拟游戏角色放到真实环境中来，并和它们一起游戏。又如在直播体育比赛中，通过 AR 技术，可以在赛场环境中置入参赛运动员的比赛成绩，十分醒目易懂，特别是可运用在游泳比赛

① 新华网：《AR 技术：增强你对世界的感知》，http://news.xinhuanet.com/tech/2012-12/14/c_124095280.htm，2012 年 12 月 14 日。

中；在医疗领域，医生可以用 AR 设备，在办公室中通过网络实现远程的会诊和手术（如图 13-4 所示）。

图 13-4　AR 在远程医疗中的运用[①]

3. 三维定位与注册

利用 AR 技术把虚拟的人或物置入真实环境中时，需要考虑放在哪个具体的位置，以配合与真实环境中的人进行有效互动，一旦确定位置信息，需要马上在真实环境中和虚拟制作软件中做好标记，在电脑中也要对虚拟物或人进行比例的调整，保证置入真实环境中后不会显得不真实。当移动 AR 技术成熟后，三维注册将显得很重要，用户一般要通过智能移动终端基于位置服务的功能，将当时当地环境中的人与物的相关信息都在终端平台显示出来，同时也可以控制自己的增强信息。

（三）增强现实的应用领域

从 AR 技术的特征可以看出，其主要的应用领域有体育、游戏、商业、教育、医学等。

1. 体育方面

随着社会发展，人们需要面对来自工作和生活的压力，而缓解这种压力最好的方式就是体育运动。人们都喜欢进行体育锻炼或观看体育比赛，如欧冠比赛、NBA、奥运会等国际性的比赛，在全球都有较高的收视率。比如在足球比赛当中“越位”的判断，我们通过直播的画面可以直接看出有一条线出现在球场上，那么这条线就是一条利用增强现实技术制作的被置入直播比赛现场的虚拟线条，方便人们通过电视机就可以及时看出球员越位的现象。又比如在奥运会的游泳比赛电视转播中，当解说员开始解说每一个水道上运动员信息的时

① 网易数码：《游戏是冰山一角！现阶段 VR 内容成果报告》，http://digi.163.com/16/0429/06/BLQ3CEDE00162DSR.html。

候，都会在相应水道上出现选手个人或国家信息；当比赛结束时，选手们的成绩也会出现在相应的水道上的虚拟字幕条上，而这些字幕条就是利用虚拟技术在虚拟软件中制作完成，然后实时地置入现场直播画面当中去的，使观众看得更加清楚明了（如图 13－5 所示）。

图 13－5　游泳比赛中选手国籍信息 AR 显示图[①]

2. *游戏方面*

“产业信息网发布的《2016—2022 年中国网络游戏市场运行态势及发展趋势研究报告》显示，全球网络游戏市场规模已从 2007 年的 78.97 亿美元增长至 2011 年的 167.96 亿美元，增长了 1.13 倍，年均复合增长率为 20.76%，未来几年全球网络游戏行业将继续保持较快发展的态势，预计 2016 年全球网络游戏市场规模将达到 313.94 亿美元。”[②] 由此可见，如果将现实技术和网游结合在一起，将产生强烈的化学反应，而事实也是如此。“如网游《小龙斯派罗》《幻实新英雄卡》等，都是不错的 AR 游戏（如图 13－6 所示），但前者只在海外销售。想象一下，往后的游戏不再需要复杂的场景建模，而是在真实的世界里游戏，同时在真实的世界里又能出现许多虚拟叠加进去的事物，游戏也能摆脱场地与空间的束缚，可以随时随地开始。”[③]

① 手游智库：《为何游泳比赛有很多平局？并非计时精度不够》，http://www.597sy.com/qiyexinwen/2016－08－15/2383.html。

② 中国产业信息网：《2016 年我国网络游戏行业市场规模及发展趋势分析》，http://www.chyxx.com/industry/201604/402008.html，2016 年 4 月 5 日。

③ 比特网：《AR 增强现实技术最常见的 7 种表现方式》，http://do.chinabyte.com/384/13699384.shtml，2016 年 2 月 22 日。

图 13－6　游戏中的 AR 示意图[①]

3. 商业方面

随着 AR 技术不断完善，其在商业领域也有较大的发挥，如在电影、晚会、电视节目制作领域，都有出色的表现。2014 年举行的消费电子展（CES）英特尔 CEO 的主题演讲上，南加州大学电影艺术学院与英特尔实验室合作的电影《利维坦》首次揭映。电影进行的同时，观众们看到一只使用了 AR 增强现实技术的巨兽从屏幕上一跃而出，在人群上方穿梭……这种电影游戏的混合体验前所未有。《利维坦》计划利用互动多媒体平台将物理世界和数码世界结合在一起，我们似乎看到电影发展即将走上一条使用 AR 增强现实技术和沉浸式叙述的道路。[②] 如在 2015 年的春晚中，制作团队为了向观众展示一个立体生动形象的舞台效果，在李宇春所表演的《蜀绣》节目当中，使用了 AR 中的全息投影技术，让观众在同一个画面当中看到了四个一模一样的表演者出现，给观众留下非常深刻的印象，如图 13－7 所示。

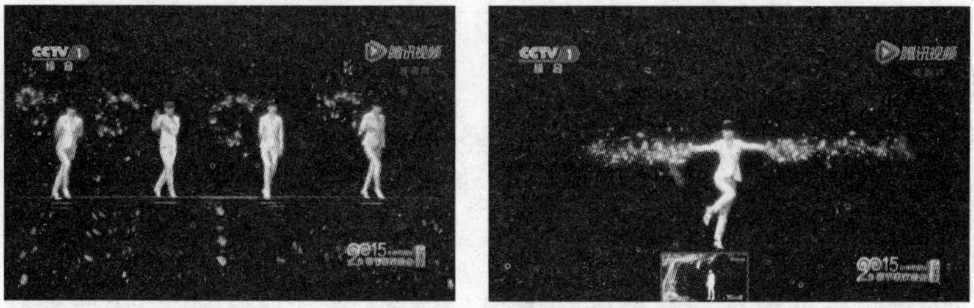

图 13－7　2015 年春晚《蜀绣》节目腾讯视频截图

① 中国 AR 网：《最常见的 7 种 AR 增强现实技术表现方式 》，http://www.chinaar.com/ARzx/1211.html。

② 传送门：《巨鲸与利维坦计划》，http://chuansong.me/n/484422。

4. 教育方面

传统的教育领域，学生需要通过老师的深刻讲解，才能理解枯燥的理论知识。如果把AR技术中的三维成像、音视频动画、全息投影等技术用在特定内容、特定历史事件中，我们就可以把一本普通的书变得非常生动形象，使图书和用户之间能够双向互动，有助于提高阅读的兴趣和效率。比如历史课中，当老师讲到“五四运动”的时候，教室讲台上马上就呈现出“五四运动”现场发生的影像，学生们的书上也有相关影像，并且对课本的重点内容进行提示，这样学生既能增加学习兴趣，也能把重点知识牢牢记住。又如在数学和几何课程中，需要学生具有较强的空间思维和想象力，这对于学生来讲，很不容易掌握。Construct 3D是一种用于数学和几何教育的三维协作式构建工具。它的突出优势在于学生们确实能够在三维空间中看见三维物体（如图13－8所示），而先前他们必须使用传统的二维方法计算和构建这些三维物体。增强现实组件能够给学生们提供复杂三维物体和场景的几乎可触知的图片，因此能够增强和丰富学生们塑造的心理意象。[①]

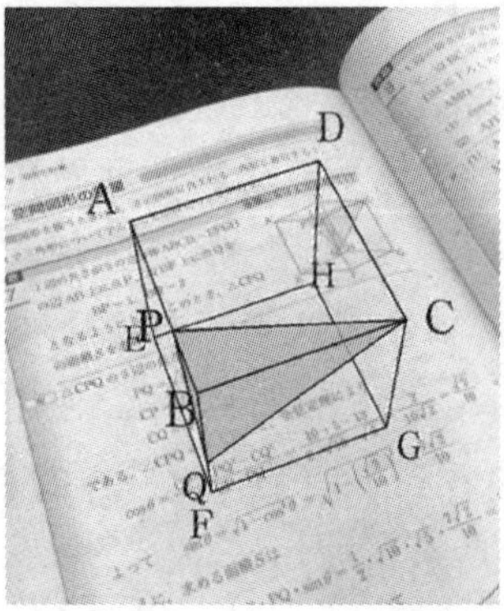

图13－8　AR在数学教学中的应用示意图[②]

5. 医学方面

传统医学中，医生需要凭借自己的经验来判断患者的病情，而这种用裸眼去观察病人的方式，无法直接看到病人身体内部的病情，影响诊断结果。但如果将增强现实技术应用到医学领域中，医生可以通过智能传感器和全息影像技术，及时把自己裸眼看到的情况和虚拟身体内部图像相结合，快速地找到病

① ［美］基珀（Kipper G.）、［美］兰博拉（Rampolla J.）：《增强现实技术导论》，郑毅译，郭培芝审校，国防工业出版社，2014年，第69页。

② 中关村在线：《娱乐/医疗/商务全面开花 AR都能做些什么》，http://mobile.zol.com.cn/568/5681430_all.html#p5681430。

灶，并进行救治。在微创外科手术中，医生也可以通过头盔显示仪看到病人身体内部结构，并用内窥镜找到患者身体内部需要做手术的部位，轻松完成手术过程。在医学教学中，AR 技术也是不错的选择，医学院的学生们可以利用智能穿戴设备、触感设备、全息投影设备在虚拟空间中反复进行各种临床诊治练习，提高自己的医术，同时降低了采用真人进行练习的医疗事故风险（如图 13－9 所示）。“最声名远播的就是微软的 HoloLens 全息眼镜，在官方的宣传视频里，医学研究人员可通过 HoloLens 来查看人体器官、肌肉组织、人体骨骼的结构，这也是目前技术实力最强的一款 AR 设备；又如游戏巨头 Illusion 设计的一套 3D 增强现实系统，用于帮助医生更好地实施整容手术；以及飞利浦医疗保健部门和埃森哲合作开发的一款 AR 应用，可以让医生随时监测到患者生命体征，并且在检测到潜在风险问题时能收到警报。”①

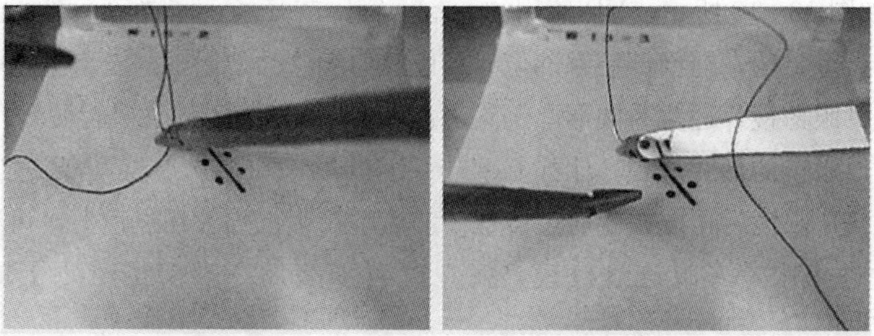

图 13－9　AR 技术让手术钳变透明②

增强现实在未来的发展中将会表现出非凡的能力，给未来社会带来更加智能化的体验，如在增强现实隐形眼镜、纳米技术领域将有更好的产品出现，为人类发展提供更便捷的条件。

（四）虚拟现实与增强现实的区别

随着索尼、微软、谷歌、三星以及国内的小米、暴风等巨头以及无数初创厂商，都致力于研发虚拟现实或是增强现实，AR 与 VR 两种技术也被人们逐渐熟悉，我们在这里对二者做一个简单的区分。

1. 沉浸感方面

虚拟现实，是需要工程师利用计算机的图形图像软件、传感技术、交互技

① 中国电子商务研究中心：《分析：AR 在医疗健康领域有哪些前景?》，http://b2b.toocle.com/detail－－6333515.html，2016 年 5 月 18 日。

② 中关村在线：《娱乐/医疗/商务全面开花 AR 都能做些什么》，http://mobile.zol.com.cn/568/5681430_all.html#p5681430。

术和显示技术，给用户营造一个完全虚拟的世界，然后用户通过相对封闭的虚拟眼镜、耳机、体感手套等设备，将自己植入虚拟世界当中去感受其中的一切，用户的视觉、听觉、味觉、触觉、力觉方面的感受与真实环境中的感受一模一样。整个过程中以虚拟场景为主，用户只是场景中的一个因素，让其认为虚拟场景就是一个真实的场景。

增强现实，主要是工程师利用图形图像软件、全息投影技术、交互技术和显示技术制作大量的虚拟元素，然后有机地融入现实场景，用户通过智能的眼镜、数据手套等交互设备控制整个虚拟元素，来增强用户对现实环境的了解。整个过程中，以真实环境为主，虚拟元素只是真实环境中的一部分因素，被用户交互控制，强调用户在现实环境中的存在感。

2. 使用设备方面

“如图 13－10 所示，VR 使用的设备一般比较笨重，需要像头盔一样罩在头上，且全封闭，与面部接触部位有橡胶或海绵制品使脸部与设备紧密贴合以防漏光，眼部镜片通常为圆形凸透镜。AR 设备相对来说较为‘轻便’，AR 设备通常以眼镜的形式呈现，比如 Google Glass，眼部镜片通常为方形棱镜，用户佩戴 AR 眼镜后，图像就通过镜框中的微型投影仪投射在棱镜上，再通过棱镜反射进人眼，人眼透过棱镜，就观看到了叠加在现实场景之上的显示内容。”①

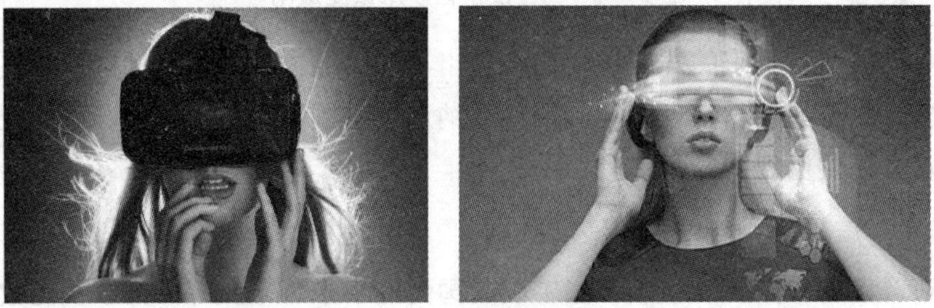

图 13－10　VR 眼镜（左图）和 AR 眼镜（右图）②

总的来讲，VR 展示的虚拟环境都是假的，而 AR 展示的环境是真实的，部分元素是虚拟的、假的，用一句比较形象通俗的话来解释就是：VR 就像是

① 网易科技：《如何区分 AR 和 VR 间的不同?》，http://tech. 163. com/16/0203/08/BEST0TJ400094OE0. html，2016 年 2 月 3 日。

② 左图来源于网易科技：《裸眼 3D 手机 在 VR 冲击下前景如何?》，http://tech. 163. com/15/0724/09/AV9FV28N00094P0U. html；右图来源于 21 世纪经济报：《一文读懂 VR 产业格局：硬件、内容谁更靠谱?》，http://www. 360doc. com/content/16/0328/14/32026265 _ 545883407. shtml。

做梦，梦里的场景都是假的，但当时的感觉很真实；AR 就像是“见鬼”，在真实的环境中出现一个虚拟的、假的“鬼”，遇见“鬼”的时候感觉也很真实，很逼真。

五、人工智能

（一）人工智能的概念

人工智能（Artificial Intelligence，AI）是研究、开发用于模拟、延伸和扩展人的智能的理论、方法、技术及应用系统的一门新的技术科学。

一般来说，人工智能是研究使用计算机模拟人的某些思维过程和智能行为（如学习、推理、思考、规划等）的学科，主要包括计算机实现智能的原理、制造类似于人脑智能的计算机，使计算机能实现更高层次的应用。人工智能将涉及计算机科学、心理学、哲学和语言学等学科。可以说几乎涵盖了自然科学和社会科学的所有学科，其范围已远远超出了计算机科学的范畴。人工智能与思维科学的关系是实践和理论的关系，人工智能处于思维科学的技术应用层次，是它的一个应用分支。①

人工智能的概念提出较早，但近几年随着技术体系的完善，其应用范围和领域增加，产生的社会影响力和价值以及关注度逐渐增高，成为未来科技发展的前沿话题。

（二）人工智能的特征

1. 模式识别

模式识别是指对表征事物或者现象的各种形式的（数值的、文字的和逻辑关系的）信息进行处理分析，以及对事物或现象进行描述分析，分类解释的过程。例如汽车车牌号的辨识涉及图像处理分析等技术。

2. 机器学习

机器学习是指在人工智能系统中，研究计算机怎样模拟或实现人类的学习行为，以获取新的知识或技能，重新组织已有的知识结构，使其不断完善自身的性能，或者达到操作者的特定要求。这种特征，是其他智能系统所不具备的特殊能力。原则上讲，机器设备具有一定程度的人脑思考能力，并不断修复自身机器系统中的缺陷。

---

① 科普中国·科学百科：《人工智能》，https://baike.baidu.com/item/%E4%BA%BA%E5%B7%A5%E6%99%BA%E8%83%BD/9180?fr=aladdin。

3. 数据挖掘

数据挖掘是指人工智能系统凭借自身学习的能力，通过知识库的知识更新，发现其中信息的不足，并通过算法搜索挖掘出有用信息，应用于市场分析、科学探索、疾病预测等的能力。该特征让人工智能数据库本身具备了自主挖掘有价值、有意义的数据的能力，减轻了人在这个过程中的干预和控制的频次。

4. 智能算法

智能算法是解决某类问题的一些特定模式算法。例如，我们最熟悉的最短路径问题、信息精准推送，以及工程预算问题等。该特征也是人工智能系统中具有一定行业优势的能力，通过程序工程师设计特定的算法程序，软件系统可以自身进行算法的推演，以减轻人工参加的工作量，达到预期效果。

（三）人工智能的应用领域

1. 机器人领域

人工智能机器人，如 PET 聊天机器人［PET 是 1978 年迈克尔·莫尔丁（Michael Mauldin）引入人工智能领域中的聊天机器人］，它能理解人的语言，用人类语言对话，并能够用特定传感器采集分析出现的情况，调整自己的动作来达到特定的目的。简单来说，智能手机里面设置的智能语音助手，就属于这种具有理解、识别人类语音的微型智能机器人。

2. 语言识别领域

该领域其实与机器人领域有交叉，所设计的应用的主要功能是把语言和声音转换成可处理的信息，如语音开锁（特定语音识别）、语音邮件以及计算机输入等方面。

3. 图形识别领域

该领域致力于研究利用计算机进行图像处理、分析和理解，以识别各种不同模式的目标和对象的技术，例如人脸识别、汽车牌号识别、影像修复等。

4. 专家系统

专家系统是具有专门知识和经验的计算机智能程序系统，后台采用的数据库相当于人脑，具有丰富的知识储备，它采用数据库中的知识数据和知识推理技术来模拟专家解决复杂问题。

（四）人工智能的类别

一般来说，人们把人工智能分为三种常见、容易理解的类别，分别是弱人工智能、强人工智能、超人工智能。

1. 弱人工智能

弱人工智能（Artificial Narrow Intelligence，ANI）是擅长于单个方面的人工智能。比如有能战胜国际象棋世界冠军的人工智能，但是它只会下国际象棋，你要问它怎样更好地在硬盘上储存数据，它就不知道怎么回答你了。

2. 强人工智能

强人工智能（Artificial General Intelligence，AGI）是人类级别的人工智能。强人工智能是指在各方面都能和人类比肩的人工智能，人类能干的脑力活它都能干。创造强人工智能比创造弱人工智能难得多，我们现在还做不到。琳达·高德弗里森（Linda Gottfredso）教授把智能定义为“一种宽泛的心理能力，能够进行思考、计划、解决问题、抽象思维、理解复杂理念、快速学习和从经验中学习等操作”。强人工智能在进行这些操作时应该和人类一样得心应手。

3. 超人工智能

牛津哲学家，知名人工智能思想家尼克·波斯特罗姆（Nick Bostrom）把超级智能定义为“在几乎所有领域都比最聪明的人类大脑都聪明很多，包括科学创新、通识和社交技能”。超人工智能（Artificial Super-intelligence，ASI）可以是各方面都比人类强一点，也可以是各方面都比人类强万亿倍的。超人工智能也正是人工智能这个话题这么火热的原因。①

（五）人工智能的发展历程

人工智能的发展主要经历了以下几个阶段：

第一，初期成长阶段。人工智能这一概念最初于20世纪50年代首次被提出。自此开始，以LISP语言、机器定理证明等为代表的经典技术，标志着人工智能的形成。在这一阶段，虽然这一新概念引起了人们的关注，但由于上述人工智能技术、产品均存在不同程度的缺陷，因此，其发展速度相对较慢。

第二，以专家系统为代表的人工智能快速发展阶段。专家系统的出现对人工智能发展的关键意义为：专家系统实现了人工智能与实践领域的融合。如智能医疗系统可为医师的诊断提供可靠的数据支持。

第三，以第五代计算机为代表的发展中期阶段。人工智能的发展积累了较为丰富的经验及技术，在此基础上，第五代计算机研制计划被提出。这一计划的出现将人工智能研究带入了新的热潮。

---

① 那个吴小明：《一张图帮你全面读懂人工智能》，https://www.zhihu.com/question/20229908，2020年6月11日。

第四，以神经网络为代表的高速发展阶段。出现于20世纪80年代末期的神经网络技术，标志着人工智能又一发展高潮的到来。

第五，普及应用阶段。近年来，互联网与网络技术的出现及发展为人工智能的发展提供了新的方向。网络技术与人工智能的融合加速了人工智能的发展，同时推动其在家居、教学等多个领域快速普及。①

（六）人工智能的影响

1. 人工智能对自然科学的影响

在需要使用数学计算机工具解决问题的学科，AI带来的帮助不言而喻。更重要的是，AI反过来有助于人类最终认识自身智能的形成。

2. 人工智能对经济的影响

AI专家系统深入各行各业，带来巨大的宏观效益。AI虽然促进了计算机工业网络工业的发展，但同时它也带来了劳务就业问题。由于AI在科技和工程中的应用，能够代替人类进行各种技术工作和脑力劳动，因此它会造成社会结构的剧烈变化。

3. 人工智能对社会的影响

AI为人类文化生活提供了新的模式。现有的游戏将逐步拥有更高智能的交互式文化娱乐手段。今天，游戏中的人工智能应用已经深入各大游戏制造商的开发活动。

随着智能硬件与软件技术的发展，人工智能会逐渐深入社会生活，改变人们认知世界的方式和管理社会的方式，以及为社会公共服务提供强大的技术支撑，其社会价值逐渐得到凸显。②

六、智媒体

（一）智媒体的概念

智媒体是指用人工智能技术重构的新闻信息生产与传播全流程的媒体，是社会进步、技术革新、媒体升级的产物。

当前，我国智媒体发展尚处于起步阶段，相关经验较少。因此，必须要在布局初始思考如何规避矛盾与问题，为智媒体资源统筹铺平道路。应对媒体产

---

① 智慧志道：《人工智能的发展历程》，https://www.sohu.com/a/395038937_120654510，2020年5月14日。

② 科普中国·科学百科：《人工智能》，https://baike.baidu.com/item/%E4%BA%BA%E5%B7%A5%E6%99%BA%E8%83%BD/9180?fr=aladdin。

业创新发展理论加以研究，在总结传统媒体、新媒体、融媒体发展经验的基础上，为智媒体布局提供理论支持。可以就AI、物联网、大数据等先进技术对智媒体布局的影响进行深入研究，为有关技术的合理渗透指明方向。①

（二）智媒体的特征

随着人工智能技术的不断进步，国内外传媒业开始将其应用到线索采集、选题决策、内容生产、产品分发以及用户互动等环节。实践证明，人工智能技术提高了信息的生产率、到达用户的精准率，改善了用户的阅读体验。

1. 智能化采编，有效提升了内容生产效率

要想实现全天候、高时效、多形态的新闻信息生产与发布，需要对处于分散状态、难以共享的媒体资源进行高度整合、集中管理和统一调度。当前，在人工智能技术的支持下，新闻信息的生产、发布得以突破以往主客观条件的约束。比如，针对媒体大数据抓取、公共传感系统以及普通网民发布的海量数据，新闻生产者可以通过音视频处理、语音识别和人脸识别等技术，在纷繁复杂的零散信息中发现线索、提炼选题。智能技术的使用有助于减少耗费在采集、整理、传递信息等过程中的时间和人力，有效提升了新闻信息的生产效率。把机器或者程序能做的交给机器和程序，从而把人力解放出来，从事具有创新要求和需要发挥想象力的工作，这是自工业革命以来自动化革命的基本理念。以数据技术为核心的媒体智能化，推动新闻生产由“大而全”向“全而深”转化，不仅可以采集更全面的数据信息，而且更有利于纵深开掘，生产出蕴含高附加值的内容。

2. 优化分发流程，实现了对用户的高效触达

现代社会是一个信息量剧增的社会，为了节约更多的时间和精力，用户群体非常希望信息能个性化传播，开始注重信息内容的质量，而不是数量。依托智能算法体系的智媒体，不仅可以通过用户使用行为为用户画像，同时也可以对信息价值进行评估，是对二者进行有效适配的智能化推荐。如今，大量的新闻聚合平台以及社交平台都增加了优先推荐的功能，这在很大程度上替代了传统的人工发布模式。通过算法推荐实现针对性的内容分发，解决了移动互联网环境下内容对接的痛点，将各类信息有的放矢地推送至大量的用户终端。

3. 智能化全景式生产，改善了用户体验

随着移动互联网的出现，人工智能、大数据和5G等技术的发展和应用拓

---

① 郭颖：《智媒体的布局及发展路径》，http://www.rmlt.com.cn/2020/0925/594497.shtml，2020年9月25日。

宽了人们的线上生活方式，为用户提供了个性化的信息和服务。VR、AR、语音识别、自然语言处理、计算机视觉、深度学习等新技术不断融入媒体生产，形成了全方位、立体化的全景式新闻生产模式。在这种场景下，用户从新闻事件的旁观者向参与者、体验者的角色转化，人工智能、VR和AR技术增强了新闻信息的可视化、可听化、现场化，大大丰富了用户体验的方式和层次，从感官上赋予用户更强烈的临场感和代入感。

4. 智能识别，提高了内容审核的效率

无论是出于内容生产还是舆情监测的需要，对事实和观点进行把关是任何媒体内容生产中不可或缺的关键环节。目前互联网上的传播环境较为复杂，各种有害信息（主要有政治敏感信息、涉恐涉暴信息、色情信息、虚假信息以及广告法敏感词等）充斥其中，它们常常以多种形态出现。如果完全依赖人力对以惊人速度增长的用户原创内容（UGC）实施识别、监控和过滤，难免会因时间紧、工作量大而产生纠错滞后、遗漏差错等问题；特别是一些有害信息经过加工改造所生成的变种更是不易被发现。智媒体时期，则可以利用海量、权威、优质的数据资源，建立针对视频、音频、图片、文本信息的智能识别模型，精准高效地识别各类有害信息。人工智能通过深度学习和长期的数据训练，能够提高自动抓取有害信息的效率，规避内容风险。①

（三）智媒体的发展趋势

2021年3月25日，中国传媒大学新媒体研究院、新浪AI媒体研究院联合发布《中国智能媒体发展报告（2020—2021）》，对媒体深度融合背景下中国智能媒体的生态图景进行全面盘点和深入洞察。报告从国内智媒体发展多层面进行分析，对智媒体应用生态发布调查结果，根据多个知名媒体进行案例分析，发表专家学者对于中国智媒体发展态势的展望。

1. 提升平台责任担当，引导价值观

社会主义国家的媒体，无论传统媒体，还是智媒体，发展首要离不开的要求就是责任感，即媒体所承担的社会责任。疫情防控期间，网络谣言频出，严重影响人们对疫情真实情况的了解；当下网络环境复杂，无良博主为博取流量，挑起对立情绪以牟取私利；国际形势日益尖锐，外网敌对分子不断渗透，试图从内部造成恐慌。因此，智媒体越来越被要求在当下复杂多变的环境中更加重视对于舆情的引导，更加真实地记录事件发生过程，集中力量去粉碎谣

① 许向东：《智媒体的发展路径与探索突破》，https://www.gmw.cn/xueshu/2021-06/30/content_34965050.htm，2021年6月30日。

言，调解社会日益尖锐的对立情绪，弘扬正确的价值观。

2. 通过 AI 技术驱动，助推传播力

当下传统媒体共同面临的最大问题就是传播影响力日益衰微。科技能改变生活，也能够有效提升传播效率。智媒体需要更加重视技术领域的投入，在生产中充分利用人工智能力量调整信息生产全流程，不断深化在智能创作、生产流程智能化、传播中实现原先表达形式的多场景赋能，全面提升用户的视、听、读、聊等多种智能化体验，创新发展 AI 主播、智能分发、AI+音视频、云游戏、VR、AR、网络直播等领域。

3. 政府新政策发布，急需新人才

国家层面出台“新基建”、媒体深度融合等重要政策，从国家战略高度为媒体智能化指明方向。这表明智媒体发展将进入更高、更复杂的阶段，因此该阶段人工智能人才短缺现状将日益严重。什么是未来智媒体竞争的关键？目前来看，竞争核心优势在于人才优势，面对新的传媒生态与格局，复合型人才的培养也将成为业界与学界高度重视的工作。当下多省市出台人工智能、媒体深度融合、智慧广电等政策，全面推进智能媒体技术研发、环境建设、应用市场等区域布局，以促进复合型人才的培养。

4. 技术领域大更新，智媒体全面转型

目前智媒体以主流媒体和头部互联网媒体为核心力量，二者合力构建未来智媒体布局。与此同时，2021 年新技术领域的大更新对智媒体影响颇深。

科技层面，GPT-3、Switch Transformer 等大规模预训练语言模型以及科学计算、类脑计算、脑机接口、量子计算等交叉领域的新突破将为智媒体创新应用拓展新空间。

经验层面，“5G+AI 赋能全媒体新闻生产”“科技+传媒+文化”“媒体+资讯+数据+服务+交易战略闭环”“人工智能编辑部构建媒体+AI 生态”等成功体系案例，针对不同现状的传统媒体提供不同的智媒体转化方案。2021 年，优秀的实践经验与技术进步将引导更多媒体全面转型，加入未来智媒体布局，打造我国全方位立体智媒体。①

针对不断发展变化的互联网行业，我们只有保持不断学习的态度，早介入、早准备，才能跟上新媒体网络时代发展的步伐。

① 中文互联网数据资讯网：《中国传媒大学新媒体研究院 & 新浪 AI 媒体研究院：〈中国智能媒体发展报告（2020—2021）〉》，http://www.199it.com/archives/1221544.html，2021 年 3 月 25 日。

练习十三

1. 简述虚拟社会的定义及其表现特征。
2. VR 和 AR 的概念及其特征是什么?
3. VR 和 AR 有什么区别?
4. 请谈一谈你对物联网的概念及其应用领域的理解。
5. 什么是大数据?请谈一谈大数据的应用领域。
6. 人工智能是什么?请结合实际说一说你的理解。

参考文献

LEVINE R，LOCHE C，SEARLS D，WEINBERGER D. 线车宣言：互联网的 95 条军规 [M]. 江唐，西康吉，译. 北京：中国青年出版社，2010.

LUTZKER A P. 创意产业中的知识产权——数字时代的版权和商标 [M]. 王娟，译. 北京：人民邮电出版社，2009.

PEREBINOSSOFF P. 电视、广播和网络的节目编排 [M]. 王强，译. 北京：人民邮电出版社，2009.

QUALMAN E. 颠覆：社会化媒体改变世界 [M]. 刘吉熙，译. 北京：人民邮电出版社，2010.

QUINN S，FILAK V F. 媒介融合——跨媒体的写作和制作 [M]. 任锦鸾，译. 北京：人民邮电出版社，2009.

RUSSELL S J，NORVIG P. 人工智能：一种现代的方法 [M]. 3 版. 殷建平，祝恩，刘越，等译. 北京：清华大学出版社，2013.

SCOTT D M. 口碑：引爆网络狂欢的锦囊妙计 [M]. 高游，郭成钢，薛松，译. 北京：人民邮电出版社，2010.

SCOTT D M. 新规则：用社会化媒体做营销和公关 [M]. 赵俐，谢俊，张婧妍，等译. 北京：机械工业出版社，2011.

安德森. 长尾理论 [M]. 乔江涛，石晓燕，译. 北京：中信出版社，2014.

安维华. 虚拟现实技术及其应用 [M]. 北京：清华大学出版社，2014.

巴尔，埃梅里. 新媒体 [M]. 张学信，译. 北京：商务印书馆，2005.

包冉，白羽，韩彪. 新媒体：从被时代到我世代 [M]. 北京：中国传媒大学出版社，2010.

陈先红，何舟. 新媒体与公共关系研究 [M]. 武汉：武汉大学出版社，2009.

陈永东. 赢在新媒体思维：内容、产品、市场及管理的革命 [M]. 北京：人民邮电出版社，2016.

程栋. 智能时代新媒体概论 [M]. 北京：清华大学出版社，2019.

费舍. 数字冲击波 [M]. 黄淳，等译. 北京：旅游教育出版社，2009.

奉友湘. 远离危机——党政部门和企业的媒体公关秘诀［M］. 成都：四川人民出版社，2013.
高邦仁，王煜金. 流动的世界：奔向移动互联网时代的生活［M］. 北京：清华大学出版社，2010.
高丽华. 新媒体经营［M］. 北京：机械工业出版社，2009.
宫承波，李珊珊，田园. 重大突发事件中的网络舆论——分析与应对的比较视野［M］. 北京：中国广播电视出版社，2012.
宫承波，刘姝，李文贤. 新媒体失范与规制论［M］. 北京：中国广播电视出版社，2010.
宫承波，翁立伟. 新媒体产业论［M］. 北京：中国广播电视出版社，2010.
宫承波，庄捷，翁立伟. 媒介融合概论［M］. 北京：中国广播电视出版社，2011.
宫承波. 新媒体概论［M］. 北京：中国广播电视出版社，2007.
宫承波. 新媒体概论［M］. 2版. 北京：中国广播电视出版社，2009.
宫承波. 新媒体概论［M］. 3版. 北京：中国广播电视出版社，2011.
宫承波. 新媒体概论［M］. 4版. 北京：中国广播电视出版社，2012.
韩运荣，喻国明. 舆论学原理、方法与应用［M］. 北京：中国传媒大学出版社，2013.
郝振省. 数字时代的全媒体整合营销［M］. 北京：中国书籍出版社，2009.
何坦野. 新媒体写作论［M］. 杭州：浙江大学出版社，2008.
胡正荣，唐晓芬，李继东. 新媒体前沿（2011）［M］. 北京：社会科学文献出版社，2011.
黄传武. 新媒体概论［M］. 北京：中国传媒大学出版社，2013.
黄河. 新媒体实务［M］. 北京：中国人民大学出版社，2012.
黄河. 政府新媒体传播——直面新媒体带来的挑战与机遇［M］. 北京：光明日报出版社，2012.
霍尔登. 零成本网络营销：80个实用技巧（修订本）［M］. 高采平，史鹏举，译. 北京：电子工业出版社，2012.
基珀，兰博拉. 增强现实技术导论［M］. 郑毅，译. 北京：国防工业出版社，2014.
蒋宏，徐剑. 新媒体导论［M］. 上海：上海交通大学出版社，2006.
金梦玉. 网络新闻实务［M］. 北京：中国传媒大学出版社，2001.
卡尔韦尔. 你的网站价值百万［M］. 高采平，史鹏举，译. 北京：电子工业出版社，2011.
凯茨，莱斯. 互联网使用的社会影响［M］. 郝芳，刘长江，译. 北京：商务印书馆，2007.
柯克帕特里克. Facebook效应［M］. 沈路，梁军，崔筝，等译. 北京：华文出版社，2010.
克雷格. 网络新闻学：新媒体的报道、写作与编辑［M］. 刘勇，译. 北京：中国时代经济出版社，2010.
匡文波. 颠覆传媒——手机：新时代的电脑和器官［M］. 北京：华夏出版社，2013.
匡文波. 手机媒体. 新媒体中的新革命［M］. 北京：华夏出版社，2010.
匡文波. 手机媒体概论［M］. 北京：中国人民大学出版社，2006.
匡文波. 新媒体概论［M］. 北京：中国人民大学出版社，2012.
匡文波. 新媒体舆论：模型、实证、热点及展望［M］. 北京：中国人民大学出版社，2014.
莱文森. 新新媒介［M］. 何道宽，译. 上海：复旦大学出版社，2011.
兰祝刚，黎颖欣. 新媒体环境下企业该怎么"说"［M］. 广州：暨南大学出版社，2011.
雷源. 移动互联网改变商业未来［M］. 北京：人民邮电出版社，2010.
李，贝诺夫. 公众风潮：互联网海啸［M］. 陈宋卓涵，译. 北京：机械工业出版社，2010.
李彪. 舆情：山雨欲来——网络热点事件传播的空间结构和时间结构［M］. 北京：人民日报出版社，2011.
李波，丁翠红. 经略新媒体广告［M］. 福州：福建人民出版社，2012.
李丹丹. 手机新媒体概论［M］. 北京：中国电影出版社，2010.
李淮芝，蔡元. 新媒体的数字化生存与发展［M］. 北京：测绘出版社，2011.
李开复. 微博改变一切［M］. 上海：上海财经大学出版社，2011.
李良荣. 网络与新媒体概论［M］. 北京：高等教育出版社，2014.
李鹏. 迈向智媒体［M］. 北京：东方出版社，2018.
李鹏. 智媒体——新物种在生长［M］. 北京：东方出版社，2019.
李正茂. 聚合服务——移动互联网时代的蓝海［M］. 北京：人民邮电出版社，2010.
梁晓涛，汪文斌. 网络视频［M］，武汉：武汉大学出版社，2013.
林迅. 新媒体艺术［M］. 上海：上海交通大学出版社，2011.

龙锦. 日本新媒体产业 [M]. 北京：中国国际广播出版社，2012.
陆地，高菲. 新媒体的强制性传播研究 [M]. 北京：人民出版社，2010.
陆小华. 新媒体观：信息化生存时代的思维方式 [M]. 北京：清华大学出版社，2008.
梅文慧. 信息发布与危机公关 [M]. 北京：清华大学出版社，2013.
南方报业传媒集团新闻研究所. 南方传媒研究（第 21 辑）：微博时代 [M]. 广州：南方日报出版社，2009.
南方报业传媒集团新闻研究所. 南方传媒研究 25：iPad 与纸媒 [M]. 广州：南方日报出版社，2009.
尼葛洛庞帝. 数字化生存 [M]. 胡泳，范海燕，译. 海口：海南出版社，1997.
倪桓. 手机短信传播心理探析 [M]. 北京：中国传媒大学出版社，2009.
彭兰. 网络新闻编辑教程 [M]. 武汉：武汉大学出版社，2007.
彭兰. 中国新媒体传播学研究前沿 [M]. 北京：中国人民大学出版社，2010.
齐特林. 互联网的未来：光荣、毁灭与救赎的预言 [M]. 康国平，刘乃清，等译. 北京：东方出版社，2011.
秦州. 网络新闻编辑学 [M]. 上海：复旦大学出版社，2012.
琼斯. 新媒体百科全书 [M]. 熊澄宇，范红，译. 北京：清华大学出版社，2007.
邱林川，陈韬文. 新媒体事件研究 [M]. 北京：中国人民大学出版社，2011.
盛大林. 网站首页——“意见领袖”是怎样炼成的 [M]. 北京：人民日报出版社，2009.
石国亮. 新媒体时代公关案例：直面新媒体的公关艺术分析 [M]. 北京：研究出版社，2012.
石磊. 新媒体概论 [M]. 北京：中国传媒大学出版社，2009.
舒天戈. 新媒体社会沟通能力提升 [M]. 北京：红旗出版社，2013.
舒咏平，陈少华，鲍立泉. 新媒体与广告互动传播 [M]. 武汉：华中科技大学出版社，2006.
舒咏平. 新媒体广告 [M]. 北京：高等教育出版社，2010.
苏宏元. 网络传播学导论 [M]. 北京：中国社会科学出版社，2010.
孙永兴. 新媒体事件：机制、功能与法律规制 [M]. 北京：社会科学文献出版社，2013.
谭天. 新媒体新论 [M]. 广州：暨南大学出版社，2013.

汤莉萍．影像叙述现实——网络视频新媒体播客传播研究［M］．成都：四川大学出版社，2012．

唐绪军．新媒体蓝皮书/中国新媒体发展报告（2016）［M］．北京：社会科学文献出版社，2016．

腾讯研究院，中国信通院互联网法律研究中心，腾讯 AI Lab，等．人工智能：国家人工智能战略行动抓手［M］．北京：中国人民大学出版社，2017．

田智辉．新媒体传播：基于用户制作内容的研究［M］．北京：中国传媒大学出版社，2008．

田智辉．新媒体环境下的国际传播［M］．北京：中国传媒大学出版社，2010．

王长潇．新媒体论纲［M］．广州：中山大学出版社，2009．

王宏，陈小申，张星剑．数字技术与新媒体传播［M］．北京：中国传媒大学出版社，2010．

王荔．新媒体艺术发展综述［M］．上海：同济大学出版社，2009．

王明轩．即将消亡的电视：网络化与互动视频时代的到来［M］．北京：中国传媒大学出版社，2009．

王涌天，陈靖，程德文．增强现实技术导论［M］．北京：科学出版社，2015．

魏长宽．物联网：后互联网时代的信息革命［M］．北京：中国经济出版社，2011．

吴伟光．网络新媒体的法律规治——自由与限制［M］．北京：知识产权出版社，2013．

吴小坤，吴信训．美国新媒体产业（修订版）［M］．北京：中国国际广播出版社，2012．

物联网智库．物联网未来已来［M］．北京：机械工业出版社，2016．

西门柳上，马国良，刘清华．正在爆发的互联网革命［M］．北京：机械工业出版社，2009．

熊澄宇，金兼斌．新媒体研究前沿［M］．北京：清华大学出版社，2012．

许鹏，等．新媒体艺术论［M］．北京：高等教育出版社，2006．

许鹏．新媒体节目策划论［M］．北京：中国人民大学出版社，2009．

严宏伟．微媒体舆论引导：策略、方法、案例［M］．北京：国家行政学院出版社，2013．

严三九．新媒体概论［M］．北京：化学工业出版社，2011．

杨继红．谁是新媒体［M］．北京：清华大学出版社，2008．

杨继红．新媒体融合与数字电视［M］．北京：清华大学出版社，2008．

杨继红. 新媒体生存 [M]. 北京：清华大学出版社，2008.
杨溟. 媒介融合导论 [M]. 北京：北京大学出版社，2013.
杨兴坤. 网络舆情研判与应对 [M]. 北京：中国传媒大学出版社，2013.
杨艳琪. 新媒体与新闻传播 [M]. 北京：社会科学文献出版社，2015.
要力石，陈建群. 与媒体共舞：新媒体时代的公司生存韬略 [M]. 北京：新华出版社，2011.
以色列. 微博力 [M]. 任文科，译. 北京：中国人民大学出版社，2010.
殷俊. 新媒体产业导论——基于数字时代的媒体产业 [M]. 成都：四川大学出版社，2009.
喻国明，李彪，杨雅，等. 新闻传播的大数据时代 [M]. 北京：中国人民大学出版社，2014.
喻晓和. 虚拟现实技术基础教程 [M]. 北京：清华大学出版社，2015.
曾祥敏. 新媒体背景下的电视分众化传播 [M]. 北京：中国广播电视出版社，2010.
张成良. 新媒体素养论：理念、范畴、途径 [M]. 北京：人民出版社，2015.
张宏科，苏伟. 移动互联网技术 [M]. 北京：人民邮电出版社，2010.
张家平. 新媒体广告经典评析 [M]. 上海：学林出版社，2010.
张静波，吴银平. 微信营销与运营：模型、案例、方法和技巧 [M]. 北京：中国社会出版社，2015.
张铭芮. 数字媒体导论 [M]. 北京：人民邮电出版社，2008.
张文俊. 当代传媒新技术 [M]. 上海：复旦大学出版社，1998.
张文俊. 数字新媒体概论 [M]. 上海：复旦大学出版社，2009.
张柱. 新媒体时代的电视新闻生产——平台思维与流程再造 [M]. 北京：中国人民大学出版社，2016.
赵子忠，赵敬. 对话：中国网络电视 [M]. 北京：中国传媒大学出版社，2011.
指尖柔沙. 微博营销一本通 [M]. 北京：人民邮电出版社，2011.
中国传媒大学广告主研究所. 新媒体激变：广告“2.0”时代的新媒体真相 [M]. 北京：中信出版社，2008.
中兴通讯学院. 对话第三代移动通信 [M]. 北京：人民邮电出版社，2010.
中兴通讯学院. 对话下一代网络 [M]. 北京：人民邮电出版社，2010.
中兴通讯学院. 对话移动互联网 [M]. 北京：人民邮电出版社，2010.
周艳. 新媒体市场大变局 [M]. 北京：中国市场出版社，2012.

朱海松. 手机媒体——手机媒介化的商业应用思维与原理 [M]. 广州：广东经济出版社，2008.

朱鹏臻. 人工智能产品经理：人机对话系统设计逻辑探究 [M]. 北京：电子工业出版社，2018.

庄捷. 流媒体原理与应用 [M]. 北京：中国广播电视出版社，2007.

后　记

四川传媒学院的融合媒体学院（此前为新闻与网络传播系）于2016年9月出版了《实用新媒体简论》一书。该书侧重于学生实际能力的提升和对其应用智慧的启迪，出版后反响较好。但是，新媒体发展十分迅猛，主流媒体深度融合业已全面展开，新媒体技术不断更新，新媒体、新应用不断涌现。这既为新媒体教学提供了新信息，也提出了新挑战。形势迫使我们对其进行修订。

教材初版各章节编写分工如下：第一章“什么是新媒体”（冉光泽），第二章“新媒体的技术基础”（魏雄），第三章“新媒体冲击波的作用和影响”（冉光泽），第四章“新媒体形态”（何倩），第五章“新媒体新闻传播”（冉光泽）、第六章“新媒体广告传播”（何苗），第七章“新媒体视频传播”（魏雄），第八章“新媒体舆论与舆情危机应对”（冉光泽），第九章“新媒体营销”（何苗），第十章“新媒体艺术”（何苗），第十一章“新媒体与传统媒体的融合”（何倩），第十二章“新媒体的规范”（何倩），第十三章“新媒体的发展”（魏雄）。

修订工作在初版的基础上进行。原编著者根据新媒体最新的发展状况，在自己所撰写的章节上进行了内容的补充、调整和修改。冉光泽教授修订第一章、第三章和第五章，何倩老师修订第四章、第十一章和第十二章，魏雄老师修订第二章、第七章和第十三章，何苗老师修订第六章和第九章。修订了新媒体形态种类、新媒体新闻传播、新媒体广告和营销、新媒体短视频传播、媒体深度融合改革、人工智能、智媒体等方面的内容。最后由何倩老师负责所有修订内容的整理、核对和审定工作。

在修订过程中，融合媒体学院很多老师提出了宝贵的意见和建议，也给予了诸多帮助，在此，表示诚挚的谢意！

新媒体时代瞬息万变，新媒体不断被赋予新的内涵，表现出新的特征。虽然这本教材经过了修订再版，加入了新媒体最新发展的相关内容，但是由于这方面内容太多，加之编著者水平有限，时间也较为仓促，因此难免存在纰漏和错误。在此恳请业内方家批评指正，以便继续修订和完善。

何倩

2021年6月